微分方程基础教程

Weifen Fangcheng Jichu Jiaocheng

（上册）

郑志明　李翠萍　彭临平　郭定辉　编

高等教育出版社·北京

内容提要

本套教材包含微分方程的基础内容。教材分上、下册。上册主要内容为常微分方程理论基础，包括绪论、初等积分法、高阶微分方程、线性微分方程组、基本定理、定性与稳定性理论初步和离散动力系统简介等。下册主要内容为偏微分方程理论，包括绪论、一阶偏微分方程、二阶线性偏微分方程的经典解法、偏微分方程解的性质、广义函数及 Sobolev 空间、偏微分算子的基本解及其应用、偏微分方程的广义解及其正则性和非线性偏微分方程的典型解法。

本套教材可作为高等学校数学专业微分方程课程的教材，也可供相关专业的教师、学生以及研究人员参考使用。

图书在版编目（CIP）数据

微分方程基础教程．上册／郑志明等编．--北京：高等教育出版社，2017.12

ISBN 978-7-04-047369-8

Ⅰ.①微… Ⅱ.①郑… Ⅲ.①微分方程－高等学校－教材 Ⅳ.①O175

中国版本图书馆 CIP 数据核字（2017）第 024754 号

策划编辑 李冬莉　责任编辑 李冬莉　封面设计 王 鹏　版式设计 王艳红
插图绘制 邓 超　责任校对 刘娟娟　责任印制 耿 轩

出版发行 高等教育出版社
社 址 北京市西城区德外大街4号
邮政编码 100120
印 刷 北京市鑫霸印务有限公司
开 本 787 mm×960 mm 1/16
印 张 14.75
字 数 260 千字
购书热线 010-58581118
咨询电话 400-810-0598
网 址 http://www.hep.edu.cn
http://www.hep.com.cn
网上订购 http://www.hepmall.com.cn
http://www.hepmall.com
http://www.hepmall.cn
版 次 2017 年 12 月第 1 版
印 次 2017 年 12 月第 1 次印刷
定 价 28.70 元

物 料 号 47369-00

前　言

微分方程是带有未知函数及其导数的等式。它是数学理论与其他数学分支、科学和工程实践相结合的桥梁,其目标是利用数学理论解决来源于科学、工程实践等的实际问题。

在现行数学课程中,微分方程常常以常微分方程和偏微分方程两个课程出现。常微分方程基本上只涉及含有未知函数的单变元的导数的微分方程,而偏微分方程涉及含有多变元的未知函数及其偏导数的微分方程。经过长期发展,常微分方程和偏微分方程两个课程各自都已经有了十分完美的教材。然而,大多数常微分方程教材和偏微分方程教材自成体系,很少有作者将两者的内容统一起来,相互呼应和借鉴。但从常微分方程和偏微分方程这种分类方法就不难明白,它们之间存在千丝万缕的联系。例如,Fourier 变换和 Laplace 变换之类的积分变换方法以及 Fourier 级数之类的级数方法既可以用于常微分方程问题也可以用于偏微分方程问题。另外,很多偏微分方程问题可以通过数学方法转换为常微分方程问题来求解。

为了避免课程之间的重复讲授,同时也为了加深学生对微分方程的整体理解与融会贯通,我们决定把常微分方程和偏微分方程作统一处理,尝试将它们结合起来。经过近 5 年的教学实践,我们对微分方程课程进行了多次优化与提炼,将使用多年的讲义编写成教材。

本书是整套教材的上册,主要内容涉及常微分方程的古典理论、稳定性理论、定性理论及初步的离散动力系统理论。在本书中,我们力图通过实际例子或重要的应用背景来引入概念和定理,把定理的建立与证明尽可能处理成一个“发现”的过程,这种处理方法将有利于学生创新意识与创新能力的培养。我们还强调一些重要的定义、定理和公式的物理与几何内涵,既强调它们在数学上的作用,也强调它们在物理或几何上的解释。这样做能使得数学专业的学生认识到数学在作为一门自然科学语言使用时所具有的精确描述能力,也能使他们认识到数学应用的广泛性,从而激发学生学习数学的浓厚兴趣;在应用公式解决实际问题时采用数学建模的观点与方法,即强调“分析实际问题(抽象简化)→建立数学模型(转化成数学问题)→获得数学解(应用公式和算法)→解释实际问题(讨论解的合理性)”的解题过程。例如在线性微分方程中,对弹性振子运动的建模与分析,对 R－L－C 回路中电流随时间变化规律的分析等,这样做将有利于培养数学专业学生对实际问题提炼、抽象成数学问题的能力。

本书在第 6 章对离散动力系统作了简单介绍,重点是一维映射的性质及不动点与周期轨的讨论。这是因为近年来,离散动力系统发展迅速,其在生态学、计算机网络等领域有大量的应用。而作为数学专业本科生,应该对微分方程学科的最新发展动态与最新研究领域、内容和方法有所了解。

本书第 0、1、2、3 章由彭临平教授执笔,第 4、5、6 章由李翠萍教授执笔,全书由郑志明教授、李翠萍教授与郭定辉教授统稿。

虽然本书的每一位编者都长期从事微分方程及相关领域的教学与研究,但是不妥与错误之处在所难免,真诚地希望有关专家、读者给予批评指正。

编　者

2015 年 6 月

目 录

第 0 章

绪　　论

自然科学和工程技术中的许多现象都可以用微分方程作为其数学模型来描述. 下面我们介绍有关方面的几个实例,见[1,2].

§0.1　微分方程的例子

例 1　一容器在开始时盛有盐水 100 L,其中含净盐 10 kg. 现以每分钟3 L的速率注入清水,同时以每分钟 2 L 的速率将冲淡的溶液放出,容器中装有搅拌器使容器中的溶液保持均匀,求实验开始后 1 h 溶液的含盐量.

解　设在实验开始 t min 后容器内含盐 x(单位:kg),求 x 与 t 的函数关系式. 因为在时刻 t,容器内的溶液总量(单位:L)为

$$100+3t-2t=100+t,$$

故此时溶液的浓度(单位:kg/L)为

$$\frac{x}{100+t}.$$

考察从 t 到 $t+\mathrm{d}t$ 这一小段时间. 在这段时间内,放出的溶液为 $2\mathrm{d}t$,因为时间短,浓度改变很小,所以可以认为浓度 $\frac{x}{100+t}$ 保持不变,于是得到**放出的溶液中含盐量微元**

$$\frac{x}{100+t}2\mathrm{d}t.$$

由于容器中的含盐量随时间的增加而减少,所以得到的微分方程为

$$\frac{\mathrm{d}x}{\mathrm{d}t}=\frac{-2x}{100+t},$$

这是一个可分离变量的一阶微分方程(在第1章中会有详细的介绍),于是将其变量分离,得

$$\frac{\mathrm{d}x}{x}=\frac{-2\mathrm{d}t}{100+t},$$

两边积分得

$$\ln x=-2\ln(100+t)+\ln c,$$

故有

$$x=\frac{c}{(100+t)^2}.$$

由题意知当 $t=0$ 时 $x=10$,将其代入上式得 $c=10^5$,因此得到 x 与 t 的函数关系式

$$x=x(t)=\frac{10^5}{(100+t)^2}.$$

在实验开始1 h后,亦即当 $t=60$ min 时,容器内溶液的含盐量为

$$x(60)=\frac{10^5}{160^2}\approx 3.9\ \mathrm{kg}.$$

例2 R-L-C 电路.

R-L-C 电路是由电阻 R、电感 L、电容 C 和电源 $e(t)$ 串联组成的电路,其中 R,L 及 C 为常数,电源电动势 E 是时间 t 的已知函数,即 $E=e(t)$,如图0.1. 试建立当开关K合上后电路中的电流强度随时间的变化关系.

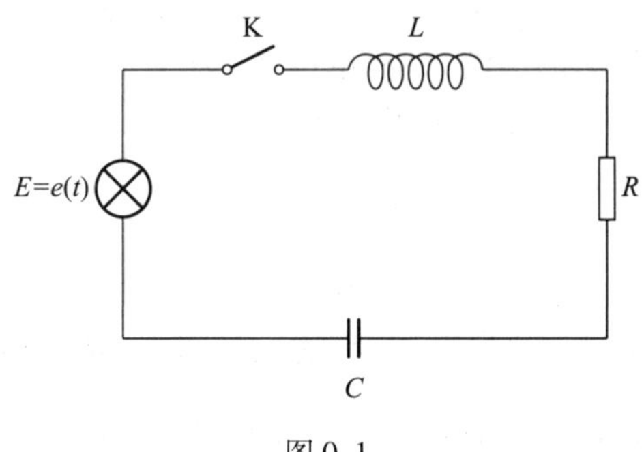

图0.1

解 当开关K合上后,R-L-C 电路中电流经过电感 L、电阻 R 和电容 C. 设两极板间的电压为 U,电感电动势为 E_l,电流强度为 I,电容器上的电量为 $Q(t)$,则

$$I = \frac{dQ}{dt}, \quad U = \frac{Q(t)}{C}, \quad E_l = L\frac{dI}{dt}.$$

由 Kirchhoff(基尔霍夫)第二定律知

$$e(t) = L\frac{dI}{dt} + RI + \frac{Q(t)}{C}.$$

对上式两边求导则有

$$L\frac{d^2I}{dt^2} + R\frac{dI}{dt} + \frac{I}{C} = \frac{de(t)}{dt},$$

即

$$\frac{d^2I}{dt^2} + \frac{R}{L}\frac{dI}{dt} + \frac{I}{LC} = \frac{1}{L}\frac{de(t)}{dt},$$

此即为开关 K 合上后 R－L－C 电路中电流强度随时间的变化规律.

特别地,当电源电动势 $e(t)$ 为常数时,方程变为

$$\frac{d^2I}{dt^2} + \frac{R}{L}\frac{dI}{dt} + \frac{I}{LC} = 0.$$

进一步,若电路中不含电阻,即 $R=0$,则方程变为

$$\frac{d^2I}{dt^2} + \frac{I}{LC} = 0.$$

例 3 单摆(力学模型).

数学摆是系于一根长度为 l 的线上而质量为 m 的质点 M 受重力的作用,在垂直于地面的平面上做圆周运动,如图 0.2 所示,试确定摆的运动方程.

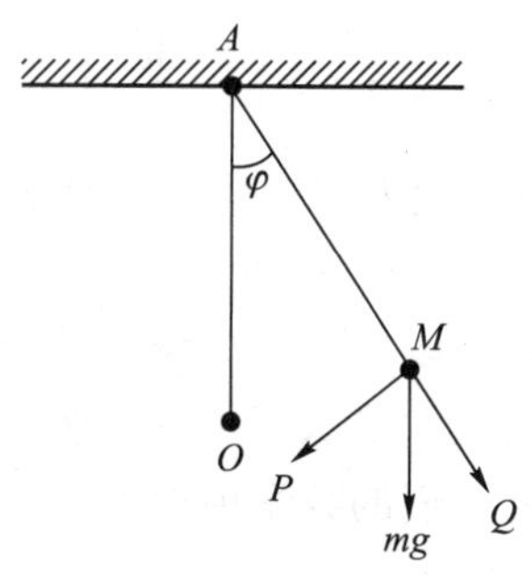

图 0.2

解 取逆时针运动的方向作为计算摆与铅垂线所成的角 φ 的正方向. 质点 M 沿圆周切方向的速度为 $v = l\frac{d\varphi}{dt}$. 作用于质点 M 的重力 mg 将摆拉回平衡位置 O. 把重力 mg 分解成两个分量 $\overrightarrow{MQ}$ 和 $\overrightarrow{MP}$,第一个分量 $\overrightarrow{MQ}$ 沿着半径 AM 的方向,与线的拉力相抵消,它不会引起质点的速度 v 的数值的改变;第二个分量 $\overrightarrow{MP}$ 沿着

圆周的切线方向,它引起质点的速度 v 的数值的改变. 因为$\overrightarrow{MP}$总是使质点 M 向着平衡位置 O 的方向运动,即当角 φ 为正时,向减少 φ 的方向运动;当角 φ 为负时,向增大 φ 的方向运动,所以$\overrightarrow{MP}$的数值等于 $-mg\sin\varphi$. 因此,摆的运动方程是

$$m\frac{\mathrm{d}v}{\mathrm{d}t}=-mg\sin\varphi,$$

即

$$\frac{\mathrm{d}^2\varphi}{\mathrm{d}t^2}=-\frac{g}{l}\sin\varphi.$$

如果只研究摆的微小振动,即当 φ 比较小时,我们可以取 $\sin\varphi$ 的近似值 φ,代入方程,得到微小振动时摆的运动方程

$$\frac{\mathrm{d}^2\varphi}{\mathrm{d}t^2}+\frac{g}{l}\varphi=0.$$

如果我们假设摆是在黏性的介质中运动,那么沿着摆的运动方向就存在一个与速度成比例的阻力. 如果阻力系数是 μ,则摆的运动方程变为

$$\frac{\mathrm{d}^2\varphi}{\mathrm{d}t^2}+\frac{\mu}{m}\frac{\mathrm{d}\varphi}{\mathrm{d}t}+\frac{g}{l}\varphi=0.$$

如果沿着摆的运动方向恒有一个外力 $F(t)$ 作用于它,这时摆的运动称为**强迫微小振动**,其方程为

$$\frac{\mathrm{d}^2\varphi}{\mathrm{d}t^2}+\frac{\mu}{m}\frac{\mathrm{d}\varphi}{\mathrm{d}t}+\frac{g}{l}\varphi=\frac{1}{ml}F(t).$$

当要确定摆的某一特定运动时,我们需要给出摆的初始状态

$$t=0,\quad \varphi=\varphi_0,\quad \frac{\mathrm{d}\varphi}{\mathrm{d}t}=\omega_0,$$

这里 φ_0 代表摆的初始位置,ω_0 代表摆的初始角速度.

上述电路中的电流强度及单摆中的角度随时间变化的现象从表面上看是完全不相关的,但实质上它们均可以用同一类型的微分方程进行描述,而关于模型的求解等数学过程完全一样,因此要认识了解自然界的一些现象,并对其未来的发展趋势进行预测,只要研究它们的数学模型就可以了.

§0.2 微分方程的基本概念

0.2.1 常微分方程与偏微分方程

所谓微分方程就是联系着自变量、未知函数及其导数或微分的关系式. 如果

在微分方程中,自变量只有一个,则称这种方程为**常微分方程**;如果自变量的个数多于一个,则称为**偏微分方程**.

如在前面的实例中建立起来的微分方程都是常微分方程.

下面是几个微分方程的例子:

$$y^2\mathrm{d}x+x\mathrm{d}y=0 \qquad \text{(变量分离方程)},$$

$$\frac{\mathrm{d}y}{\mathrm{d}x}=p(x)y^2+q(x)y+r(x) \qquad \text{(Riccati(里卡蒂)方程)},$$

$$x^2\frac{\mathrm{d}^2y}{\mathrm{d}x^2}+x\frac{\mathrm{d}y}{\mathrm{d}x}+(x^2-n^2)y=0 \qquad \text{(n 阶 Bessel(贝塞尔)方程)},$$

$$y=x\frac{\mathrm{d}y}{\mathrm{d}x}+f\left(\frac{\mathrm{d}y}{\mathrm{d}x}\right),\text{ 其中 } f(p) \text{ 为 } p \text{ 的连续函数} \qquad \text{(Clairaut(克莱罗)方程)},$$

$$\frac{\partial^2u}{\partial x^2}+\frac{\partial^2u}{\partial y^2}+\frac{\partial^2u}{\partial z^2}=0 \qquad \text{(Laplace(拉普拉斯)方程)},$$

$$\frac{\partial u}{\partial t}=a^2\left(\frac{\partial^2u}{\partial x^2}+\frac{\partial^2u}{\partial y^2}+\frac{\partial^2u}{\partial z^2}\right) \qquad \text{(热传导方程)},$$

$$\frac{\partial^2u}{\partial t^2}=a^2\left(\frac{\partial^2u}{\partial x^2}+\frac{\partial^2u}{\partial y^2}+\frac{\partial^2u}{\partial z^2}\right) \qquad \text{(波动方程)},$$

其中前四个是常微分方程,后三个是偏微分方程.本书中我们着重研究常微分方程,有时为方便起见,在不致混淆的前提下也将常微分方程简称为**微分方程**或**方程**.在微分方程中,必定含有的项是未知函数关于自变量的导数,否则不能称其为微分方程,其中出现的**导数的最高阶数**称为该微分方程的**阶数**.

一般 n 阶微分方程的形式为

$$F\left(x,y,\frac{\mathrm{d}y}{\mathrm{d}x},\cdots,\frac{\mathrm{d}^ny}{\mathrm{d}x^n}\right)=0. \tag{0.1}$$

但在实际讨论中,常将其写成所谓的标准形式

$$\frac{\mathrm{d}^ny}{\mathrm{d}x^n}=f\left(x,y,\cdots,\frac{\mathrm{d}^{n-1}y}{\mathrm{d}x^{n-1}}\right), \tag{0.2}$$

即方程的左边只有系数为 1 的未知函数的最高阶导数(n 阶导数),而方程的右边为含有自变量、未知函数及其低于 n 阶的导数的已知函数.

0.2.2 线性和非线性微分方程

若方程(0.1)中的函数 F 是关于 $y,\frac{\mathrm{d}y}{\mathrm{d}x},\cdots,\frac{\mathrm{d}^ny}{\mathrm{d}x^n}$的一次多项式,则称其为 **$n$ 阶线性微分方程**,它的一般形式为

$$a_0(x)y^{(n)}+a_1(x)y^{(n-1)}+\cdots+a_{n-1}(x)y'+a_n(x)y=f(x),$$

其中 $y^{(i)}=\dfrac{\mathrm{d}^i y}{\mathrm{d}x^i}(i=1,2,\cdots,n)$. 不是线性方程的微分方程称为**非线性微分方程**,如

$$\frac{\mathrm{d}^2\varphi}{\mathrm{d}t^2}=-\frac{g}{l}\sin\varphi.$$

0.2.3 解和隐式解(积分)

如果把函数 $y=f(x)$ 代入方程(0.1)后,能使(0.1)式为恒等式,则称函数 $y=f(x)$ 为方程(0.1)的**解**. 但有时会遇到所求方程的解无法写成显式,如果由关系式 $\Phi(x,y)=0$ 确定的隐函数 $y=f(x)$ 是方程的解,则称 $\Phi(x,y)=0$ 为方程(0.1)的**隐式解**,这种隐式解也称为方程(0.1)的积分.

例 1 方程 $\dfrac{\mathrm{d}y}{\mathrm{d}x}=\dfrac{2x}{1+\mathrm{e}^y}$ 有隐式解

$$y+\mathrm{e}^y-x^2=C,$$

这里 C 为任意常数.

无论是显式解还是隐式解,我们不加区分地称为方程的解.

例 2 方程 $\dfrac{\mathrm{d}y}{\mathrm{d}x}=\dfrac{y}{x}+\sin x$ 有解

$$y=x\left(C+\int\frac{\sin x}{x}\mathrm{d}x\right),$$

其中 C 为任意常数,而 $\displaystyle\int\frac{\sin x}{x}\mathrm{d}x$ 不是初等函数.

0.2.4 通解、定解问题和特解

对于 n 阶微分方程,如果它的解的表达式 $y=\varphi(x;C_1,C_2,\cdots,C_n)$ 含有 n 个相互独立的任意常数 $C_1,C_2,\cdots,C_n$,则称此解为方程的**通解**. 这里 φ 关于 $C_1,C_2,\cdots,C_n$ 为独立的含义是指在 $(x,C_1,C_2,\cdots,C_n)\in\mathbf{R}^{n+1}$ 的某个邻域中有

$$\begin{vmatrix}\dfrac{\partial\varphi}{\partial C_1} & \dfrac{\partial\varphi}{\partial C_2} & \cdots & \dfrac{\partial\varphi}{\partial C_n}\\ \dfrac{\partial\varphi'}{\partial C_1} & \dfrac{\partial\varphi'}{\partial C_2} & \cdots & \dfrac{\partial\varphi'}{\partial C_n}\\ \vdots & \vdots & & \vdots\\ \dfrac{\partial\varphi^{(n-1)}}{\partial C_1} & \dfrac{\partial\varphi^{(n-1)}}{\partial C_2} & \cdots & \dfrac{\partial\varphi^{(n-1)}}{\partial C_n}\end{vmatrix}\neq 0.$$

注 1 φ 关于 $C_1,C_2,\cdots,C_n$ 的独立性的实质在于方程存在唯一满足条件

的解.

例 3　$y''=2x$ 的通解为 $y=\frac{1}{3}x^3+C_1x+C_2$,但 $y=\frac{1}{3}x^3+C_1+C_2$ 不是它的通解.

注　通解并不一定就包含了方程的所有解. 如 Clairaut 方程

$$y = xy' + f(y') \qquad (\text{其中} f(p) \text{ 为 } p \text{ 的连续函数}),$$

有通解 $y=Cx+f(C)$, 其中 C 为任意常数. 但此方程还有一个奇解,即从方程组 $\begin{cases} x+f'(p)=0, \\ y=px+f(p) \end{cases}$ 中消去 p 得到的解,不被包括在它的通解中.

当微分方程的通解中的任意常数取特定值时就得到了**特解**,因此要确定它的某个特解,还必须给出该特解所满足的某种条件,这种条件就称为**定解条件**. 由于实际情况的差异,常见的定解条件有两种:一种是初始条件,另一种是边界条件.

所谓**初始条件**是指当自变量在其区间上取某一给定值时,未知函数及它的低于方程阶数的导函数应取给定的数值. 对于方程的初始条件一般具有下列形式:

$$y(x_0) = y_0, \quad y'(x_0) = y'_0, \cdots, y^{(n-1)}(x_0) = y_0^{(n-1)},$$

其中 $y_0, y'_0, \cdots, y_0^{(n-1)}$ 为给定的常量.

所谓**边界条件**一般是指当自变量取其变化区间的两个端点时,未知函数以及可能还有它的一些低于方程阶数的导函数在其中一个端点或两个端点处取给定的值.

例如,对于二阶方程

$$y'' = f(x,y,y'), \quad a \leqslant x \leqslant b,$$

给出的边界条件可以是

$$y(a) = y_0, \quad y(b) = y_1,$$

或者为

$$y(a) = y_0, \quad y'(b) = y_1,$$

等等.

注　定解条件的个数应与方程的阶数相同.

所谓**定解问题**就是求满足微分方程定解条件的解的问题. 求满足微分方程初始条件解的问题称为**初值问题**,或称为 **Cauchy(柯西)问题**,如 §0.1 中的例 1,即为初值问题. 而求出满足微分方程边界条件的解的问题称为**边值问题**,如经常出现在数学物理问题中的 Sturm-Liouville(施图姆-刘维尔)型边值问题

$$(p(x)u')' + (q(x) + \lambda r(x))u = g(x),$$

$$\begin{cases}\alpha_1 u(a)+\alpha_2 p(a)u'(a)=\eta_1,\\ \beta_1 u(b)+\beta_2 p(b)u'(b)=\eta_2,\end{cases}$$

其中p,q,r,g均为$[a,b]$上的已知函数,λ为参数,$\alpha_i,\ \beta_i,\ \eta_i(i=1,\ 2)$为给定常数.

满足微分方程定解条件的解(亦即定解问题的解)称为该方程的**特解**.

0.2.5 积分曲线

设D为平面上的区域(连通开集),考虑微分方程

$$\frac{\mathrm{d}y}{\mathrm{d}x}=f(x,y),(x,y)\in D, \tag{0.3}$$

其中$f(x,\ y)$在D中连续. $y=\varphi(x)$为方程的解,它的几何表示是D中的一条光滑曲线且在其上的点$(x,\ \varphi(x))$处切线的斜率等于$f(x,\ \varphi(x))$,我们称此光滑曲线为方程(0.3)的**一条积分曲线**. 对于方程的通解$y=\varphi(x,\ C)$,当C变动时,它表示D中的一族曲线,称这族曲线为方程(0.3)的**积分曲线族**. 于是满足微分方程初始条件$y(x_0)=y_0$的特解就表示这族曲线中通过点$(x_0,y_0)\in D$的那条积分曲线. 此外,在方程的积分曲线上的任一点$(x,\ \varphi(x))$处,其切线斜率$\varphi'(x)$正好等于函数$f(x,\ y)$在该点处的函数值$f(x,\ \varphi(x))$. 反之,如果对于D中的一条光滑曲线$y=\varphi(x)$,在其上任一点处的切线斜率$\varphi'(x)$刚好就是函数$f(x,\ y)$在该点处的值$f(x,\ \varphi(x))$,则此曲线必定是方程的一条积分曲线.

0.2.6 切线场

在D中的每一点$(x,\ y)$处,画上斜率为$f(x,\ y)$的一条小直线段,我们把每点都有一小直线段的区域D称为由方程(0.3)定义的**切线场**,如图0.3. 因此求方程过点$(x,\ y)$的积分曲线,就是在区域D中找出一条过点$(x,\ y)$的光滑曲线,使得在它上面每一点处的切线与在该点处的小直线段一致.

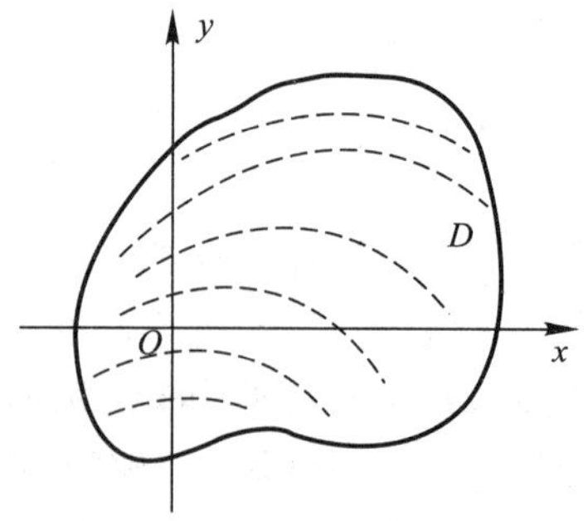

图0.3

在切线场中,具有相互平行的小直线段的点的几何轨迹称为**等斜线**. 对于方程(0.3)来说,其斜率等于 k 的等斜线方程为

$$f(x, y) = k.$$

当参数 k 取一系列充分接近的值时,就可以得到足够密集的等斜线族. 利用这些等斜线就可以近似地作出方程的积分曲线. 如果想要更精确地作出积分曲线,还必须进一步弄清楚积分曲线的极值点和拐点等. 显然,极值点和拐点如果存在的话,一般地,它们将分别满足方程

$$f(x, y) = 0, \quad \frac{\partial f(x, y)}{\partial x} + \frac{\partial f(x, y)}{\partial y} f(x, y) = 0.$$

例 4 $\frac{\mathrm{d}y}{\mathrm{d}x} = 2 + xy.$

解 令 $2 + xy = k$,则该方程的等斜线为双曲线. 特别当 $k = 2$ 时,双曲线退化为 x 轴和 y 轴,即积分曲线在 x 轴和 y 轴上有相同的切线方向.

$k = 0$ 对应着函数极值点曲线 $xy = -2$. 进一步分析可知,在双曲线 $xy = -2$ 上,$y'' = y + x(2 + xy) = y$,因此双曲线上半支取得极小值,下半支取得极大值. 拐点曲线为 $y = -\frac{2x}{1 + x^2}$.

综合上面的信息即可得到方程的近似积分曲线图(图 0.4).

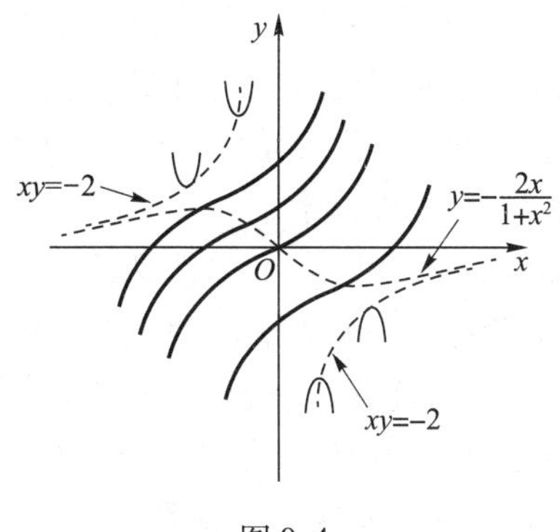

图 0.4

§0.3 微分方程的发展和问题

常微分方程是研究自然科学、工程技术及社会科学中系统演化规律最为基本的数学理论和方法,更具体地讲是用微积分的思想,结合线性代数,解析几何和普通物理学的知识,来解决数学理论本身和其他学科中出现的若干最重要也

是最基本的微分方程问题. 物理、化学、生物、工程、航空航天、医学、经济和金融等领域中的许多原理和规律都可以用常微分方程来描述. 如牛顿运动定律、万有引力定律、能量守恒定律、人口发展规律、生态种群竞争、疾病传染、基因变异、股票的涨跌趋势、利率的浮动、市场均衡价格的变化等,对这些规律的描述、认识和分析就可以归结为对相应的常微分方程数学模型的研究,因此常微分方程理论是很多数学分支乃至其他学科的基础.

历史上对常微分方程的研究分为以下几个阶段(具体参见[3]):

1. 求通解时代. 发展初期一般是解方程,求具体的微分方程的通解.

2. 求定解时代. Liouville 在 1841 年证明了 Riccati 方程不存在一般的初等解,从而结束了求通解时代,加上 Cauchy 初值问题的提出,常微分方程求解步入求定解时代. 首先,常微分方程定解问题包括初边值问题的解的存在性、唯一性等解的性质的研究. 其次是针对线性微分方程,特别是一些特殊的二阶线性微分方程,通过定义一些特殊函数如 Bessel(贝塞尔)函数、Legendre(勒让德)多项式来求解,这促进了微分方程解析理论的发展.

19 世纪末,天体力学中的太阳系稳定性问题迫使人们研究常微分方程解的大范围性态,从而使对常微分方程的研究从"求定解问题"进入了"求所有解"的新时代.

俄罗斯数学家 Lyapunov(李雅普诺夫)提出了运动稳定性,即关于方程解的初值扰动不影响原方程解的趋向问题. 之后,有很多学者围绕运动稳定性进行了大量的研究,并取得了许多研究成果,目前,运动稳定性方面的理论发展已比较成熟,且被广泛地应用在天文、工程技术中.

法国数学家 Poincaré(庞加莱)创立了定性理论,而且研究了常微分方程解的大范围性态,解决了许多相关问题. 目前在微分方程的定性理论、分岔理论等方面已取得很多研究成果,与此有关的一个著名的问题是 Hilbert(希尔伯特)第 16 问题,该问题是 1900 年在第二届国际数学家大会上,由著名数学家 Hilbert 提出的,其中问题的后半部分是平面 n 次多项式系统

$$\begin{cases}\dfrac{\mathrm{d}x}{\mathrm{d}t}=P(x,y),\\[2mm]\dfrac{\mathrm{d}y}{\mathrm{d}t}=Q(x,y)\end{cases}$$

(其中 $P(x,\ y)$, $Q(x,\ y)$ 为次数不超过 n 次且其中至少有一个是 n 次多项式)的极限环(即孤立的闭轨)个数的最小上界 $H(n)$ 是多少? 极限环相对位置关系如何? 一个多世纪,特别是最近几十年以来,围绕此问题展开了大量的研究工作,发现并证明了许多有趣的结论. 如 Ilyashenko(伊利亚先科)和 Écalle(埃卡

勒)修补证明了 Dulac(迪拉克)有限性定理:一个给定的 n 次多项式系统的极限环个数有限. 但对全体 n 次多项式系统而言,其极限环个数的一致上界如何估计? 可否认为是有限的? 即便对 $n=2$ 这种最简单的非线性情形,极限环个数的一致上界估计至今仍是一个未知的问题. 著名动力学专家 Smale(斯梅尔)认为 $H(n)$ 的研究可能是 Hilbert 问题中最困难的一个. 尽管如此,至今仍有许许多多的数学工作者孜孜不倦辛勤地奋战在这个领域,期待在不久的将来能够解决此问题.

第0章　习题

1. 指出下列方程中,哪些是微分方程,并说明它们的阶数.

(1) $\mathrm{d}y-y^{\frac{1}{2}}\mathrm{d}x=0$;

(2) $y^2=2y+x$;

(3) $\dfrac{\mathrm{d}^2y}{\mathrm{d}x^2}+3y=\mathrm{e}^{2x}$;

(4) $\dfrac{\mathrm{d}^3y}{\mathrm{d}x^3}+\dfrac{\mathrm{d}y}{\mathrm{d}x}=3x$.

2. 指出下列微分方程的阶数,并判断方程是否为线性的.

(1) $y'''-5xy'=\mathrm{e}^x+1$;

(2) $xy''+x^2y'-\sqrt{y}\sin x=x^2-x+1$;

(3) $\cos x\cdot y'''+\mathrm{e}^{y'}+y^2=0$;

(4) $y'+\sin y+3x=0$.

3. 验证下列函数是否为相应的微分方程的解,是通解还是特解.

(1) $xy'=2y, y=cx^2, y=x^2$;

(2) $y''=-y, y=\sin x, y=3\sin x-4\cos x$;

(3) $y'=2y, y=\mathrm{e}^x, y=c\mathrm{e}^{2x}$;

(4) $y'=\mathrm{e}^{x-y}$, $y=\ln(c+\mathrm{e}^x)$, $y=x$.

4. 判断下列函数是否是初值问题 $\begin{cases}y''+4y=0,\\y(0)=0,\\y'(0)=1\end{cases}$ 的解.

(1) $y_1=\sin 2x$;

(2) $y_2=x$;

(3) $y_3=\dfrac{1}{2}\sin 2x$.

5. 证明 $y=\dfrac{1}{x^2-1}$ 是 $y'+2xy^2=0$ 在 $I=(-1,1)$ 上的解,但不是在包含 I 的更大区间上的解.

6. 求微分方程$\frac{dy}{dx}=3x^2$的通解,并分别求满足下列条件的特解.

(1) 通过点(2,1);

(2) 与直线 $y=x$ 相切;

(3) 与直线 $y=-3x+1$ 正交.

7. 求一曲线方程,使曲线上任一点平分过该点的法线在两坐标轴之间的线段.

8. 求与曲线族 $y=e^{cx}$ 正交的曲线族的方程.

9. 质量为 m 的物体在重力的作用下,沿铅直线下落,物体下落距离 s(向下为正)随时间而改变,在不考虑空气阻力条件下,试求出距离 s 应满足的微分方程.

第1章

初等积分法

本章将介绍某些类型的常微分方程的初等解法. 初等解法也称为**初等积分法**,即将微分方程的求解问题转化为求积分,通过有限次运算将方程的解(显式或隐式)用初等函数或积分表示出来. 对于一般的微分方程,并没有初等解法,能够求解的方程的类型非常有限. 尽管如此,但它们却代表了实际问题中出现的微分方程的相当部分,因此掌握这类方程的解法仍然有着重要的意义. 同时本章介绍的方法也是求解常微分方程的最基本的方法,它是进一步学习和研究的基础.

§1.1 变量分离方程

1.1.1 变量分离方程与变量分离法

形如 $\frac{\mathrm{d}y}{\mathrm{d}x}=f(x)g(y)$ 的微分方程称为**变量分离方程**. 为后续计算方便,在此假设 $f(x)$, $g(y)$ 分别是 x,y 的连续函数.

下面介绍变量分离方程的求解方法即变量分离法.

1. 当 $g(y)\neq 0$ 时,方程变形为

$$\frac{\mathrm{d}y}{g(y)}=f(x)\mathrm{d}x,$$

方程两边积分得原方程的通解

$$\int\frac{1}{g(y)}\mathrm{d}y=\int f(x)\mathrm{d}x+C,$$

此处 $\int \frac{1}{g(y)}\mathrm{d}y$ 与 $\int f(x)\,\mathrm{d}x$ 分别表示 $\frac{1}{g(y)}$, $f(x)$ 的某一个原函数，C 为使得上述等式成立的任意常数.

2. 若有 y_0 使 $g(y_0)=0$，则 $y=y_0$ 也是方程的解.

需要注意的是，最后要检验通解是否包含了 $y=y_0$，如果没有包含的话要添加进去.

根据变量分离方程的特点，首先通过运算将其变量完全分离开来，然后再积分求方程的通解，称此方法为**变量分离法**.

例 1 解方程 $\frac{\mathrm{d}y}{\mathrm{d}x}=2x(1-y^2)^{\frac{1}{2}}$.

解 此方程为变量分离方程.

当 $y\neq\pm1$ 时，分离变量得 $(1-y^2)^{-\frac{1}{2}}\mathrm{d}y=2x\mathrm{d}x$，

两边积分，得 $\arcsin y=x^2+C$.

即 $y=\sin(x^2+C)$，其中 C 为任意常数.

显然此通解不包含 $y=\pm1$，因此要补充进去.

故原方程的通解为 $y=\sin(x^2+C)$，其中 C 为任意常数，此外 $y=\pm1$ 也为方程的解.

例 2 解方程 $y^2\mathrm{d}x+(x+1)\mathrm{d}y=0$，并求满足初始条件 $x=0,y=1$ 的解.

解 当 $(x+1)y\neq0$ 时，变量分离得 $\frac{\mathrm{d}y}{y^2}=-\frac{\mathrm{d}x}{x+1}$.

两边积分得

$$-\frac{1}{y}=-\ln|x+1|+C_1,$$

即

$$y=\frac{1}{\ln|x+1|+C}\qquad(\text{其中 }C=-C_1\text{ 为任意常数}),$$

因此原方程的通解为 $y=\frac{1}{\ln|x+1|+C}$，其中 C 为任意常数.

下面来求满足初始条件的特解，将 $x=0,y=1$ 代入通解中，得 $C=1$. 因此所求的特解为 $y=\frac{1}{\ln|x+1|+1}$.

例 3 求方程 $\frac{\mathrm{d}y}{\mathrm{d}x}=p(x)y$ 的通解，其中 $p(x)$ 是 x 的连续函数.

解 当 $y\neq0$ 时，变量分离得 $\frac{\mathrm{d}y}{y}=p(x)\mathrm{d}x$.

两边积分得 $\ln|y| = \int p(x)\,\mathrm{d}x + C_1$ 其中 C_1 为任意常数.

由对数定义得 $y = \pm \mathrm{e}^{C_1} \cdot \mathrm{e}^{\int p(x)\mathrm{d}x}$.

令 $C = \pm \mathrm{e}^{C_1}$ 得 $y = C\mathrm{e}^{\int p(x)\mathrm{d}x}$,其中 C 为非零的任意常数.

易知 $y=0$ 也是方程的解,因此只要将 C 的取值扩充为任意常数即可包含 $y=0$.

因此原方程的通解为 $y = C\mathrm{e}^{\int p(x)\mathrm{d}x}$,其中 C 为任意常数.

1.1.2 可化为变量分离方程的类型

1. 齐次方程

形如$\frac{\mathrm{d}y}{\mathrm{d}x}=g\left(\frac{y}{x}\right)$的方程,称为**齐次方程**,其中 $g(u)$ 是 u 的连续函数. 对于齐次方程作变量替换 $u=\frac{y}{x}$,则原方程变为 $x\frac{\mathrm{d}u}{\mathrm{d}x}+u=g(u)$,整理得 $\frac{\mathrm{d}u}{\mathrm{d}x}=\frac{g(u)-u}{x}$,此方程为变量分离方程,利用变量分离法求其通解,然后再变量还原,即得原方程的通解.

例 4 求齐次方程 $x\frac{\mathrm{d}y}{\mathrm{d}x}=y+\sqrt{x^2-y^2}$的通解.

解 将方程改写为

$$\frac{\mathrm{d}y}{\mathrm{d}x}=\frac{y}{x}+\frac{\sqrt{x^2-y^2}}{x}.$$

当 $x>0$ 时,有

$$\frac{\mathrm{d}y}{\mathrm{d}x}=\frac{y}{x}+\sqrt{1-\left(\frac{y}{x}\right)^2}.$$

令 $u=\frac{y}{x}$,作变量替换,则有

$$\frac{\mathrm{d}y}{\mathrm{d}x}=x\frac{\mathrm{d}u}{\mathrm{d}x}+u,$$

从而原方程变为 $x\frac{\mathrm{d}u}{\mathrm{d}x}=\sqrt{1-u^2}$,此方程为变量分离方程. 当 $1-u^2\neq0$ 时,变量分离得

$$\frac{\mathrm{d}u}{\sqrt{1-u^2}}=\frac{\mathrm{d}x}{x}$$

两边积分得

$$\arcsin u=\ln x+C,$$

当 $x<0$ 时,类似可求得

$$\arcsin u = -\ln(-x) + C,$$

因此原方程的通解为

$$\arcsin\frac{y}{x} = \operatorname{sgn}(x)\ln|x| + C \quad (C\text{ 为任意常数}).$$

其中 $\operatorname{sgn}(x)$ 为 x 的符号函数.

此外,由 $1-u^2=0$,得 $y=\pm x$ 也是方程的解.

例 5 解方程 $\dfrac{dy}{dx}=\dfrac{2xye^{\left(\frac{x}{y}\right)^2}}{y^2+y^2e^{\left(\frac{x}{y}\right)^2}+2x^2e^{\left(\frac{x}{y}\right)^2}}$.

解 此方程不能变量分离,但它是齐次方程,将其变形为

$$\frac{dx}{dy}=\frac{1+e^{\left(\frac{x}{y}\right)^2}+2\left(\frac{x}{y}\right)^2e^{\left(\frac{x}{y}\right)^2}}{2\frac{x}{y}e^{\left(\frac{x}{y}\right)^2}},$$

注意到 $\dfrac{x}{y}$ 项在指数的位置,作变量替换 $u=\dfrac{x}{y}$,则方程变为

$$\frac{du}{dy}=\frac{1+e^{u^2}}{2yue^{u^2}},$$

此方程是变量分离方程,其通解为

$$\ln|y|-\ln(1+e^{u^2}) = \ln|C| \quad (C\text{ 为任意非零常数}).$$

将 $u=\dfrac{x}{y}$ 代入,得原方程的通解为 $y=C\left(1+e^{\left(\frac{x}{y}\right)^2}\right)$,其中 C 为任意非零常数.

2. 可化为齐次方程的方程类型

(1) $\dfrac{dy}{dx}=f(x,y)$.

其中方程右端函数 $f(x,y)$ 是 x 和 y 的零次齐次函数,即有

$$f(tx,ty)=f(x,y).$$

令 $t=\dfrac{1}{x}$,则 $f\left(1,\dfrac{y}{x}\right)=f(x,y)$,因此 $\dfrac{dy}{dx}=f\left(1,\dfrac{y}{x}\right)$ 为齐次方程.

(2) $\dfrac{dy}{dx}=\dfrac{M(x,y)}{N(x,y)}$.

其中 M,N 分别是 x 和 y 的同次齐次函数,即存在 $m\in\mathbf{Z}$,有

$$M(tx,ty)=t^mM(x,y),\ N(tx,ty)=t^mN(x,y).$$

令 $t=\dfrac{1}{x}$,则 $M\left(1,\dfrac{y}{x}\right)=\dfrac{1}{x^m}M(x,y)$,$N\left(1,\dfrac{y}{x}\right)=\dfrac{1}{x^m}N(x,y)$,所以

$$\frac{\mathrm{d}y}{\mathrm{d}x}=\frac{x^m M\left(1,\frac{y}{x}\right)}{x^m N\left(1,\frac{y}{x}\right)},$$

即

$$\frac{\mathrm{d}y}{\mathrm{d}x}=\frac{M\left(1,\frac{y}{x}\right)}{N\left(1,\frac{y}{x}\right)},$$

此为齐次方程.

（3）形如$\frac{\mathrm{d}y}{\mathrm{d}x}=f\left(\frac{a_1x+b_1y+c_1}{a_2x+b_2y+c_2}\right)$的方程.

① $c_1=c_2=0$ 时，$\frac{\mathrm{d}y}{\mathrm{d}x}=f\left(\frac{a_1+b_1\frac{y}{x}}{a_2+b_2\frac{y}{x}}\right)$，此为齐次方程.

② 当$\Delta=\begin{vmatrix}a_1 & b_1\\ a_2 & b_2\end{vmatrix}=0$ 时，即有$\frac{a_1}{a_2}=\frac{b_1}{b_2}=k$，则方程可写成

$$\frac{\mathrm{d}y}{\mathrm{d}x}=f\left(\frac{k(a_2x+b_2y)+c_1}{a_2x+b_2y+c_2}\right)=g(a_2x+b_2y).$$

令 $a_2x+b_2y=u$，则方程可化为 $\frac{\mathrm{d}u}{\mathrm{d}x}=a_2+b_2g(u)$，此为变量分离方程.

③ $\begin{vmatrix}a_1 & b_1\\ a_2 & b_2\end{vmatrix}\neq 0$，且 c_1,c_2 不全为零.

可将其转化为情形①，只需解方程组$\begin{cases}a_1x+b_1y+c_1=0,\\ a_2x+b_2y+c_2=0,\end{cases}$设其解为$(\alpha,\beta)$，再作平移变换$\begin{cases}X=x-\alpha,\\ Y=y-\beta,\end{cases}$则原方程化为

$$\frac{\mathrm{d}Y}{\mathrm{d}X}=f\left(\frac{a_1X+b_1Y}{a_2X+b_2Y}\right)=g\left(\frac{Y}{X}\right),$$

此为齐次方程. 此类型的方程的求解步骤如下：

a. 解方程组$\begin{cases}a_1x+b_1y+c_1=0,\\ a_2x+b_2y+c_2=0,\end{cases}$得解为$\begin{cases}x=\alpha,\\ y=\beta;\end{cases}$

b. 作变换$\begin{cases}X=x-\alpha,\\ Y=y-\beta,\end{cases}$将方程化为齐次方程；

c. 再经变换 $u=\frac{Y}{X}$,将齐次方程化为变量分离方程;

d. 求解变量分离方程,最后变量还原即得原方程的通解.

(4) 其他情形

$$yf(xy)\mathrm{d}x+xg(xy)\mathrm{d}y=0,$$

$$x^2\frac{\mathrm{d}y}{\mathrm{d}x}=f(xy),\quad \frac{\mathrm{d}y}{\mathrm{d}x}=xf\left(\frac{y}{x^2}\right),$$

$$M(x,y)(x\mathrm{d}x+y\mathrm{d}y)+N(x,y)(x\mathrm{d}y-y\mathrm{d}x)=0$$

($M(x,y)$,$N(x,y)$ 均为 x,y 的齐次函数)

等方程都可以通过适当的变量替换化为变量分离方程来求解.

注 在求解这一类方程时,关键是根据方程的特点选择适当的变量替换.

例 6 解方程$\frac{\mathrm{d}y}{\mathrm{d}x}=\frac{2y^4+x^4}{xy^3}$.

解 此方程不是变量分离方程,但其右端函数 $\frac{2y^4+x^4}{xy^3}$ 关于 x,y 是零次齐次函数. 作变量替换 $u=\frac{y}{x}$,得

$$u+x\frac{\mathrm{d}u}{\mathrm{d}x}=\frac{2(xu)^4+x^4}{x(xu)^3}.$$

分离变量得

$$x\frac{\mathrm{d}u}{\mathrm{d}x}=\frac{u^4+1}{u^3},$$

其通解为 $\ln|x|-\frac{1}{4}\ln(u^4+1)=-\ln|k|$, 所以 $u^4+1=(kx)^4$, 其中 k 为任意非零常数. 变量还原得原方程的通解为

$$y^4=Cx^8-x^4\quad(C=k^4>0).$$

例 7 解方程$\frac{\mathrm{d}y}{\mathrm{d}x}=\frac{2x-y+1}{x-2y+1}$.

解 解方程组$\begin{cases}2x-y+1=0,\\x-2y+1=0,\end{cases}$得$\begin{cases}x=-\frac{1}{3},\\y=\frac{1}{3}.\end{cases}$令$\begin{cases}X=x+\frac{1}{3},\\Y=y-\frac{1}{3},\end{cases}$代入原方程得

$$\frac{\mathrm{d}Y}{\mathrm{d}X}=\frac{2X-Y}{X-2Y}.$$

再令 $u=\frac{Y}{X}$,则方程变为

$$X\frac{\mathrm{d}u}{\mathrm{d}X}=\frac{2-2u+2u^2}{1-2u}.$$

显然 $2-2u+2u^2\neq0$，分离变量得

$$\frac{1-2u}{2-2u+2u^2}\mathrm{d}u=\frac{\mathrm{d}X}{X},$$

两边积分得

$$-\frac{1}{2}\ln(2-2u+2u^2)=\ln|X|-\ln|k|\quad(k\neq0),$$

从而有 $(2-2u+2u^2)X^2=k^2$，变量还原得 $2Y^2+2X^2-2XY=k^2$，再次变量还原得

$$x^2-xy+y^2+x-y=C\quad\left(C=\frac{k^2}{2}-\frac{1}{3},\ k\neq0\right).$$

因此原方程的通解为

$$x^2-xy+y^2+x-y=C,$$

其中 C 为不等于 $-\frac{1}{3}$ 的任意常数.

习题 1.1

1. 求下列方程满足初始条件的特解.

(1) $\frac{\mathrm{d}y}{\mathrm{d}x}=2xy,\ y(0)=1$;

(2) $\frac{\mathrm{d}y}{\mathrm{d}x}=y(y-1),\ y(0)=1$;

(3) $(y^2+xy^2)\mathrm{d}x-(x^2+yx^2)\mathrm{d}y=0,\ y(1)=-1$;

(4) $y^2\mathrm{d}x+(x+1)\mathrm{d}y=0,\ y(0)=1$.

2. 作适当的变量变换解下列方程.

(1) $\frac{\mathrm{d}y}{\mathrm{d}x}=\frac{1}{(x+y)^2}$;

(2) $\frac{\mathrm{d}y}{\mathrm{d}x}=-\frac{xy+y^2}{x^2+3xy}$;

(3) $(x^2+y^2+1)y\frac{\mathrm{d}y}{\mathrm{d}x}+(x^2+y^2-1)x=0$;

(4) $(2x^2+3y^2-7)x\mathrm{d}x-(3x^2+2y^2-8)\mathrm{d}y=0$;

(5) $(y^2-2xy)\mathrm{d}x+x^2\mathrm{d}y=0$;

(6) $xy'-y=(x+y)\ln\frac{x+y}{x}$.

3. 变量分离方程 $\frac{dy}{dx}=f(x)g(y)$，其中 $f(x)$，$g(y)$ 为连续函数，且 $g(y)\neq 0$，证明：对任意 $(x_0,y_0)\in\mathbf{R}^2$，方程满足 $y(x_0)=y_0$ 的解存在且唯一.
4. 证明：方程 $(ax+by+c_1)dx+(ay-bx+c_2)dy=0(a^2+b^2\neq 0)$ 的积分曲线是对数螺旋线.
5. 设 $f(x)$ 具有连续导数，且满足方程 $f(x)=\int_0^x e^{-f(t)}dt$，求 $f(x)$.
6. 分别求满足下列条件的曲线.
   (1) 通过曲线上任一点 P 的切线 PQ 与向径 OP 的交角等于 $45°$；
   (2) 过点(3,4)且其上每一点的切线斜率等于该点横坐标的 2 倍.
7. 人工繁殖细菌，其增长速度和当时的细菌数成正比.
   (1) 如果经过 4h 后，细菌数为原细菌数的 2 倍，那么经过 12h 后应有多少个?
   (2) 如果在时刻 3 时，有细菌 10^4 个，在时刻 5 时有 4×10^4 个，那么刚开始时有多少个?

§1.2 一阶线性微分方程

1.2.1 一阶线性微分方程与常数变易法

一阶线性微分方程的一般形式为

$$a_0(x)y'+a_1(x)y=f(x).$$

当 $a_0(x)\neq 0$ 时，方程可改写为

$$y'=P(x)y+Q(x). \tag{1.1}$$

这里假设 $P(x)$，$Q(x)$ 在考虑的区间上是 x 的连续函数.

定义 1.1 当 $Q(x)\equiv 0$ 时，上述方程转化为

$$y'=P(x)y, \tag{1.2}$$

称为**一阶齐线性微分方程**.

当 $Q(x)\neq 0$ 时，称(1.1)为**一阶非齐线性微分方程**.

对于一阶齐线性微分方程 $y'=P(x)y$，在前面利用变量分离法已求得其通解为 $y=Ce^{\int P(x)dx}$，其中 C 为任意常数.

考虑到方程(1.2)是方程(1.1)的特殊形式，方程(1.1)的解与方程(1.2)的解有一定的联系，但将方程(1.2)的解直接代入显然不可能满足方程(1.1)，最简单最基本的想法是将方程(1.2)的解中常数 C 变易为待定函数 $C(x)$，代入方程(1.1)，将求 $y(x)$ 的问题转化为求 $C(x)$ 的问题.

将 $y(x)=C(x)e^{\int P(x)dx}$ 代入方程(1.1)中，得关于 $C(x)$ 的微分方程

$$\frac{\mathrm{d}C(x)}{\mathrm{d}x} = Q(x)\mathrm{e}^{-\int P(x)\mathrm{d}x},$$

此方程为变量分离方程. 积分后得

$$C(x) = \int Q(x)\mathrm{e}^{-\int P(x)\mathrm{d}x}\mathrm{d}x + k \quad (k\text{ 是任意常数}).$$

因此原方程的通解为

$$y = \mathrm{e}^{\int P(x)\mathrm{d}x}\left(\int Q(x)\mathrm{e}^{-\int P(x)\mathrm{d}x}\mathrm{d}x + k\right),$$

其中 k 是任意常数.

上述将常数 C 变易为待定函数 $C(x)$，代入微分方程，通过求 $C(x)$ 来求原方程通解的方法称为**常数变易法**.

在求解线性微分方程时，可以用上述公式直接求解，也可以重复常数变易法过程来求解.

例 1 解方程$\frac{\mathrm{d}y}{\mathrm{d}x}-\frac{n}{x}y=\mathrm{e}^x x^n$（$n$ 为常数）.

解 当 $n=0$ 时，此方程为变量分离方程，利用 §1.1 的方法直接求解即可. 当 $n\neq 0$ 时，先求解齐线性微分方程$\frac{\mathrm{d}y}{\mathrm{d}x}-\frac{n}{x}y=0$，得通解为 $y=Cx^n$. 其次利用常数变易法求非齐线性微分方程的通解.

将上述通解中的常数 C 变易为 x 的待定函数 $C(x)$，即 $y = C(x)x^n$，代入原方程得 $C'(x)x^n = \mathrm{e}^x x^n$，解之得

$$C(x) = \mathrm{e}^x + C,$$

原方程的通解为

$$y = x^n(\mathrm{e}^x + C) \quad (C\text{ 为任意常数}).$$

注 在有些题目中当把 y 看作 x 的函数时不是线性微分方程，而将 x 看作 y 的函数时则为线性微分方程，此时我们就将 x 作为因变量，y 作为自变量化为线性微分方程来求解.

例 2 求方程$\frac{\mathrm{d}y}{\mathrm{d}x}=\frac{y}{x+y^3}$的通解.

解 显然这个方程关于 y 是非线性的，且不能将变量分离. 但如果把它写成

$$\frac{\mathrm{d}x}{\mathrm{d}y}=\frac{x+y^3}{y},$$

即

$$\frac{\mathrm{d}x}{\mathrm{d}y}=\frac{1}{y}x+y^2,$$

并将 x 看成未知函数，y 看成自变量，则为一阶线性微分方程，直接利用公式得

原方程的通解为

$$x = e^{\int y^{-1}dy}\left(C_0 + \int y^2 e^{-\int y^{-1}dy}dy\right),$$

即

$$x = y\left(\frac{1}{2}y^2 + C\right),$$

其中 $C = C_0$ 或 $C = -C_0$ 为任意常数. 此外, $y = 0$ 也是方程的解.

例 3 解方程 $\frac{dy}{dx} = 4e^{-y}\sin x - 1$.

解 作变换 $t = e^y$, 则原方程转化为 $\frac{dt}{dx} = -t + 4\sin x$, 为非齐线性微分方程, 易求得该方程的通解为

$$t = 2(\sin x - \cos x) + Ce^{-x},$$

因此原方程的通解为

$$e^y = 2(\sin x - \cos x) + Ce^{-x},$$

其中 C 为任意常数.

1.2.2 可化为线性微分方程的方程

1. Bernoulli 方程

定义 1.2 形如 $\frac{dy}{dx} = P(x)y + Q(x)y^n$ 的方程称为 **Bernoulli(伯努利)方程**, 其中 $n \neq 0, 1$, $P(x)$, $Q(x)$ 为 x 的连续函数.

对于 $y \neq 0$, 方程两边同乘以 y^{-n}, 得

$$y^{-n}\frac{dy}{dx} = P(x)y^{1-n} + Q(x).$$

令 $z = y^{1-n}$, 从而 $\frac{dz}{dx} = (1-n)y^{-n}\frac{dy}{dx}$, 代入上述方程得

$$\frac{dz}{dx} = (1-n)P(x)z + (1-n)Q(x),$$

为一阶线性微分方程. 可按照1.2.1节介绍的方法求解, 然后再代回原来的变量.

此外, 当 $n > 0$ 时, $y = 0$ 也是方程的解.

例 4 解方程 $\frac{dy}{dx} = \frac{x^4 + y^3}{xy^2}$.

解 将方程改写为 $\frac{dy}{dx} = \frac{1}{x}y + x^3y^{-2}$, 此为 $n = -2$ 的 Bernoulli 方程. 方程两边同乘以 y^2, 得

$$y^2\frac{\mathrm{d}y}{\mathrm{d}x}=x^3+\frac{y^3}{x}.$$

令 $z=y^3$,则$\frac{\mathrm{d}z}{\mathrm{d}x}=3y^2\frac{\mathrm{d}y}{\mathrm{d}x}$,代入原方程得

$$\frac{\mathrm{d}z}{\mathrm{d}x}=3x^3+\frac{3z}{x},$$

其通解为

$$z=\mathrm{e}^{\int\frac{3}{x}\mathrm{d}x}\left(\int 3x^3\mathrm{e}^{-\int\frac{3}{x}\mathrm{d}x}\mathrm{d}x+k\right)=x^3(3x+C)\quad(C=\pm k),$$

其中 C 为任意常数. 变量还原得原方程的通解为

$$y^3=x^3(3x+C)\quad(C\text{ 为任意常数}).$$

注 有些方程虽然形式上不是 Bernoulli 方程,但经过变形或变量替换后可化为 Bernoulli 方程,如例 3 还可以如下求解.

例 3 另解 作变换 $t=\mathrm{e}^{-y}$,则$\frac{\mathrm{d}t}{\mathrm{d}x}=t-4t^2\sin x$,为 $n=2$ 的 Bernoulli 方程,易求得该方程的通解为

$$\frac{1}{t}=2(\sin x-\cos x)+C\mathrm{e}^{-x}.$$

所以原方程的通解为

$$\mathrm{e}^y=2(\sin x-\cos x)+C\mathrm{e}^{-x}\quad(C\text{ 为任意常数}).$$

例 5 解方程$\frac{\mathrm{d}y}{\mathrm{d}x}=\frac{1}{xy+x^3y^3}$.

解 将 x 看成因变量,y 看成自变量,方程可改写为

$$\frac{\mathrm{d}x}{\mathrm{d}y}=xy+x^3y^3,$$

此为 $n=3$ 的 Bernoulli 方程.

令 $z=x^{-2}$,将原方程化简为

$$\frac{\mathrm{d}z}{\mathrm{d}y}=-2yz-2y^3,$$

其通解为

$$z=\mathrm{e}^{-y^2}(-y^2\mathrm{e}^{y^2}+\mathrm{e}^{y^2}+C)=-y^2+1+C\mathrm{e}^{-y^2}.$$

变量还原得原方程的通解为

$$(1-x^2+x^2y^2)\mathrm{e}^{y^2}=Cx^2\quad(C\text{ 为任意常数}).$$

2. Riccati 方程

定义 1.3 形如$\frac{\mathrm{d}y}{\mathrm{d}x}=P(x)y+Q(x)y^2+f(x)$ 的方程称为 **Riccati(里卡蒂)**

方程,其中 $P(x)$, $Q(x)$, $f(x)$ 都是 x 的连续函数.

若 $f(x)\equiv 0$,则它是 $n=2$ 的 Bernoulli 方程.

若 $f(x)$ 不恒为零,一般无法精确求解. 但如果已知它的一个特解 $y^*(x)$,作变换 $y=z+y^*$,方程就变为一个关于 z 的 Bernoulli 方程

$$\frac{\mathrm{d}z}{\mathrm{d}x}=[P(x)+2Q(x)y^*(x)]z+Q(x)z^2,$$

从而可求出它的通解.

例 6 解方程 $\frac{\mathrm{d}y}{\mathrm{d}x}+y^2-3y\sin x=\cos x-2\sin^2 x$.

解 显然 $y^*=\sin x$ 为此方程的一个解,作变换 $y=z+y^*$,则方程变为

$$\frac{\mathrm{d}z}{\mathrm{d}x}=z\sin x-z^2.$$

令 $t=\frac{1}{z}$,则有

$$\frac{\mathrm{d}t}{\mathrm{d}x}=-t\sin x+1.$$

此方程的通解为

$$t=\mathrm{e}^{\int -\sin x\mathrm{d}x}\left(\int \mathrm{e}^{\int \sin x\mathrm{d}x}\mathrm{d}x+C\right)=\mathrm{e}^{\cos x}\left(\int \mathrm{e}^{-\cos x}\mathrm{d}x+C\right).$$

变量还原得

$$y-y^*=\frac{1}{\mathrm{e}^{\cos x}\left(\int \mathrm{e}^{-\cos x}\mathrm{d}x+C\right)}.$$

原方程的通解为

$$y=\sin x+\frac{1}{\mathrm{e}^{\cos x}\left(\int \mathrm{e}^{-\cos x}\mathrm{d}x+C\right)}\quad (C\text{ 为任意常数}).$$

此外 $y^*=\sin x$ 是方程的一个特解.

习题 1.2

1. 解方程.

(1) $\frac{\mathrm{d}y}{\mathrm{d}x}+2xy=4x$;

(2) $\frac{\mathrm{d}y}{\mathrm{d}x}-\frac{1}{x-2}y=2(x-2)^2$;

(3) $(2\mathrm{e}^y-x)\frac{\mathrm{d}y}{\mathrm{d}x}=1$;

(4) $x\dfrac{dy}{dx}-2y=2x^4$;

(5) $\dfrac{dy}{dx}+y\tan x=\sec x$;

(6) $x\dfrac{dy}{dx}+(x+1)y=3x^2e^{-x}$;

2. 求下列 Bernoulli 方程的通解.

(1) $\dfrac{dy}{dx}+y=y^2(\cos x-\sin x)$;

(2) $x dy-[y+xy^3(1+\ln x)]dx=0$.

3. 已知 Riccati 方程$\dfrac{dy}{dx}=y^2-\dfrac{2}{x^2}$的一个解为 $y_1(x)=\dfrac{1}{x}$,求方程的通解.

4. 解方程 $\dfrac{dy}{dx}=\dfrac{f'(x)}{g(x)}y^2-\dfrac{g'(x)}{f(x)}$.

5. 分别求满足下列关系式的函数 $y(x)$.

(1) $y(x)=1+x^2+2\int_0^x y(t)dt$;

(2) $\int_0^x y(t)dt+\int_0^x (x-t)[2ty(t)+ty^2(t)]dt=x$.

6. 设曲线积分 $\int_L yf(x)dx+[2xf(x)-x^2]dy$ 在右半平面($x>0$)内与积分路径无关,其中 $f(x)$ 可导,且 $f(1)=1$, 求函数 $f(x)$.

7. 设 $f(x)$ 在$[0,+\infty)$上连续,且 $\lim\limits_{x\to+\infty}f(x)=b$, 又 $a>0$,求证:对方程 $\dfrac{dy}{dx}+ay=f(x)$ 的一切解 $y(x)$, 均有 $\lim\limits_{x\to+\infty}y(x)=\dfrac{b}{a}$.

8. 当 $x\in(-\infty,+\infty)$ 时, $f(x)$ 连续且 $|f(x)|\leqslant M$, 证明

① 方程 $\dfrac{dy}{dx}+y=f(x)$ 在 $(-\infty,+\infty)$ 上存在一个有界解,并求此解.

② 若函数 $f(x)$ 是以 ω 为周期的周期函数,则①中的解也是以 ω 为周期的周期函数.

§1.3 恰当方程与积分因子

考虑微分形式的一阶方程 $M(x,y)dx+N(x,y)dy=0$, 假设 $M(x,y)$, $N(x,y)$ 在某矩形区域 R 内是 x,y 的连续函数,且具有连续的一阶偏导数.

1.3.1 恰当方程

定义 1.4 如果一阶方程

$$M(x,y)dx+N(x,y)dy=0 \tag{1.3}$$

的左端恰好是某个二元函数的全微分,即存在二元函数 $u(x, y)$,满足

$$M(x,y)\mathrm{d}x + N(x,y)\mathrm{d}y \equiv \mathrm{d}u(x,y) = \frac{\partial u}{\partial x}\mathrm{d}x + \frac{\partial u}{\partial y}\mathrm{d}y,$$

则称此方程为**恰当方程**或**全微分方程**,称二元函数 $u(x, y)$ 为方程(1.3)的**恰当函数(原函数)**.

显然恰当方程的通解为 $u(x, y) = C$, C 为任意常数.

下面讨论两个问题:

(1) 对于给定的微分方程(1.3),如何判断其是否为恰当方程?

(2) 如果(1.3)是恰当方程,如何求得恰当函数 $u = u(x, y)$?

定理 1.1 方程(1.3)是恰当方程的充要条件是 $\frac{\partial M}{\partial y} = \frac{\partial N}{\partial x}$.

证 先证必要性.

若 $u = u(x, y)$ 是恰当方程(1.3)的恰当函数,则由恰当方程的定义,有

$$\frac{\partial u}{\partial x} = M(x,y), \tag{1.4}$$

$$\frac{\partial u}{\partial y} = N(x,y). \tag{1.5}$$

将(1.4)式、(1.5)式分别对 y,x 求偏导得

$$\frac{\partial^2 u}{\partial x \partial y} = \frac{\partial M}{\partial y}, \quad \frac{\partial^2 u}{\partial y \partial x} = \frac{\partial N}{\partial x}.$$

由 $M(x,y),N(x,y)$ 的一阶偏导的连续性可知对 $(x, y) \in \mathbf{R}^2$, 有

$$\frac{\partial^2 u}{\partial y \partial x} = \frac{\partial^2 u}{\partial x \partial y},$$

即

$$\frac{\partial M}{\partial y} = \frac{\partial N}{\partial x}.$$

再证充分性.

若对 $(x, y) \in \mathbf{R}^2$ 有 $\frac{\partial M}{\partial y} = \frac{\partial N}{\partial x}$,则由数学分析中的结论易知, $M(x, y)\mathrm{d}x + N(x, y)\mathrm{d}y$ 是 $\mathbf{R}^2$ 内某个二元函数 $u = u(x, y)$ 的全微分,即

$$\mathrm{d}u = M(x, y)\mathrm{d}x + N(x, y)\mathrm{d}y,$$

故方程(1.3)是恰当方程. 证毕.

基于定理 1.1,我们可以对微分形式的方程是否为恰当方程作出判断. 现在的问题是:当已知方程是恰当方程时如何求出恰当函数呢?

由 $\frac{\partial u}{\partial x} = M(x, y)$ 出发,把 y 看作参数,两边关于 x 积分得 $u = \int M(x, y)\mathrm{d}x +$

$\varphi(y)$，其中 $\varphi(y)$ 是 y 的任意可微函数. 下面选择 $\varphi(y)$ 使其满足 $\dfrac{\partial u}{\partial y}=N(x,y)$.

对 $u=\int M(x,y)\mathrm{d}x+\varphi(y)$ 关于 y 求导得

$$\frac{\mathrm{d}\varphi(y)}{\mathrm{d}y}=N(x,y)-\frac{\partial}{\partial y}\int M(x,y)\mathrm{d}x,$$

积分得

$$\varphi(y)=\int\left[N(x,y)-\frac{\partial}{\partial y}\int M(x,y)\mathrm{d}x\right]\mathrm{d}y,$$

从而

$$u(x,y)=\int M(x,y)\mathrm{d}x+\int\left[N(x,y)-\frac{\partial}{\partial y}\int M(x,y)\mathrm{d}x\right]\mathrm{d}y,$$

因此恰当方程的通解为

$$\int M(x,y)\mathrm{d}x+\int\left[N(x,y)-\frac{\partial}{\partial y}\int M(x,y)\mathrm{d}x\right]\mathrm{d}y=C,$$

其中 C 是任意常数.

例 1 解方程 $\left[\dfrac{y^2}{(x-y)^2}-\dfrac{1}{x}\right]\mathrm{d}x+\left[\dfrac{1}{y}-\dfrac{x^2}{(x-y)^2}\right]\mathrm{d}y=0$.

解 令 $M(x,y)=\dfrac{y^2}{(x-y)^2}-\dfrac{1}{x}$，$N(x,y)=\dfrac{1}{y}-\dfrac{x^2}{(x-y)^2}$，则

$$\frac{\partial M}{\partial y}=\frac{2xy}{(x-y)^3}=\frac{\partial N}{\partial x},$$

因此原方程为恰当方程.

下面来求 $u=u(x,y)$，使它满足

$$\frac{\partial u}{\partial x}=\frac{y^2}{(x-y)^2}-\frac{1}{x},\quad \frac{\partial u}{\partial y}=\frac{1}{y}-\frac{x^2}{(x-y)^2},$$

因

$$\begin{aligned}\int M(x,y)\mathrm{d}x&=\int\frac{y^2}{(x-y)^2}\mathrm{d}x-\int\frac{1}{x}\mathrm{d}x\\&=-y^2\frac{1}{x-y}-\ln|x|,\end{aligned}$$

$$\begin{aligned}\int\left[N(x,y)-\frac{\partial}{\partial y}\int M(x,y)\mathrm{d}x\right]\mathrm{d}y&=\int\left[\frac{1}{y}-\frac{x^2}{(x-y)^2}+\frac{2y}{x-y}+\frac{y^2}{(x-y)^2}\right]\mathrm{d}y\\&=\int\left(\frac{1}{y}-1\right)\mathrm{d}y=\ln|y|-y,\end{aligned}$$

所以原方程的通解为

$$\ln\left|\frac{y}{x}\right|-\frac{xy}{x-y}=C \quad (C\text{ 为任意常数}).$$

例 2　解方程 $2(3xy^2+2x^3)\mathrm{d}x+3(2x^2y+y^2)\mathrm{d}y=0.$

解　令 $M(x,y)=2(3xy^2+2x^3)$，$N(x,y)=3(2x^2y+y^2)$，则

$$\frac{\partial M}{\partial y}=12xy=\frac{\partial N}{\partial x},$$

因此原方程为恰当方程.

下面来求 u，使其满足

$$\frac{\partial u}{\partial x}=6xy^2+4x^3,\quad \frac{\partial u}{\partial y}=6x^2y+3y^2.$$

易得 $u=x^4+3x^2y^2+\varphi(y)$，因此

$$\frac{\partial u}{\partial y}=6x^2y+\varphi'(y)=6x^2y+3y^2,$$

于是 $\varphi'(y)=3y^2$，所以 $\varphi(y)=y^3$，将 $\varphi(y)$ 代入上式，得

$$u=x^4+3x^2y^2+y^3,$$

从而原方程的通解为

$$x^4+3x^2y^2+y^3=C \quad (C\text{ 为任意常数}).$$

此题也可用“分项组合”的方法来求解，即把那些本已构成全微分的项分离出来，再把剩下的项凑成全微分，过程如下.

例 2 另解　将例 2 中的方程重新“分项组合”，得

$$(6xy^2\mathrm{d}x+6x^2y\mathrm{d}y)+(4x^3\mathrm{d}x+3y^2\mathrm{d}y)=0,$$

即

$$\mathrm{d}(3x^2y^2)+\mathrm{d}x^4+\mathrm{d}y^3=0,$$

所以原方程的通解为

$$3x^2y^2+x^4+y^3=C,$$

其中 C 为任意常数.

常见的二元函数的全微分：

$$y\mathrm{d}x+x\mathrm{d}y=\mathrm{d}(xy);$$

$$\frac{y\mathrm{d}x-x\mathrm{d}y}{y^2}=\mathrm{d}\left(\frac{x}{y}\right);$$

$$\frac{-y\mathrm{d}x+x\mathrm{d}y}{x^2}=\mathrm{d}\left(\frac{y}{x}\right);$$

$$\frac{y\mathrm{d}x-x\mathrm{d}y}{xy}=\mathrm{d}\left(\ln\left|\frac{x}{y}\right|\right);$$

$$\frac{y\mathrm{d}x-x\mathrm{d}y}{x^2+y^2}=\mathrm{d}\left(\arctan\frac{x}{y}\right);$$

$$\frac{y\mathrm{d}x - x\mathrm{d}y}{x^2 - y^2} = \frac{1}{2}\mathrm{d}\left(\ln\left|\frac{x-y}{x+y}\right|\right).$$

1.3.2 积分因子及求法

对于恰当方程可以利用上面给出的公式或采用分项组合的方法来求出其通解，那么能否将一个非恰当方程化为恰当方程，从而求其通解呢？事实上积分因子就是为了将非恰当方程转化为恰当方程而引进的.

定义 1.5 如果存在连续可微的函数 $\mu = \mu(x,y) \neq 0$，使得

$$\mu(x,\ y)M(x,\ y)\mathrm{d}x + \mu(x,\ y)N(x,\ y)\mathrm{d}y = 0 \tag{1.6}$$

为恰当方程，即存在函数 u，使 $\mu M\mathrm{d}x + \mu N\mathrm{d}y = \mathrm{d}u$，则称 $\mu(x,\ y)$ 为方程(1.3)的**积分因子**. $u(x,\ y) = C$ 是(1.6)的通解，也是原方程(1.3)的通解.

对于同一方程 $y\mathrm{d}x - x\mathrm{d}y = 0$ 可以有不同的积分因子，如$\frac{1}{x^2}$，$\frac{1}{y^2}$，$\frac{1}{xy}$，$\frac{1}{x^2 \pm y^2}$等，因此一般来讲积分因子不唯一，关于积分因子有下列结论.

定理 1.2 若 $\mu(x,\ y)$ 是方程(1.3)的一个积分因子，$u(x,\ y)$ 是方程(1.3)对应于 $\mu(x,y)$ 的恰当函数，则对任意非零连续函数 $\varphi(u)$，$\mu\varphi(u)$ 也是方程(1.3)的积分因子.

证 因为 $\mu(x,\ y)$ 是方程(1.3)的一个积分因子，$u(x,\ y)$ 是方程(1.3)对应于 $\mu(x,\ y)$ 的恰当函数，故有 $\mathrm{d}u = \mu M\mathrm{d}x + \mu N\mathrm{d}y$.

于是对任意连续函数 $\varphi(u) \neq 0$，有

$$\mu\varphi(u)[M\mathrm{d}x + N\mathrm{d}y] = \varphi(u)\mathrm{d}u = \mathrm{d}\int\varphi(u)\mathrm{d}u,$$

故 $\mu\varphi(u)$ 是方程(1.3)的积分因子. 证毕.

需要注意的是，对同一个方程来说，可能由于选取的积分因子不一样，从而使通解具有不同的形式.

下面介绍积分因子的求法.

由函数 $\mu(x,\ y)$ 为方程(1.3)积分因子的充要条件知 $\frac{\partial(\mu M)}{\partial y} = \frac{\partial(\mu N)}{\partial x}$，即

$$N\frac{\partial\mu}{\partial x} - M\frac{\partial\mu}{\partial y} = \left(\frac{\partial M}{\partial y} - \frac{\partial N}{\partial x}\right)\mu, \tag{1.7}$$

这是 μ 成为积分因子所必须满足的一阶线性偏微分方程. 如果想通过解此方程求得积分因子的一般表达式是不现实的，因为这比解原来的常微分方程更难，但是我们只要能求出一些特殊形式的积分因子，便可以解决原常微分方程的求解问题. 因此接下来我们寻求(1.7)的一些特解.

(1) 只与 x(或 y) 有关的积分因子

命题 1　方程存在只与 x(或 y) 有关的积分因子的充要条件是

$$\frac{\frac{\partial M}{\partial y}-\frac{\partial N}{\partial x}}{N}=\psi(x)\left(\text{或}\frac{\frac{\partial M}{\partial y}-\frac{\partial N}{\partial x}}{-M}=\varphi(y)\right),$$

与此相应的积分因子为 $\mu=e^{\int\psi(x)dx}$　(或 $\mu=e^{\int\varphi(y)dy}$).

事实上,若积分因子仅与 x 有关,则(1.7)式变为

$$N\frac{d\mu}{dx}=\left(\frac{\partial M}{\partial y}-\frac{\partial N}{\partial x}\right)\mu,$$

即

$$\frac{d\mu}{\mu}=\frac{\frac{\partial M}{\partial y}-\frac{\partial N}{\partial x}}{N}dx=\psi(x)dx,$$

两边积分,得

$$\ln|\mu|=\int\psi(x)dx+C,$$

$\mu=e^{\int\psi(x)dx}$ 为其一个特解. 类似可求得只与 y 有关的积分因子 $\mu=e^{\int\varphi(y)dy}$.

(2) 给定形式的积分因子

命题 2　方程(1.3)存在给定形式的积分因子 $\mu=\mu(z)$ ($z=z(x,y)$ 具有一阶连续偏导数)的充要条件是

$$\frac{\frac{\partial M}{\partial y}-\frac{\partial N}{\partial x}}{N\frac{\partial z}{\partial x}-M\frac{\partial z}{\partial y}}=f(z),$$

这里 $f(z)$ 是 z 的连续函数.

事实上,因 $\frac{\partial\mu}{\partial x}=\frac{d\mu(z)}{dz}\cdot\frac{\partial z}{\partial x},\frac{\partial\mu}{\partial y}=\frac{d\mu(z)}{dz}\cdot\frac{\partial z}{\partial y}$,将它们代入一阶线性偏微分方程(1.7)得

$$N\frac{d\mu(z)}{dz}\cdot\frac{\partial z}{\partial x}-M\frac{d\mu(z)}{dz}\cdot\frac{\partial z}{\partial y}=\left(\frac{\partial M}{\partial y}-\frac{\partial N}{\partial x}\right)\mu(z),$$

即

$$\frac{d\mu(z)}{\mu(z)}=\frac{\frac{\partial M}{\partial y}-\frac{\partial N}{\partial x}}{N\frac{\partial z}{\partial x}-M\frac{\partial z}{\partial y}}dz=f(z)dz\qquad\left(\text{其中}f(z)=\frac{\frac{\partial M}{\partial y}-\frac{\partial N}{\partial x}}{N\frac{\partial z}{\partial x}-M\frac{\partial z}{\partial y}}\right),$$

与此相应的积分因子为 $\mu(z)=e^{\int f(z)dz}=e^{\int\frac{\frac{\partial M}{\partial y}-\frac{\partial N}{\partial x}}{N\frac{\partial z}{\partial x}-M\frac{\partial z}{\partial y}}dz}$.

例 3 试求齐次方程 $M(x, y)\mathrm{d}x + N(x, y)\mathrm{d}y = 0$ 的一个积分因子.

解 当 $N(x, y) \neq 0$ 时,方程两端乘以 $\dfrac{1}{N(x, y)}$ 得

$$\frac{\mathrm{d}y}{\mathrm{d}x} = -\frac{M(x, y)}{N(x, y)} \equiv -g\left(\frac{y}{x}\right),$$

即

$$g\left(\frac{y}{x}\right)\mathrm{d}x + \mathrm{d}y = 0. \tag{1.8}$$

方法 1 令 $\dfrac{y}{x} = z$,则 $\mathrm{d}y = z\mathrm{d}x + x\mathrm{d}z$,代入方程(1.8)得

$$(g(z) + z)\mathrm{d}x + x\mathrm{d}z = 0,$$

方程两端乘以 $\dfrac{1}{x}$,得

$$\frac{g(z) + z}{x}\mathrm{d}x + \mathrm{d}z = 0.$$

因为

$$\frac{\dfrac{\partial\left(\dfrac{g(z) + z}{x}\right)}{\partial z}}{-\dfrac{g(z) + z}{x}} = -\frac{g'(z) + 1}{g(z) + z} \quad (g(z) + z \neq 0),$$

所以方程存在仅与 z 有关的积分因子,令其为

$$\mu^*(z) = \frac{1}{g(z) + z},$$

从而原方程存在积分因子

$$\mu(x, y) = \frac{1}{N} \cdot \frac{1}{x} \cdot \mu^* = \frac{1}{xM(x, y) + yN(x, y)}$$

$$(xM(x, y) + yN(x, y) \neq 0).$$

注 由定义知,积分因子是将非恰当方程化为恰当方程的过程中在方程两边所乘的所有函数的乘积. 因此例 3 的积分因子是 $\dfrac{1}{N(x,y)}, \dfrac{1}{x}, \dfrac{1}{g(z) + z}$ 三者的乘积.

方法 2 直接利用给定形式的积分因子.

由 $g\left(\dfrac{y}{x}\right)\mathrm{d}x + \mathrm{d}y = 0$, 令 $z = \dfrac{y}{x}$, $\overline{M}(x,y) = g\left(\dfrac{y}{x}\right)$, $\overline{N}(x,y) = 1$,则

$$\frac{\frac{\partial \overline{M}}{\partial y}-\frac{\partial \overline{N}}{\partial x}}{\overline{N}\frac{\partial z}{\partial x}-\overline{M}\frac{\partial z}{\partial y}}=\frac{g'(z)\frac{1}{x}}{-\frac{y}{x^2}-g(z)\frac{1}{x}}=\frac{g'(z)}{-z-g(z)}\quad (z+g(z)\neq 0).$$

于是方程的积分因子为

$$\begin{aligned}\mu(x,y)&=\frac{1}{N(x,y)}\mathrm{e}^{\int -\frac{g'(z)}{z+g(z)}\mathrm{d}z}=\frac{1}{N}\mathrm{e}^{-\int\frac{1}{z+g(z)}\mathrm{d}[z+g(z)]+\int\frac{1}{z+g(z)}\mathrm{d}z}\\&=\frac{1}{N}\cdot\frac{1}{z+g(z)}\cdot\mathrm{e}^{\int\frac{1}{z+g(z)}\mathrm{d}z}=\frac{x}{xM+yN}\mathrm{e}^{\int\frac{xN}{xM+yN}\mathrm{d}\left(\frac{y}{x}\right)},\end{aligned}$$

其中 $xM(x,\ y)+yN(x,\ y)\neq 0$.

定理 1.3 一般方程 $M(x,\ y)\mathrm{d}x+N(x,\ y)\mathrm{d}y=0$ 有形式 $\mu=f(x\pm y)$, $\mu=f(xy)$, $\mu=f\left(\frac{x}{y}\right)$, $\mu=f(x^2\pm y^2)$, $\mu=f(x^\alpha y^\beta)$ 的积分因子的充要条件分别为

$$\frac{\frac{\partial M}{\partial y}-\frac{\partial N}{\partial x}}{N\mp M}=\varphi(x\pm y),\quad \frac{\frac{\partial M}{\partial y}-\frac{\partial N}{\partial x}}{yN-xM}=\varphi(xy),\quad \frac{y^2\left(\frac{\partial M}{\partial y}-\frac{\partial N}{\partial x}\right)}{yN+xM}=\varphi\left(\frac{x}{y}\right),$$

$$\frac{\frac{\partial M}{\partial y}-\frac{\partial N}{\partial x}}{xN\mp yM}=\varphi(x^2\pm y^2),\quad \frac{\frac{\partial M}{\partial y}-\frac{\partial N}{\partial x}}{\frac{\alpha}{x}N-\frac{\beta}{y}M}=\varphi(x^\alpha y^\beta).$$

该定理的推导过程留给读者完成.

例 4 求方程 $\frac{\mathrm{d}y}{\mathrm{d}x}=\frac{y(a_3+a_4x)}{x(a_1+a_2y)}$ 的通解.

解 将方程变形为

$$y(a_3+a_4x)\mathrm{d}x-x(a_1+a_2y)\mathrm{d}y=0. \tag{1.9}$$

令 $z=xy$, $M(x,y)=y(a_3+a_4x)$, $N(x,y)=-x(a_1+a_2y)$, 则

$$\frac{\frac{\partial M}{\partial y}-\frac{\partial N}{\partial x}}{N\frac{\partial z}{\partial x}-M\frac{\partial z}{\partial y}}=\frac{a_3+a_4x+a_1+a_2y}{-x(a_1+a_2y)y-y(a_3+a_4x)x}=-\frac{1}{xy}=-\frac{1}{z},$$

可见方程(1.9)存在积分因子 $\mu=\mathrm{e}^{-\int\frac{1}{z}\mathrm{d}z}=\mathrm{e}^{-\ln z}=\frac{1}{z}$. 在方程(1.9)两端乘以积分因子 μ, 有

$$\frac{a_3+a_4x}{x}\mathrm{d}x-\frac{a_1+a_2y}{y}\mathrm{d}y=0,$$

分离变量得

$$\frac{a_3+a_4x}{x}\mathrm{d}x=\frac{a_1+a_2y}{y}\mathrm{d}y,$$

积分得

$$a_1\ln|y| + a_2y = a_3\ln|x| + a_4x + C,$$

故原方程的通解为

$$\ln\left|\frac{y^{a_1}}{x^{a_3}}\right| + a_2y - a_4x = C,$$

其中 C 为任意常数.

例 5 解方程 $y\mathrm{d}x + (y - x)\mathrm{d}y = 0$.

解 令 $M(x,y) = y, N(x,y) = y - x$,则$\frac{\partial M}{\partial y} = 1, \frac{\partial N}{\partial x} = -1$,显然不是恰当方程.

方法 1 积分因子法.

$\dfrac{\frac{\partial M}{\partial y} - \frac{\partial N}{\partial x}}{-M} = -\dfrac{2}{y}$只与 y 有关,故原方程存在只与 y 有关的积分因子

$$\mu = \mathrm{e}^{\int -\frac{2}{y}\mathrm{d}y} = \frac{1}{y^2}.$$

以$\mu = \frac{1}{y^2}$乘原方程两边得

$$\frac{1}{y}\mathrm{d}x + \frac{1}{y}\mathrm{d}y - \frac{x}{y^2}\mathrm{d}y = 0,$$

即

$$\frac{y\mathrm{d}x - x\mathrm{d}y}{y^2} + \frac{\mathrm{d}y}{y} = 0.$$

故原方程的通解为

$$\frac{x}{y} + \ln|y| = C \quad (C \text{ 为任意常数}).$$

方法 2 观察法.

将原方程改写为 $y\mathrm{d}x - x\mathrm{d}y = -y\mathrm{d}y$,此方程左端存在积分因子 $\mu = \frac{1}{y^2}$,右端只与 y 有关,故以 $\mu = \frac{1}{y^2}$乘以方程两端,得到

$$\frac{y\mathrm{d}x - x\mathrm{d}y}{y^2} = -\frac{1}{y}\mathrm{d}y.$$

所以原方程的通解为

$$\frac{x}{y} + \ln|y| = C \quad (C \text{ 为任意常数}).$$

方法 3 变量替换法.

显然 $y=x$ 不是方程的解，因此原方程变形为 $\frac{dy}{dx}=\frac{y}{x-y}$，其为齐次方程. 令 $z=\frac{y}{x}$，代入得 $x\frac{dz}{dx}+z=\frac{z}{1-z}$，即

$$\frac{1-z}{z^2}dz=\frac{dx}{x},$$

此方程的通解为 $-\frac{1}{z}-\ln|z|=\ln|x|-C$，将 $z=\frac{y}{x}$ 代入，即得

$$\frac{x}{y}+\ln|y|=C \quad (C\text{ 为任意常数}).$$

方法 4 把 x 看作因变量，y 看作自变量，原方程变为线性方程 $\frac{dx}{dy}=\frac{x}{y}-1$，可求得其通解为

$$\frac{x}{y}+\ln|y|=C \quad (C\text{ 为任意常数}).$$

最后，易见 $y=0$ 也是方程的解.

(3) 分组积分因子法

对于一般方程 $M(x,y)dx+N(x,y)dy=0$，往往不容易直接求得它的积分因子，但若能将它的左端分成几组，比如分成如下两组：

$$(M_1dx+N_1dy)+(M_2dx+N_2dy)=0,$$

分别求每组的积分因子 μ_1,μ_2 以及相应的恰当函数 u_1,u_2，则借助于 μ_1,μ_2,u_1,u_2 常可求得整个方程的积分因子.

根据定理 1.2，对于方程第一组和第二组的任意非零连续的积分因子 $\mu_1\varphi(u_1)$，$\mu_2\psi(u_2)$，可以选择 φ,ψ 使其满足 $\mu=\mu_1\varphi(u_1)=\mu_2\psi(u_2)$，则 μ 为整个方程的积分因子. 这种利用分组找积分因子进而求解方程的方法，称为**分组积分因子法**.

例 6 试用分组积分因子法解方程

$$(5xy-3y^3)dx+(3x^2-7xy^2)dy=0.$$

解 将方程的左端分组得 $(5xydx+3x^2dy)-(3y^3dx+7xy^2dy)=0$.

为叙述方便，不妨设 $x>0,y>0$，对于其他情形可类似求解.

第一组有积分因子 $\mu_1(x,y)=\frac{1}{x^2y}$，相应的恰当函数为 $u_1(x,y)=\ln(x^5y^3)$.

第二组有积分因子 $\mu_2(x,y)=\frac{1}{xy^3}$，相应的恰当函数为 $u_2(x,y)=\ln(x^3y^7)$.

取 $\varphi_1(u_1)=\frac{1}{2}e^{\frac{1}{2}u_1}$，$\psi(u_2)=\frac{1}{2}e^{\frac{1}{2}u_2}$，则 $\mu(x,y)=\mu_1\varphi(u_1)=\mu_2\psi(u_2)=\frac{1}{2}x^{\frac{1}{2}}y^{\frac{1}{2}}$ 为原方程的积分因子，相应的恰当方程为

$$\left(\frac{5}{2}x^{\frac{3}{2}}y^{\frac{3}{2}}\mathrm{d}x+\frac{3}{2}x^{\frac{5}{2}}y^{\frac{1}{2}}\mathrm{d}y\right)-\left(\frac{3}{2}x^{\frac{1}{2}}y^{\frac{7}{2}}\mathrm{d}x+\frac{7}{2}x^{\frac{3}{2}}y^{\frac{5}{2}}\mathrm{d}y\right)=0,$$

即

$$\mathrm{d}(x^{\frac{5}{2}}y^{\frac{3}{2}})-\mathrm{d}(x^{\frac{3}{2}}y^{\frac{7}{2}})=0,$$

所以此方程的通解为 $x^{\frac{5}{2}}y^{\frac{3}{2}}-x^{\frac{3}{2}}y^{\frac{7}{2}}=C$($C$ 为任意常数).

易知 $x>0$ 时,$x^{\frac{5}{2}}|y|^{\frac{3}{2}}-x^{\frac{3}{2}}|y|^{\frac{7}{2}}=C$;

$x<0$ 时,$(-x)^{\frac{5}{2}}|y|^{\frac{3}{2}}+(-x)^{\frac{3}{2}}|y|^{\frac{7}{2}}=C$,

因此原方程的通解为

$$|x|^{\frac{5}{2}}|y|^{\frac{3}{2}}-\operatorname{sgn}(x)|x|^{\frac{3}{2}}|y|^{\frac{7}{2}}=C.$$

此外,$y=0$ 也是方程的解.

注 用分组积分因子法求解较复杂的方程时,应注意以下两点:

其一,适当地分组,以便各组的积分因子及相应的恰当函数易于求出(如例6);

其二,适当选取 $\varphi(u_1)$ 和 $\psi(u_2)$,使 $\mu_1\varphi(u_1)=\mu_2\psi(u_2)$.

从理论上讲,非零连续函数 φ,ψ 是可以任意选择的,但在求解时,为得到整个方程的积分因子 $\mu(x,y)$,须使 $\mu_1\varphi(u_1)=\mu_2\psi(u_2)$,由此选择出 φ,ψ 一般来讲并非轻而易举之事. 实际求解较复杂的对称形式的方程时,常常采用一种较为简便的方法选择 φ,ψ,计算步骤如下:

① 求出方程分组后某一组的积分因子和相应的恰当函数;

② 方程两边都乘以这一组的积分因子,并把这一组改写为相应的恰当函数的全微分;

③ 基于给定形式的积分因子公式,通过积分计算求得方程另外一部分的积分因子 $\varphi(u_1)$ 或 $\psi(u_2)$;

④ 根据积分因子 $\varphi(u_1)$ 或 $\psi(u_2)$,即可求得相应方程的解,进而得到原方程的解.

例 7 解方程 $(4xy+3y^4)\mathrm{d}x+(2x^2+5xy^3)\mathrm{d}y=0$.

解 分项组合 $(4xy\mathrm{d}x+2x^2\mathrm{d}y)+(3y^4\mathrm{d}x+5xy^3\mathrm{d}y)=0$. 显然,第一组的积分因子为 $\mu_1(x,y)=1$,相应的恰当函数为 $2x^2y$. 因此方程可改写为

$$2\mathrm{d}(x^2y)+(3y^4\mathrm{d}x+5xy^3\mathrm{d}y)=0.$$

下面求方程 $3y^4\mathrm{d}x+5xy^3\mathrm{d}y=0$ 给定形式的积分因子. 令 $z=x^2y$,$M(x,y)=3y^4$,$N(x,y)=5xy^3$,则

$$\frac{\dfrac{\partial M}{\partial y}-\dfrac{\partial N}{\partial x}}{N\dfrac{\partial z}{\partial x}-M\dfrac{\partial z}{\partial y}}=\frac{1}{x^2y}=\frac{1}{z},$$

相应的积分因子为

$$\mu(z)=e^{\int\frac{1}{z}dz}=z=x^2y,$$

将此积分因子乘以方程的两端得

$$2x^2yd(x^2y)+x^2y(3y^4dx+5xy^3dy)=0.$$

原方程的通解为

$$x^4y^2+x^3y^5=C\quad(C\text{ 为任意常数}).$$

习题 1.3

1. 检验下列微分方程是否为恰当方程,若是求其解.

(1) $(x^2+y^2)dx+(x-2y)dy=0$;

(2) $(xy+1)dx+(xy+1)dy=0$;

(3) $2(3xy^2+2x^3)dx+3(2x^2y+y^2)dy=0$;

(4) $e^{x^3}(3x^2y-x^2)dx+e^{x^3}dy=0$;

(5) $(\cos y+y\cos x)dx+(\sin x-x\sin y)dy=0$;

(6) $\sin x\cos ydx-\sin y\cos xdy=0$.

2. 求下列微分方程的积分因子及其解.

(1) $(y+1)dx-xdy=0$;

(2) $(x^2+y+y^2)dx-xdy=0$;

(3) $(y+x^3y^3)dx+xdy=0$;

(4) $(3x^2y-x^2)dx+dy=0$;

(5) $\left(2xy^2+\frac{x}{y^2}\right)dx+4x^2ydy=0$;

(6) $(x^3y^2-y)dx+(x^2y^4-x)dy=0$.

3. 解方程.

(1) $(y+x^3y+2x^2)dx+(x+4xy^4+8y^3)dy=0$;

(2) $y(xy+1)dx+x(1+xy+x^2y^2)dy=0$;

(3) $-[y+xy^3(1+e^x)]dx+xdy=0$.

4. 设 $f_1(z)$, $f_2(z)$ 连续可微, $\varphi(xy)=[f_1(xy)-f_2(xy)]xy\neq0$, 求证 $\frac{1}{\varphi(xy)}$ 是方程 $f_1(xy)ydx+f_2(xy)xdy=0$ 的一个积分因子.

5. 设 $f(x,y)$ 及 $\frac{\partial f}{\partial y}$ 连续,试证方程 $dy-f(x,y)dx=0$ 为线性微分方程的充要条件是它仅有依赖于 x 的积分因子.

6. 设函数 $f(u)$, $g(u)$ 连续可微,且 $f(u)\neq g(u)$, 试证方程 $yf(xy)dx+xg(xy)dy=0$ 有积分因子 $\mu=\frac{1}{xy[f(xy)-g(xy)]}$.

7. 试导出方程 $M(x, y)\mathrm{d}x + N(x, y)\mathrm{d}y = 0$ 分别具有形如 $\mu(x+y)$, $\mu(xy)$, $\mu(x^2-y^2)$ 的积分因子的充要条件.

8. 求变量分离方程 $M(x)N(y)\mathrm{d}x + P(x)Q(y)\mathrm{d}y = 0$ 的积分因子.

9. 求 Bernoulli 方程 $\mathrm{d}y = [p(x)y + q(x)y^n]\mathrm{d}x$ 的积分因子.

§1.4 一阶隐式方程的解法

形如

$$F(x, y, y') = 0 \tag{1.10}$$

的方程称为**一阶隐式微分方程**,简称**一阶隐方程**.

对于方程(1.10),如果能从中解出 $y' = f(x, y)$,则可据 $f(x, y)$ 的特点选取前面介绍的方法求解. 但如果难以从方程中解出 y',或解出 y',其表达式比较复杂,此时我们可以考虑引进参数来求解.

方程(1.10)的积分曲线是 Oxy 平面的一条曲线,而曲线是可以用参数表示的,且有时用参数形式表示还很简单,因此考虑求方程(1.10)参数形式的解,即求出定义在$[\alpha,\beta]$上的可微函数 $x = \varphi(t)$, $y = \psi(t)$,使 $F\left(\varphi(t), \psi(t), \dfrac{\psi'(t)}{\varphi'(t)}\right) \equiv 0$,此处 $\varphi'(t) \neq 0$, $t \in [\alpha,\beta]$.

1.4.1 可就 y 或 x 解出的一阶隐方程

形如 $y = f(x, y')$ 或 $x = f(y, y')$. 下面讨论

$$y = f(x, y'), \tag{1.11}$$

对于 $x = f(y, y')$ 的情形可类似讨论.

设方程(1.11)的参数方程为

$$\begin{cases} y = f(x, p), \\ y' = p. \end{cases}$$

对第一个方程关于 x 求导,并代入 $y' = p$ 得 $p = \dfrac{\partial f}{\partial x} + \dfrac{\partial f}{\partial p}\cdot\dfrac{\mathrm{d}p}{\mathrm{d}x}$,即

$$\frac{\mathrm{d}p}{\mathrm{d}x} = \frac{p - \dfrac{\partial f}{\partial x}}{\dfrac{\partial f}{\partial p}}. \tag{1.12}$$

进而可按前面介绍的方法求解.

若求出的通解形式为 $p = \varphi(x, C)$,则原方程的通解为 $y = f(x, \varphi(x, C))$,

其中 C 为任意常数.

若方程(1.12)的通解为 $\Phi(x, p, C) = 0$, 则原方程的通解为

$$\begin{cases}\Phi(x, p, C) = 0, \\ y = f(x, p),\end{cases}$$

其中 p 是参数,C 是任意常数.

例 1 解方程 $y = -\left(\frac{\mathrm{d}y}{\mathrm{d}x}\right)^2 - x\frac{\mathrm{d}y}{\mathrm{d}x} - \frac{x^2}{2}$.

解 令 $\frac{\mathrm{d}y}{\mathrm{d}x} = p$,则原方程可化为

$$y = -p^2 - xp - \frac{x^2}{2}, \tag{1.13}$$

对方程(1.13)求导得 $p = -2p\frac{\mathrm{d}p}{\mathrm{d}x} - \left(p + x\frac{\mathrm{d}p}{\mathrm{d}x}\right) - x$,即 $(2p + x)\left(1 + \frac{\mathrm{d}p}{\mathrm{d}x}\right) = 0$,则 $1 + \frac{\mathrm{d}p}{\mathrm{d}x} = 0$ 或 $2p + x = 0$.

由 $1 + \frac{\mathrm{d}p}{\mathrm{d}x} = 0$ 解得 $p = -(x + C)$(C 为任意常数),进一步求得原方程的通解为

$$y = -(x + C)^2 + x(x + C) - \frac{x^2}{2} = -\left(C^2 + Cx + \frac{x^2}{2}\right) \quad (C \text{ 为任意常数}).$$

由 $2p + x = 0$ 解得 $p = -\frac{x}{2}$,将其代入方程(1.13)得 $y = -\frac{x^2}{4}$,此为方程的一个特解.

定义 1.6 形如 $y = xp + f(p)$ 的方程称为 Clairaut 方程,其中 $p = \frac{\mathrm{d}y}{\mathrm{d}x}$, $f(p)$ 是 p 的连续可微函数.

由例 1 知:Clairaut 方程的通解为 $y = Cx + f(C)$,其中 C 为任意常数,即将方程中的 $\frac{\mathrm{d}y}{\mathrm{d}x}$ 换成任意常数 C.

从 $\begin{cases}x + f'(p) = 0, \\ y = xp + f(p)\end{cases}$ 中消去 p 得方程的特解 $y = g(x)$,此特解曲线与通解曲线族中的每一条曲线均相切,几何学中称此特解曲线为通解曲线族的包络. 在微分方程里,称此特解为方程的**奇解**. 奇解具有如下特点:在它的每一点处,至少还有方程的另外一个解存在,即在它的每一点处,解的唯一性都不成立,或者换言之,奇解对应的曲线上每一点,至少还有方程的另一条积分曲线经过. 如例 1 中的特解与通解的关系见图 1.1.

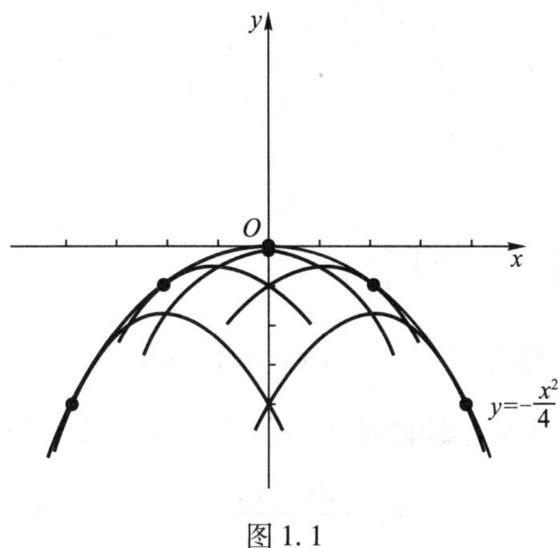

图 1.1

1.4.2 形如 $F(x, y')=0$ 或 $F(y,y')=0$ 的方程

对于方程 $F(x, y')=0$，我们假设其参数形式表示为

$$\begin{cases} x=\varphi(t), \\ p=\psi(t) \end{cases} \quad (t \text{ 为参数}).$$

利用基本关系式 $dy=pdx$ 得 $dy=\psi(t)\varphi'(t)dt$，两边积分得

$$y=\int \psi(t)\varphi'(t)dt+C.$$

因此原方程参数形式的通解为

$$\begin{cases} x=\varphi(t), \\ y=\int \psi(t)\varphi'(t)dt+C \end{cases} \quad (C \text{ 为任意常数}).$$

对于 $F(y, y')=0$，可类似讨论. 需要注意的是，对于此类方程，$F(y, 0)=0$ 的实根 $y=k$ 也是方程的解.

例 2 解方程 $(y')^3-x^3(1-y')=0$.

解 令 $y'=tx$，则有

$$\begin{cases} x=\dfrac{1-t^3}{t}, \\ y'=1-t^3. \end{cases}$$

故 $dy=(1-t^3)\dfrac{-1-2t^3}{t^2}dt$，即 $dy=\left(2t^4-t-\dfrac{1}{t^2}\right)dt$，从而有

$$y=\frac{2}{5}t^5-\frac{1}{2}t^2+\frac{1}{t}+C \quad (C \text{ 为任意常数}),$$

所以原方程参数形式的通解为

$$\begin{cases} x = \dfrac{1 - t^3}{t}, \\ y = \dfrac{2}{5}t^5 - \dfrac{1}{2}t^2 + \dfrac{1}{t} + C, \end{cases}$$

其中 C 为任意常数.

例 3 解方程 $y^2\left[1 - \left(\dfrac{dy}{dx}\right)^2\right] = 1$.

解 设$\dfrac{dy}{dx} = \sin t$,则有 $y^2(1 - \sin^2 t) = 1$, 所以 $y^2 = \sec^2 t$. 由于 t 为参数,取 $y = \sec t$ 或 $y = -\sec t$ 都不会影响结论. 不妨取 $y = \sec t$,由于

$$dx = \frac{dy}{y'} = \frac{1}{\sin t}dy,$$

所以

$$x = \int \frac{1}{\sin t} \cdot \sec t \cdot \tan t dt = \int \frac{dt}{\cos^2 t} = \tan t + C_1.$$

由$\begin{cases} x = \tan t + C_1, \\ y = \sec t \end{cases}$消去参数 t 得原方程的通解为

$$y = \pm\sqrt{(x + C)^2 + 1} \quad (C = -C_1 \text{ 为任意常数}).$$

习题 1.4

解方程.

1. $y'(x - \ln y') = 1$.
2. $y^2(y'^2 + 1) = 1$.
3. $4e^{2y}(y')^2 + 2xy' - 1 = 0$.
4. $x(y')^2 - 2yy' + ax = 0$.
5. $x(y')^2 - 3yy' + 9x^2 = 0$.
6. $y = xy'\ln x + (x'y)^2$.

§1.5 一阶微分方程的应用

微分方程的应用非常广泛,自然界中许多表面上看完全不同的、互不相干的现象实质上都可以用相同的数学模型——微分方程进行描述. 下面我们介绍几

个实例,见[1,2].

1. 几何问题

例 1 求一条曲线,使它的切线介于坐标轴间的部分被切点等分.

解 设所求的曲线方程为 $y = y(x)$, 过曲线上的任何一点 $M(x, y)$ 的切线交 x 轴于点 A,交 y 轴于点 B,如图 1.2 所示,由题意知 M 为 AB 的中点,则 A、B 的坐标分别为 $(2x, 0)$, $(0, 2y)$, 从而切线的斜率为

$$k = \frac{2y - 0}{0 - 2x} = -\frac{y}{x}.$$

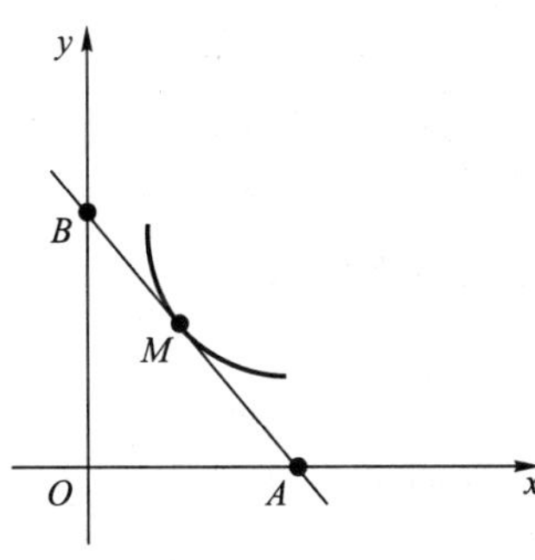

图 1.2

另一方面,曲线在 M 点的斜率为$\frac{\mathrm{d}y}{\mathrm{d}x}$,因此

$$\frac{\mathrm{d}y}{\mathrm{d}x} = -\frac{y}{x}.$$

将变量分离得 $\frac{\mathrm{d}y}{y} = -\frac{\mathrm{d}x}{x}$,

两边积分得 $\ln|y| = -\ln|x| + \ln|C|$($C$ 为非零任意常数),

故所求的曲线为 $xy = C$(C 为任意非零常数).

2. 物理学问题

例 2 物体的冷却模型

物体在空气中的冷却速度与物体和空气的温差成正比,如果物体在 20min 内由 100℃冷却至 60℃,那么请问这个物体由 100℃冷却至 30℃需要多长时间?假设空气的温度为 20℃.

解 设物体 t 时刻(单位:min)在空气中的温度为 $T = T(t)$,则由牛顿冷却定律得

$$\frac{\mathrm{d}T}{\mathrm{d}t} = -k(T - 20),$$

其中 $k > 0$ 是比例系数.

两边积分,得通解为

$$T = 20 + Ce^{-kt}.$$

由初始条件 $T(0)=100$,得 $C=80$,所以

$$T=20+80e^{-kt}.$$

将 $t=20, T=60$ 代入上式后即得 $k=\frac{\ln 2}{20}$,即 $T=20+80e^{-\frac{\ln 2}{20}t}=20+80\times\left(\frac{1}{2}\right)^{\frac{t}{20}}$.

故当 $T=30$ 时,有

$$30 = 20 + 80 \times \left(\frac{1}{2}\right)^{\frac{t}{20}},$$

从中解出 $t=60$ min,因此经过 1h 后,可使物体由 100℃冷却至 30℃.

3. 力学模型

以弹簧上的物体运动现象为研究对象建立其数学模型,这类模型的理论依据是牛顿第二定律,即

$$F=ma,$$

其中 m 为作直线运动的物体的质量;a 为其加速度;F 为作用在该物体上的总外力,它一般为自变量时间 t、位移 x 和速度 $\dot{x}=\frac{dx}{dt}$ 的已知函数.

例 3 在图 1.3 中,质量为 m 的物体沿 x 方向做水平直线运动,它除了受弹性系数(使弹簧伸长或压缩单位长度所需的力)为 K 的弹簧力作用外,还受到底部摩擦力的作用,求其运动方程.

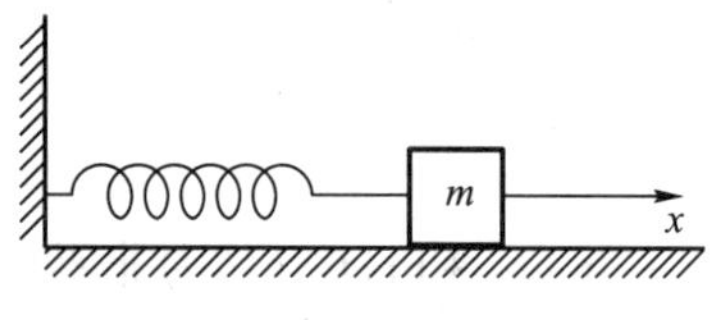

图 1.3

解 由于弹力的方向总是指向原点 $x=0$,而摩擦力的方向则总是与运动速度 $\dot{x}$ 相反. 假设物体受到的空气阻力与物体的运动速度 $\dot{x}$ 成正比,n 为空气的阻尼系数,而 g 为重力加速度,μ 为摩擦系数. 根据牛顿第二定律得物体的运动方程

$$m\frac{d^2x}{dt^2} = -Kx - n\frac{dx}{dt} - \mu mg\,\mathrm{sgn}\left(\frac{dx}{dt}\right)$$

或者写成

$$\ddot{x} + \tilde{n}\dot{x} + \tilde{K}x + \mu g\,\mathrm{sgn}\,\dot{x} = 0.$$

其中 $\tilde{n}=\frac{n}{m}, \tilde{K}=\frac{K}{m}>0, \ddot{x}=\frac{d^2x}{dt^2}$.

当 $\tilde{n}=0,\mu=0$ 时,方程变为$\ddot{x}+\tilde{K}x=0$,称其为**简谐方程**.

更一般的有

$$\ddot{x}+g(x)=0.$$

若阻尼系数 $\tilde{n}$ 不仅不为零,还与位移 x 有关,即 $\tilde{n}=f(x)$,则上述方程为 Liénard(李纳)方程

$$\ddot{x}+f(x)\dot{x}+g(x)=0,$$

它的一个特殊形式就是 van der Pol(范德波尔)方程

$$\ddot{x}+\mu(x^2-1)\dot{x}+x=0,$$

这里$\mu>0$ 为参数. 此方程是 1920 年由荷兰物理学家 van der Pol 从无线电技术的研究中提出的.

4. 传染病模型

传染病(瘟疫)经常在全世界流行,如霍乱、天花、艾滋病、SARS 等,建立传染病的数学模型,分析其变化规律具有非常重要的意义. 下面就一般传染病规律讨论传染病的数学模型.

(1) 假设某地区传染病传播期间的总人数不变,为常数 n. 在传染病传播初期染病人数为 x_0,t 时刻的健康人数为 $y(t)$,染病人数为 $x(t)$,由于总人数为常数,故有

$$x(t)+y(t)=n.$$

设单位时间内一个病人能传染的人数与当时的健康人数成正比,比例常数为 k(k 称为传染系数),于是

$$\frac{\mathrm{d}x}{\mathrm{d}t}=ky(t)x(t).$$

将 $y(t)=n-x(t)$代入,并给定初始条件,得

$$\frac{\mathrm{d}x}{\mathrm{d}t}=kx(n-x),\quad x(0)=x_0. \tag{1.14}$$

此方程称为易感染者(*susceptible*)和感染者(*infective*)模型,简称 SI 模型,其为 Bernoulli 方程,作变量替换 $z=x^{-1}$,则方程(1.14)转化为

$$\frac{\mathrm{d}z}{\mathrm{d}t}=-knz+k,$$

其解为

$$z=\frac{1}{n}+C\mathrm{e}^{-knt}.$$

从而原方程的解为

$$x\left[\frac{1}{n}+\left(\frac{1}{x_0}-\frac{1}{n}\right)\mathrm{e}^{-knt}\right]=1.$$

(2) 对无免疫性的传染病如痢疾、伤风等，病人治愈后会再次被感染. 设单位时间治愈率为 μ，则方程(1.14)修正为

$$\frac{\mathrm{d}x}{\mathrm{d}t}=kx(n-x)-\mu x, x(0)=x_0.$$

令 $\sigma=\frac{k}{\mu}$，则上述方程转化为

$$\frac{\mathrm{d}x}{\mathrm{d}t}=kx\left(n-\frac{1}{\sigma}-x\right), x(0)=x_0.$$

此模型称为 SIS 模型. 显然 $\frac{1}{\mu}$ 为这个传染病的平均传染期，σ 为整个传染期内每个病人有效接触的平均人数(接触数). 易求得其解为

$$x\left[\frac{1}{n-\frac{1}{\sigma}}+\left(\frac{1}{x_0}-\frac{1}{n-\frac{1}{\sigma}}\right)\mathrm{e}^{-k\left(n-\frac{1}{\sigma}\right)t}\right]=1.$$

(3) 对有很强免疫性的传染病如天花、流感等，病人治愈后不再会被感染. 设在 t 时刻愈后免疫人数为 $r(t)$，称为移出者(*removal*)，而治愈率 l 为常数，则

$$\frac{\mathrm{d}r}{\mathrm{d}t}=lx(t),$$

$$x(t)+y(t)+r(t)=n,$$

和

$$\frac{\mathrm{d}x}{\mathrm{d}t}=ky(t)x(t)-\frac{\mathrm{d}r(t)}{\mathrm{d}t},$$

从而得到了这一类传染病的数学模型为

$$\begin{cases}\frac{\mathrm{d}x}{\mathrm{d}t}=kyx-lx, x(0)=x_0,\\ \frac{\mathrm{d}y}{\mathrm{d}t}=-kyx, y(0)=y_0,\end{cases}$$

此模型称为 SIR 模型. 易求得此模型的解为

$$x=-y+\frac{l}{k}\ln|y|+x_0+y_0-\frac{l}{k}\ln y_0.$$

5. 种群的增长

考虑单个生物种群增长的情形. 为简单起见，作两个基本假设：

① 种群是孤立的，不存在与外界的交换.

这表明死亡是离开种群的唯一途径，而进入种群的唯一可能是生育，移民——不论是进或出都不存在. 从数学的角度看以上假设当然是简单的，但在大自然里这样要求是苛刻的.

② 种群里的每一个个体都可能死掉或产生一个新个体.

这表明我们赋予每个个体以平均的生殖能力与死亡率,不考虑单个个体的特点,特别是忽略了性别和年龄的差异. 事实上,性别对生育尤其有影响,而不同的年龄段死亡率是不同的.

设 $p(t)$ 表示 t 时刻种群的大小,当种群很大时,可以认为 $p(t)$ 是连续的,甚至是可微的. 如果 $b(t,p)$ 表示 t 时刻单位时间种群里单个生物的出生率,$d(t,p)$ 表示 t 时刻单位时间种群里单个生物的死亡率, 则 $r(t, p) = b(t, p) - d(t, p)$ 表示 t 时刻单个个体的纯增率. 于是

$$\Delta p = p(t+\Delta t) - p(t) \approx r(t,p)p(t)\Delta t.$$

令 $\Delta t \to 0$ 得一阶微分方程

$$\frac{dp}{dt} = r(t,p)p.$$

(1) Malthus(马尔萨斯)人口律

先考虑最简单的情形,$r(t,p)$ = 常数. 于是

$$\begin{cases} p' = ap, \\ p(t_0) = p_0. \end{cases}$$

解得

$$p(t) = p_0 e^{a(t-t_0)},$$

由此可见种群按指数增长.

此外,要注意的是此模型有下列特点:

① 线性模型仅适用于数量不太大的种群;

② 当种群很大时模型必须修改. 因为环境是有限的,种群很大时,个体之间就会在生存空间、自然资源、食品供应等方面展开竞争,因此应当添加竞争项. 竞争项应该是什么样的? 由于种群大小为 p 的两个个体在单位时间内相遇的统计平均值与 p^2 成比例,所以竞争项应为 $-bp^2$,$b>0$. 由此得到下列几类种群增长模型.

(2) Logistic(逻辑斯谛)模型

$$\begin{cases} p' = ap - bp^2, \\ p(t_0) = p_0. \end{cases}$$

这是 1838 年荷兰生物数学家 Verhulst(韦吕勒)提出来的. 一般地,$b \ll a$. 当 p 不太大时,$bp^2 \ll ap$,bp^2 可以忽略不计,于是种群数量的变化遵从 Malthus 人口律. 当 p 很大时,bp^2 就不能忽略了,它的作用是使纯增率降下来. 一个国家工业化程度越高,生存空间也越大,食品也越多,因而 b 要小些. 此时方程为 $n=2$ 的 Bernoulli 方程,易求得其解为 $p\left[\frac{b}{a} + \left(\frac{1}{p_0} - \frac{b}{a}\right)e^{-at}\right] = 1$.

(3) Volterra(沃尔泰拉)模型*

Volterra 把鱼群分为两类,捕食的大鱼(非食用鱼)和被捕食的小鱼(食用鱼),它们的种群大小分别用 $x_2(t)$ 和 $x_1(t)$ 表示. 首先可以认为食用鱼互相之间竞争不激烈,因为1)食用鱼的种群对海洋来说并不算稠密,2)海里有充足的食物供应它们. 所以如果没有大鱼的话,它们将按 Malthus 人口律增长

$$x_1' = ax_1.$$

由于有了大鱼,增长率要降低,单位时间里大鱼和小鱼的相遇次数按统计规律与 x_1x_2 成正比,相遇意味着小鱼会被捕食,因此在自然环境下

$$x_1' = ax_1 - bx_1x_2, \quad a,b>0.$$

其次考虑非食用鱼种群的发展主要依赖于 x_1,应当有一个最低的量以维持其种群的延续,记之为 e,于是 x_2 的纯增率最简单的取法是

$$\alpha = \alpha(x_1)\begin{cases} >0, & x_1>e, \\ =0, & x_1=e, \\ <0, & x_1<e, \end{cases}$$

这样便有

$$\alpha = d(x_1 - e) \quad (d>0),$$

$$x_2' = \alpha x_2 = d(x_1 - e)x_2.$$

记 $c = de$,则

$$x_2' = -cx_2 + dx_1x_2.$$

所以 Volterra 用来描述鱼群增长的微分方程组为

$$\begin{cases} x_1' = ax_1 - bx_1x_2, \\ x_2' = -cx_2 + dx_1x_2 \end{cases} \quad (a,b,c,d>0),$$

这是一个非线性微分方程组. 将此方程组变形为

$$\frac{\mathrm{d}x_2}{\mathrm{d}x_1} = \frac{x_2}{x_1} \cdot \frac{-c + dx_1}{a - bx_2}.$$

利用给定形式的积分因子方法求得其解为

$$\ln\left|\frac{x_2^a}{x_1^{-c}}\right| - bx_2 - dx_1 = C \quad (C\text{ 为任意常数}).$$

习题 1.5

1. 求与抛物线族 $y = ax^2$ 正交的曲线族.

2. 一曲线上点 $P(x,y)$ 处的法线与 x 轴交点为 Q,且 PQ 被 y 轴平分,求该曲线满足的微分

方程.

3. 一质量为 m 的降落伞以初速度 v_0 开始降落,若空气的阻力与速度成正比,求降落伞下降速度 v 与时间 t 的关系.

4. 如图 1.4 所示,一个电感 L 和一个电容 C 串联,若在 $t=0$ 时,电量 $Q=Q_0$,$I=0$,求在 $t>0$ 时电量 Q 和电流 I.

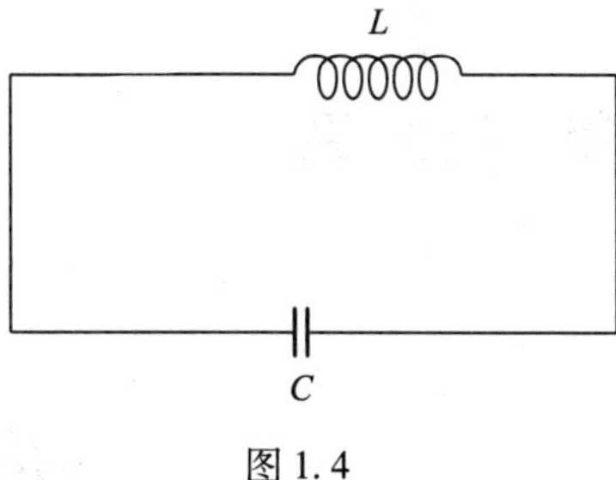

图 1.4

5. 利用 500 只老鼠中的 5 只感染上一种传染性疾病来检验病菌的传播理论,该理论认为被传染的个体数的变化率与已被传染和未被传染的个体数的乘积成正比,假设该理论正确,经过多久会有半数的老鼠染上疾病.

6. 某国的人口增长与当前国内人口总数成正比. 若两年后人口增长一倍,三年后人口总数为 20 000 万,试估计该国最初人口.

7. 由经济学知,市场上的商品价格的变化率与商品的过剩需求量(即需求量与供给量之差)成正比. 设某种商品的供给量 Q_1 与需求量 Q_2 都是价格 p 的线性函数,$Q_1=-a+bp$,$Q_2=c-dp$,其中 a,b,c,d 都是正常数,求该商品价格随时间变化的规律.

8. 通过已掌握新技术的人向其他人传授的方式在某一人群中推广新技术. 设该人群的总人数为 N,在 $t=0$ 时刻已掌握新技术的人数为 x_0,在任意时刻 t 已掌握新技术的人数为 $x(t)$(视作连续可微函数),其变化率与已掌握新技术人数和未掌握新技术人数之积成正比,比例常数 $k>0$,求 $x(t)$.

第2章

高阶微分方程

在实际问题中,除了一阶微分方程之外,还将遇到二阶或二阶以上的微分方程,即高阶微分方程. 对于一般的高阶微分方程,没有普遍适用的求解方法. 而对于线性微分方程,目前已取得较多的研究成果,有关的理论也已发展成熟,同时线性微分方程是基础,只有将线性方程的问题搞清楚了,才能更好地研究非线性方程,因此本章选取线性微分方程作为主要研究对象. 首先阐述了高阶线性微分方程的一般理论,然后介绍常系数线性微分方程的解法及其应用,最后讨论一些特殊的非常系数高阶微分方程的求解方法.

§2.1 线性微分方程的一般理论

2.1.1 初值问题解的存在唯一性定理

n 阶线性微分方程的一般形式是

$$b_0(x)\frac{\mathrm{d}^n y}{\mathrm{d}x^n}+b_1(x)\frac{\mathrm{d}^{n-1}y}{\mathrm{d}x^{n-1}}+\cdots+b_n(x)y=f^*(x).$$

如果 $b_0(x)\neq 0$, 用 $b_0(x)$ 除上述等式两边,则其转化为

$$\frac{\mathrm{d}^n y}{\mathrm{d}x^n}+a_1(x)\frac{\mathrm{d}^{n-1}y}{\mathrm{d}x^{n-1}}+\cdots+a_n(x)y=f(x),\tag{2.1}$$

其中 $a_i(x)=\dfrac{b_i(x)}{b_0(x)}(i=1,2,\cdots,n)$, $f(x)=\dfrac{f^*(x)}{b_0(x)}$.

为讨论方便,假设 $a_i(x)(i=1,2,\cdots,n)$, $f(x)$ 为区间 $[a,b]$ 上的连

续函数.

若$f(x) \equiv 0$,即

$$\frac{\mathrm{d}^n y}{\mathrm{d}x^n} + a_1(x)\frac{\mathrm{d}^{n-1} y}{\mathrm{d}x^{n-1}} + \cdots + a_n(x)y = 0, \tag{2.2}$$

则称之为对应于方程(2.1)的**齐次线性微分方程**,而方程(2.1)称为**非齐次线性微分方程**.方程(2.2),方程(2.1)有时也分别简称为**齐线性**或**非齐线性微分方程**.

若$a_i(x)(i = 1, 2, \cdots, n)$全为常数,则称方程(2.1)(方程(2.2))为**常系数非齐(齐)线性微分方程**,否则称为**变系数非齐(齐)线性微分方程**.

下面考虑方程(2.1)满足初始条件

$$y(x_0) = y_0, y'(x_0) = y_0^{(1)}, \cdots, y^{(n-1)}(x_0) = y_0^{(n-1)}$$

(其中$x_0 \in [a,b]$,$y_0, y_0^{(1)}, \cdots, y_0^{(n-1)}$为$n$个给定的数)的解的存在性问题,即初值问题,介绍有关的重要定理.

定理2.1(解的存在唯一性定理) 如果$a_i(x)(i = 1,2,\cdots,n)$及$f(x)$为区间$[a,b]$上的连续函数,则对于任一$x_0 \in [a,b]$及$(y_0, y_0^{(1)}, \cdots, y_0^{(n-1)}) \in \mathbf{R}^n$,方程(2.1)存在唯一连续可微解$y = \varphi(x)$,定义在区间$[a,b]$上且满足初始条件

$$\varphi(x_0) = y_0, \frac{\mathrm{d}\varphi(x_0)}{\mathrm{d}x} = y_0^{(1)}, \cdots, \frac{\mathrm{d}^{n-1}(x_0)}{\mathrm{d}x^{n-1}} = y_0^{(n-1)}.$$

注1 初始条件唯一地确定了方程(2.1)的解,而且这个解在所有$a_i(x)(i =1, 2, \cdots, n)$及$f(x)$的连续区间$[a,b]$上有定义.

注2 在第3章,我们将给出线性微分方程组的解的存在唯一性定理的证明.实际上,高阶线性微分方程的初值问题与线性微分方程组的初值问题是等价的,因此在此我们不给出定理2.1的证明.

2.1.2 齐线性微分方程的通解结构

定义微分算子$L[y]$为

$$L[y] \triangleq y^{(n)} + a_1(x)y^{(n-1)} + \cdots + a_{n-1}(x)y' + a_n(x)y,$$

则方程(2.1)可表示为$L[y] = f(x)$.特别地,齐线性微分方程可表示为$L[y] = 0$.显然微分算子$L[y]$具有以下性质:

(1) 线性性

设y_1和y_2分别具有n阶导数,c_1, c_2为任意常数,则$L[c_1y_1 + c_2y_2] = c_1L[y_1] + c_2L[y_2]$.

(2) 叠加原理

设$y_1(x), y_2(x), \cdots, y_k(x)$是方程(2.2)的$k$个解,则它们的线性组合

$c_1y_1(x)+c_2y_2(x)+\cdots+c_ky_k(x)$ 也是方程(2.2)的解,其中 $c_1,c_2,\cdots,c_k$ 是任意常数.

设 $y_1(x),y_2(x),\cdots,y_n(x)$ 是方程(2.2)的解,由性质(2)知,线性组合 $c_1y_1(x)+c_2y_2(x)+\cdots+c_ny_n(x)$ 也是方程(2.2)的解,那么在什么情况下它能成为齐线性微分方程(2.2)的通解呢?为了回答此问题,我们首先介绍一些定义和结论.

定义 2.1 设 $y_1(x),y_2(x),\cdots,y_k(x)$ 是定义在区间$[a,b]$上的函数,如果存在不全为零的常数 $c_1,c_2,\cdots,c_k$,使得恒等式 $c_1y_1(x)+c_2y_2(x)+\cdots+c_ky_k(x)\equiv 0$ 对所有的 $x\in[a,b]$ 都成立,则称这些函数在区间$[a,b]$上是**线性相关**的. 否则就称这些函数在区间$[a,b]$上是**线性无关**的.

如$\cos^2x$ 和$\sin^2x-1$ 在任何区间上都是线性相关的,而 $1,x,x^2,\cdots,x^n$ 在任何区间上都是线性无关的.

例 1 设 $\lambda_1,\lambda_2,\cdots,\lambda_m$ 是 m 个任意常数,当 $i\neq j$ 时 $\lambda_i\neq\lambda_j$,试证明 m 个函数 $y_i=e^{\lambda_i x}(i=1,2,\cdots,m)$ 在区间$(-\infty,+\infty)$上线性无关.

证 $m=1$ 时,对任意 $x\in(-\infty,+\infty)$,有 $e^{\lambda_1 x}\neq 0$,显然 $m=1$ 时命题成立.

设 $m=k$ 时命题成立,下面证明 $m=k+1$ 时命题亦成立.

反证法. 设 $e^{\lambda_1 x},\cdots,e^{\lambda_k x},e^{\lambda_{k+1}x}$在$(-\infty,+\infty)$上线性相关,则存在 $k+1$ 个不全为零的数 $c_1,c_2,\cdots,c_k,c_{k+1}$,使得对任意 $x\in(-\infty,+\infty)$,等式

$$c_1e^{\lambda_1 x}+\cdots+c_ke^{\lambda_k x}+c_{k+1}e^{\lambda_{k+1}x}=0 \tag{2.3}$$

恒成立.

由归纳假设知 $c_{k+1}\neq 0$,用 $e^{\lambda_{k+1}x}$除(2.3)式两边,得

$$c_1e^{\mu_1 x}+\cdots+c_ke^{\mu_k x}+c_{k+1}\equiv 0 \tag{2.4}$$

其中 $\mu_i=\lambda_i-\lambda_{k+1}(i=1,2,\cdots,k)$,由题设条件知 $\mu_i\neq 0(i=1,2,\cdots,k)$. 对(2.4)式两边关于 x 求导数,得

$$c_1\mu_1e^{\mu_1 x}+\cdots+c_k\mu_ke^{\mu_k x}\equiv 0.$$

再由(2.4)式及 $c_{k+1}\neq 0$ 知,必存在 $j\in\{1,2,\cdots,k\}$,有 $c_j\neq 0$,因此 $c_1\mu_1,c_2\mu_2,\cdots,c_k\mu_k$ 不全为零,从而 $e^{\mu_1 x},e^{\mu_2 x},\cdots,e^{\mu_k x}$在区间$(-\infty,+\infty)$上线性相关,与归纳假设矛盾.

因此,$e^{\lambda_1 x},e^{\lambda_2 x},\cdots,e^{\lambda_{k+1}x}$在区间$(-\infty,+\infty)$上线性无关. 从而结论得证.

根据定义判断函数的线性相关性比较复杂,下面介绍一种简便的方法,为此引入 Wronski(朗斯基)行列式.

定义 2.2 定义在区间$[a,b]$上的 k 个 $k-1$ 次可微的函数 $y_1(x),y_2(x),\cdots,y_k(x)$ 构成行列式

$$W(x) \equiv W[y_1(x), y_2(x), \cdots, y_k(x)]$$
$$= \begin{vmatrix} y_1(x) & y_2(x) & \cdots & y_k(x) \\ y'_1(x) & y'_2(x) & \cdots & y'_k(x) \\ \vdots & \vdots & & \vdots \\ y_1^{(k-1)}(x) & y_2^{(k-1)}(x) & \cdots & y_k^{(k-1)}(x) \end{vmatrix},$$

称其为函数 $y_1(x)$, $y_2(x)$, $\cdots$, $y_k(x)$ 的 Wronski **行列式**.

下面的定理可用来判定齐线性微分方程的 n 个解的线性相关性.

定理 2.2 设 $y_1(x)$, $y_2(x)$, $\cdots$, $y_n(x)$ 是齐线性微分方程(2.2)的 n 个解,则 $y_1(x)$, $y_2(x)$, $\cdots$, $y_n(x)$ 在区间$[a,b]$上线性无关的充要条件是对任意 $x \in [a,b]$, 它们的 Wronski 行列式 $W(x) \neq 0$.

证 充分性.

反证法. 设 $y_1(x)$, $y_2(x)$, $\cdots$, $y_n(x)$ 在$[a,b]$上线性相关,即存在 n 个不全为零的常数 $c_1, c_2, \cdots, c_n$,使得对任意 $x \in [a,b]$,等式 $c_1y_1(x) + c_2y_2(x) + \cdots + c_ny_n(x) = 0$ 恒成立.

将上述等式关于 x 微分 $n-1$ 次,则得方程组

$$\begin{cases} c_1y_1(x) + c_2y_2(x) + \cdots + c_ny_n(x) = 0, \\ c_1y'_1(x) + c_2y'_2(x) + \cdots + c_ny'_n(x) = 0, \\ \cdots\cdots\cdots\cdots \\ c_1y_1^{(n-1)}(x) + c_2y_2^{(n-1)}(x) + \cdots + c_ny_n^{(n-1)}(x) = 0, \end{cases}$$

由此方程组有非零解知,其系数行列式 $W(x) = 0$, 与题设条件矛盾,所以 $y_1(x)$, $y_2(x)$, $\cdots$, $y_n(x)$ 在区间$[a,b]$上线性无关.

必要性.

反证法. 设存在 $x_0 \in [a,b]$,使得 $W(x_0) = 0$, 考虑 n 个未知数的齐线性方程组

$$\begin{cases} c_1y_1(x_0) + c_2y_2(x_0) + \cdots + c_ny_n(x_0) = 0, \\ c_1y'_1(x_0) + c_2y'_2(x_0) + \cdots + c_ny'_n(x_0) = 0, \\ \cdots\cdots\cdots\cdots \\ c_1y_1^{(n-1)}(x_0) + c_2y_2^{(n-1)}(x_0) + \cdots + c_ny_n^{(n-1)}(x_0) = 0, \end{cases}$$

其系数行列式为 $W(x_0) = 0$, 则此方程组有非零解 $c_{10}, c_{20}, \cdots, c_{n0}$,以此为系数作一函数

$$y(x) = c_{10}y_1(x) + c_{20}y_2(x) + \cdots + c_{n0}y_n(x),$$

仍为齐线性微分方程(2.2)的解,并且满足初始条件

$$y(x_0) = 0, \ y'(x_0) = 0, \ \cdots, \ y^{(n-1)}(x_0) = 0.$$

而 $y\equiv 0$ 也是齐线性微分方程(2.2)满足上述初始条件的解,由解的唯一性知

$$y(x)=c_{10}y_1(x)+c_{20}y_2(x)+\cdots+c_{n0}y_n(x)\equiv 0\quad x\in[a,b],$$

因此 $y_1(x),y_2(x),\cdots,y_n(x)$ 是线性相关的,与题设矛盾,所以对任意 $x\in[a,b]$,有

$$W(x)\neq 0.$$

证毕.

注 1 在该定理充分性的证明中,实质上只要存在某个 $x_0\in[a,b]$ 满足 $W(x_0)\neq 0$ 即可.

注 2 在必要性的证明中,“$y_1(x),y_2(x),\cdots,y_n(x)$ 是方程(2.2)的 n 个解”这个条件是必不可少的. 如函数

$$y_1(x)=\begin{cases}x^2, & -1\leqslant x\leqslant 0,\\ 0, & 0<x\leqslant 1,\end{cases}\quad y_2(x)=\begin{cases}0, & -1\leqslant x\leqslant 0,\\ x^2, & 0<x\leqslant 1\end{cases}$$

在区间$[-1,1]$上,显然 $W(x)\equiv 0$, 但是可以验证它们在此区间上是线性无关的.

推论 1 设 $y_1(x),y_2(x),\cdots,y_n(x)$ 是 n 个 $n-1$ 次可微的函数,如果存在 $x_0\in[a,b]$使 $W(x_0)\neq 0$, 则 $y_1(x),y_2(x),\cdots,y_n(x)$ 在$[a,b]$上必定线性无关.

推论 2 设 $y_1(x),y_2(x),\cdots,y_n(x)$ 是方程(2.2)的 n 个解,则它们的 Wronski 行列式在区间$[a,b]$上要么处处不等于零,要么恒等于零.

定理 2.3 n 阶齐线性微分方程(2.2)有且仅有 n 个线性无关的解.

证 先证方程(2.2)有 n 个线性无关的解.

取一组初始条件

$$\begin{gathered}y_1(x_0)=1,\quad y'_1(x_0)=0,\quad\cdots,\quad y_1^{(n-1)}(x_0)=0,\\ y_2(x_0)=0,\quad y'_2(x_0)=1,\quad\cdots,\quad y_2^{(n-1)}(x_0)=0,\\ \cdots\cdots\cdots\cdots\\ y_n(x_0)=0,\quad y'_n(x_0)=0,\quad\cdots,\quad y_n^{(n-1)}(x_0)=1.\end{gathered}$$

由解的存在唯一性定理知齐线性微分方程(2.2)存在满足上述初始条件的 n 个解 $y_1(x),y_2(x),\cdots,y_n(x)$. 又因为

$$W(x_0)=W[y_1(x_0),y_2(x_0),\cdots,y_n(x_0)]=\begin{vmatrix}1&0&\cdots&0\\0&1&\cdots&0\\ \vdots&\vdots&&\vdots\\0&0&\cdots&1\end{vmatrix}\neq 0,$$

所以 $y_1(x),y_2(x),\cdots,y_n(x)$ 在$[a,b]$上线性无关.

再证方程(2.2)最多有 n 个线性无关的解.

设 $y_{n+1}(x)$ 为方程(2.2)的任一解,则 $y_1(x),y_2(x),\cdots,y_n(x),y_{n+1}(x)$ 在$[a,b]$上必线性相关. 事实上,构造含 n 个未知数 $\alpha_1,\alpha_2,\cdots,\alpha_n$ 的线性代数方

程组

$$\begin{cases}\alpha_1 y_1(x_0)+\alpha_2 y_2(x_0)+\cdots+\alpha_n y_n(x_0)=y_{n+1}(x_0),\\ \alpha_1 y'_1(x_0)+\alpha_2 y'_2(x_0)+\cdots+\alpha_n y'_n(x_0)=y'_{n+1}(x_0),\\ \cdots\cdots\cdots\cdots\\ \alpha_1 y_1^{(n-1)}(x_0)+\alpha_2 y_2^{(n-1)}(x_0)+\cdots+\alpha_n y_n^{(n-1)}(x_0)=y_{n+1}^{(n-1)}(x_0),\end{cases}$$

因其系数行列式 $W(x_0)\neq 0$，此方程组存在唯一解 $\alpha_1^*,\alpha_2^*,\cdots,\alpha_n^*$，以此为系数作函数

$$y(x)=\alpha_1^* y_1(x)+\alpha_2^* y_2(x)+\cdots+\alpha_n^* y_n(x),$$

则 $y(x_0)=y_{n+1}(x_0)$，$y'(x_0)=y'_{n+1}(x_0)$，…，$y^{(n-1)}(x_0)=y_{n+1}^{(n-1)}(x_0)$. 由解的存在唯一性(初始条件唯一确定方程的解)知 $y(x)\equiv y_{n+1}(x)$，即 $y_{n+1}(x)$ 可由 $y_1(x)$，$y_2(x)$，…，$y_n(x)$ 线性表示. 又由 $y_{n+1}(x)$ 的任意性可知，n 阶齐线性微分方程(2.2)的任意 $n+1$ 个解必线性相关.

故定理得证.

由定理 2.3 可得 n 阶齐线性微分方程的解集具有如下的代数性质.

定理 2.4(齐线性微分方程的通解结构定理) n 阶齐线性微分方程(2.2)的解集 H 是一个 n 维线性空间，称其为解空间. 设 $y_1(x)$，$y_2(x)$，…，$y_n(x)$ 是方程(2.2)的 n 个线性无关的解，则方程(2.2)的通解为

$$y(x)=c_1y_1(x)+c_2y_2(x)+\cdots+c_ny_n(x),$$

其中 $c_1,c_2,\cdots,c_n$ 为任意常数，且通解包含了方程(2.2)的所有解.

此定理的证明与后面定理 2.6 的证明类似，在此省略.

注 解空间 H 的一组基，即方程(2.2)的 n 个线性无关的解，称为方程(2.2)的**基本解组**. 显然基本解组不唯一. 当基本解组的 Wronski 行列式 $W(x_0)=1$ 时，则称此基本解组为**标准基本解组**.

由本节知识可知，求解齐线性微分方程只需求出其一个基本解组即可.

2.1.3 非齐线性微分方程的通解结构

关于非齐线性微分方程的解具有下列两个性质：

(1) 设 $y_1(x)$，$y_2(x)$ 分别为方程(2.1)的两个解，则 $Y(x)=y_1(x)-y_2(x)$ 是方程(2.2)的解；

(2) 设 $y^*(x)$ 和 $Y(x)$ 分别是方程(2.1)和它所对应的齐线性微分方程(2.2)的解，则 $y(x)=Y(x)+y^*(x)$ 是方程(2.1)的解.

易证下列定理.

定理 2.5(非齐线性微分方程的叠加原理) 设 $y_1(x)$，$y_2(x)$，…，$y_k(x)$ 分别为非齐线性微分方程

$$\frac{d^n y}{dx^n}+a_1(x)\frac{d^{n-1}y}{dx^{n-1}}+\cdots+a_n(x)y=f_i(x),\ i=1,2,\cdots,k$$

的解,则 $y(x)=y_1(x)+y_2(x)+\cdots+y_k(x)$ 为非齐线性微分方程

$$\frac{d^n y}{dx^n}+a_1(x)\frac{d^{n-1}y}{dx^{n-1}}+\cdots+a_n(x)y=f_1(x)+f_2(x)+\cdots+f_k(x)$$

的解.

定理 2.6(非齐线性微分方程的通解结构定理) 设 $y_1(x),y_2(x),\cdots,y_n(x)$ 是齐线性微分方程(2.2)的一个基本解组,$y_*(x)$是方程(2.1)的一个特解,则方程(2.1)的通解可表示为

$$y(x)=c_1y_1(x)+c_2y_2(x)+\cdots+c_ny_n(x)+y_*(x),$$

其中 $c_1,c_2,\cdots,c_n$ 为任意常数,且此通解包含了方程(2.1)所有的解.

证 易证

$$y(x)=c_1y_1(x)+c_2y_2(x)+\cdots+c_ny_n(x)+y_*(x) \tag{2.5}$$

是方程(2.1)的解, 此解包含了 n 个任意常数 $c_1,c_2,\cdots,c_n$. 下证其为相互独立的.

事实上,

$$\begin{vmatrix} \frac{\partial y}{\partial c_1} & \frac{\partial y}{\partial c_2} & \cdots & \frac{\partial y}{\partial c_n} \\ \frac{\partial y'}{\partial c_1} & \frac{\partial y'}{\partial c_2} & \cdots & \frac{\partial y'}{\partial c_n} \\ \vdots & \vdots & & \vdots \\ \frac{\partial y^{(n-1)}}{\partial c_1} & \frac{\partial y^{(n-1)}}{\partial c_2} & \cdots & \frac{\partial y^{(n-1)}}{\partial c_n} \end{vmatrix} = \begin{vmatrix} y_1(x) & y_2(x) & \cdots & y_n(x) \\ y_1'(x) & y_2'(x) & \cdots & y_n'(x) \\ \vdots & \vdots & & \vdots \\ y_1^{(n-1)}(x) & y_2^{(n-1)}(x) & \cdots & y_n^{(n-1)}(x) \end{vmatrix} \neq 0,$$

因此 $y(x)$ 为方程(2.1)的通解.

下面只需证明对任一初始条件

$$y(x_0)=y_0,\ y'(x_0)=y_0^{(1)},\ \cdots,\ y^{(n-1)}(x_0)=y_0^{(n-1)}, \tag{2.6}$$

能够确定一组常数 $c_1,c_2,\cdots,c_n$,由其构成的函数(2.5)满足(2.6).

考虑方程组

$$\begin{cases} c_1y_1(x_0)+c_2y_2(x_0)+\cdots+c_ny_n(x_0)+y_*(x_0)=y_0, \\ c_1y_1'(x_0)+c_2y_2'(x_0)+\cdots+c_ny_n'(x_0)+y_*'(x_0)=y_0^{(1)}, \\ \cdots\cdots\cdots\cdots \\ c_1y_1^{(n-1)}(x_0)+c_2y_2^{(n-1)}(x_0)+\cdots+c_ny_n^{(n-1)}(x_0)+y_*^{(n-1)}(x_0)=y_0^{(n-1)}, \end{cases}$$

此方程组的系数行列式 $W(x_0)\neq 0$, 所以方程组有唯一解 $c_1^*,c_2^*,\cdots,c_n^*$,由此确定的解

$$y(x) = c_1^* y_1(x) + c_2^* y_2(x) + \cdots + c_n^* y_n(x) + y_*(x)$$

满足给定的初始条件(2.6),故通解包含了方程的所有解. 证毕.

本节从理论上阐述了线性微分方程的通解结构,但如何求出其通解,就一般方程而言,没有普遍的规律可循. 但对于常系数线性微分方程,由于其特殊性,通解问题已彻底解决. 下一节将对此进行详细的介绍.

习题 2.1

1. 验证 $y = c_1 x^{-1} + c_2 x^5$ 是微分方程 $x^2 y'' - 3xy' - 5y = 0$ 定义在任一不包含零的区间 $[a,b]$ 上的解. 若 $x_0 \neq 0$, y_0, y_0' 是任意常数,证明存在唯一一组数 c_1, c_2,使得 y 满足条件 $y(x_0) = y_0$, $y'(x_0) = y_0'$.
2. 验证 $y_1 = e^x, y_2 = e^{-x}$ 是齐线性微分方程 $y'' - y = 0$ 的基本解组;$\tilde{y} = x^2$ 是非齐线性微分方程 $y'' - y = 2 - x^2$ 的解. 并求齐线性微分方程满足初始条件 $\tilde{y}(0) = 1, \tilde{y}'(0) = 1$ 及 $\tilde{\tilde{y}}(0) = 0$, $\tilde{\tilde{y}}'(0) = 1$ 的基本解组及非齐线性微分方程在此基本解组下满足初始条件 $y(0) = y_0$, $y'(0) = y'_0$ 的解.
3. 设 $y_1(x), y_2(x)$ 在区间 $[a,b]$ 上连续,试证明:若 $y_1(x), y_2(x)$ 在区间 $[a,b]$ 上满足 $\dfrac{y_1(x)}{y_2(x)} \neq$ 常数或 $\dfrac{y_2(x)}{y_1(x)} \neq$ 常数,则 $y_1(x), y_2(x)$ 在区间 $[a,b]$ 上线性无关.
4. 设 $y_i(x)(i = 1, 2, \cdots, n)$ 是齐线性微分方程
$$y^{(n)} + a_1(x) y^{(n-1)} + \cdots + a_{n-1}(x) y' + a_n(x) y = 0$$
的任意 n 个解,它们的 Wronski 行列式记为 $W(x)$, 试证明 $W(x)$ 满足一阶线性微分方程 $W' + a_1(x) W = 0$, 从而有 $W(x) = W(x_0) e^{-\int_{x_0}^{x} a_1(s) ds}$.
5. 证明二阶齐线性微分方程的任两个基本解组的 Wronski 行列式之比是一个不为零的常数.
6. 试证 n 阶非齐线性微分方程至多存在 $n+1$ 个线性无关的解.

§2.2 n 阶常系数齐线性微分方程

本节介绍 n 阶常系数齐线性微分方程及可化为常系数齐线性微分方程的 Euler(欧拉)方程的解法.

2.2.1 n 阶常系数齐线性微分方程的解法

类似于前面的记号,令

$$\tilde{L}[y] \equiv y^{(n)} + a_1 y^{(n-1)} + \cdots + a_{n-1} y' + a_n y = 0, \tag{2.7}$$

其中 $a_1, \cdots, a_{n-1}, a_n$ 皆为实常数.

当 $n=1$ 时，$y'+a_1y=0$，其解为 $y=Ce^{-a_1x}$，其中 C 为任意常数.

对于一般的 n，我们设想其也有形如 $y=e^{\lambda x}$ 的解，其中 λ 为实数或复数，将其代入方程(2.7)，得

$$\widetilde{L}[e^{\lambda x}]=(\lambda^n+a_1\lambda^{n-1}+\cdots+a_{n-1}\lambda+a_n)e^{\lambda x}=0,$$

令 $F(\lambda)=\lambda^n+a_1\lambda^{n-1}+\cdots+a_{n-1}\lambda+a_n$，则

$$\widetilde{L}[e^{\lambda x}]=0\Leftrightarrow F(\lambda)=0.$$

因此 $y=e^{\lambda x}$ 是否为方程(2.7)的解取决于 $F(\lambda)=0$ 是否成立. 称 $F(\lambda)=0$ 为方程(2.7)的**特征方程**，称它的根为**特征根**.

下面就特征根的不同情况分别讨论.

(1) 特征根是单根

设 $\lambda_1,\lambda_2,\cdots,\lambda_n$ 是特征方程的 n 个相异实根，则方程(2.7)有 n 个解 e^{λ_1x}，$e^{\lambda_2x},\cdots,e^{\lambda_nx}$，由 §2.1 知它们是线性无关的，它们构成方程(2.7)的一个基本解组. 此时原方程的通解为 $y=c_1e^{\lambda_1x}+c_2e^{\lambda_2x}+\cdots+c_ne^{\lambda_nx}$，其中 $c_1,c_2,\cdots,c_n$ 为任意常数.

若 $\lambda_i=\alpha_i+i\beta_i$ 为复根，由方程的系数 $a_i(i=1,2,\cdots,n)$ 为实数可知复根成对出现，故 $\bar{\lambda}_i=\alpha_i-i\beta_i$ 也是特征根，这一对复根对应方程的两个复数解 e^{λ_ix}，$e^{\bar{\lambda}_ix}$，将它们相加减得到原方程两个线性无关的实函数解 $e^{\alpha_ix}\cos\beta_ix$，$e^{\alpha_ix}\sin\beta_ix$. 因此在基本解组中用 $e^{\alpha_ix}\cos\beta_ix$，$e^{\alpha_ix}\sin\beta_ix$ 代替 e^{λ_ix} 及 $e^{\bar{\lambda}_ix}$，可以证明(见第 3 章)仍然线性无关，所以不论特征根是实的还是复的，总是能求出实的基本解组.

(2) 特征根有重根

引理 设特征方程有 k_i 重特征根 λ_i，则方程有 k_i 个线性无关的解 e^{λ_ix}，$xe^{\lambda_ix},\cdots,x^{k_i-1}e^{\lambda_ix}$.

证 设 $\lambda=\lambda_i$ 为方程(2.7)的特征方程 $F(\lambda)=0$ 的 k_i 重特征根，则 $F(\lambda_i)=F'(\lambda_i)=\cdots=F^{(k_i-1)}(\lambda_i)=0$，而 $F^{(k_i)}(\lambda_i)\neq 0$.

首先 $e^{\lambda_ix},\cdots,x^{k_i-1}e^{\lambda_ix}$ 线性无关是很显然的. 其次，

$$\begin{aligned}\widetilde{L}[x^le^{\lambda x}]&=\widetilde{L}\left[\frac{\partial^l}{\partial\lambda^l}e^{\lambda x}\right]=\frac{\partial^l}{\partial\lambda^l}\widetilde{L}[e^{\lambda x}]=\frac{\partial^l}{\partial\lambda^l}(e^{\lambda x}F(\lambda))\\&=\sum_{j=0}^{l}C_l^jF^{(j)}(\lambda)(e^{\lambda x})^{(l-j)}\end{aligned}$$

知 $\widetilde{L}[x^le^{\lambda x}]\big|_{\lambda=\lambda_i}=0$，其中 $l=0,1,\cdots,k_i-1$.

因此原方程有 k_i 个线性无关的解 $e^{\lambda_ix},xe^{\lambda_ix},\cdots,x^{k_i-1}e^{\lambda_ix}$. 证毕.

定理 2.7 设 $\lambda_1,\lambda_2,\cdots,\lambda_r$ 是 $F(\lambda)=0$ 的 r 个不同的特征根，其重数分别

为 $n_1,n_2,\cdots,n_r$，且 $n_1+n_2+\cdots+n_r=n$，则函数组

$$e^{\lambda_1 x},xe^{\lambda_1 x},\cdots,x^{n_1-1}e^{\lambda_1 x}, \tag{s_1}$$

$$e^{\lambda_2 x},xe^{\lambda_2 x},\cdots,x^{n_2-1}e^{\lambda_2 x}, \tag{s_2}$$

$$\cdots\cdots\cdots\cdots$$

$$e^{\lambda_r x},xe^{\lambda_r x},\cdots,x^{n_r-1}e^{\lambda_r x} \tag{s_r}$$

构成方程(2.7)的一个基本解组.

证 反证法. 设函数组 $(s_1),\cdots,(s_r)$ 中的函数全部合起来构成的函数组是线性相关的，即存在不全为零的数

$$k_{10},\cdots,k_{1,n_1-1};k_{20},\cdots,k_{2,n_2-1};\cdots;k_{r0},\cdots,k_{r,n_r-1}$$

满足

$$(k_{10}+\cdots+k_{1,n_1-1}x^{n_1-1})e^{\lambda_1 x}+(k_{20}+\cdots+k_{2,n_2-1}x^{n_2-1})e^{\lambda_2 x}+\cdots+(k_{r0}+\cdots+k_{r,n_r-1}x^{n_r-1})e^{\lambda_r x}\equiv 0. \tag{2.8}$$

令

$$\Psi_1^0(x)=k_{10}+\cdots+k_{1,n_1-1}x^{n_1-1},\quad \Psi_2^0(x)=k_{20}+\cdots+k_{2,n_2-1}x^{n_2-1},\cdots,$$

$$\Psi_r^0(x)=k_{r0}+\cdots+k_{r,n_r-1}x^{n_r-1},$$

则(2.8)式简化为

$$\Psi_1^0(x)e^{\lambda_1 x}+\Psi_2^0(x)e^{\lambda_2 x}+\cdots+\Psi_r^0(x)e^{\lambda_r x}\equiv 0. \tag{2.9}$$

不妨假设 $\Psi_r^0(x)$ 不恒为零，用 $e^{\lambda_1 x}$ 去除(2.9)式的两边，然后对所得式子两边关于 x 求 n_1 次导得

$$\sum_{j=2}^{r}\Psi_j^1(x)e^{(\lambda_j-\lambda_1)x}\equiv 0, \tag{2.10}$$

其中 $\Psi_j^1(x)=(\lambda_j-\lambda_1)^{n_1}\Psi_j^0(x)+P_j^0(x)$，且 $P_j^0(x)$ 是次数低于 $\Psi_j^0(x)$ 的多项式.

用 $e^{(\lambda_2-\lambda_1)x}$ 去除(2.10)式的两边，然后对所得式子两边关于 x 求 n_2 次导得

$$\sum_{j=3}^{r}\Psi_j^2(x)e^{(\lambda_j-\lambda_2)x}\equiv 0,$$

其中 $\Psi_j^2(x)=(\lambda_j-\lambda_2)^{n_2}\Psi_j^1(x)+P_j^1(x)$，且 $P_j^1(x)$ 是次数低于 $\Psi_j^1(x)$ 的多项式. 继续此过程有限次后，得

$$\Psi_r^k(x)e^{(\lambda_r-\lambda_{r-1})x}\equiv 0,$$

而这是不可能的，因为 $\Psi_r^k(x)$ 是一个与 $\Psi_r^0(x)$ 同次数的非零多项式，所以 (s_1)，$\cdots$，(s_r) 中的函数全部合起来得到的函数组是线性无关的，且其个数等于方程的阶数 n，构成了方程的一个基本解组. 证毕.

推论 设方程(2.7)的系数 $a_i(i=1,2,\cdots,n)$ 都是实常数，且其特征方程的

实根为 $\lambda_1,\lambda_2,\cdots,\lambda_r$，其重数分别为 $n_1,n_2,\cdots,n_r$，复根为 $\alpha_1\pm \mathrm{i}\beta_1,\alpha_2\pm\mathrm{i}\beta_2,\cdots,\alpha_l\pm\mathrm{i}\beta_l$，其重数分别为 $m_1,m_2,\cdots,m_l$，且 $n_1+n_2+\cdots+n_r+2m_1+2m_2+\cdots+2m_l=n$. 则下列 n 个实值函数

$$e^{\lambda_i x},xe^{\lambda_i x},\cdots,x^{n_i-1}e^{\lambda_i x}, \tag{s_i}$$

$$e^{\alpha_j x}\cos\beta_j x,xe^{\alpha_j x}\cos\beta_j x,\cdots,x^{m_j-1}e^{\alpha_j x}\cos\beta_j x, \tag{s_j}$$

$$e^{\alpha_j x}\sin\beta_j x,xe^{\alpha_j x}\sin\beta_j x,\cdots,x^{m_j-1}e^{\alpha_j x}\sin\beta_j x \tag{$\bar{s}_j$}$$

$$(i=1,2,\cdots,r;j=1,2,\cdots,l)$$

是方程(2.7)的一个实基本解组.

例 1 求方程 $y^{(7)}-3y^{(6)}+5y^{(5)}-7y^{(4)}+7y^{(3)}-5y^{(2)}+3y'-y=0$ 的通解.

解 这是一个 7 阶常系数齐线性微分方程，其特征方程为

$$\lambda^7-3\lambda^6+5\lambda^5-7\lambda^4+7\lambda^3-5\lambda^2+3\lambda-1=0,$$

分解因式得

$$(\lambda^2+1)^2(\lambda-1)^3=0,$$

特征根为 $\lambda_1=1$，其重数为 3，对应的线性无关的解为 e^x,xe^x,x^2e^x；$\lambda_{2,3}=\pm\mathrm{i}$ 分别为 2 重根，对应的线性无关的实数解为 $\cos x,x\cos x,\sin x,x\sin x$. 所以原方程的通解为

$$y=e^x(c_1+c_2x+c_3x^2)+(c_4+c_5x)\cos x+(c_6+c_7x)\sin x,$$

其中 $c_1,c_2,\cdots,c_7$ 为任意常数.

2.2.2 Euler 方程

前面解决了常系数齐线性微分方程的求解问题，对于变系数齐线性微分方程，一般不容易求解. 但某些特殊的变系数齐线性微分方程，经适当的变量替换，能够化为常系数齐线性微分方程，因而其求解问题也得以解决. 下面介绍的Euler方程就属于这类方程.

定义 2.3 Euler 方程

形如

$$x^n\frac{d^ny}{dx^n}+a_1x^{n-1}\frac{d^{n-1}y}{dx^{n-1}}+\cdots+a_{n-1}x\frac{dy}{dx}+a_ny=0$$

的方程称为 **Euler 方程**，其中 $a_1,a_2,\cdots,a_n$ 是常数.

Euler 方程中的项$\frac{d^ky}{dx^k}$的系数为变系数 $a_{n-k}x^k$，做变量替换 $x=e^t$，则

$$\frac{dy}{dx}=\frac{dy}{dt}\frac{dt}{dx}=e^{-t}\frac{dy}{dt}.$$

记 $D=\frac{d}{dt}$，则

$$x\frac{dy}{dx}=Dy,\qquad x^2\frac{d^2y}{dx^2}=D(D-1)y.$$

用数学归纳法可以证明

$$x^k\frac{d^ky}{dx^k}=D(D-1)\cdots(D-k+1)y,$$

从而将 Euler 方程变为常系数齐线性微分方程

$$\frac{d^ny}{dt^n}+b_1\frac{d^{n-1}y}{dt^{n-1}}+\cdots+b_{n-1}\frac{dy}{dt}+b_ny=0,\tag{2.11}$$

其中 $b_1,b_2,\cdots,b_n$ 为常数.

按照前面介绍的方法可求得此方程的通解

$$y=y(t,\ C_1,\ C_2,\ \cdots,\ C_n),$$

所以原方程的通解为 $y=y(\ln|x|,C_1,C_2,\cdots,C_n)$,其中 $C_1,C_2,\cdots,C_n$ 为任意常数.

注意变量还原时,$t=\ln|x|$,因为前面在作变换时,只考虑了 $x>0$,对于 $x<0$,作变换 $x=-e^t$,所得结果一样.

因为常系数齐线性微分方程(2.11)总有形如 $y=e^{\lambda t}$ 的解,可知原方程有形如 $y=x^\lambda$ 的解,因此可以假设原方程有形如 $y=x^\lambda$ 的解,把 $y=x^\lambda$ 直接代入Euler方程并约去因子 x^λ,得到关于 λ 的代数方程

$$\lambda(\lambda-1)\cdots(\lambda-n+1)+a_1\lambda(\lambda-1)\cdots(\lambda-n+2)+\cdots+a_{n-1}\lambda+a_n=0.\tag{2.12}$$

易知方程(2.12)是方程(2.11)的特征方程,因此方程(2.12)的 m 重实根 $\lambda=\lambda_0$ 对应着 Euler 方程的 m 个解

$$x^{\lambda_0},x^{\lambda_0}\ln|x|,\cdots,x^{\lambda_0}(\ln|x|)^{m-1}.$$

而方程(2.12)的 m 重复根 $\lambda=\alpha\pm i\beta$ 对应于方程(2.11)的 $2m$ 个实值解

$$e^{\alpha t}\cos\beta t,te^{\alpha t}\cos\beta t,\cdots,t^{m-1}e^{\alpha t}\cos\beta t,$$
$$e^{\alpha t}\sin\beta t,te^{\alpha t}\sin\beta t,\cdots,t^{m-1}e^{\alpha t}\sin\beta t,$$

因此对应着 Euler 方程的 $2m$ 个实值解是

$$x^\alpha\cos(\beta\ln|x|),x^\alpha\ln|x|\cos(\beta\ln|x|),\cdots,x^\alpha(\ln|x|)^{m-1}\cos(\beta\ln|x|),$$
$$x^\alpha\sin(\beta\ln|x|),x^\alpha\ln|x|\sin(\beta\ln|x|),\cdots,x^\alpha(\ln|x|)^{m-1}\sin(\beta\ln|x|).$$

例 2 解方程 $x^2\dfrac{d^2y}{dx^2}-3x\dfrac{dy}{dx}+4y=0.$

解 设方程有形如 $y=x^\lambda$ 的解,将其代入,则 λ 必满足方程

$$\lambda(\lambda-1)-3\lambda+4=0,$$

即 $\lambda^2-4\lambda+4=0$,所以 $\lambda_{1,2}=2$,从而原方程的通解为

$$y=x^2(C_1+C_2\ln|x|)\quad(C_1,C_2\text{ 为任意常数}).$$

例 3 解方程 $x^2\dfrac{d^2y}{dx^2}+2x\dfrac{dy}{dx}+y=0.$

解 设方程有形如 $y=x^\lambda$ 的解,代入得

$$\lambda(\lambda-1)+2\lambda+1=0,$$

即 $\lambda^2+\lambda+1=0,\lambda_{1,2}=\dfrac{-1\pm\sqrt{3}i}{2}$. 所以原方程的通解为

$$y=\frac{1}{\sqrt{x}}\left[C_1\cos\left(\frac{\sqrt{3}}{2}\ln|x|\right)+C_2\sin\left(\frac{\sqrt{3}}{2}\ln|x|\right)\right]\quad(C_1,C_2\text{ 为任意常数}).$$

习题 2.2

1. (1) 已知 $y=x^3e^x$ 是某个四阶实系数齐线性微分方程的解,求其通解并确定该方程.
   (2) 已知 $y=x\sin 2x$ 是某个四阶实系数齐线性微分方程的解,求其通解并确定该方程.
   (3) 已知某个四阶实系数齐线性微分方程只有特征根 $0,\pm i$,求其通解并确定该方程.
   (4) 求作一个三阶实系数齐线性微分方程,使它有特解 $5xe^x,e^{2x}$.
2. 解方程:
   (1) $y'''+y''-2y=0$;
   (2) $y'''+3y''+3y'+y=0$;
   (3) $y^{(4)}+2y''+y=0$;
   (4) $y'''-7y''+16y'-12y=0$;
   (5) $y^{(6)}+2y^{(4)}+y''=0$.
3. 解方程:
   (1) $x^2y''+3xy'+y=0$;
   (2) $x^2y''-xy'+2y=0$;
   (3) $x^4y^{(4)}+6x^3y'''+9x^2y''-3xy'+y=0$;
   (4) $(x+1)^2y''+(x+1)y'+y=0$.
4. 试就常系数微分方程 $y''+py'+qy=0$ 讨论,对于 p,q 满足什么条件时,
   (1)方程的所有解当 $x\to+\infty$ 时趋于零.
   (2)方程的所有解在区间 $[0,+\infty)$ 上有界.
   (3)方程的一切解是 x 的周期函数.

§2.3 *n* 阶常系数非齐线性微分方程

由§2.1、§2.2 知,求解 n 阶常系数非齐线性微分方程的关键在于寻求其

对应的齐线性微分方程的基本解组和它本身的一个特解. 事实上只要求出齐线性微分方程的基本解组就可以利用常数变易法求得非齐线性微分方程的一个特解,进而求出非齐线性微分方程的通解. 本节介绍常系数非齐线性微分方程

$$\frac{\mathrm{d}^n y}{\mathrm{d}x^n}+a_1\frac{\mathrm{d}^{n-1}y}{\mathrm{d}x^{n-1}}+\cdots+a_n y=f(x)$$

的特解求法.

2.3.1 常数变易法

对于方程(2.1),先求对应的齐线性微分方程的基本解组,然后利用常数变易法求非齐线性微分方程的某一特解,从而可以表示出方程的所有解. 下面详细地介绍如何利用**常数变易法**求解.

设 $y_1(x),y_2(x),\cdots,y_n(x)$ 为方程(2.2)的一个基本解组,因此方程(2.2)的通解为

$$y(x)=C_1y_1(x)+C_2y_2(x)+\cdots+C_ny_n(x),\tag{2.13}$$

其中 $C_1,C_2,\cdots,C_n$ 为任意常数.

现将(2.13)式中的常数 $C_1,C_2,\cdots,C_n$ 变易为 x 的待定函数 $C_1(x),C_2(x),\cdots,C_n(x)$,则(2.13)式变为

$$y(x)=C_1(x)y_1(x)+C_2(x)y_2(x)+\cdots+C_n(x)y_n(x),\tag{2.14}$$

设其为方程(2.1)的解,代入方程(2.1)得到 $C_1(x),C_2(x),\cdots,C_n(x)$ 所满足的方程. 但待定函数有 n 个,为了确定出它们,必须再找 $n-1$ 个限制条件. 为了计算简便,我们采取如下取法. 将(2.14)式关于 x 求导,得

$$\begin{aligned}y'(x)=&C_1(x)y_1'(x)+C_2(x)y_2'(x)+\cdots+C_n(x)y_n'(x)+\\&C_1'(x)y_1(x)+C_2'(x)y_2(x)+\cdots+C_n'(x)y_n(x).\end{aligned}$$

令

$$C_1'(x)y_1(x)+C_2'(x)y_2(x)+\cdots+C_n'(x)y_n(x)=0,\tag{2.15}$$

则

$$y'(x)=C_1(x)y_1'(x)+C_2(x)y_2'(x)+\cdots+C_n(x)y_n'(x)\tag{2.16}$$

再关于 x 求导,得

$$\begin{aligned}y''(x)=&C_1(x)y_1''(x)+C_2(x)y_2''(x)+\cdots+C_n(x)y_n''(x)+\\&C_1'(x)y_1'(x)+C_2'(x)y_2'(x)+\cdots+C_n'(x)y_n'(x).\end{aligned}$$

令

$$C_1'(x)y_1'(x)+C_2'(x)y_2'(x)+\cdots+C_n'(x)y_n'(x)=0,\tag{2.17}$$

则

$$y''(x)=C_1(x)y_1''(x)+C_2(x)y_2''(x)+\cdots+C_n(x)y_n''(x).\tag{2.18}$$

依此方法，继续对 x 求导，直到第 $n-1$ 次，得到第 $n-1$ 个条件

$$C_1'(x)y_1^{(n-2)}(x)+C_2'(x)y_2^{(n-2)}(x)+\cdots+C_n'(x)y_n^{(n-2)}(x)=0 \quad (2.19)$$

和表达式

$$y^{(n-1)}(x)=C_1(x)y_1^{(n-1)}(x)+C_2(x)y_2^{(n-1)}(x)+\cdots+C_n(x)y_n^{(n-1)}(x). \quad (2.20)$$

最后关于 x 求导

$$\begin{aligned}y^{(n)}(x)=&C_1(x)y_1^{(n)}(x)+C_2(x)y_2^{(n)}(x)+\cdots+C_n(x)y_n^{(n)}(x)+\\&C_1'(x)y_1^{(n-1)}(x)+C_2'(x)y_2^{(n-1)}(x)+\cdots+C_n'(x)y_n^{(n-1)}(x).\end{aligned} \quad (2.21)$$

将(2.14)，(2.16)，(2.18)，(2.20)，(2.21)式代入方程(2.1)，并注意到$y_1(x)$，$y_2(x)$，…，$y_n(x)$为对应的齐线性微分方程(2.2)的解，得

$$C_1'(x)y_1^{(n-1)}(x)+C_2'(x)y_2^{(n-1)}(x)+\cdots+C_n'(x)y_n^{(n-1)}(x)=f(x). \quad (2.22)$$

由(2.15)，(2.17)，(2.19)，(2.22)式得到了一个以 $C_1'(x)$，$C_2'(x)$，…，$C_n'(x)$为未知数的线性代数方程组

$$\begin{cases}C_1'(x)y_1(x)+C_2'(x)y_2(x)+\cdots+C_n'(x)y_n(x)=0,\\C_1'(x)y_1'(x)+C_2'(x)y_2'(x)+\cdots+C_n'(x)y_n'(x)=0,\\\qquad\qquad\cdots\cdots\cdots\cdots\\C_1'(x)y_1^{(n-2)}(x)+C_2'(x)y_2^{(n-2)}(x)+\cdots+C_n'(x)y_n^{(n-2)}(x)=0,\\C_1'(x)y_1^{(n-1)}(x)+C_2'(x)y_2^{(n-1)}(x)+\cdots+C_n'(x)y_n^{(n-1)}(x)=f(x),\end{cases}$$

其系数行列式 $W(x)\neq0$，所以有唯一解 $c_i'(x)=\varphi_i(x)$，$i=1,2,\cdots,n$，积分得 $c_i(x)=\int\varphi_i(x)\mathrm{d}x+r_i$，其中 r_i 为任意常数，$i=1,2,\cdots,n$. 因为我们只要求非齐线性微分方程的一个特解就够了，所以可取 $r_i=0(i=1,2,\cdots,n)$，于是得到特解

$$y(x)=\sum_{i=1}^{n}y_i(x)\int\varphi_i(x)\mathrm{d}x.$$

注 由上述过程可以看到求解非齐线性微分方程的关键在于求出对应的齐线性微分方程的基本解组.

例1 求方程$\frac{\mathrm{d}^2y}{\mathrm{d}x^2}+4y=x\sin 2x$ 的通解.

解 齐线性微分方程的特征方程为 $\lambda^2+4=0$，其特征根为 $\lambda=\pm2\mathrm{i}$，因此齐线性微分方程的通解为

$$y=C_1\cos 2x+C_2\sin 2x \quad (C_1,C_2 \text{ 为任意常数}).$$

设非齐线性微分方程的解为

$$y=C_1(x)\cos 2x+C_2(x)\sin 2x,$$

其中 $C_1(x)$，$C_2(x)$为待定函数. 则

$$y'=-2\sin 2x\cdot C_1(x)+2\cos 2x\cdot C_2(x)+(C_1'(x)\cos 2x+C_2'(x)\sin 2x).$$

令 $C_1'(x)\cos 2x+C_2'(x)\sin 2x=0$,则

$$y'=-2\sin 2x\cdot C_1(x)+2\cos 2x\cdot C_2(x),$$

$$y''=-4\cos 2x\cdot C_1(x)-4\sin 2x\cdot C_2(x)+(-2\sin 2x\cdot C_1'(x)+2\cos 2x\cdot C_2'(x)),$$

将其代入微分方程得

$$-2\sin 2x\cdot C_1'(x)+2\cos 2x\cdot C_2'(x)=x\sin 2x.$$

解方程组

$$\begin{cases}C_1'(x)\cos 2x+C_2'(x)\sin 2x=0,\\ -2C_1'(x)\sin 2x+2C_2'(x)\cos 2x=x\sin 2x,\end{cases}$$

得

$$\begin{cases}C_1'(x)=-\dfrac{x\sin^2 2x}{2},\\ C_2'(x)=\dfrac{x\sin 2x\cos 2x}{2},\end{cases}$$

积分得

$$\begin{cases}C_1(x)=-\dfrac{x^2}{8}+\dfrac{x}{16}\sin 4x+\dfrac{\cos 4x}{64}+r_1,\\ C_2(x)=-\dfrac{x}{16}\cos 4x+\dfrac{\sin 4x}{64}+r_2,\end{cases}$$

其中 r_1,r_2 为任意常数. 所以原方程的通解为

$$y=C_1\cos 2x+C_2\sin 2x+\left(-\frac{x^2}{8}+\frac{x}{16}\sin 4x+\frac{\cos 4x}{64}\right)\cos 2x+\left(-\frac{x}{16}\cos 4x+\frac{\sin 4x}{64}\right)\sin 2x,$$

即

$$y=C_1\cos 2x+C_2\sin 2x-\frac{x^2}{8}\cos 2x+\frac{x}{16}\sin 2x+\frac{\cos 2x}{64},$$

其中 C_1,C_2 为任意常数.

例 2 解方程 $\dfrac{d^2y}{dx^2}+y=1-\dfrac{1}{\sin x}$.

解 先求对应的齐线性微分方程 $\dfrac{d^2y}{dx^2}+y=0$ 的通解. 其特征方程为 $\lambda^2+1=0$,特征根为 $\lambda=\pm i$. 齐线性微分方程的通解为

$$y=C_1\cos x+C_2\sin x\quad (C_1,C_2\text{ 为任意常数}).$$

再求非齐线性微分方程的某一特解.

利用常数变易法,设 $\bar{y}=C_1(x)\cos x+C_2(x)\sin x$ 为原方程的一个解,将其代

入方程得 $C_1(x),C_2(x)$ 应满足的方程组

$$\begin{cases}C_1'(x)\cos x+C_2'(x)\sin x=0,\\ -C_1'(x)\sin x+C_2'(x)\cos x=1-\dfrac{1}{\sin x},\end{cases}$$

解此方程组得 $\begin{cases}C_1(x)=x+\cos x+r_1,\\ C_2(x)=\sin x-\ln|\sin x|+r_2,\end{cases}$ 其中 r_1,r_2 为任意常数. 取 $r_1=r_2=0$ 得原方程的一个特解,从而原方程的通解为

$$\begin{aligned}y&=C_1\cos x+C_2\sin x+(x+\cos x)\cos x+(\sin x-\ln|\sin x|)\sin x\\&=C_1\cos x+C_2\sin x+x\cos x-(\ln|\sin x|)\sin x+1,\end{aligned}$$

其中 C_1,C_2 为任意常数.

例 3 解方程 $x^2\dfrac{d^2y}{dx^2}-4x\dfrac{dy}{dx}+6y=\dfrac{36}{x}\ln x$.

解 先求原方程对应的齐线性微分方程 $x^2\dfrac{d^2y}{dx^2}-4x\dfrac{dy}{dx}+6y=0$ 的通解.

此方程为 Euler 方程,其特征方程为 $\lambda^2-5\lambda+6=0$,特征根为 $\lambda_1=2,\lambda_2=3$. 因此齐线性微分方程的通解为

$$y=C_1x^2+C_2x^3\quad(C_1,C_2\text{ 为任意常数}).$$

再利用常数变易法求原方程的一个特解.

设 $\tilde{y}=C_1(x)x^2+C_2(x)x^3$ 为原方程的一个解,将其代入原方程得 $C_1(x)$, $C_2(x)$ 满足的方程组为

$$\begin{cases}C_1'(x)+xC_2'(x)=0,\\ 2C_1'(x)+3xC_2'(x)=\dfrac{36}{x^4}\ln x.\end{cases}$$

解之得

$$\begin{cases}C_1(x)=\dfrac{4}{x^3}+\dfrac{12}{x^3}\ln x+r_1,\\ C_2(x)=-\dfrac{9}{4x^4}-\dfrac{9}{x^4}\ln x+r_2.\end{cases}$$

取 $r_1=r_2=0$,得原方程的一个特解

$$\tilde{y}=\frac{7}{4x}+\frac{3}{x}\ln x.$$

故原方程的通解为

$$y=C_1x^2+C_2x^3+\frac{7}{4x}+\frac{3}{x}\ln x,$$

其中 C_1,C_2 为任意常数.

对于二阶常系数非齐线性微分方程,我们有下面的定理.

定理 2.8 设在方程 $y''+py'+qy=f(x)$ 中 p,q 为实常数,函数 $f(x)$ 在 $[0,+\infty)$ 上连续,则

(1) 当特征根 $\lambda_1\neq\lambda_2$ 是实数时,方程有特解

$$\tilde{y}(x)=\frac{1}{\lambda_1-\lambda_2}\int_0^x f(s)\left[\mathrm{e}^{\lambda_1(x-s)}-\mathrm{e}^{\lambda_2(x-s)}\right]\mathrm{d}s.$$

(2) 当特征根 $\lambda_1=\lambda_2=\lambda$ 时,方程有特解

$$\tilde{y}(x)=\int_0^x (x-s)f(s)\mathrm{e}^{\lambda(x-s)}\mathrm{d}s.$$

(3) 当特征根 $\lambda_{1,2}=\alpha\pm \mathrm{i}\beta$($\alpha,\beta$ 是实数)时,方程有特解

$$\tilde{y}(x)=\frac{1}{\beta}\int_0^x f(s)\mathrm{e}^{\alpha(x-s)}\sin\beta(x-s)\mathrm{d}s.$$

证 (1) 当特征根 $\lambda_1\neq\lambda_2$ 是实数时,对应的齐线性微分方程的通解为

$$C_1\mathrm{e}^{\lambda_1x}+C_2\mathrm{e}^{\lambda_2x}.$$

用常数变易法求原方程的特解 $\tilde{y}(x)=C_1(x)\mathrm{e}^{\lambda_1x}+C_2(x)\mathrm{e}^{\lambda_2x}$,则 $C_1(x)$, $C_2(x)$ 应满足

$$\begin{cases}C_1'(x)\mathrm{e}^{\lambda_1x}+C_2'(x)\mathrm{e}^{\lambda_2x}=0,\\ \lambda_1C_1'(x)\mathrm{e}^{\lambda_1x}+\lambda_2C_2'(x)\mathrm{e}^{\lambda_2x}=f(x),\end{cases}$$

解之得

$$\begin{cases}C_1'(x)=\dfrac{f(x)\mathrm{e}^{-\lambda_1x}}{\lambda_1-\lambda_2},\\ C_2'(x)=-\dfrac{f(x)\mathrm{e}^{-\lambda_2x}}{\lambda_1-\lambda_2},\end{cases}$$

进而求得

$$\begin{cases}C_1(x)=\dfrac{1}{\lambda_1-\lambda_2}\displaystyle\int_0^x f(s)\mathrm{e}^{-\lambda_1s}\mathrm{d}s,\\ C_2(x)=-\dfrac{1}{\lambda_1-\lambda_2}\displaystyle\int_0^x f(s)\mathrm{e}^{-\lambda_2s}\mathrm{d}s,\end{cases}$$

故原方程有特解

$$\begin{aligned}\tilde{y}(x)&=C_1(x)\mathrm{e}^{\lambda_1x}+C_2(x)\mathrm{e}^{\lambda_2x}\\&=\frac{1}{\lambda_1-\lambda_2}\left[\mathrm{e}^{\lambda_1x}\int_0^x f(s)\mathrm{e}^{-\lambda_1s}\mathrm{d}s-\mathrm{e}^{\lambda_2x}\int_0^x f(s)\mathrm{e}^{-\lambda_2s}\mathrm{d}s\right]\\&=\frac{1}{\lambda_1-\lambda_2}\left[\int_0^x f(s)\mathrm{e}^{\lambda_1(x-s)}\mathrm{d}s-\int_0^x f(s)\mathrm{e}^{\lambda_2(x-s)}\mathrm{d}s\right]\end{aligned}$$

$$= \frac{1}{\lambda_1 - \lambda_2}\int_0^x f(s)\left[e^{\lambda_1(x-s)} - e^{\lambda_2(x-s)} \right] ds.$$

(2),(3)可类似地证明. 证毕

注 常数变易法的优点在于适用范围广,无论$f(x)$是什么形式总可以按部就班地求出常系数或变系数非齐线性微分方程的特解,缺点是过程繁琐.

2.3.2 比较系数法

如果常系数非齐线性微分方程

$$\tilde{L}[y] = \frac{d^n y}{dx^n} + a_1 \frac{d^{n-1} y}{dx^{n-1}} + \cdots + a_{n-1}\frac{dy}{dx} + a_n y = f(x) \tag{2.23}$$

右端的非齐次项$f(x)$具有一些特殊形式,我们可以用更简便的方法求其某一特解,即**比较系数法**. 下面就此作些介绍.

比较系数法是将求解微分方程的问题转化为代数问题进行处理的方法,它基于下列一些结论.

定理 2.9 设$f(x) = (b_0x^m + b_1x^{m-1} + \cdots + b_{m-1}x + b_m)e^{rx}$,则方程(2.23)有形如$y = x^k(B_0x^m + B_1x^{m-1} + \cdots + B_{m-1}x + B_m)e^{rx}$的特解, 其中$k$为特征方程$F(\lambda) = 0$的根$\lambda = r$的重数,当$r$不是特征根时,取$k = 0$,$B_0, B_1, \cdots, B_m$为待定常数.

证 Ⅰ. 若$r = 0$,此时非齐次项为$f(x) = b_0x^m + b_1x^{m-1} + \cdots + b_{m-1}x + b_m$.

下面分情况讨论.

(1) 若$r = 0$不是特征根,则$F(0) = a_n \neq 0$,

$$y^{(n)} + a_1 y^{(n-1)} + \cdots + a_{n-1}y' + a_n y = b_0x^m + b_1x^{m-1} + \cdots + b_{m-1}x + b_m.$$

设方程有形如$\tilde{y} = B_0x^m + B_1x^{m-1} + \cdots + B_{m-1}x + B_m$的解,其中$B_0, B_1, \cdots, B_m$为待定常数. 将此解代入微分方程,比较系数得关于$B_0, B_1, \cdots, B_m$的代数方程组:

当$m > n$时,
$$\begin{cases} B_0 a_n = b_0, \\ B_1 a_n + mB_0 a_{n-1} = b_1, \\ \cdots\cdots\cdots\cdots \\ B_m a_n + B_{m-1}a_{n-1} + \cdots + n!\, B_{m-n} = b_m; \end{cases}$$

当$m \leqslant n$时,
$$\begin{cases} B_0 a_n = b_0, \\ B_1 a_n + mB_0 a_{n-1} = b_1, \\ \cdots\cdots\cdots\cdots \\ B_m a_n + B_{m-1}a_{n-1} + \cdots + m!\, a_{n-m}B_0 = b_m. \end{cases}$$

因为$a_n \neq 0$,可求得B_0,将其代入第二个方程可求得B_1,依次进行下去从而可唯一确定出此方程组的解$B_0, B_1, \cdots, B_m$.

(2) 若 $r=0$ 是 k 重特征根,即 $F(\lambda)=\lambda^n+a_1\lambda^{n-1}+\cdots+a_{n-k}\lambda^k$,其中 $a_{n-k}\neq 0$,从而原方程变为

$$y^{(n)}+a_1y^{(n-1)}+\cdots+a_{n-k}y^{(k)}=f(x).$$

令 $\dfrac{\mathrm{d}^k y}{\mathrm{d}x^k}=z$,则上式变为 $\dfrac{\mathrm{d}^{n-k}z}{\mathrm{d}x^{n-k}}+a_1\dfrac{\mathrm{d}^{n-k-1}z}{\mathrm{d}x^{n-k-1}}+\cdots+a_{n-k}z=f(x)$,此时利用(1)可知方程有形如 $\tilde{y}^{(k)}=\tilde{B}_0x^m+\tilde{B}_1x^{m-1}+\cdots+\tilde{B}_m$ 的特解,因此原方程有如下解

$$\tilde{y}=B_0x^{k+m}+B_1x^{k+m-1}+\cdots+B_mx^k+\cdots+B_{m+k},$$

其中 $B_{m+1},B_{m+2},\cdots,B_{m+k}$ 为任意常数.

因为我们求一个特解就可以了,故可取 $B_{m+1}=\cdots=B_{m+k}=0$,于是得方程(2.23)的一个特解

$$\tilde{y}=(B_0x^m+B_1x^{m-1}+\cdots+B_m)x^k,$$

其中 $B_0,B_1,\cdots,B_m$ 是已确定的数.

Ⅱ. 若 $r\neq 0$,则像前面讨论一样,作变换 $y=z\mathrm{e}^{rx}$,将其代入微分方程,约去指数函数因子 e^{rx},则方程转化为

$$z^{(n)}+A_1z^{(n-1)}+\cdots+A_{n-1}z'+A_nz=b_0x^m+b_1x^{m-1}+\cdots+b_{m-1}x+b_m, \quad (2.24)$$

其中 $A_1,A_2,\cdots,A_n$ 为常数.

由于方程(2.23)对应的齐线性微分方程的特征根对应于方程(2.24)的齐线性微分方程的零特征根,并且重数相同,利用Ⅰ中的(1)可得如下结论:

当 r 不是方程(2.23)对应的齐线性微分方程的特征根时,方程(2.24)有特解

$$\tilde{z}=B_0x^m+B_1x^{m-1}+\cdots+B_{m-1}x+B_m,$$

从而方程(2.23)有特解

$$\tilde{y}=(B_0x^m+B_1x^{m-1}+\cdots+B_{m-1}x+B_m)\mathrm{e}^{rx}.$$

当 r 是方程(2.23)对应的齐线性微分方程的 k 重特征根时,方程(2.24)有特解

$$\tilde{z}=x^k(\tilde{B}_0x^m+\tilde{B}_1x^{m-1}+\cdots+\tilde{B}_{m-1}x+\tilde{B}_m),$$

从而方程(2.23)有特解

$$\tilde{y}=x^k(\tilde{B}_0x^m+\tilde{B}_1x^{m-1}+\cdots+\tilde{B}_{m-1}x+\tilde{B}_m)\mathrm{e}^{rx}.$$ 证毕.

例 4 求方程 $y^{(4)}-2y''+y=x^2-3$ 的通解.

解 该方程对应的齐线性微分方程为 $y^{(4)}-2y''+y=0$,特征方程为 $\lambda^4-2\lambda^2+1=0$,从而特征根为 $\lambda_{1,2}=1,\lambda_{3,4}=-1$,因此齐线性微分方程的通解为

$$y=(C_1+C_2x)\mathrm{e}^{-x}+(C_3+C_4x)\mathrm{e}^{x},$$

其中 C_1,C_2,C_3,C_4 为常数.

由方程中 $f(x)=x^2-3$ 知 $r=0$ 不是方程的特征根,故设原方程有形如 $\tilde{y}=A+Bx+Cx^2$ 的特解,将其代入原方程得 $A=1,B=0,C=1$,所以原方程的通解为

$$y=(C_1+C_2x)e^{-x}+(C_3+C_4x)e^{x}+(x^2+1),$$

其中 C_1,C_2,C_3,C_4 为任意常数.

例 5 求方程 $y'''-y=(x+1)e^x$ 的通解.

解 对应的齐线性微分方程的特征方程为 $\lambda^3-1=0$,特征根为 $\lambda_1=1$, $\lambda_{2,3}=\dfrac{-1\pm\sqrt{3}i}{2}$,故齐线性微分方程的通解为

$$y=C_1e^{x}+e^{-\frac{x}{2}}\left(C_2\cos\frac{\sqrt{3}}{2}x+C_3\sin\frac{\sqrt{3}}{2}x\right),$$

其中 C_1,C_2,C_3 为任意常数.

由于 $\lambda=1$ 是单根,因此设方程有形如 $\tilde{y}=x(Ax+B)e^x$ 的特解,代入原方程得 $A=\dfrac{1}{6}$, $B=0$. 故原方程的通解为

$$y=C_1e^{x}+e^{-\frac{x}{2}}\left(C_2\cos\frac{\sqrt{3}}{2}x+C_3\sin\frac{\sqrt{3}}{2}x\right)+\frac{x^2}{6}e^{x},$$

其中 C_1,C_2,C_3 为任意常数.

定理 2.10 设方程(2.23)中非齐次项 $f(x)=[A_m(x)\cos\beta x+B_n(x)\sin\beta x]e^{\alpha x}$,其中 α,β 为实常数, $A_m(x)$, $B_n(x)$ 分别为 x 的 m,n 次实系数多项式,则方程(2.23)有形如

$$\tilde{y}=x^k[C_s(x)\cos\beta x+D_s(x)\sin\beta x]e^{\alpha x}$$

的特解,其中 k 为特征根 $\alpha+i\beta$ 的重数. 当 $\alpha+i\beta$ 不是特征根时,取 $k=0$,而 $C_s(x)$, $D_s(x)$ 为 x 的待定实系数 s 次多项式,其中 $s=\max\{m,n\}$.

证 注意到 r 无论是实数还是复数,定理 2.9 都成立. 现将 $f(x)$ 改写成下列形式

$$\begin{aligned}f(x)&=\left[A_m(x)\frac{e^{i\beta x}+e^{-i\beta x}}{2}-iB_n(x)\frac{e^{i\beta x}-e^{-i\beta x}}{2}\right]e^{\alpha x}\\&=\frac{A_m(x)-iB_n(x)}{2}e^{(\alpha+i\beta)x}+\frac{A_m(x)+iB_n(x)}{2}e^{(\alpha-i\beta)x}\\&\triangleq f_1(x)+f_2(x).\end{aligned}$$

据非齐线性微分方程解的叠加原理知, $\tilde{L}[y]=f_1(x)$ 的解与 $\tilde{L}[y]=f_2(x)$ 的解之和是 $\tilde{L}[y]=f_1(x)+f_2(x)$ 的解. 而 $f_1(x)=\overline{f_2(x)}$,且 $\tilde{L}[y]=f(x)$ 为实系数微分方程,设 y 是 $\tilde{L}[y]=f_1(x)$ 的解,则 $\bar{y}$ 是 $\tilde{L}[y]=f_2(x)$ 的解,从而方程(2.23)有形如

$$\begin{aligned}\tilde{y}&=x^kD(x)e^{(\alpha-i\beta)x}+x^k\overline{D(x)}e^{(\alpha+i\beta)x}\\&=x^k[C_s(x)\cos\beta x+D_s(x)\sin\beta x]e^{\alpha x}\end{aligned}$$

的解,其中 $D(x)$ 为 x 的 $s=\max\{m,n\}$ 次多项式,$C_s(x)=2\mathrm{Re}\{D(x)\}$,$D_s(x)=2\mathrm{Im}\{D(x)\}$. 证毕.

例 6 求方程 $y''-2y'+2y=xe^x\cos x$ 的通解.

解 原方程对应的齐线性微分方程的特征方程为 $\lambda^2-2\lambda+2=0$,解之得特征根 $\lambda=1\pm i$,因此齐线性微分方程的通解为

$$y=e^x(C_1\cos x+C_2\sin x),$$

其中 C_1,C_2 为任意常数.

由于 $\lambda=1\pm i$ 是单特征根,故可设方程有形如

$$\tilde{y}=x[(A_1+B_1x)\cos x+(A_2+B_2x)\sin x]e^x$$

的解,代入原方程比较系数得

$$\begin{cases}2B_1+2A_2=0,\\ 4B_2=1,\\ 2B_2-2A_1=0,\\ -4B_1=0,\end{cases}$$

解得

$$\begin{cases}A_1=\dfrac{1}{4},\\ B_1=0,\\ A_2=0,\\ B_2=\dfrac{1}{4},\end{cases}$$

所以 $\tilde{y}=x\left(\dfrac{1}{4}\cos x+\dfrac{x}{4}\sin x\right)e^x$,故原方程的通解为

$$y=e^x(C_1\cos x+C_2\sin x)+\frac{x}{4}(\cos x+x\sin x)e^x\quad(C_1,C_2\text{ 为任意常数}).$$

2.3.3 复数法求解

定理 2.11 设方程(2.23)的右端 $f(x)=A(x)e^{\alpha x}\cos\beta x$(或 $f(x)=A(x)e^{\alpha x}\cdot\sin\beta x$),$A(x)$ 为实系数多项式,则实系数微分方程

$$y^{(n)}+a_1y^{(n-1)}+\cdots+a_{n-1}y'+a_ny=A(x)e^{(\alpha+i\beta)x}$$

的解的实部(或虚部)为

$$y^{(n)}+a_1y^{(n-1)}+\cdots+a_{n-1}y'+a_ny=f(x)$$

的解.

例 7 解方程 $y''+9y=x\sin 3x$.

解 对应的齐线性微分方程的特征方程为 $\lambda^2+9=0$,特征根为 $\lambda=\pm 3\mathrm{i}$. 因此齐线性微分方程的通解为

$$y=C_1\cos 3x+C_2\sin 3x \quad (C_1,C_2\text{ 为任意常数}).$$

下面利用复数法来求非齐线性微分方程的一个特解.

考虑 $y''+9y=x\mathrm{e}^{3\mathrm{i}x}$,其解的虚部就为所求方程的解. 因为 $3\mathrm{i}$ 是特征方程的单根,所以设此方程有形如 $\tilde{y}=x(Ax+B)\mathrm{e}^{3\mathrm{i}x}$ 的解,将其代入原方程比较系数得$A=-\frac{\mathrm{i}}{12}$,$B=\frac{1}{36}$,因此

$$\begin{aligned}\tilde{y}&=x\left(-\frac{\mathrm{i}}{12}x+\frac{1}{36}\right)\mathrm{e}^{3\mathrm{i}x}\\&=\left(\frac{x^2}{12}\sin 3x+\frac{x}{36}\cos 3x\right)+\mathrm{i}\left(-\frac{x^2}{12}\cos 3x+\frac{x}{36}\sin 3x\right).\end{aligned}$$

则原方程的特解为

$$\operatorname{Im}\{\tilde{y}\}=-\frac{x^2}{12}\cos 3x+\frac{x}{36}\sin 3x.$$

故原方程的通解为

$$y=C_1\cos 3x+C_2\sin 3x-\frac{x^2}{12}\cos 3x+\frac{x}{36}\sin 3x,$$

其中 C_1,C_2 为任意常数.

2.3.4 叠加原理法

当方程(2.23)的右端$f(x)$为有限个函数的叠加,即

$$f(x)=f_1(x)+f_2(x)+\cdots+f_n(x),$$

此时求每一个方程 $\tilde{L}[y]=f_i(x)\,(i=1,2,\cdots,n)$ 的特解 $\tilde{y}_i(x)\,(i=1,2,\cdots,n)$,再利用非齐线性微分方程的叠加原理,将这些特解叠加即得原方程的特解 $\tilde{y}(x)=\tilde{y}_1(x)+\tilde{y}_2(x)+\cdots+\tilde{y}_n(x)$.

例 8 解方程 $y''+y=\sin x-\cos 2x$.

解 对应的齐线性微分方程的特征方程为 $\lambda^2+1=0$,其特征根为 $\lambda=\pm\mathrm{i}$,因此齐线性微分方程的通解为

$$y=C_1\cos x+C_2\sin x \quad (C_1,C_2\text{ 为任意常数}).$$

下面分别求方程 $y''+y=\sin x$ 和 $y''+y=-\cos 2x$ 的特解 $\tilde{y}_1(x)$ 和 $\tilde{y}_2(x)$.

设 $\tilde{y}_1(x)=x(A_1\cos x+A_2\sin x)$,$\tilde{y}_2(x)=B_1\cos 2x+B_2\sin 2x$,将其代入方程比较系数得

$$A_1=-\frac{1}{2},A_2=0,B_1=\frac{1}{3},B_2=0,$$

则

$$\tilde{y}(x)=\tilde{y}_1(x)+\tilde{y}_2(x)=-\frac{x}{2}\cos x+\frac{1}{3}\cos 2x$$

为原方程的一个特解. 原方程的通解为

$$y=C_1\cos x+C_2\sin x-\frac{x}{2}\cos x+\frac{1}{3}\cos 2x,$$

其中 C_1,C_2 为任意常数.

例 9 解方程 $y''-y=\cos x\cdot\cos 2x\cdot \mathrm{e}^x$.

解 (1) 求齐线性微分方程的通解.

特征方程为 $\lambda^2-1=0$,解得特征根 $\lambda_1=1,\lambda_2=-1$,通解为

$$y=C_1\mathrm{e}^x+C_2\mathrm{e}^{-x}\quad(C_1,C_2\text{ 为任意常数}).$$

(2) 求非齐线性微分方程的特解.

方法 1 因为 $\cos x\cdot\cos 2x\cdot\mathrm{e}^x=\frac{1}{2}\mathrm{e}^x\cos 3x+\frac{1}{2}\mathrm{e}^x\cos x$,用比较系数法分别求得下列两个方程

$$y''-y=\frac{1}{2}\mathrm{e}^x\cos 3x,\quad y''-y=\frac{1}{2}\mathrm{e}^x\cos x$$

的特解为

$$\tilde{y}_1(x)=\left(-\frac{1}{26}\cos 3x+\frac{1}{39}\sin 3x\right)\mathrm{e}^x,$$

$$\tilde{y}_2(x)=\left(-\frac{1}{10}\cos x+\frac{1}{5}\sin x\right)\mathrm{e}^x.$$

根据非齐线性微分方程的叠加原理,得原方程的一个特解为

$$\tilde{y}_1(x)+\tilde{y}_2(x)=\left(-\frac{1}{26}\cos 3x+\frac{1}{39}\sin 3x-\frac{1}{10}\cos x+\frac{1}{5}\sin x\right)\mathrm{e}^x.$$

方法 2 因为

$$\begin{aligned}\cos x\cdot\cos 2x\cdot\mathrm{e}^x&=\frac{\mathrm{e}^{\mathrm{i}x}+\mathrm{e}^{-\mathrm{i}x}}{2}\cdot\frac{\mathrm{e}^{2\mathrm{i}x}+\mathrm{e}^{-2\mathrm{i}x}}{2}\cdot\mathrm{e}^x\\&=\left(\frac{\mathrm{e}^{(1+3\mathrm{i})x}}{4}+\frac{\mathrm{e}^{(1-3\mathrm{i})x}}{4}\right)+\left(\frac{\mathrm{e}^{(1+\mathrm{i})x}}{4}+\frac{\mathrm{e}^{(1-\mathrm{i})x}}{4}\right),\end{aligned}$$

用待定系数法分别求得方程

$$y''-y=\frac{\mathrm{e}^{(1+3\mathrm{i})x}}{4},\quad y''-y=\frac{\mathrm{e}^{(1+\mathrm{i})x}}{4}$$

的特解

$$y_1(x)=-\frac{3+2\mathrm{i}}{156}\mathrm{e}^{(1+3\mathrm{i})x},\quad y_2(x)=-\frac{1+2\mathrm{i}}{20}\mathrm{e}^{(1+\mathrm{i})x},$$

则

$$\bar{y}_1(x) = -\frac{3-2\mathrm{i}}{156}\mathrm{e}^{(1-3\mathrm{i})x}, \quad \bar{y}_2(x) = -\frac{1-2\mathrm{i}}{20}\mathrm{e}^{(1-\mathrm{i})x}$$

分别为方程

$$y'' - y = \frac{\mathrm{e}^{(1-3\mathrm{i})x}}{4}, \qquad y'' - y = \frac{\mathrm{e}^{(1-\mathrm{i})x}}{4}$$

的特解.

根据非齐线性微分方程的叠加原理,得原方程的一个特解为

$$y_1(x) + \bar{y}_1(x) + y_2(x) + \bar{y}_2(x) = \left(-\frac{1}{26}\cos 3x + \frac{1}{39}\sin 3x - \frac{1}{10}\cos x + \frac{1}{5}\sin x\right)\mathrm{e}^x.$$

方法 3 利用定理 2.8,原方程有特解

$$\begin{aligned}
\tilde{y}(x) &= \frac{1}{\lambda_1 - \lambda_2}\int_0^x f(s)\left[\mathrm{e}^{\lambda_1(x-s)} - \mathrm{e}^{\lambda_2(x-s)}\right]\mathrm{d}s \\
&= \frac{1}{2}\int_0^x \cos s \cdot \cos 2s \cdot \mathrm{e}^s\left[\mathrm{e}^{(x-s)} - \mathrm{e}^{-(x-s)}\right]\mathrm{d}s \\
&= \frac{1}{2}\mathrm{e}^x\int_0^x \cos s \cdot \cos 2s\mathrm{d}s - \frac{1}{2}\mathrm{e}^{-x}\int_0^x \cos s \cdot \cos 2s \cdot \mathrm{e}^{2s}\mathrm{d}s \\
&= -\frac{\mathrm{e}^{-x}}{4}\left[\left(\frac{2}{13}\cos 3x + \frac{3}{13}\sin 3x + \frac{2}{5}\cos x + \frac{1}{5}\sin x\right)\mathrm{e}^{2x} - \frac{2}{13} - \frac{2}{5}\right] + \\
&\quad \frac{\mathrm{e}^x}{4}\left[\frac{1}{3}\sin 3x + \sin x\right] \\
&= \left(-\frac{1}{26}\cos 3x + \frac{1}{39}\sin 3x - \frac{1}{10}\cos x + \frac{1}{5}\sin x\right)\mathrm{e}^x + \left(\frac{1}{26} + \frac{1}{10}\right)\mathrm{e}^{-x},
\end{aligned}$$

故原方程的通解为

$$y = C_1\mathrm{e}^x + C_2\mathrm{e}^{-x} + \left(-\frac{1}{26}\cos 3x + \frac{1}{39}\sin 3x - \frac{1}{10}\cos x + \frac{1}{5}\sin x\right)\mathrm{e}^x,$$

其中 C_1, C_2 为任意常数.

习题 2.3

1. 解方程:

(1) $y'' - 8y' + 7y = 3x^2 + 7x + 8$;

(2) $y'' + 6y' + 13y = (x^2 - 5x + 2)\mathrm{e}^x$;

(3) $y'' + 9y = x\sin 3x$;

(4) $y'' - 2y' + 2y = x\mathrm{e}^x\cos x$;

(5) $y''-4y'+4y=\mathrm{e}^{x}+\mathrm{e}^{2x}+1$;

(6) $y''+y=\dfrac{1}{\sin^{3}x}$;

(7) $y''-y=\dfrac{2\mathrm{e}^{x}}{\mathrm{e}^{x}-1}$.

2. 解方程:

(1) $x^{2}y''-xy'+y=6\ln x$;

(2) $x^{2}y''+xy'=6\ln x-\dfrac{1}{x}$;

(3) $x^{2}y''-xy'+2y=18x\cos(\ln x)$;

(4) $(2x+1)^{2}y''-2(2x+1)y'-12y=6x$.

3. 方程 $y''+3y'+2y=f(x)$ 中,$f(x)$ 在 $[a,+\infty)$ 上连续且 $\lim\limits_{x\to+\infty}f(x)=0$,试证明对方程的任一解 $y(x)$,均有 $\lim\limits_{x\to+\infty}y(x)=0$.

§2.4 Laplace 变换法简介

n 阶线性微分方程的初值问题

$$\begin{cases}y^{(n)}+a_{1}y^{(n-1)}+\cdots+a_{n-1}y'+a_{n}y=f(x),\\ y(x_{0})=x_{0},y'(x_{0})=y'_{0},\cdots,y^{(n-1)}(x_{0})=y_{0}^{(n-1)}\end{cases}$$

的求解分三步:首先是求对应的齐线性微分方程的通解,然后求非齐线性微分方程的某个特解,这样就可以表示出非齐线性微分方程的通解,最后利用初始条件确定所求的特解,由此看出这样求解初值问题,过程很繁琐.本节介绍一种简便的方法,不需求非齐线性微分方程的通解,利用初始条件对方程作 Laplace 变换来求解,此方法称为 **Laplace 变换法**.该方法的优势在于克服了常规方法冗长繁琐的求解过程.

2.4.1 Laplace 变换的性质

定义 2.4 设函数 $f(x)$ 在区间 $[0,+\infty)$ 上有定义,如果含参变量 s 的无穷积分 $\int_{0}^{+\infty}\mathrm{e}^{-sx}f(x)\mathrm{d}x$ 在 s 的某一取值范围内是收敛的,则称 $F(s)=\int_{0}^{+\infty}\mathrm{e}^{-sx}f(x)\mathrm{d}x$ 为函数 $f(x)$ 的 **Laplace 变换**,记为 $L[f(x)]=F(s)$,其中 s 可为实数或复数.$f(x)$ 称为**原函数**,$F(s)$ 称为**象函数**.称函数 $F(s)$ 的 Laplace 逆变换为 $f(x)$,记为 $L^{-1}[F(s)]=f(x)$.

下面介绍 Laplace 变换存在定理.

定理 2.12 Laplace 变换存在定理

若$f(x)$满足下列条件：

（1）在 $x\geqslant 0$ 的任一有限区间上分段连续；

（2）当 $x\to+\infty$ 时,$f(x)$的增长速度不超过某一指数函数,即存在常数$M\geqslant 0$及 $c\geqslant 0$,使得对任意 $x\in[0,+\infty)$,有 $|f(x)|\leqslant Me^{cx}$（满足此条件的函数,称它的增长是不超过指数级的,c 为它的增长指数）. 则$f(x)$的 Laplace 变换

$$F(s)=\int_0^{+\infty}e^{-sx}f(x)\,dx$$

在 $\mathrm{Re}(s)>c$ 上一定存在,上式右端的积分在 $\mathrm{Re}(s)>c_1>c$ 上绝对收敛而且一致收敛,并且在 $\mathrm{Re}(s)>c$ 的半平面内,$F(s)$为解析函数.

证 下面只证明$f(x)$的 Laplace 变换的存在性,其余的结论留给读者自己证明.

当 $\mathrm{Re}(s)>c$ 时,有

$$\left|\int_0^{+\infty}e^{-sx}f(x)\,dx\right|\leqslant\int_0^{+\infty}|e^{-sx}||f(x)|\,dx\leqslant M\int_0^{+\infty}e^{-[\mathrm{Re}(s)-c]x}dx=\frac{M}{\mathrm{Re}(s)-c}.$$

因此积分$\int_0^{+\infty}e^{-sx}f(x)\,dx$ 是收敛的. 所以$f(x)$的 Laplace 变换存在. 证毕.

注 约定本节讨论的微分方程初值问题中有关函数的 Laplace 变换或逆变换均存在.

例 1 求$f(x)=1$ 的 Laplace 变换.

解 根据定义有

$$L[1]=\int_0^{+\infty}e^{-sx}dx=\frac{1}{s},\quad \mathrm{Re}(s)>0.$$

例 2 求函数$f(x)=x^n$ 的 Laplace 变换,其中 n 是正整数.

解 根据定义有

$$L[x^n]=\int_0^{+\infty}e^{-sx}x^n dt=\frac{n!}{s^{n+1}},\qquad \mathrm{Re}(s)>0.$$

例 3 求函数$f(x)=e^{ax}$的 Laplace 变换.

解 根据定义有

$$L[e^{ax}]=\int_0^{+\infty}e^{-(s-a)x}dx=\frac{1}{s-a},\qquad \mathrm{Re}(s)>\mathrm{Re}(a).$$

例 4 求函数 $\sin kx$,$\cos kx$ 的 Laplace 变换,其中 k 为实数.

解 因为 $\sin kx=\dfrac{e^{ikx}-e^{-ikx}}{2i}$,$\cos kx=\dfrac{e^{ikx}+e^{-ikx}}{2}$,再利用例 3 的结论,得

$$L[\sin kx]=\frac{1}{2i}\left(\frac{1}{s-ik}-\frac{1}{s+ik}\right)=\frac{k}{s^2+k^2},\quad \mathrm{Re}(s)>0.$$

同理可求出

$$L[\cos kx]=\frac{s}{s^2+k^2},\quad \mathrm{Re}(s)>0.$$

Laplace 变换有许多性质,见[4],在此我们只介绍与解方程有关的及后面用到的一些性质.

(1) 线性性质

设函数 $f(x)$,$g(x)$满足 Laplace 变换存在定理的条件,α,β 是常数,则

$$L[\alpha f(x)+\beta g(x)]=\alpha L[f(x)]+\beta L[g(x)].$$

(2) 原函数的微分性质

设函数 $f(x)$ 及其导数 $f'(x)$ 的 Laplace 变换都存在,且 $L[f(x)]=F(s)$,则

$$L[f'(x)]=sF(s)-f(0).$$

证 根据 Laplace 变换的定义,有

$$L[f'(x)]=\int_0^{+\infty}f'(x)\mathrm{e}^{-sx}\mathrm{d}x.$$

对上式右端利用分部积分法,可得

$$\int_0^{+\infty}f'(x)\mathrm{e}^{-sx}\mathrm{d}x=f(x)\mathrm{e}^{-sx}\Big|_0^{+\infty}+s\int_0^{+\infty}f(x)\mathrm{e}^{-sx}\mathrm{d}x=sL[f(x)]-f(0)\quad(\mathrm{Re}(s)>c).$$

所以

$$L[f'(x)]=sF(s)-f(0).$$

证毕.

类似地可以证明

$$L[f''(x)]=s^2F(s)-sf(0)-f'(0).$$

一般地,

$$\begin{aligned}L[f^{(n)}(x)]&=s^nF(s)-s^{n-1}f(0)-s^{n-2}f'(0)-\cdots-f^{(n-1)}(0)\\&=s^nF(s)-\sum_{i=0}^{n-1}s^{n-1-i}f^{(i)}(0)\quad(\mathrm{Re}(s)>c).\end{aligned}$$

特别地,当 $f(0)=f'(0)=\cdots=f^{(n-1)}(0)=0$ 时,有

$$L[f^{(n)}(x)]=s^nF(s).$$

(3) 象函数的微分性质

如果 $L[f(x)]=F(s)$,则

$$F'(s)=-\int_0^{+\infty}x\mathrm{e}^{-sx}f(x)\mathrm{d}x=-L[xf(x)].$$

一般地,

$$F^{(n)}(s)=(-1)^n\int_0^{+\infty}x^n\mathrm{e}^{-sx}f(x)\mathrm{d}x=(-1)^nL[x^nf(x)].$$

证

$$F'(s)=\frac{\mathrm{d}}{\mathrm{d}s}\int_0^{+\infty}\mathrm{e}^{-sx}f(x)\,\mathrm{d}x=\int_0^{+\infty}\frac{\partial}{\partial s}[\mathrm{e}^{-sx}f(x)]\,\mathrm{d}x$$

$$=-\int_0^{+\infty}x\mathrm{e}^{-sx}f(x)\,\mathrm{d}x=-L[xf(x)].$$

一般的有

$$F^{(n)}(s)=(-1)^n\int_0^{+\infty}x^n\mathrm{e}^{-sx}f(x)\,\mathrm{d}x=(-1)^nL[x^nf(x)].$$

证毕.

注 利用此性质可求解变系数微分方程

$$\begin{cases}a_n(x)y^{(n)}+a_{n-1}(x)y^{(n-1)}+\cdots+a_0(x)y=f(x),\\ y(0)=y_1,y'(0)=y_2,\cdots,y^{(n-1)}=y_n\end{cases}$$

的初值问题,其中 $a_n(x),a_{n-1}(x),\cdots,a_0(x)$ 均为 x 的多项式.

(4) 位移性质

如果 $L[f(x)]=F(s)$,则 $L[\mathrm{e}^{ax}f(x)]=F(s-a)$.

证 根据定义

$$L[\mathrm{e}^{ax}f(x)]=\int_0^{+\infty}\mathrm{e}^{-sx}\mathrm{e}^{ax}f(x)\,\mathrm{d}x=\int_0^{+\infty}\mathrm{e}^{-(s-a)x}f(x)\,\mathrm{d}x=F(s-a).$$

(5) 卷积性质

卷积定义 已知函数 $f_1(x),f_2(x)$ 在 $x\geqslant 0$ 上有定义,若积分 $\int_0^x f_1(\tau)\cdot f_2(x-\tau)\,\mathrm{d}\tau$ 收敛,则称此积分值为函数$f_1(x)$与$f_2(x)$的**卷积**,记为$f_1(x)*f_2(x)$.

定理 2.13(卷积定理) 若$f_1(x),f_2(x)$满足 Laplace 变换存在定理的条件,且 $L[f_1(x)]=F_1(s),L[f_2(x)]=F_2(s)$,则卷积$f_1(x)*f_2(x)$的 Laplace 变换一定存在,且

$$L[f_1(x)*f_2(x)]=F_1(s)\cdot F_2(s),$$

或

$$L^{-1}[F_1(s)\cdot F_2(s)]=f_1(x)*f_2(x).$$

容易将上述结论推广到有限个函数的情形.

推论 若$f_k(x)(k=1,2,\cdots,n)$满足上述定理中的条件,且

$$L[f_k(x)]=F_k(s)\quad(k=1,2,\cdots,n),$$

则有

$$L[f_1(x)*f_2(x)*\cdots*f_n(x)]=F_1(s)\cdot F_2(s)\cdot\cdots\cdot F_n(s).$$

例 5 利用原函数的微分性质求函数 $f(x)=\cos kx$ 的 Laplace 变换.

解 由 $f(0)=1,f'(0)=0$,再利用原函数的微分性质有

$$L[-k^2\cos kx]=L[f''(x)]=s^2L[f(x)]-sf(0)-f'(0),$$

即

$$-k^2L[\cos kx]=s^2L[\cos kx]-s.$$

移项化简得

$$L[\cos kx]=\frac{s}{s^2+k^2}\quad(\mathrm{Re}(s)>0).$$

例 6 利用象函数的微分性质求函数 $x\sin kx$, $x\cos kx$ 的 Laplace 变换.

解 因为

$$L[\sin kx]=\frac{k}{s^2+k^2},\qquad L[\cos kx]=\frac{s}{s^2+k^2},$$

所以由象函数的微分性质得

$$L[x\sin kx]=-\frac{\mathrm{d}}{\mathrm{d}s}\left(\frac{k}{s^2+k^2}\right)=\frac{2sk}{(s^2+k^2)^2}\quad(\mathrm{Re}(s)>0),$$

同理可得

$$L[x\cos kx]=-\frac{\mathrm{d}}{\mathrm{d}s}\left(\frac{s}{s^2+k^2}\right)=\frac{s^2-k^2}{(s^2+k^2)^2}\quad(\mathrm{Re}(s)>0).$$

例 7 求 $L[\mathrm{e}^{ax}\cos\omega x]$, $L[\mathrm{e}^{ax}\sin\omega x]$.

解 因为

$$L[\cos\omega x]=\frac{s}{s^2+\omega^2},\qquad L[\sin\omega x]=\frac{\omega}{s^2+\omega^2},$$

所以利用位移性质有

$$L[\mathrm{e}^{ax}\cos\omega x]=\frac{s-a}{(s-a)^2+\omega^2},\qquad L[\mathrm{e}^{ax}\sin\omega x]=\frac{\omega}{(s-a)^2+\omega^2}.$$

为应用方便我们将常见函数的 Laplace 变换列成表附在第 3 章后面.

2.4.2 用 Laplace 变换解微分方程

对常系数线性微分方程的两边取 Laplace 变换,将微分方程转换为关于未知函数的象函数的代数方程,解此代数方程,得其解,然后再取此解的 Laplace 逆变换,即为原微分方程的解.

例 8 求方程 $y''+2y'-3y=\mathrm{e}^{-x}$满足初始条件 $y\big|_{x=0}=0$, $y'\big|_{x=0}=1$ 的解.

解 设方程的解为 $y=y(x)$, $x\geqslant 0$,且 $L[y(x)]=Y(s)$. 对方程的两边取 Laplace变换,并利用初始条件,得

$$s^2Y(s)-1+2sY(s)-3Y(s)=\frac{1}{s+1},$$

这是含未知量 $Y(s)$的代数方程,整理后解出 $Y(s)$,有

$$Y(s)=\frac{s+2}{(s+1)(s-1)(s+3)},$$

这便是所求函数的 Laplace 变换,取其 Laplace 逆变换即得原方程的解 $y(x)$. 为求 $Y(s)$ 的 Laplace 逆变换,将它分解为部分分式

$$Y(s)=\frac{s+2}{(s+1)(s-1)(s+3)}=\frac{-\frac{1}{4}}{s+1}+\frac{\frac{3}{8}}{s-1}+\frac{-\frac{1}{8}}{s+3},$$

分别取每一部分的 Laplace 逆变换,得所求微分方程初值问题的解

$$y(x)=-\frac{1}{4}\mathrm{e}^{-x}+\frac{3}{8}\mathrm{e}^{x}-\frac{1}{8}\mathrm{e}^{-3x}=\frac{1}{8}(3\mathrm{e}^{x}-2\mathrm{e}^{-x}-\mathrm{e}^{-3x}).$$

例 9 求方程 $y''-2y'+y=0$ 满足边界条件 $y(0)=0,y(l)=4$ 的解,其中 l 为已知常数.

解 设方程的解为 $y=y(x),0\leqslant x\leqslant l$,且设 $L[y(x)]=Y(s)$. 对方程的两边取 Laplace 变换,得

$$s^2Y(s)-sy(0)-y'(0)-2[sY(s)-y(0)]+Y(s)=0$$

从而

$$Y(s)=\frac{y'(0)}{(s-1)^2},$$

取其 Laplace 逆变换得

$$y(x)=y'(0)x\mathrm{e}^{x}.$$

为了确定 $y'(0)$,在上式中令 $x=l$,由第二个边界条件可得

$$4=y(l)=y'(0)l\mathrm{e}^{l}.$$

从而

$$y'(0)=\frac{4}{l}\mathrm{e}^{-l},$$

于是

$$y(x)=\frac{4}{l}x\mathrm{e}^{x-l}.$$

注 1 利用原函数的微分性质解微分方程时,初始条件一开始就用到了,不需先求通解,而是直接求特解,这样大大简化了求解过程.

注 2 用 Laplace 变换解常系数线性微分方程的边值问题时,可以先当作初值问题来求解,而所得的解中含有未知的初值可由已知的边值来求得,从而得到微分方程满足边界条件的解.

注 3 对于某些变系数的微分方程,如果方程中每一项为 $x^n y^{(m)}(x)$ 的形式,也可以用 Laplace 变换的方法求解,由象函数的微分性质可知

$$L[x^nf(x)]=(-1)^n\frac{\mathrm{d}^n}{\mathrm{d}s^n}L[f(x)],$$

从而

$$L[x^n f^{(m)}(x)] = (-1)^n \frac{\mathrm{d}^n}{\mathrm{d}s^n} L[f^{(m)}(x)].$$

例 10 求方程 $xy'' + (1-2x)y' - 2y = 0$ 满足初始条件 $y|_{x=0} = 1, y'|_{x=0} = 2$ 的解.

解 设 $L[y(x)] = Y(s), x \geqslant 0$,对方程的两边取 Laplace 变换

$$L[xy''] + L[(1-2x)y'] - L[2y] = 0,$$

即

$$-\frac{\mathrm{d}}{\mathrm{d}s}[s^2Y(s) - sy(0) - y'(0)] + sY(s) - y(0) + 2\frac{\mathrm{d}}{\mathrm{d}s}[sY(s) - y(0)] - 2Y(s) = 0,$$

由初始条件得 $$(2-s)Y'(s) - Y(s) = 0,$$

积分后得 $$\ln|Y(s)| = -\ln|s-2| + \ln|C|.$$

所以 $$Y(s) = \frac{C}{s-2}.$$

取其 Laplace 逆变换可得 $y(x) = C\mathrm{e}^{2x}$,将初始条件代入得

$$1 = y(0) = C.$$

故方程满足初始条件的解为 $y(x) = \mathrm{e}^{2x}$.

习题 2.4

利用 Laplace 变换解下列方程.

1. $y'' + 4y' + 3y = \mathrm{e}^{-x}, y(0) = y'(0) = 1$.
2. $y'' - 2y' + 2y = 2\mathrm{e}^x \cos x, y(0) = y'(0) = 0$.
3. $y'' - y = 4\sin x + 5\cos 2x, y(0) = -1, y'(0) = -2$.
4. $y''' - 3y'' + 3y' - y = x^2\mathrm{e}^x, y(0) = 1, y'(0) = 0, y''(0) = -2$.
5. $xy'' + 2(x-1)y' + (x-2)y = 0, y(0) = 2$.
6. $xy'' + (x-1)y' - y = 0, y(0) = 5, y'(0) = 0$.
7. $xy'' + (1-n-x)y' + ny = x - 1 (n = 2, 3, \cdots), y(0) = 0$.

§2.5 线性微分方程的应用

前面我们介绍了线性微分方程的理论,着重讨论了常系数线性微分方程的解法,目的是用它来分析解决实际问题. 本节就以弹性振子为具体的物理模型,利用二阶常系数微分方程的理论,讨论有关自由振动和强迫振动的问题,并阐明

一些物理现象.

弹性振子:设质量为 m 的弹性振子作水平自由振动,见图 2.1.

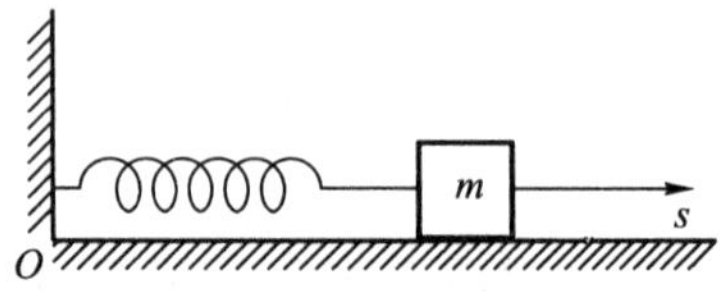

图 2.1　弹性振子

假设弹簧的弹性系数为 k,阻力与速度成正比,阻尼系数为 μ. 用 $s(t)$ 表示振子当前所处的位置,并设弹簧松弛时振子所处的位置为 $s=0$. 那么振子在时刻 t 受到的弹性力为 $-ks(t)$,阻力等于 $-\mu\dfrac{\mathrm{d}s}{\mathrm{d}t}$.

1. 自由振动

首先考虑弹簧不受外激励作自由振动的情况。

由牛顿第二定律得

$$m\frac{\mathrm{d}^2 s}{\mathrm{d}t^2}=-ks(t)-\mu\frac{\mathrm{d}s}{\mathrm{d}t},$$

即

$$\frac{\mathrm{d}^2 s}{\mathrm{d}t^2}+\frac{\mu}{m}\frac{\mathrm{d}s}{\mathrm{d}t}+\frac{k}{m}s=0. \tag{2.25}$$

记 $\omega^2=\dfrac{k}{m}(\omega>0)$, $q=\dfrac{\mu}{2m}$,则方程(2.25)转化为

$$\frac{\mathrm{d}^2 s}{\mathrm{d}t^2}+2q\frac{\mathrm{d}s}{\mathrm{d}t}+\omega^2 s=0, \tag{2.26}$$

这是一个二阶常系数齐线性微分方程,下面利用相关的理论对其分情形进行讨论.

1°　无阻尼自由振动

无阻力即 $\mu=0$,此时方程(2.26)转化为

$$\frac{\mathrm{d}^2 s}{\mathrm{d}t^2}+\omega^2 s=0.$$

此方程的通解为

$$s=C_1\cos\omega t+C_2\sin\omega t\qquad(C_1,C_2\text{ 为任意常数}).$$

令 $\sin\theta=\dfrac{C_1}{\sqrt{C_1^2+C_2^2}}$, $\cos\theta=\dfrac{C_2}{\sqrt{C_1^2+C_2^2}}$,因此

$$s=C_1\cos\omega t+C_2\sin\omega t=\sqrt{C_1^2+C_2^2}\sin(\omega t+\theta)=A\sin(\omega t+\theta), \tag{2.27}$$

其中 $A=\sqrt{C_1^2+C_2^2}$. 从(2.27)式可以看出,不论弹簧振子的初始状态 A,θ 为何

值,振子的振动总是时间 t 的周期函数,这种振动称为**简谐振动**. 周期为 $T=\frac{2\pi}{\omega}$;单位时间内振动的次数称为频率,记为 $\upsilon=\frac{1}{T}=\frac{\omega}{2\pi}$. A 称为振幅,θ 称为初相位.

2° 有阻尼自由振动

当 $\mu>0$ 时,方程为

$$\frac{\mathrm{d}^2s}{\mathrm{d}t^2}+2q\frac{\mathrm{d}s}{\mathrm{d}t}+\omega^2s=0,$$

其特征方程为 $\lambda^2+2q\lambda+\omega^2=0$,特征根为 $\lambda_{1,2}=-q\pm\sqrt{q^2-\omega^2}$. 因此原方程的通解为

$$s(t)=\begin{cases}C_1\mathrm{e}^{-qt}\cos q_1t+C_2\mathrm{e}^{-qt}\sin q_1t, & q<\omega,q_1^2=\omega^2-q^2,\\ C_1\mathrm{e}^{\lambda_1t}+C_2\mathrm{e}^{\lambda_2t}, & q>\omega,\\ C_1\mathrm{e}^{-qt}+C_2t\mathrm{e}^{-qt}, & q=\omega.\end{cases}$$

这三种情形分别称为小阻尼,大阻尼及临界情形.

① 小阻尼($q<\omega$)情形

此时特征方程有一对共轭复根,$\lambda_{1,2}=-q\pm q_1\mathrm{i}$,原方程的通解为

$$s(t)=C_1\mathrm{e}^{-qt}\cos q_1t+C_2\mathrm{e}^{-qt}\sin q_1t=A\mathrm{e}^{-qt}\sin(q_1t+\theta),$$

A,θ 类似于 1°. 函数图形如图 2.2 所示.

图上的虚线是 $u=\pm A\mathrm{e}^{-qt}$ 的图形,实线表示振动的偏离随时间变化的规律,它夹在两条虚线中间振动. 此时由于阻尼的存在,振动不再是周期的,振动的最大偏离随着时间的增加逐渐减小. 振动从一个最大偏离到达同侧下一个最大偏离所需时间为 $T=\frac{2\pi}{q_1}$,最后振动趋于平衡位置 $s=0$.

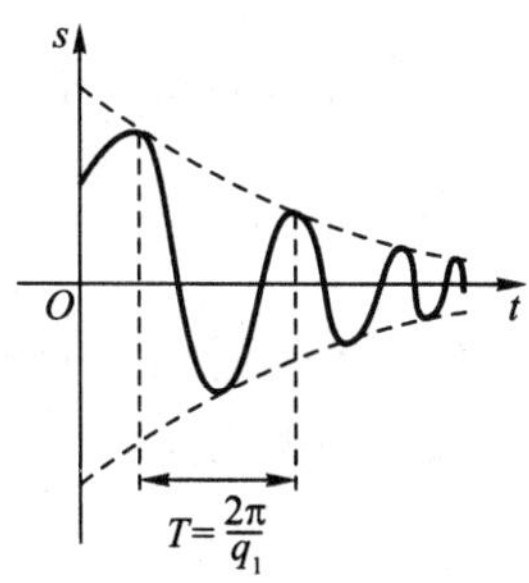

图 2.2

② 大阻尼($q>\omega$)情形

此时特征方程有两个相异的负实根 $\lambda_2<\lambda_1<0$,原方程的通解为

$$s(t)=C_1\mathrm{c}^{\lambda_1t}+C_2\mathrm{e}^{\lambda_2t}\quad(C_1,C_2\text{ 为任意常数}).$$

因 $s(t)=C_1\mathrm{e}^{\lambda_1t}+C_2\mathrm{e}^{\lambda_2t}=0$ 最多只有一个解,也就意味着振子通过平衡位置最多一次,所以运动不再是周期的,不具有振动性. 又因 $s'(t)=\mathrm{e}^{\lambda_1t}(C_1\lambda_1+C_2\lambda_2\mathrm{e}^{(\lambda_2-\lambda_1)t})$,所以振子经过一段时间之后单调地趋于平衡位置. 如图 2.3 所示.

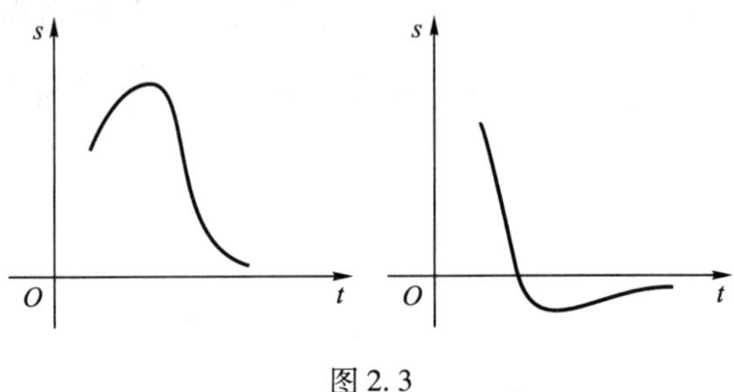

图 2.3

③ 临界($q=\omega$)情形

此时特征方程有重根 $\lambda_{1,2}=-q$,方程的通解为 $s(t)=e^{-qt}(C_1+C_2t)$,其中 C_1,C_2 为任意常数.它的运动规律的图形与图 2.3 类似,也不具有振动性质. $q=\omega$ 时正好足够抑制振动,当 $q\geqslant\omega$ 时,运动不再具有振动性质,而当 $q<\omega$ 时,具有振动性质,因此称 $q=\omega$ 为**阻尼的临界值**,即弹簧运动处于振动状态或不振动状态的阻尼分界值.

2. 强迫振动

当弹簧受到外激力,通常是周期性外力时,弹簧的运动规律可用一个二阶常系数非齐线性微分方程来描述,其数学模型为

$$\frac{d^2s}{dt^2}+\frac{\mu}{m}\frac{ds}{dt}+\frac{k}{m}s=\frac{1}{m}\sin pt,$$

其中 p 为外力的圆频率,令 $\omega^2=\frac{k}{m},\omega>0,\frac{1}{m}=l,q=\frac{\mu}{2m}$,则方程转化为

$$\frac{d^2s}{dt^2}+2q\frac{ds}{dt}+\omega^2s=l\sin pt.$$

1° 无阻尼($\mu=0$)的强迫振动

数学模型为

$$\frac{d^2s}{dt^2}+\omega^2s=l\sin pt. \tag{2.28}$$

对应的齐线性微分方程的通解为 $s=A\sin(\omega t+\theta)$.

① $\omega\neq p$ 时,方程(2.28)有形如 $\tilde{s}=M\cos pt+N\sin pt$ 的特解,其中 M,N 为待定常数,代入方程求得

$$M=0,N=\frac{l}{\omega^2-p^2}.$$

因此方程(2.28)的通解为

$$s=A\sin(\omega t+\theta)+\frac{l}{\omega^2-p^2}\sin pt.$$

由此可看出，无阻尼的强迫振动是由两部分叠加而成的. 一部分是无阻尼的自由振动，另一部分是由外力引起的强迫振动. 值得注意的是，如果外力的圆频率 p 接近于固有频率 ω 时，强迫振动的振幅趋于无穷大.

② $\omega = p$ 时，方程(2. 28)有形如 $\tilde{s} = t(M\cos pt + N\sin pt)$ 的特解，将其代入原方程求得

$$M = -\frac{l}{2\omega}, N = 0,$$

因此原方程的通解为

$$s = A\sin(\omega t + \theta) - \frac{l}{2\omega} t\cos pt,$$

表示随着时间的推移，弹簧运动的偏离将无限增加，这种现象称为**共振现象**.

2° 有阻尼($\mu > 0$)的强迫振动

$$\frac{d^2 s}{dt^2} + 2q\frac{ds}{dt} + \omega^2 s = l\sin pt. \tag{2.29}$$

根据实际需要，只讨论小阻尼($q < \omega$)情形.

方程(2. 29)对应的齐线性微分方程的通解为

$$s = Ae^{-qt}\sin(q_1 t + \theta),$$

其中 A, θ 与(2. 27)式中的定义相同，$q_1 = \sqrt{\omega^2 - q^2}$. 设方程(2. 29)有形如

$$\tilde{s} = M\cos pt + N\sin pt \tag{2.30}$$

的特解，将其代入方程求得

$$M = \frac{-2qpl}{(\omega^2 - p^2)^2 + 4q^2 p^2}, \quad N = \frac{(\omega^2 - p^2)l}{(\omega^2 - p^2)^2 + 4q^2 p^2}.$$

令 $M = l^* \sin\theta^*$, $N = l^* \cos\theta^*$，其中

$$l^* = \sqrt{M^2 + N^2} = \frac{l}{\sqrt{(\omega^2 - p^2)^2 + 4q^2 p^2}}, \quad \tan\theta^* = \frac{-2qp}{\omega^2 - p^2}.$$

则(2. 30)式可以写成

$$\tilde{s} = l^* \sin\theta^* \cos pt + l^* \cos\theta^* \sin pt = l^* \sin(pt + \theta^*),$$

因此方程(2. 29)的通解为

$$s = Ae^{-qt}\sin(q_1 t + \theta^*) + \frac{l}{\sqrt{(\omega^2 - p^2)^2 + 4q^2 p^2}}\sin(pt + \theta^*).$$

同样，有阻尼的强迫振动是由两部分叠加而成的. 一部分是有阻尼的自由振动，它是系统本身的固有振动，它随时间的增加而衰减，另一部分是由外力引起的强迫振动，它的振幅不随时间的增加而衰减，因此考虑强迫振动时就主要考虑这一项.

下面研究当外力的圆频率 p 取什么值时所引起的强迫项的振幅 l^* 达到最大值.

由 $l^* = \dfrac{l}{\sqrt{(\omega^2 - p^2)^2 + 4q^2p^2}}$,只需考虑当 p 取什么值时,$(\omega^2 - p^2)^2 + 4q^2p^2$ 取值最小.

令 $\psi(p) = (\omega^2 - p^2)^2 + 4q^2p^2$,则

$$\psi'(p) = -4p(\omega^2 - p^2) + 8q^2p = -4p(\omega^2 - p^2 - 2q^2),$$

因此只要 $2q^2 < \omega^2$,即阻尼很小时,得 $p^* = \sqrt{\omega^2 - 2q^2}$,$\psi'(p^*) = 0$,$\psi''(p^*) > 0$,所以 $\psi(p)$ 在 $p = p^* = \sqrt{\omega^2 - 2q^2}$ 时达到最小值,从而求得最大振幅为

$$l^*_{\max} = \frac{l}{2q\sqrt{\omega^2 - q^2}},$$

即当外力的圆频率 $p = \sqrt{\omega^2 - 2q^2}$ 时,强迫振动项的振幅达到最大值,这时的圆频率称为**共振频率**,所产生的现象称为**共振现象**.

发生共振现象时,一个振动系统在不太大的外力作用下会产生很大振幅的振动,以致造成破坏性的效果. 因此在工程技术上应尽可能避免发生共振现象. 但如果掌握了共振的规律,恰当利用也可以为人类服务,如乐器的构造,收音机的调频等均是利用了共振原理,发挥共振的作用.

§2.6 高阶微分方程的降阶法和幂级数解法

一般的高阶微分方程没有普遍的解法,总的原则是用适当的变量替换将方程的阶数降低,直至降为一阶微分方程,我们即可利用第 1 章介绍的方法求解. 特别是二阶(变系数)齐线性微分方程,如能知道它的一个非零特解,则可利用降阶法求得与之线性无关的另一个特解,从而得到方程的通解. 对于二阶非齐线性微分方程,再用常数变易法求其一个特解,从而通解问题得以解决.

本节一方面介绍可降阶的微分方程类型及其求解方法,另一方面介绍寻找二阶变系数齐线性微分方程的一个特解的方法——幂级数解法.

2.6.1 可降阶的一些微分方程类型

设 n 阶微分方程的一般形式为

$$F(x, y, y', \cdots, y^{(n)}) = 0.$$

1. 方程不含未知函数及其直到 $k-1$ 阶导数,即

$$F(x,y^{(k)},y^{(k+1)},\cdots,y^{(n)})=0, \tag{2.31}$$

此时作变量替换 $y^{(k)}=z$，则方程(2.31)降为关于新的未知函数 z 的 $n-k$ 阶方程

$$F(x,z,z',\cdots,z^{(n-k)})=0. \tag{2.32}$$

若求得方程(2.32)的通解为

$$z=z(x,C_1,C_2,\cdots,C_{n-k}) \quad (C_1,C_2,\cdots,C_{n-k}\text{为任意常数}).$$

则由 $y^{(k)}=z(x,C_1,C_2,\cdots,C_{n-k})$ 经 k 次积分得

$$y=y(x,C_1,C_2,\cdots,C_n) \quad (C_1,C_2,\cdots,C_n\text{ 为任意常数}).$$

易验证此为方程(2.31)的通解.

特别地，若二阶方程不显含 y(相当于 $n=2,k=1$)，则用变换 $y'=z$ 便把方程化为一阶方程，而一阶方程相对容易求解.

例 1 解方程 $\dfrac{d^5y}{dx^5}-\dfrac{1}{x}\dfrac{d^4y}{dx^4}=0$.

解 令 $\dfrac{d^4y}{dx^4}=z$，则原方程变为 $z'-\dfrac{1}{x}z=0$，其通解为 $z=Cx$，其中 C 为任意常数. 对 $\dfrac{d^4y}{dx^4}=Cx$ 积分四次，得原方程的通解为

$$y=C_1x^5+C_2x^3+C_3x^2+C_4x+C_5 \quad (C_1,C_2,C_3,C_4,C_5\text{ 为任意常数}).$$

例 2 解方程 $y''=\dfrac{1}{2y'}$.

解 令 $y'=z$，则方程变为 $z'=\dfrac{1}{2z}$，易求得其通解为 $z=\pm\sqrt{x+C}$，即 $y'=\pm\sqrt{x+C}$，故

$$y=\pm\frac{2}{3}(x+C_1)^{\frac{3}{2}}+C_2 \quad (C_1,C_2\text{ 为任意常数}).$$

2. 方程不含自变量，即

$$F(y,y',\cdots,y^{(n)})=0. \tag{2.33}$$

作变换 $y'=z$，则

$$\frac{d^2y}{dx^2}=\frac{dz}{dx}=\frac{dz}{dy}\frac{dy}{dx}=z\frac{dz}{dy},$$

$$\frac{d^3y}{dx^3}=\frac{d}{dx}\left(z\frac{dz}{dy}\right)=\frac{d}{dy}\left(z\frac{dz}{dy}\right)\frac{dy}{dx}=z\left[\left(\frac{dz}{dy}\right)^2+z\frac{d^2z}{dy^2}\right]$$

$$=z\left(\frac{dz}{dy}\right)^2+z^2\frac{d^2z}{dy^2}.$$

用数学归纳法可以证明，$y^{(k)}$ 可用 $z,\dfrac{dz}{dy},\cdots,\dfrac{d^{k-1}z}{dy^{k-1}}(k\leqslant n)$ 表示. 将上述表达式代入方程(2.33)得

$$G(y,z,z',\cdots,z^{(n-1)})=0,$$

这是关于自变量 y,未知函数 z 的 $n-1$ 阶微分方程,显然比原方程降低了一阶,用此方法可以解一些高阶微分方程.

例 3 解方程 $yy''-(y')^2+(y')^3=0$.

解 令 $y'=z$,则 $y''=\frac{\mathrm{d}z}{\mathrm{d}t}=\frac{\mathrm{d}z}{\mathrm{d}y}\frac{\mathrm{d}y}{\mathrm{d}t}=z\frac{\mathrm{d}z}{\mathrm{d}y}$,将其代入原方程得

$$yz\frac{\mathrm{d}z}{\mathrm{d}y}=z^2-z^3.$$

当 $z\neq 0,1$ 时,变量分离得 $\left(\frac{1}{z}+\frac{1}{1-z}\right)\mathrm{d}z=\frac{\mathrm{d}y}{y}$. 积分得

$$\ln\left|\frac{z}{1-z}\right|=\ln|y|+\ln|C|,$$

从而有
$$z=\frac{Cy}{1+Cy}\quad(C\text{ 为非零任意常数}),$$

即 $y'=\frac{Cy}{1+Cy}$,积分得

$$y+C_1\ln|y|=x+C_2,$$

所以原方程的通解为

$$y+C_1\ln|y|=x+C_2,\quad y\neq 0,$$

其中 C_1,C_2 为任意常数.

此外,$y=C_3$ 也是方程的解,其中 C_3 为任意常数.

3. 对函数 $F(x,y,y',\cdots,y^{(n)})$,若存在 $u(x,y)$ 及 $G(x,y,y',\cdots,y^{(n-1)})$ 满足

$$u(x,y)F(x,y,y',\cdots,y^{(n)})=\frac{\mathrm{d}G(x,y,y',\cdots,y^{(n-1)})}{\mathrm{d}x},$$

则原方程的解为

$$G(x,y,y',\cdots,y^{(n-1)})=C,$$

其中 C 为任意常数.

例 4 解方程 $yy''-(y')^2=0$.

解 当 $y\neq 0$ 时,方程两边同乘以 $\mu=\frac{1}{y^2}$,得$\frac{yy''-(y')^2}{y^2}=0$,即

$$\frac{\mathrm{d}}{\mathrm{d}x}\left(\frac{y'}{y}\right)=0,$$

从而有 $\frac{y'}{y}=C$,积分并注意到 $y=0$ 也是方程的解,所以原方程的通解为 $y=C_1\mathrm{e}^{Cx}$,其中 C,C_1 为任意常数.

4. 若函数 $F(x,y,y',\cdots,y^{(n)})$ 关于未知函数及其各阶导数都是 k 次齐次

的，即

$$F(x,ty,ty',\cdots,ty^{(n)})=t^kF(x,y,y',\cdots,y^{(n)}).$$

对方程 $F(x,y,y',\cdots,y^{(n)})=0$ 作变换 $y = e^{\int z\mathrm{d}x}$（$z$ 是新未知函数），有

$$\frac{\mathrm{d}y}{\mathrm{d}x}=ze^{\int z\mathrm{d}x},$$

$$\frac{\mathrm{d}^2y}{\mathrm{d}x^2}=\frac{\mathrm{d}}{\mathrm{d}x}(ze^{\int z\mathrm{d}x})=\left(\frac{\mathrm{d}z}{\mathrm{d}x}+z^2\right)e^{\int z\mathrm{d}x},$$

$$\frac{\mathrm{d}^3y}{\mathrm{d}x^3}=\frac{\mathrm{d}}{\mathrm{d}x}\left[\left(\frac{\mathrm{d}z}{\mathrm{d}x}+z^2\right)e^{\int z\mathrm{d}x}\right]=\left(z^3+3z\frac{\mathrm{d}z}{\mathrm{d}x}+\frac{\mathrm{d}^2z}{\mathrm{d}x^2}\right)e^{\int z\mathrm{d}x}.$$

一般地，用数学归纳法可证

$$y^{(m)}=\Phi(z,z',\cdots,z^{(m-1)})e^{\int z\mathrm{d}x},$$

其中 $\Phi(z,z',\cdots,z^{(m-1)})$ 是已知函数. 将其代入原方程得

$$f(x,z,z',\cdots,z^{(n-1)})e^{k\int z\mathrm{d}x}=0,$$

约去因子 $e^{k\int z\mathrm{d}x}$，则得 $f(x,z,z',\cdots,z^{(n-1)})=0$，此为关于新未知函数 z 的 $n-1$ 阶方程，此方程的阶数较原方程降低了一阶，解之求得通解 z，代回即得原方程的通解.

下面我们用此方法再解一下例 4.

例 5 解 $yy''-(y')^2=0$.

解 显然方程关于 y,y',y'' 是 2 次齐次的，令 $y = e^{\int z\mathrm{d}x}$，则

$$y'=ze^{\int z\mathrm{d}x},\quad y''=\left(\frac{\mathrm{d}z}{\mathrm{d}x}+z^2\right)e^{\int z\mathrm{d}x},$$

代入原方程得

$$\left(\frac{\mathrm{d}z}{\mathrm{d}x}+z^2\right)e^{2\int z\mathrm{d}x}-z^2e^{2\int z\mathrm{d}x}=0.$$

约去公因子得 $\dfrac{\mathrm{d}z}{\mathrm{d}x}=0$，则 $z=C$，其中 C 为任意常数. 代回原变量得原方程的通解为

$$y=C_1e^{Cx}\quad (C_1,C\text{ 为任意常数}).$$

注 上述变换 $y = e^{\int z\mathrm{d}x}>0$，若 $y<0$，则作变换 $y=-e^{\int z\mathrm{d}x}$. 因为原微分方程的齐次性，结论完全相同. 最后若 $y=0$ 是方程的解，则要补充进去.

5. n 阶变系数齐线性微分方程

考虑 n 阶变系数齐线性微分方程

$$y^{(n)}+a_1(x)y^{(n-1)}+\cdots+a_{n-1}(x)y'+a_n(x)y=0,\tag{2.34}$$

其中 $a_1(x),a_2(x),\cdots,a_n(x)$ 为区间 $[a,b]$ 上的连续函数.

关于 n 阶齐线性微分方程有下列著名的 Liouville 公式.

定理 2.14 设 $y_i(x)(i=1,2,\cdots,n)$ 是方程(2.34)的任意 n 个解,其 Wronski 行列式为

$$W(x)=\begin{vmatrix} y_1(x) & y_2(x) & \cdots & y_n(x) \\ y_1'(x) & y_2'(x) & \cdots & y_n'(x) \\ \vdots & \vdots & & \vdots \\ y_1^{(n-1)}(x) & y_2^{(n-1)}(x) & \cdots & y_n^{(n-1)}(x) \end{vmatrix},$$

则有

$$W(x)=W(x_0)\mathrm{e}^{-\int_{x_0}^{x}a_1(s)\mathrm{d}s}.$$

只要直接对 $W(x)$ 求导,再利用一阶微分方程的求解公式即可证明此定理,详细过程留给读者自己完成.

定理 2.15 设 $y_1,y_2,\cdots,y_k$ 为方程(2.34)的 k 个线性无关的解,则通过一系列同类型的变换,可使方程降低 k 阶,并且新得到的 $n-k$ 阶方程也是齐线性的.

证 设 $y_1,y_2,\cdots,y_k$ 是方程(2.34)的 k 个线性无关的解,显然 y_i 不恒等于零,$i=1,2,\cdots,k$. 令 $y=y_ku$,则

$$y'=y_ku'+y_k'u,$$
$$y''=y_ku''+2y_k'u'+y_k''u,$$
$$\cdots\cdots\cdots\cdots$$
$$y^{(n)}=y_ku^{(n)}+ny_k'u^{(n-1)}+\frac{n(n-1)}{2}y_k''u^{(n-2)}+\cdots+y_k^{(n)}u.$$

将这些等式代入方程(2.34)得

$$y_ku^{(n)}+[ny_k'+a_1(x)y_k]u^{(n-1)}+\cdots+[y_k^{(n)}+a_1(x)y_k^{(n-1)}+\cdots+a_n(x)y_k]u=0,$$

此为关于 u 的 n 阶方程,注意到 y_k 为原方程的解,从而 u 的系数恒等于零,因此可以利用变换 $z=u'$ 将方程降低一阶,并在 $y_k\neq 0$ 的区间上用 y_k 去除方程的各项,便得到形如

$$z^{(n-1)}+b_1(x)z^{(n-2)}+\cdots+b_{n-1}(x)z=0 \tag{2.35}$$

的 $n-1$ 阶齐线性微分方程. 方程(2.34)与(2.35)的解之间的关系为 $z=\left(\dfrac{y}{y_k}\right)'$,由方程(2.34)的 k 个线性无关解 $y_1,y_2,\cdots,y_k$ 可得到(2.35)的 $k-1$ 个线性无关的解 $z_i=\left(\dfrac{y_i}{y_k}\right)'$,$i=1,2,\cdots,k-1$. 显然 $z_1,z_2,\cdots,z_{k-1}$ 是解,下面证明其线性无

关性.

设存在 $\alpha_1,\alpha_2,\cdots,\alpha_{k-1}$,满足

$$\alpha_1 z_1+\alpha_2 z_2+\cdots+\alpha_{k-1}z_{k-1}=0,$$

即

$$\alpha_1\left(\frac{y_1}{y_k}\right)'+\alpha_2\left(\frac{y_2}{y_k}\right)'+\cdots+\alpha_{k-1}\left(\frac{y_{k-1}}{y_k}\right)'=0,$$

积分得

$$\alpha_1\left(\frac{y_1}{y_k}\right)+\alpha_2\left(\frac{y_2}{y_k}\right)+\cdots+\alpha_{k-1}\left(\frac{y_{k-1}}{y_k}\right)=-\alpha_k,$$

即

$$\alpha_1 y_1+\alpha_2 y_2+\cdots+\alpha_{k-1}y_{k-1}+\alpha_k y_k=0,$$

由于 $y_1,y_2,\cdots,y_k$ 线性无关,故必有 $\alpha_1=\alpha_2=\cdots=\alpha_k=0$,即 $z_1,z_2,\cdots,z_{k-1}$ 线性无关.

重复上述过程,可将方程(2.35)降低一阶化为关于 v 的 $n-2$ 阶齐线性微分方程

$$v^{(n-2)}+c_1(x)v^{(n-3)}+\cdots+c_{n-2}(x)v=0,$$

它有 $k-2$ 个线性无关的解 $v_i=\left(\dfrac{z_i}{z_{k-1}}\right)'$ $(i=1,2,\cdots,k-2)$.

由此看出,利用 y_k 作变换 $y=y_k\int z\mathrm{d}x$,将方程降低一阶变为 $n-1$ 阶齐线性微分方程,利用 y_{k-1},y_k,作变换 $z=\left(\dfrac{y_{k-1}}{y_k}\right)'\int v\mathrm{d}x$,可将方程再降低一阶成为 $n-2$ 阶齐线性微分方程,依次类推,用 k 个线性无关的解可使方程降低 k 阶转化为 $n-k$阶齐线性微分方程

$$w^{(n-k)}+D_1(x)w^{(n-k-1)}+\cdots+D_{n-k}(x)w=0.$$

其中,$D_i(x)(i=1,\cdots,n-k)$为区间$[a,b]$上的连续函数. 证毕.

特别地,对于二阶变系数齐线性微分方程,如果已知它的一个非零解,则利用此方法可以求得与其线性无关的另一个解,从而得到其通解.

定理 2.16 设 $y_1(x)\neq 0$ 是二阶变系数齐线性微分方程

$$y''+a_1(x)y'+a_2(x)y=0 \tag{2.36}$$

的解,则 $y_1\int\dfrac{1}{y_1^2}\mathrm{e}^{-\int a_1(x)\mathrm{d}x}\mathrm{d}x$ 为方程的与 y_1 线性无关的解,因此方程的通解为

$$y=C_1y_1+C_2y_1\int\frac{1}{y_1^2}\mathrm{e}^{-\int a_1(x)\mathrm{d}x}\mathrm{d}x=y_1\left(C_1+C_2\int\frac{1}{y_1^2}\mathrm{e}^{-\int a_1(x)\mathrm{d}x}\mathrm{d}x\right),$$

其中 C_1,C_2 为任意常数.

证 设 $y_1(x)\neq 0$ 是二阶变系数齐线性微分方程(2.36)的解,则作变换 $y=y_1\int z\mathrm{d}x$,可将方程(2.36)化为一阶变系数齐线性微分方程

$$y_1z'+[2y_1'+a_1(x)y_1]z=0,$$

即

$$z'+\left[2\frac{y_1'}{y_1}+a_1(x)\right]z=0,$$

其通解为

$$z=C\mathrm{e}^{-\int[2\frac{y_1'}{y_1}+a_1(x)]\mathrm{d}x}=C\mathrm{e}^{-2\ln|y_1|-\int a_1(x)\mathrm{d}x}=\frac{C}{y_1^2}\mathrm{e}^{-\int a_1(x)\mathrm{d}x},$$

其中 C 为任意常数.

取 $C=1$ 得 $z=\dfrac{1}{y_1^2}\mathrm{e}^{-\int a_1(x)\mathrm{d}x}$,从而得原方程的一个特解

$$y_2=y_1\int\frac{1}{y_1^2}\mathrm{e}^{-\int a_1(x)\mathrm{d}x}\mathrm{d}x.$$

因为$\dfrac{y_2}{y_1}=\int\dfrac{1}{y_1^2}\mathrm{e}^{-\int a_1(x)\mathrm{d}x}\mathrm{d}x$ 不是常数,故 y_1,y_2 线性无关. 从而原方程的通解为

$$y=C_1y_1+C_2y_2=y_1\left[C_1+C_2\int\frac{1}{y_1^2}\mathrm{e}^{-\int a_1(x)\mathrm{d}x}\mathrm{d}x\right],$$

其中 C_1,C_2 为任意常数. 证毕.

例 6 已知方程 $x\dfrac{\mathrm{d}^3y}{\mathrm{d}x^3}+3\dfrac{\mathrm{d}^2y}{\mathrm{d}x^2}-x\dfrac{\mathrm{d}y}{\mathrm{d}x}-y=0$ 有一个特解 $y_0=\dfrac{1}{x}$,求其通解.

解 本题是一个三阶变系数齐线性微分方程,已知其一个非零解 $y_0=\dfrac{1}{x}$,作变换

$$y=\frac{1}{x}z,$$

则有

$$\frac{\mathrm{d}y}{\mathrm{d}x}=\frac{1}{x}\frac{\mathrm{d}z}{\mathrm{d}x}-\frac{1}{x^2}z,$$

$$\frac{\mathrm{d}^2y}{\mathrm{d}x^2}=\frac{1}{x}\frac{\mathrm{d}^2z}{\mathrm{d}x^2}-\frac{2}{x^2}\frac{\mathrm{d}z}{\mathrm{d}x}+\frac{2}{x^3}z,$$

$$\frac{\mathrm{d}^3y}{\mathrm{d}x^3}=\frac{1}{x}\frac{\mathrm{d}^3z}{\mathrm{d}x^3}-\frac{3}{x^2}\frac{\mathrm{d}^2z}{\mathrm{d}x^2}+\frac{6}{x^3}\frac{\mathrm{d}z}{\mathrm{d}x}-\frac{6}{x^4}z,$$

代入原方程,得

$$\frac{\mathrm{d}^3 z}{\mathrm{d}x^3}-\frac{\mathrm{d}z}{\mathrm{d}x}=0, \tag{2.37}$$

此方程为常系数齐线性微分方程,其特征方程为 $\lambda^3-\lambda=0$,得其特征根为

$$\lambda_{1,2}=\pm 1, \lambda_3=0.$$

从而方程(2.37)的通解为

$$z=C_1+C_2\mathrm{e}^{-x}+C_3\mathrm{e}^{x} \quad (C_1,C_2,C_3\text{ 为任意常数}).$$

于是,原方程的通解为

$$y=\frac{1}{x}z=\frac{1}{x}(C_1+C_2\mathrm{e}^{-x}+C_3\mathrm{e}^{x}) \quad (C_1,C_2,C_3\text{ 为任意常数}).$$

例 7 已知 $y=\frac{\sin x}{x}$是方程 $y''+\frac{2}{x}y'+y=0$ 的解,试求方程的通解.

解 由条件知二阶变系数齐线性微分方程的一个非零解 $y_1=\frac{\sin x}{x}$,易求得与其线性无关的另一个解

$$y_2=y_1\int\frac{1}{y_1^2}\mathrm{e}^{-\int\frac{2}{x}\mathrm{d}x}\mathrm{d}x=y_1\int\frac{x^2}{\sin^2 x}\frac{1}{x^2}\mathrm{d}x=\frac{\sin x}{x}(-\cot x)=-\frac{\cos x}{x},$$

所以原方程的通解为

$$y=\frac{1}{x}(C_1\sin x+C_2\cos x) \quad (C_1,C_2\text{ 为任意常数}).$$

2.6.2 二阶变系数齐线性微分方程的幂级数解法

由降阶法知道,二阶变系数齐线性微分方程的求解问题归结为寻求它的一个非零解. 由于方程的系数是自变量的函数,不能利用代数方法去求解. 但在一定条件下,它有幂级数形式的解.

考虑二阶变系数齐线性微分方程

$$y''+a_1(x)y'+a_2(x)y=0, \tag{2.38}$$

其解依赖于它的变系数 $a_1(x)$,$a_2(x)$,因此自然会问:变系数 $a_1(x)$,$a_2(x)$满足怎样的条件,才能保证方程(2.38)的解可用一个收敛的幂级数或广义幂级数来表示? 这样的幂级数或广义幂级数应该取什么形式?

下面介绍两个定理,以此回答所提出的问题. 由于涉及常微分方程解析理论,在此不加证明,有兴趣的读者可参阅文献[5].

定理 2.17 若方程(2.38)的变系数 $a_1(x)$,$a_2(x)$都可在$(-R,R)$上展为 x 的幂级数,则在$(-R,R)$上,方程(2.38)必有形如

$$y=\sum_{n=0}^{\infty}a_n x^n$$

的幂级数解，其中 $a_0,a_1,\cdots,a_n,\cdots$ 为待定常数.

定理 2.18 若方程(2.38)的系数 $a_1(x),a_2(x)$ 满足条件：$xa_1(x),x^2a_2(x)$ 都能在 $(-R,R)$ 上展成 x 的幂级数，则在区间 $(-R,R)$ 上方程(2.38)必有形如

$$y = x^{\alpha}\sum_{n=0}^{\infty}a_nx^n \quad (a_0 \neq 0)$$

的广义幂级数解，其中 $\alpha,a_0,a_1,\cdots,a_n,\cdots$ 为待定系数.

例 8 形如

$$(1-x^2)\frac{\mathrm{d}^2y}{\mathrm{d}x^2}-2x\frac{\mathrm{d}y}{\mathrm{d}x}+n(n+1)y=0$$

的方程称为 **Legendre 方程**，其中 n 是任意实数，试用幂级数法求方程的解.

解 将方程改写为(2.38)的形式

$$\frac{\mathrm{d}^2y}{\mathrm{d}x^2}-\frac{2x}{1-x^2}\frac{\mathrm{d}y}{\mathrm{d}x}+\frac{n(n+1)}{1-x^2}y=0,$$

则 $a_1(x)=-\dfrac{2x}{1-x^2},a_2(x)=\dfrac{n(n+1)}{1-x^2}$，它们在区间 $|x|<1$ 内都可以展成 x 的幂级数，根据定理 2.17，Legendre 方程存在可用 x 的幂级数表示的解.

令

$$y=\sum_{k=0}^{\infty}c_kx^k \tag{2.39}$$

是方程的解，用待定系数法来确定 c_k.

由(2.39)式得

$$\frac{\mathrm{d}y}{\mathrm{d}x}=\sum_{k=1}^{\infty}kc_kx^{k-1},$$

$$\frac{\mathrm{d}^2y}{\mathrm{d}x^2}=\sum_{k=2}^{\infty}k(k-1)c_kx^{k-2},$$

代入原方程整理得

$$[2c_2+n(n+1)c_0]+[3\cdot 2c_3+(n-1)(n+2)c_1]x+\sum_{j=2}^{\infty}[(j+2)(j+1)c_{j+2}+(n-j)(n+j+1)c_j]x^j=0,$$

比较两端系数得到一系列等式

$$\begin{cases}2c_2+n(n+1)c_0=0,\\ 3\cdot 2c_3+(n-1)(n+2)c_1=0,\\ \cdots\cdots\cdots\cdots\\ (j+2)(j+1)c_{j+2}+(n-j)(n+j+1)c_j=0(j=2,3,\cdots),\end{cases}$$

即

$$c_2=-\frac{n(n+1)}{2\cdot 1}c_0,$$

$$c_3=-\frac{(n-1)(n+2)}{3\cdot 2}c_1,$$

$$c_{j+2}=-\frac{(n-j)(n+j+1)}{(j+2)(j+1)}c_j \quad (j=2,3,\cdots).$$

利用数学归纳法可得

$$c_{2k}=(-1)^k\frac{n(n-2)\cdots(n-2k+2)(n+1)(n+3)\cdots(n+2k+1)}{(2k)!}c_0,$$

$$c_{2k+1}=(-1)^k\frac{(n-1)(n-3)\cdots(n-2k+1)(n+2)(n+4)\cdots(n+2k)}{(2k+1)!}c_1,$$

其中 $k=1,2,3,\cdots$. 将所得到的系数代入(2.39)式,得 Legendre 方程的解

$$y=c_0\left[1+\sum_{k=1}^{\infty}(-1)^k\frac{n(n-2)\cdots(n-2k+2)(n+1)(n+3)\cdots(n+2k+1)}{(2k)!}x^{2k}\right]+$$
$$c_1\left[x+\sum_{k=1}^{\infty}(-1)^k\frac{(n-1)(n-3)\cdots(n-2k+1)(n+2)(n+4)\cdots(n+2k)}{(2k+1)!}x^{2k+1}\right]. \tag{2.40}$$

无论 c_0,c_1 取何值,级数(2.40)在 $|x|<1$ 内收敛且为 Legendre 方程的解. 取 $c_0=1,c_1=0$ 得

$$y_1(x)=1+\sum_{k=1}^{\infty}(-1)^k\frac{n(n-2)\cdots(n-2k+2)(n+1)(n+3)\cdots(n+2k+1)}{(2k)!}x^{2k}.$$

取 $c_0=0,c_1=1$ 得

$$y_2(x)=x+\sum_{k=1}^{\infty}(-1)^k\frac{(n-1)(n-3)\cdots(n-2k+1)(n+2)(n+4)\cdots(n+2k)}{(2k+1)!}x^{2k+1},$$

显然 $y_1(x),y_2(x)$ 线性无关,因此 Legendre 方程的通解为

$$y=C_1y_1(x)+C_2y_2(x),$$

其中 C_1,C_2 为任意常数.

如果 n 是正偶数,则 $y_1(x)$ 中 $k=\frac{n}{2}+1$ 对应的项及其以后的各项均为零,故 $y_1(x)$ 成为多项式

$$y_1(x)=1+\sum_{k=1}^{\frac{n}{2}}(-1)^k\frac{n(n-2)\cdots(n-2k+2)(n+1)(n+3)\cdots(n+2k+1)}{(2k)!}x^{2k};$$

如果 n 是正奇数,则 $y_2(x)$ 成为多项式

$$y_2(x)=x+\sum_{k=1}^{\frac{n+1}{2}-1}(-1)^k\frac{(n-1)(n-3)\cdots(n-2k+1)(n+2)(n+4)\cdots(n+2k)}{(2k+1)!}x^{2k+1}.$$

著名的 Legendre 多项式,即由此处的多项式 $y_1(x)$,$y_2(x)$ 乘以适当的常数而得到的.

例 9 求解 n 阶 Bessel(贝塞尔)方程

$$x^2\frac{\mathrm{d}^2y}{\mathrm{d}x^2}+x\frac{\mathrm{d}y}{\mathrm{d}x}+(x^2-n^2)y=0,$$

这里 n 为非负常数,不一定是正整数. 该方程的解一般不能用初等函数来表示,它定义出一类超越函数(所谓超越函数即与自变量之间的关系不能用有限次加、减、乘、除、乘方、开方运算表示的函数),称为 Bessel 函数,在无线电电子学、工程技术及天文学中有着广泛的应用. 因此我们在此作一介绍.

解 将 n 阶 Bessel 方程改写为

$$\frac{\mathrm{d}^2y}{\mathrm{d}x^2}+\frac{1}{x}\frac{\mathrm{d}y}{\mathrm{d}x}+\frac{x^2-n^2}{x^2}y=0.$$

显然满足定理 2.18 的条件,有形如 $y=\sum\limits_{k=0}^{\infty}a_kx^{\alpha+k}$ 的解,这里 $a_0\neq0$,而 a_k 和 α 是待定常数,将其代入方程得

$$x^2\sum_{k=0}^{\infty}a_k(\alpha+k)(\alpha+k-1)x^{\alpha+k-2}+x\sum_{k=0}^{\infty}a_k(\alpha+k)x^{\alpha+k-1}+(x^2-n^2)\sum_{k=0}^{\infty}a_kx^{\alpha+k}=0,$$

把 x 的同次幂归在一起,上式变为

$$\sum_{k=0}^{\infty}[(\alpha+k)(\alpha+k-1)+(\alpha+k)-n^2]a_kx^{\alpha+k}+\sum_{k=0}^{\infty}a_kx^{\alpha+k+2}=0.$$

令各项系数等于零,得一系列的代数方程

$$\begin{cases}a_0[\alpha^2-n^2]=0,\\ a_1[(\alpha+1)^2-n^2]=0,\\ a_k[(\alpha+k)^2-n^2]+a_{k-2}=0,\\ k=2,3,\cdots.\end{cases}\tag{2.41}$$

因为 $a_0\neq0$,故从第一个方程解得 α 的两个值

$$\alpha=n,\quad \alpha=-n.$$

先考虑 $\alpha=n$ 时,方程组(2.41)的一个特解. 将 $\alpha=n$ 代入方程组(2.41)的第二个方程得 $a_1=0$,代入第三个方程得递推关系式

$$a_k=-\frac{a_{k-2}}{k(2n+k)},\quad k=2,3,\cdots,$$

或按下标为奇数或偶数,有

$$\begin{cases} a_{2k+1} = \dfrac{-a_{2k-1}}{(2k+1)(2n+2k+1)}, \\ a_{2k} = \dfrac{-a_{2k-2}}{2k(2n+2k)}, \end{cases} \quad k=1,2,\cdots,$$

从而求得

$$a_{2k-1} = 0, \quad k = 1,2,\cdots,$$

$$a_2 = -\frac{a_0}{2^2 \cdot 1(n+1)},$$

$$a_4 = (-1)^2 \frac{a_0}{2^4 \cdot 2!(n+1)(n+2)},$$

$$a_6 = (-1)^3 \frac{a_0}{2^6 \cdot 3!(n+1)(n+2)(n+3)}.$$

一般地

$$a_{2k} = (-1)^k \frac{a_0}{2^{2k} \cdot k!(n+1)(n+2)\cdots(n+k)}, \quad k = 1,2,\cdots,$$

将各 a_k 代入 $y = \sum\limits_{k=0}^{\infty} a_k x^{\alpha+k}$ 中得方程的一个解

$$y_1 = a_0 x^n + \sum_{k=1}^{\infty} \frac{(-1)^k a_0}{2^{2k} \cdot k!(n+1)(n+2)\cdots(n+k)} x^{2k+n}.$$

既然是求方程的特解,不妨令 $a_0 = \dfrac{1}{2^n \Gamma(n+1)}$,其中函数 $\Gamma(s)$ 定义如下:

当 $s>0$ 时, $\Gamma(s) = \int_0^{+\infty} x^{s-1} \mathrm{e}^{-x} \mathrm{d}x$;

当 $s<0$ 且非整数时,由递推公式

$$\Gamma(s) = \frac{1}{s}\Gamma(s+1)$$

定义.

Γ 函数具有如下性质

$$\Gamma(s+1) = s\Gamma(s); \Gamma(p+1) = p! \quad (p\text{ 为正整数}).$$

因此上式变为

$$y_1 = \sum_{k=0}^{\infty} \frac{(-1)^k}{k!(n+k)\cdots(n+1)\Gamma(n+1)} \left(\frac{x}{2}\right)^{2k+n}.$$

注意到 Γ 函数的性质,即有

$$y_1 = \sum_{k=0}^{\infty} \frac{(-1)^k}{k!\Gamma(n+k+1)} \left(\frac{x}{2}\right)^{2k+n} \equiv J_n(x),$$

$J_n(x)$是由 n 阶 Bessel 方程定义的特殊函数,称为 n 阶 **Bessel 函数**. 因此对于 n 阶 Bessel 方程,它总有一个特解 $J_n(x)$.

当 $\alpha=-n$ 时,求方程形如 $y_2=\sum\limits_{k=0}^{\infty}a_k x^{-n+k}$ 的解,类似前面的求解过程,可以求得

$$a_{2k-1}=0,\quad k=1,2,\cdots,$$

$$a_{2k}=(-1)^k\frac{a_0}{2^{2k}\cdot k!\ (-n+1)(-n+2)\cdots(-n+k)},\quad k=1,2,\cdots.$$

因而

$$y_2=a_0x^{-n}+\sum_{k=1}^{\infty}\frac{(-1)^k a_0}{2^{2k}\cdot k!(-n+1)(-n+2)\cdots(-n+k)}x^{2k-n}$$

是方程的另一个特解. 此时若令 $a_0=\dfrac{1}{2^{-n}\Gamma(-n+1)}$,则上式变为

$$y_2=\sum_{k=0}^{\infty}\frac{(-1)^k}{k!\Gamma(-n+k+1)}\left(\frac{x}{2}\right)^{2k-n}\equiv J_{-n}(x),$$

$J_{-n}(x)$称为 $-n$ 阶 **Bessel 函数**.

利用 d' Alembert(达朗贝尔)判别法易证 $J_n(x)$和 $J_{-n}(x)$对于任何 $x(x\neq0)$值都是收敛的,因此当 n 不为非负整数时,它们都是方程的解,而且是线性无关的. 又因为 $J_n(x)$和 $J_{-n}(x)$可展成 x 的不同次幂开始的级数,从而它们的比不可能是常数,于是方程的通解为

$$y=C_1J_n(x)+C_2J_{-n}(x),$$

其中 C_1,C_2 是任意常数. 此时 $J_n(x)$和 $J_{-n}(x)$称为**第一类 Bessel 函数**.

若 $\alpha=-n,n$ 为自然数,则由方程组(2.41)不能确定出 $a_{2k}(k\geqslant n)$. 此时由 $J_n(x)$,再利用定理 2.16 介绍的方法可求得与其线性无关的另外一个解

$$\tilde{J}(x)=J_n(x)\int\frac{1}{J_n^2(x)}e^{-\int\frac{1}{x}dx}dx.$$

从而 n 阶 Bessel 方程的通解为

$$y=J_n(x)\left[C_1+C_2\int\frac{1}{J_n^2(x)}e^{-\int\frac{1}{x}dx}dx\right],$$

其中 C_1,C_2 为任意常数.

例 10 用幂级数法求解 $x^2y''+xy'+\left(x^2-\dfrac{1}{4}\right)y=0$.

解 这是 $n=\dfrac{1}{2}$的 Bessel 方程,因而通解为

$$y=C_1J_{\frac{1}{2}}(x)+C_2J_{-\frac{1}{2}}(x),$$

其中 C_1,C_2 为任意常数.

注意到

$$\Gamma\left(\frac{1}{2}+k+1\right)=\frac{(2k+1)!!}{2^{k+1}}\Gamma\left(\frac{1}{2}\right)=\frac{(2k+1)!!}{2^{k+1}}\sqrt{\pi},$$

因此

$$\begin{aligned}J_{\frac{1}{2}}(x) &= \sum_{k=0}^{\infty}\frac{(-1)^k}{k!\Gamma\left(\frac{1}{2}+k+1\right)}\left(\frac{x}{2}\right)^{2k+\frac{1}{2}}\\ &= \sum_{k=0}^{\infty}\frac{(-1)^k2^{k+1}}{k!(2k+1)!!\sqrt{\pi}}\frac{x^{2k}}{2^{2k}}\sqrt{\frac{x}{2}}\\ &=\sqrt{\frac{2}{\pi x}}\sum_{k=0}^{\infty}\frac{(-1)^kx^{2k+1}}{(2k+1)!!}\frac{1}{k!2^k}\\ &=\sqrt{\frac{2}{\pi x}}\sum_{k=0}^{\infty}\frac{(-1)^kx^{2k+1}}{(2k+1)!}\frac{(2k)!!}{k!2^k}\\ &=\sqrt{\frac{2}{\pi x}}\sin x.\end{aligned}$$

又因 $\Gamma\left(-\frac{1}{2}+k+1\right)=\frac{(2k-1)!!}{2^k}\sqrt{\pi}$,作类似计算可得

$$J_{-\frac{1}{2}}(x) = \sqrt{\frac{2}{\pi x}}\cos x.$$

所以原方程的通解为

$$y=\sqrt{\frac{2}{\pi x}}(C_1\sin x+C_2\cos x),$$

其中 C_1,C_2 为任意常数.

习题 2.6

1. 解方程.

(1) $xy'''+y''=\ln x$;

(2) $yy''-y'^2=y^2\ln y$;

(3) $y''+(1+y'^2)^{\frac{3}{2}}=0$;

(4) $2y'y'''-3y''^2=0$;

(5) $xy''+2(1-x)y'+(x-2)y=2e^x$.

2. 用幂级数法解下列方程.

(1) $y''+x^2y'=0$;

(2) $y''+\frac{1}{2x}y'+\frac{1}{4x}y=0$;

(3) $2xy''+(1-2x)y'-y=0$.

3. 求解 Bessel 方程 $x^2y''+xy'+\left(4x^2-\frac{9}{25}\right)x=0$.

第 3 章

线性微分方程组

本章主要介绍常微分方程组的基本概念,一阶线性微分方程组的一般解理论和常系数线性微分方程组的解法. 这些概念、理论和方法,大体上与微分方程相应的内容是平行的. 为简单方便起见,本章采用矩阵与向量的记号.

§3.1 预备知识

本节介绍一下有关矩阵函数的概念和运算性质.

3.1.1 矩阵函数和向量函数

定义 3.1 设 $n\times m$ 个函数 $a_{ij}(t)(i=1,2,\cdots,n;j=1,2,\cdots,m)$ 在区间 I 上有定义,对任意 $t\in I$,定义矩阵

$$\boldsymbol{A}(t)=\begin{pmatrix} a_{11}(t) & a_{12}(t) & \cdots & a_{1m}(t) \\ a_{21}(t) & a_{22}(t) & \cdots & a_{2m}(t) \\ \vdots & \vdots & & \vdots \\ a_{n1}(t) & a_{n2}(t) & \cdots & a_{nm}(t) \end{pmatrix},$$

称 $\boldsymbol{A}(t)$ 为区间 I 上的 $n\times m$ **矩阵函数**,也可简记为 $\boldsymbol{A}(t)=(a_{ij}(t))_{n\times m}=(a_{ij}(t))$,函数 $a_{ij}(t)(i=1,2,\cdots,n;j=1,2,\cdots,m)$ 称为 $\boldsymbol{A}(t)$ 的元素. 此处区间 I 可以是有限闭区间也可以是半开半闭区间,或无穷区间.

特别地当 $m=1$ 时,称

$$\boldsymbol{a}(t) = \begin{pmatrix} a_1(t) \\ a_2(t) \\ \vdots \\ a_n(t) \end{pmatrix}$$

为 n 维**向量函数**.

$$(a_1(t) \quad a_2(t) \quad \cdots \quad a_n(t))^{\mathrm{T}} = \begin{pmatrix} a_1(t) \\ a_2(t) \\ \vdots \\ a_n(t) \end{pmatrix},$$

其中右上角 T 表示转置.

将 $\boldsymbol{A}(t)$ 中的每一列向量记为

$$\boldsymbol{a}_j(t) = \begin{pmatrix} a_{1j}(t) \\ a_{2j}(t) \\ \vdots \\ a_{nj}(t) \end{pmatrix}, \quad j = 1,2,\cdots,m.$$

于是 $\boldsymbol{A}(t)$ 可以简写为 $\boldsymbol{A}(t) = (\boldsymbol{a}_1(t), \boldsymbol{a}_2(t), \cdots, \boldsymbol{a}_m(t))$.

为简单起见,矩阵函数和向量函数也简称为矩阵和向量. 用 $\boldsymbol{O}$ 表示所有元素都是零的矩阵,称为**零矩阵**. 用 $\boldsymbol{E}$ 表示对角线上的元素都是 1,其他元素是零的方阵,称为**单位阵**. 至于 $\boldsymbol{O}$ 和 $\boldsymbol{E}$ 的阶数,视具体的问题而定.

定义 3.2 极限,连续,可微,积分

对 $t \in I$,当 $t \to t_0$ 时,若 $\boldsymbol{A}(t)$ 中的元素 $a_{ij}(t)$ 的极限都存在,即 $\lim\limits_{t \to t_0} a_{ij}(t) = a_{ij}^{(0)}(i = 1, 2, \cdots, n; j = 1, 2, \cdots, m)$,则称当 $t \to t_0$ 时 $\boldsymbol{A}(t)$ **的极限存在**,并定义 $\lim\limits_{t \to t_0} \boldsymbol{A}(t) = \boldsymbol{A}_0$,其中 $\boldsymbol{A}_0 = (a_{ij}^{(0)})$ 表示 $n \times m$ 常数矩阵,t_0 可以是∞.

如果 $\boldsymbol{A}(t)$ 中的所有元素 $a_{ij}(t)$ 都是区间 I 上的连续函数,则称 $\boldsymbol{A}(t)$ 在 I 上连续. 如果所有元素 $a_{ij}(t)$ 都是区间 I 上的可微函数,则称 $\boldsymbol{A}(t)$ **在 I 上是可微的**,并且定义

$$\frac{\mathrm{d}\boldsymbol{A}(t)}{\mathrm{d}t} = \left(\frac{\mathrm{d}a_{ij}(t)}{\mathrm{d}t}\right).$$

设 $t_0, t \in I$,如果对于一切 $1 \leqslant i \leqslant n$ 和 $1 \leqslant j \leqslant m$,积分 $\int_{t_0}^{t} a_{ij}(s)\mathrm{d}s$ 存在,则称 $\boldsymbol{A}(t)$ **在$[t_0,t]$(或$[t,t_0]$)上可积**,并且定义 $\int_{t_0}^{t} \boldsymbol{A}(s)\mathrm{d}s = \left(\int_{t_0}^{t} a_{ij}(s)\mathrm{d}s\right)$.

由上述定义可知,矩阵函数的极限、微分、积分运算与数值函数的相应运算

类似,下面列举一些主要的运算性质.

(1) $\frac{\mathrm{d}\boldsymbol{A}(t)}{\mathrm{d}t} \equiv \boldsymbol{O}$ 的充要条件是 $\boldsymbol{A}(t)$ 为常数矩阵.

(2) 设 $\boldsymbol{A}(t)$ 和 $\boldsymbol{B}(t)$ 都是区间 I 上的可微的 $n\times m$ 矩阵函数,α 和 β 是常数,则

$$\frac{\mathrm{d}}{\mathrm{d}t}[\alpha\boldsymbol{A}(t)+\beta\boldsymbol{B}(t)]=\alpha\frac{\mathrm{d}\boldsymbol{A}(t)}{\mathrm{d}t}+\beta\frac{\mathrm{d}\boldsymbol{B}(t)}{\mathrm{d}t}.$$

(3) 设 $\boldsymbol{A}(t)$ 和 $\boldsymbol{B}(t)$ 分别是可微的 $n\times m$ 和 $m\times l$ 矩阵函数,则

$$\frac{\mathrm{d}}{\mathrm{d}t}[\boldsymbol{A}(t)\boldsymbol{B}(t)]=\frac{\mathrm{d}\boldsymbol{A}(t)}{\mathrm{d}t}\cdot\boldsymbol{B}(t)+\boldsymbol{A}(t)\cdot\frac{\mathrm{d}\boldsymbol{B}(t)}{\mathrm{d}t}.$$

特别地,当 $\boldsymbol{A}(t)$ 或 $\boldsymbol{B}(t)$ 中有一个是常数矩阵 $\boldsymbol{C}$ 时,则有

$$\frac{\mathrm{d}}{\mathrm{d}t}[\boldsymbol{A}(t)\boldsymbol{C}]=\frac{\mathrm{d}\boldsymbol{A}(t)}{\mathrm{d}t}\cdot\boldsymbol{C},\quad \frac{\mathrm{d}}{\mathrm{d}t}[\boldsymbol{C}\boldsymbol{B}(t)]=\boldsymbol{C}\cdot\frac{\mathrm{d}\boldsymbol{B}(t)}{\mathrm{d}t}.$$

注 因为矩阵乘法不满足交换律,所以上述式子中 $\boldsymbol{A},\boldsymbol{B},\boldsymbol{C}$ 的次序是不能交换的.

(4) 如果 $\boldsymbol{A}(t)$ 是区间 I 上可微的 n 阶方阵函数,并且对于任意的 $t\in I$,$\boldsymbol{A}(t)$ 的行列式

$$\det\boldsymbol{A}(t)\neq 0, \tag{3.1}$$

则在区间 I 上 $\boldsymbol{A}(t)$ 存在逆矩阵 $\boldsymbol{A}^{-1}(t)$,并且

$$\frac{\mathrm{d}}{\mathrm{d}t}\boldsymbol{A}^{-1}(t)=-\boldsymbol{A}^{-1}(t)\frac{\mathrm{d}\boldsymbol{A}(t)}{\mathrm{d}t}\boldsymbol{A}^{-1}(t).$$

证 因(3.1)式对一切 $t\in I$ 成立,于是由线性代数理论知,在区间 I 上矩阵 $\boldsymbol{A}(t)$ 可逆.由于矩阵 $\boldsymbol{A}(t)$ 的一切元素可微,所以 $\boldsymbol{A}^{-1}(t)$ 的一切元素也可微.又由于

$$\boldsymbol{A}(t)\boldsymbol{A}^{-1}(t)=\boldsymbol{E},$$

两边对 t 求导数,由性质(2)和(3)得

$$\frac{\mathrm{d}\boldsymbol{A}(t)}{\mathrm{d}t}\boldsymbol{A}^{-1}(t)+\boldsymbol{A}(t)\frac{\mathrm{d}}{\mathrm{d}t}\boldsymbol{A}^{-1}(t)=\boldsymbol{O},$$

移项,再用 $\boldsymbol{A}^{-1}(t)$ 左乘等式,即得到要证的等式.证毕.

设 $t_0,\ t\in(a,\ b)$,且 $t_0<t$,则有下列性质.

(5) 设 $\boldsymbol{A}(t)$,$\boldsymbol{B}(t)$ 都是区间 I 上 $n\times m$ 矩阵函数,且在闭区间 $[t_0,t]$ 上可积,α,β 是常数,则

$$\int_{t_0}^{t}[\alpha\boldsymbol{A}(s)+\beta\boldsymbol{B}(s)]\mathrm{d}s=\alpha\int_{t_0}^{t}\boldsymbol{A}(s)\mathrm{d}s+\beta\int_{t_0}^{t}\boldsymbol{B}(s)\mathrm{d}s.$$

(6) 设 $\boldsymbol{A}$ 是 $n\times m$ 常数矩阵,$\boldsymbol{B}(t)$ 是区间 I 上 $m\times l$ 矩阵函数,且在闭区间 $[t_0,t]$ 上可积,则

$$\int_{t_0}^{t} \boldsymbol{A}\boldsymbol{B}(s)\,\mathrm{d}s = \boldsymbol{A}\int_{t_0}^{t} \boldsymbol{B}(s)\,\mathrm{d}s.$$

类似地，设 $\boldsymbol{A}(t)$ 是区间 I 上 $n\times m$ 矩阵函数，在闭区间 $[t_0,t]$ 上可积，$\boldsymbol{B}$ 是 $m\times l$ 常数矩阵，则

$$\int_{t_0}^{t} \boldsymbol{A}(s)\boldsymbol{B}\,\mathrm{d}s = \left(\int_{t_0}^{t} \boldsymbol{A}(s)\,\mathrm{d}s\right)\boldsymbol{B}.$$

(7) 设 $\boldsymbol{A}(t)$ 在区间 I 上连续，则

$$\frac{\mathrm{d}}{\mathrm{d}t}\int_{t_0}^{t} \boldsymbol{A}(s)\,\mathrm{d}s = \boldsymbol{A}(t).$$

(8) 设 $\boldsymbol{A}(t)$ 在区间 I 上可微，则

$$\int_{t_0}^{t} \left(\frac{\mathrm{d}}{\mathrm{d}s}\boldsymbol{A}(s)\right)\mathrm{d}s = \boldsymbol{A}(t) - \boldsymbol{A}(t_0).$$

3.1.2 矩阵和向量的模

矩阵和向量的模的概念，是数量函数中绝对值概念的推广，定义如下.

定义 3.3 设

$$\boldsymbol{x} = \begin{pmatrix} x_1 \\ x_2 \\ \vdots \\ x_n \end{pmatrix}, \quad \boldsymbol{A} = \begin{pmatrix} a_{11} & a_{12} & \cdots & a_{1m} \\ a_{21} & a_{22} & \cdots & a_{2m} \\ \vdots & \vdots & & \vdots \\ a_{n1} & a_{n2} & \cdots & a_{nm} \end{pmatrix}$$

分别是一个 n 维向量和一个 $n\times m$ 矩阵，向量 $\boldsymbol{x}$ 的模记为 $\|\boldsymbol{x}\|$，它的定义是

$$\|\boldsymbol{x}\| = \sum_{i=1}^{n} |x_i|;$$

矩阵 $\boldsymbol{A}$ 的模记为 $\|\boldsymbol{A}\|$，它的定义是

$$\|\boldsymbol{A}\| = \sum_{j=1}^{m}\sum_{i=1}^{n} |a_{ij}|.$$

向量的模的定义包含在矩阵模的定义之中. 关于模有下述性质：

(1) $\|\boldsymbol{A}\| \geqslant 0$. 当且仅当 $\boldsymbol{A}=\boldsymbol{O}$ 时，$\|\boldsymbol{A}\| = 0$.

(2) 设 α 是一个数，则

$$\|\alpha\boldsymbol{A}\| = |\alpha|\cdot\|\boldsymbol{A}\|.$$

(3) 设 $\boldsymbol{A},\boldsymbol{B}$ 都是 $n\times m$ 矩阵，则

$$\|\boldsymbol{A}+\boldsymbol{B}\| \leqslant \|\boldsymbol{A}\| + \|\boldsymbol{B}\|.$$

证 设 $\boldsymbol{A} = (a_{ij})$，$\boldsymbol{B} = (b_{ij})$，则 $\boldsymbol{A}+\boldsymbol{B} = (a_{ij}+b_{ij})$. 于是

$$\|\boldsymbol{A}+\boldsymbol{B}\| = \sum_{j=1}^{m}\sum_{i=1}^{n} |a_{ij}+b_{ij}| \leqslant \sum_{j=1}^{m}\sum_{i=1}^{n} (|a_{ij}|+|b_{ij}|)$$

$$= \sum_{j=1}^{m}\sum_{i=1}^{n}|a_{ij}| + \sum_{j=1}^{m}\sum_{i=1}^{n}|b_{ij}| = \|\boldsymbol{A}\| + \|\boldsymbol{B}\|.$$

(4) 设$\boldsymbol{A}$是$n\times m$矩阵,$\boldsymbol{B}$是$m\times l$矩阵,则

$$\|\boldsymbol{AB}\| \leqslant \|\boldsymbol{A}\|\cdot\|\boldsymbol{B}\|.$$

特别地,如果$\boldsymbol{A}$是$n\times m$矩阵,$\boldsymbol{x}$是m维向量,则

$$\|\boldsymbol{Ax}\| \leqslant \|\boldsymbol{A}\|\cdot\|\boldsymbol{x}\|.$$

证 设$\boldsymbol{A}=(a_{ij})_{n\times m}$,$\boldsymbol{B}=(b_{jk})_{m\times l}$. 则由矩阵乘法得

$$\|\boldsymbol{AB}\| = \sum_{k=1}^{l}\sum_{i=1}^{n}\left|\sum_{j=1}^{m}a_{ij}b_{jk}\right| \leqslant \sum_{k=1}^{l}\sum_{i=1}^{n}\sum_{j=1}^{m}|a_{ij}||b_{jk}|$$

$$\leqslant \sum_{k=1}^{l}\sum_{i=1}^{n}\left(\sum_{j=1}^{m}|a_{ij}|\right)\left(\sum_{j=1}^{m}|b_{jk}|\right)$$

$$= \left(\sum_{j=1}^{m}\sum_{i=1}^{n}|a_{ij}|\right)\left(\sum_{j=1}^{m}\sum_{k=1}^{l}|b_{jk}|\right) = \|\boldsymbol{A}\|\cdot\|\boldsymbol{B}\|.$$

当$l=1$时就得到向量情形的不等式.

(5) 设矩阵函数$\boldsymbol{A}(t)$在区间$[a,b]$上连续,则$\|\boldsymbol{A}(t)\|$在$[a,b]$上也连续,并且

$$\left\|\int_a^b \boldsymbol{A}(t)\,\mathrm{d}t\right\| \leqslant \int_a^b \|\boldsymbol{A}(t)\|\,\mathrm{d}t.$$

证 设$\boldsymbol{A}(t)=(a_{ij}(t))(i=1,2,\cdots,n;j=1,2,\cdots,m)$. 则

$$\|\boldsymbol{A}(t)\| = \sum_{j=1}^{m}\sum_{i=1}^{n}|a_{ij}(t)|.$$

显然,$\|\boldsymbol{A}(t)\|$在$[a,b]$上连续,并且

$$\left\|\int_a^b \boldsymbol{A}(t)\,\mathrm{d}t\right\| = \sum_{j=1}^{m}\sum_{i=1}^{n}\left|\int_a^b a_{ij}(t)\,\mathrm{d}t\right| \leqslant \sum_{j=1}^{m}\sum_{i=1}^{n}\int_a^b |a_{ij}(t)|\,\mathrm{d}t$$

$$= \int_a^b\left[\sum_{j=1}^{m}\sum_{i=1}^{n}|a_{ij}(t)|\right]\mathrm{d}t = \int_a^b \|\boldsymbol{A}(t)\|\,\mathrm{d}t.$$

注 除了定义 3.3 之外,还可以用其他方式来定义模. 但是不论如何定义,都要求满足上述性质.

3.1.3 矩阵函数级数和向量函数级数

在常微分方程组的研究中,将会遇到矩阵(向量)与矩阵函数(向量函数)所构成的序列与级数,需要处理它们的极限与收敛或一致收敛的问题. 下面介绍有关的内容.

定义 3.4 设$\{\boldsymbol{S}_k\}$是一列$n\times m$矩阵,令

$$\boldsymbol{S}_k = (s_{ij}^{(k)}),\ k = 1,\ 2,\ \cdots.$$

如果存在一个 $n \times m$ 矩阵 $\boldsymbol{S} = (s_{ij})$，使得

$$\lim_{k\to\infty} s_{ij}^{(k)} = s_{ij} \quad (i = 1,\ 2,\ \cdots,\ n;\ j = 1,\ 2,\ \cdots,\ m),$$

则称序列 $\{\boldsymbol{S}_k\}$ 收敛于 $\boldsymbol{S}$，或者说当 $k\to\infty$ 时，$\boldsymbol{S}_k$ 的极限是 $\boldsymbol{S}$，记为

$$\lim_{k\to\infty} \boldsymbol{S}_k = \boldsymbol{S}.$$

注 $\displaystyle\lim_{k\to\infty} \boldsymbol{S}_k = \boldsymbol{S} \Leftrightarrow \lim_{k\to\infty} |s_{ij}^{(k)} - s_{ij}| = 0 \quad (i = 1,2,\cdots,n;j = 1,2,\cdots,m)$

$$\Leftrightarrow \lim_{k\to\infty} \| \boldsymbol{S}_k - \boldsymbol{S} \| = 0.$$

定义 3.5 设 $\{\boldsymbol{S}_k(t)\}$ 是定义在区间 I 上的 $n \times m$ 矩阵函数序列，如果对于每一个 $t \in I$，序列 $\{\boldsymbol{S}_k(t)\}$ 收敛，其极限为 $\boldsymbol{S}(t)$，即 $\lim\limits_{k\to\infty} \boldsymbol{S}_k(t) = \boldsymbol{S}(t)$，则称矩阵函数序列 $\{\boldsymbol{S}_k(t)\}$ 在区间 I 上收敛于矩阵函数 $\boldsymbol{S}(t)$.

用"$\varepsilon - \delta$"语言描述为：如果对于任给的 $\varepsilon > 0$ 和任意 $t \in I$，存在 $K = K(\varepsilon, t) > 0$，只要 $k > K$，就有 $\| \boldsymbol{S}_k(t) - \boldsymbol{S}(t) \| < \varepsilon$，则称**矩阵序列** $\{\boldsymbol{S}_k(t)\}$ **在区间** I **上收敛于矩阵函数** $\boldsymbol{S}(t)$.

定义 3.6 设 $\{\boldsymbol{S}_k(t)\}$ 是定义在区间 I 上的 $n \times m$ 矩阵函数序列，如果对于任给的 $\varepsilon > 0$，存在 $K = K(\varepsilon)$，只要 $k > K$，对任意 $t \in I$ 都有 $\| \boldsymbol{S}_k(t) - \boldsymbol{S}(t) \| < \varepsilon$，则称**矩阵函数序列** $\{\boldsymbol{S}_k(t)\}$ **在区间** I **上一致收敛于矩阵函数** $\boldsymbol{S}(t)$.

注 矩阵函数序列 $\{\boldsymbol{S}_k(t)\}$ 在区间 I 上一致收敛于 $\boldsymbol{S}(t)$ 的充要条件是 $\boldsymbol{S}_k(t)$ 的每一个元素相应地构成的 $n \times m$ 个函数序列

$$\{s_{ij}^{(k)}(t)\} \quad (i = 1,2,\cdots,n;j = 1,2,\cdots,m)$$

在区间 I 上都分别一致收敛于 $s_{ij}(t)$，这里的 $s_{ij}(t)$ 是 $\boldsymbol{S}(t)$ 的元素.

定义 3.7 设 $\{\boldsymbol{S}_k\}$ 是 $n \times m$ 矩阵序列，如果它的部分和

$$\boldsymbol{T}_k = \boldsymbol{S}_1 + \boldsymbol{S}_2 + \cdots + \boldsymbol{S}_k$$

构成的序列 $\{\boldsymbol{T}_k\}$ 收敛，则称矩阵级数

$$\sum_{k=1}^{\infty} \boldsymbol{S}_k = \boldsymbol{S}_1 + \boldsymbol{S}_2 + \cdots + \boldsymbol{S}_k + \cdots$$

是收敛的. 如果对于每一个正整数 k，有 $\| \boldsymbol{S}_k \| \leqslant M_k$，而数项级数 $\sum\limits_{k=1}^{\infty} M_k$ 收敛，则 $\sum\limits_{k=1}^{\infty} \boldsymbol{S}_k$ 一定收敛且绝对收敛.

定义 3.8 设 $\{\boldsymbol{A}_k(t)\}$ 是定义在区间 I 上的 $n \times m$ 矩阵函数列，称

$$\sum_{k=1}^{\infty} \boldsymbol{A}_k(t) = \boldsymbol{A}_1(t) + \boldsymbol{A}_2(t) + \cdots + \boldsymbol{A}_k(t) + \cdots \tag{3.2}$$

为**矩阵函数级数**. 令

$$\boldsymbol{S}_k(t) = \boldsymbol{A}_1(t) + \boldsymbol{A}_2(t) + \cdots + \boldsymbol{A}_k(t),$$

如果部分和序列 $\{\boldsymbol{S}_k(t)\}$ 在区间 I 上收敛,则称级数(3.2)在 I 上收敛. 如果部分和序列 $\{\boldsymbol{S}_k(t)\}$ 在区间 I 上一致收敛,则称级数(3.2)在 I 上一致收敛. $\{\boldsymbol{S}_k(t)\}$ 的极限 $\boldsymbol{S}(t)$ 称为级数(3.2)的和,记为

$$\boldsymbol{S}(t) = \boldsymbol{A}_1(t) + \boldsymbol{A}_2(t) + \cdots + \boldsymbol{A}_k(t) + \cdots.$$

注 设 $\boldsymbol{A}_k(t) = (a_{ij}^{(k)}(t))(i = 1, 2, \cdots, n; j = 1, 2, \cdots, m)$, 级数(3.2)在区间 I 上收敛(一致收敛)于 $\boldsymbol{S}(t)$ 的充要条件是 $\boldsymbol{A}_k(t)$ 的每一个元素相应地构成的 $n\times m$ 个函数项级数

$$a_{ij}^{(1)}(t) + a_{ij}^{(2)}(t) + \cdots + a_{ij}^{(k)}(t) + \cdots(i = 1, 2, \cdots, n; j = 1, 2, \cdots, m)$$

在区间 I 上都分别收敛(一致收敛)于 $s_{ij}(t)$, 这里的 $s_{ij}(t)$ 是 $\boldsymbol{S}(t)$ 的元素.

下面介绍判别矩阵函数级数一致收敛的 Weierstrass(魏尔斯特拉斯)判别法,它是函数项级数一致收敛的 Weierstrass 判别法的推广.

引理 1 设对于一切 $t \in I$, 有

$$\| \boldsymbol{A}_k(t) \| \leqslant M_k, \ k = 1, 2, \cdots.$$

并且数项级数 $\sum\limits_{k=1}^{\infty} M_k = M_1 + M_2 + \cdots + M_k + \cdots$ 收敛,则级数(3.2)在区间 I 上一致收敛.

证 由矩阵模的定义,对一切 $t\in I$ 和 $i=1,2,\cdots,n,j=1,2,\cdots,m$,

$$|a_{ij}^{(k)}(t)| \leqslant M_k \quad (k = 1,2,\cdots),$$

这里 $(a_{ij}^{(k)}(t)) = \boldsymbol{A}_k(t)$. 由 Weierstrass 判别法知,$n\times m$ 个函数项级数

$$\sum_{k=1}^{\infty} a_{ij}^{(k)}(t)(i = 1, 2, \cdots, n; j = 1, 2, \cdots, m)$$

在区间 I 上都一致收敛. 由注知级数(3.2)在 I 上一致收敛. 证毕.

一致收敛的矩阵函数级数有下述重要的性质,它是一致收敛的函数项级数相应性质的推广.

引理 2 设 $n\times m$ 矩阵函数 $\boldsymbol{A}_k(t)(k = 1, 2, \cdots)$ 在区间 I 上连续,级数 $\sum\limits_{k=1}^{\infty}\boldsymbol{A}_k(t)$ 在区间 I 上一致收敛于 $\boldsymbol{S}(t)$, 即

$$\boldsymbol{S}(t) = \sum_{k=1}^{\infty}\boldsymbol{A}_k(t), \tag{3.3}$$

则

(1) 矩阵函数 $\boldsymbol{S}(t)$ 在 I 上连续;

(2) 设 $t_0,t\in I$ 且 $t_0<t$,则(3.3)式的右端可以逐项积分,即

$$\int_{t_0}^{t}\boldsymbol{S}(\xi)\mathrm{d}\xi = \sum_{k=1}^{\infty}\int_{t_0}^{t}\boldsymbol{A}_k(\xi)\mathrm{d}\xi.$$

证 设$\boldsymbol{A}_k(t)=(a_{ij}^{(k)}(t))$, $\boldsymbol{S}(t)=(s_{ij}(t))$, 由(3.3)式及定义3.8的注知,在$I$上一致地成立

$$s_{ij}(t)=\sum_{k=1}^{\infty}a_{ij}^{(k)}(t)\quad(i=1,2,\cdots,n;j=1,2,\cdots,m).$$

由一致收敛的函数项级数性质知, $s_{ij}(t)$ 在I上连续,并且可以逐项积分

$$\int_{t_0}^{t}s_{ij}(\xi)\mathrm{d}\xi=\sum_{k=1}^{\infty}\int_{t_0}^{t}a_{ij}^{(k)}(\xi)\mathrm{d}\xi\quad(i=1,2,\cdots,n;j=1,2,\cdots,m).$$

再由矩阵函数连续及积分的定义即得欲证的结论成立.

§3.2 线性微分方程组的基本定理

在前几章,介绍了只含一个未知函数的微分方程,但是在大量的实际问题和一些理论研究中,未知函数往往不止一个,联系未知函数的微分方程合起来变成了微分方程组.本节先引入一阶微分方程组的例子,继而介绍微分方程组的基本概念,最后介绍一阶线性微分方程组解的存在唯一性定理.

3.2.1 基本概念

先看例子.

例1 已知在空间运动的质点$p(x,y,z)$的速度(v_x,v_y,v_z)与时间t及位置坐标(x,y,z)的关系为

$$\begin{cases}v_x=f_1(x,y,z),\\ v_y=f_2(x,y,z),\\ v_z=f_3(x,y,z),\end{cases}$$

且质点在t_0时刻经过点(x_0,y_0,z_0),求该质点的运动轨迹.

此问题实质上为求微分方程组

$$\begin{cases}\dfrac{\mathrm{d}x}{\mathrm{d}t}=f_1(x,y,z),\\ \dfrac{\mathrm{d}y}{\mathrm{d}t}=f_2(x,y,z),\\ \dfrac{\mathrm{d}z}{\mathrm{d}t}=f_3(x,y,z)\end{cases}$$

满足初始条件

$$x(t_0)=x_0,\quad y(t_0)=y_0,\quad z(t_0)=z_0$$

的解$x(t),y(t),z(t)$.

又如我们熟悉的单摆运动,它的微分方程为 $\frac{d^2\theta}{dt^2}=-\frac{g}{l}\sin\theta$, 这是一个二阶微分方程. 若令 $\frac{d\theta}{dt}=\omega$, 则上式可化为

$$\begin{cases}\frac{d\theta}{dt}=\omega,\\ \frac{d\omega}{dt}=-\frac{g}{l}\sin\theta.\end{cases}$$

一般地,如果方程组中含有高阶方程,例如

$$\frac{d^n x}{dt^n}=f\left(t,\ x,\ \frac{dx}{dt},\ \cdots,\ \frac{d^{n-1}x}{dt^{n-1}}\right),\tag{3.4}$$

则令 $x=x_1$, $\frac{dx_1}{dt}=x_2$, $\cdots$, $\frac{dx_{n-1}}{dt}=x_n$, 就可将方程(3.4)化为含有 n 个未知函数的由 n 个一阶微分方程组成的方程组

$$\begin{cases}\frac{dx_1}{dt}=x_2,\\ \cdots\cdots\cdots\cdots\\ \frac{dx_{n-1}}{dt}=x_n,\\ \frac{dx_n}{dt}=f(t,x_1,\cdots,x_n).\end{cases}$$

接下来,我们将介绍一阶微分方程组的基本概念和相关定理. 考虑含有 n 个未知函数 $x_1,x_2,\cdots,x_n$ 的由 n 个一阶微分方程组成的微分方程组

$$\begin{cases}\frac{dx_1}{dt}=f_1(t,\ x_1,\ \cdots,\ x_n),\\ \frac{dx_2}{dt}=f_2(t,\ x_1,\ \cdots,\ x_n),\\ \cdots\cdots\cdots\cdots\\ \frac{dx_n}{dt}=f_n(t,\ x_1,\ \cdots,\ x_n),\end{cases}\tag{3.5}$$

这里 $f_i(t,\ x_1,\ \cdots,\ x_n)(i=1,\ 2,\ \cdots,\ n)$ 是定义在 $n+1$ 维空间 $(t,\ x_1,\ \cdots,\ x_n)$ 中某区域 G 内的函数,称方程组(3.5)为一阶微分方程组的标准形式.

引入向量记号,令

$$\boldsymbol{x}=\begin{pmatrix}x_1\\x_2\\\vdots\\x_n\end{pmatrix},\quad (t,\boldsymbol{x}^{\mathrm{T}})=(t,x_1,x_2,\cdots,x_n),\quad f(t,\boldsymbol{x}^{\mathrm{T}})=\begin{pmatrix}f_1(t,\boldsymbol{x}^{\mathrm{T}})\\f_2(t,\boldsymbol{x}^{\mathrm{T}})\\\vdots\\f_n(t,\boldsymbol{x}^{\mathrm{T}})\end{pmatrix}.$$

于是方程组(3.5)可以写成向量的形式

$$\frac{\mathrm{d}\boldsymbol{x}}{\mathrm{d}t}=f(t,\boldsymbol{x}^{\mathrm{T}}).\tag{3.6}$$

定义 3.9 如果向量函数 $\boldsymbol{x}=\boldsymbol{\varphi}(t)$ 在某区间 I 上可导,并且在该区间上

$$\frac{\mathrm{d}\boldsymbol{\varphi}(t)}{\mathrm{d}t}=\boldsymbol{f}(t,\boldsymbol{\varphi}(t)^{\mathrm{T}})$$

恒成立,则称 $\boldsymbol{x}=\boldsymbol{\varphi}(t)$ 是方程组(3.6)在 I 上的一个解(向量).

若给定初始条件

$$\boldsymbol{x}(t_0)=\boldsymbol{x}_0,\tag{3.7}$$

其中 $(t_0,\ \boldsymbol{x}_0^{\mathrm{T}})\in G$ 是指定的一组数. 求方程组(3.6)的满足初始条件(3.7)的解的问题称为一阶微分方程组的**初值(Cauchy)问题.**

设

$$\boldsymbol{x}=\boldsymbol{\varphi}(t,\boldsymbol{c}^{\mathrm{T}})\quad(\boldsymbol{c}\text{ 是 }n\text{ 维常数列向量})\tag{3.8}$$

是方程组(3.6)的解. 如果对于区域 G 内任意给定的点 $(t_0,\ \boldsymbol{x}_0^{\mathrm{T}})$, 总能确定出 $\boldsymbol{c}$, 如 $\boldsymbol{c}=\boldsymbol{c}_0$,使对应的解 $\boldsymbol{x}$ 满足初值条件(3.7),即

$$\boldsymbol{x}(t_0)=\boldsymbol{\varphi}(t_0,\ \boldsymbol{c}_0^{\mathrm{T}})=\boldsymbol{x}_0,$$

则称解族(3.8)为方程组(3.6)在 G 内的通解.

对于方程组(3.5),若右端函数 $f_i(t,\ x_1,\ x_2,\ \cdots,\ x_n)\ (i=1,\ 2,\ \cdots,\ n)$ 关于 $x_1,x_2,\cdots,x_n$ 是线性的,即方程组可以写成

$$\begin{cases}\dfrac{\mathrm{d}x_1}{\mathrm{d}t}=a_{11}(t)x_1+a_{12}(t)x_2+\cdots+a_{1n}(t)x_n+f_1(t),\\[2mm]\dfrac{\mathrm{d}x_2}{\mathrm{d}t}=a_{21}(t)x_1+a_{22}(t)x_2+\cdots+a_{2n}(t)x_n+f_2(t),\\[2mm]\qquad\cdots\cdots\cdots\cdots\\[2mm]\dfrac{\mathrm{d}x_n}{\mathrm{d}t}=a_{n1}(t)x_1+a_{n2}(t)x_2+\cdots+a_{nn}(t)x_n+f_n(t).\end{cases}\tag{3.9}$$

称方程组(3.9)为**一阶线性微分方程组**.

今后,我们总假设方程组(3.9)的系数 $a_{ij}(t)\ (i,\ j=1,\ 2,\ \cdots,\ n)$ 及 $f_i(t)\ (i=1,\ 2,\ \cdots,\ n)$ 在某个区间 I 上连续.

为把方程组(3.9)写成向量的形式,引进方阵

$$
\boldsymbol{A}(t)=\begin{pmatrix} a_{11}(t) & a_{12}(t) & \cdots & a_{1n}(t) \\ a_{21}(t) & a_{22}(t) & \cdots & a_{2n}(t) \\ \vdots & \vdots & & \vdots \\ a_{n1}(t) & a_{n2}(t) & \cdots & a_{nn}(t) \end{pmatrix}
$$

及列向量

$$
\boldsymbol{x}=\begin{pmatrix} x_1 \\ x_2 \\ \vdots \\ x_n \end{pmatrix},\quad \boldsymbol{f}(t)=\begin{pmatrix} f_1(t) \\ f_2(t) \\ \vdots \\ f_n(t) \end{pmatrix},
$$

则方程组(3.9)可以表示为

$$
\frac{\mathrm{d}\boldsymbol{x}}{\mathrm{d}t}=\boldsymbol{A}(t)\boldsymbol{x}+\boldsymbol{f}(t), \tag{3.10}
$$

其初始条件

$$
\boldsymbol{x}_0=\boldsymbol{x}(t_0)=\begin{pmatrix} x_{10} \\ x_{20} \\ \vdots \\ x_{n0} \end{pmatrix}. \tag{3.11}
$$

如果在 I 上，$\boldsymbol{f}(t)\equiv\mathbf{0}$（零向量），则称

$$
\frac{\mathrm{d}\boldsymbol{x}}{\mathrm{d}t}=\boldsymbol{A}(t)\boldsymbol{x} \tag{3.12}
$$

为**齐线性微分方程组**.

如果在 I 上，$\boldsymbol{f}(t)$ 不恒为零向量，则称方程组(3.10)为**非齐线性微分方程组**. 称方程组(3.12)为方程组(3.10)对应的**齐线性微分方程组**.

关于 n 阶线性微分方程的初值问题与线性微分方程组的初值问题有下列关系.

定理 3.1 设 $a_1(t), a_2(t), \cdots, a_n(t), g(t)$ 是区间 I 上的连续函数，$t_0\in I$，$x_0, x_0^{(1)}, \cdots, x_0^{(n-1)}$ 是已知常数，则 n 阶线性微分方程的初值问题

$$
\begin{cases} x^{(n)}+a_1(t)x^{(n-1)}+\cdots+a_{n-1}(t)x'+a_n(t)x=g(t), \\ x(t_0)=x_0, x'(t_0)=x_0^{(1)}, \cdots, x^{(n-1)}(t_0)=x_0^{(n-1)}, \end{cases} \tag{3.13}
$$

与线性微分方程组的初值问题

$$
\begin{cases}
\boldsymbol{X}' = \begin{pmatrix} 0 & 1 & 0 & \cdots & 0 \\ 0 & 0 & 1 & \cdots & 0 \\ \vdots & \vdots & \vdots & & \vdots \\ 0 & 0 & 0 & \cdots & 1 \\ -a_n(t) & -a_{n-1}(t) & -a_{n-2}(t) & \cdots & -a_1(t) \end{pmatrix} \boldsymbol{X} + \begin{pmatrix} 0 \\ 0 \\ \vdots \\ 0 \\ g(t) \end{pmatrix} \\
\boldsymbol{X}(t_0) = \begin{pmatrix} x_0 \\ x_0^{(1)} \\ \vdots \\ x_0^{(n-1)} \end{pmatrix} = \boldsymbol{X}_0
\end{cases}
\tag{3.14}
$$

在下列意义下是等价的:若 $x=\psi(t)$ 是初值问题(3.13)的解,则 $\boldsymbol{X}=\begin{pmatrix} \psi(t) \\ \psi'(t) \\ \vdots \\ \psi^{(n-1)}(t) \end{pmatrix}$ 为初值问题(3.14)的解;反之,若向量函数 $\boldsymbol{X}=\begin{pmatrix} x_1(t) \\ x_2(t) \\ \vdots \\ x_n(t) \end{pmatrix}$ 是初值问题(3.14)的解,则 $\boldsymbol{X}$ 的第一个分量 $x=x_1(t)$ 为初值问题(3.13)的解.

证 设 $x=\psi(t)$ 是初值问题(3.13)的解. 令

$$
\boldsymbol{X} = \begin{pmatrix} x_1 \\ x_2 \\ \vdots \\ x_n \end{pmatrix} = \begin{pmatrix} \psi(t) \\ \psi'(t) \\ \vdots \\ \psi^{(n-1)}(t) \end{pmatrix},
$$

则

$$
\boldsymbol{X}' = \begin{pmatrix} x_1' \\ x_2' \\ \vdots \\ x_{n-1}' \\ x_n' \end{pmatrix} = \begin{pmatrix} \psi'(t) \\ \psi''(t) \\ \vdots \\ \psi^{(n-1)}(t) \\ \psi^{(n)}(t) \end{pmatrix} = \begin{pmatrix} x_2 \\ x_3 \\ \vdots \\ x_n \\ -a_1(t)x_n - a_2(t)x_{n-1} - \cdots - a_n(t)x_1 + g(t) \end{pmatrix}
$$

$$
=\begin{pmatrix} 0 & 1 & 0 & \cdots & 0 \\ 0 & 0 & 1 & \cdots & 0 \\ \vdots & \vdots & \vdots & & \vdots \\ 0 & 0 & 0 & \cdots & 1 \\ -a_n(t) & -a_{n-1}(t) & -a_{n-2}(t) & \cdots & -a_1(t) \end{pmatrix}\begin{pmatrix} x_1 \\ x_2 \\ \vdots \\ x_n \end{pmatrix}+\begin{pmatrix} 0 \\ 0 \\ \vdots \\ 0 \\ g(t) \end{pmatrix}.
$$

且 $\boldsymbol{X}(t_0)=\begin{pmatrix} \psi(t_0) \\ \psi'(t_0) \\ \vdots \\ \psi^{(n-1)}(t_0) \end{pmatrix}=\begin{pmatrix} x_0 \\ x_0^{(1)} \\ \vdots \\ x_0^{(n-1)} \end{pmatrix}=\boldsymbol{X}_0$. 因此 $\boldsymbol{X}$ 为初值问题(3.14)的解.

反之,若向量函数 $\boldsymbol{X}=\begin{pmatrix} x_1(t) \\ x_2(t) \\ \vdots \\ x_n(t) \end{pmatrix}$为初值问题(3.14)的解,则

$$
x_2(t)=x_1'(t), x_3(t)=x_2'(t)=x_1''(t), \cdots, x_n(t)=x_{n-1}'(t)=x_1^{(n-1)}(t),
$$

$$
x_n'(t)=-a_n(t)x_1(t)-a_{n-1}(t)x_2(t)-\cdots-a_1(t)x_n(t)+g(t),
$$

即 $x_1^{(n)}(t)+a_1(t)x_1^{(n-1)}(t)+\cdots+a_{n-1}(t)x_1'(t)+a_n(t)x_1(t)=g(t)$,

且 $x_1(t_0)=x_0, x_1'(t_0)=x_0^{(1)}, \cdots, x_1^{(n-1)}(t_0)=x_0^{(n-1)}$,

所以 $x=x_1(t)$ 为初值问题(3.13)的解. 证毕.

3.2.2 解的存在唯一性定理

关于一阶线性微分方程组的初值问题有下列解的存在唯一性定理.

定理 3.2(**线性微分方程组解的存在唯一性定理**) 若线性微分方程组(3.10)右端的矩阵函数 $\boldsymbol{A}(t)$ 及向量函数 $\boldsymbol{f}(t)$ 均在区间 I 连续,则方程组(3.10)满足初始条件(3.11)的解存在唯一,且该解在整个区间 I 上连续可微.

证 为方便起见,不妨设区间 $I=[a,b]$. 并定义初值问题

$$
\begin{cases} \dfrac{\mathrm{d}\boldsymbol{x}}{\mathrm{d}t}=\boldsymbol{A}(t)\boldsymbol{x}+\boldsymbol{f}(t), \\ \boldsymbol{x}(t_0)=\boldsymbol{x}_0. \end{cases} \tag{3.15}
$$

分六个步骤来证明.

第一步 验证在 $[a,b]$ 上求初值问题(3.15)的解等价于求积分方程

$$
\boldsymbol{x}(t)=\boldsymbol{x}_0+\int_{t_0}^{t}[\boldsymbol{A}(s)\boldsymbol{x}(s)+\boldsymbol{f}(s)]\mathrm{d}s \quad (a \leqslant t_0, t \leqslant b) \tag{3.16}
$$

定义于区间 $[a,b]$ 上的连续解.

设 $\boldsymbol{x}(t)$ 为初值问题(3.15)在区间$[a,b]$上的解,则$\dfrac{\mathrm{d}\boldsymbol{x}(t)}{\mathrm{d}t}$在区间$[a,b]$上存在且连续. 对方程组(3.15)中的方程两边从 t_0 到 t 积分得

$$\boldsymbol{x}(t)-\boldsymbol{x}(t_0)=\int_{t_0}^{t}[\boldsymbol{A}(s)\boldsymbol{x}(s)+\boldsymbol{f}(s)]\mathrm{d}s.$$

将初始条件代入,即得 $\boldsymbol{x}(t)$ 为积分方程(3.16)定义于区间$[a,b]$上的连续解.

反之,如果 $\boldsymbol{x}(t)$ 为积分方程(3.16)定义于区间$[a,b]$上的连续解,即

$$\boldsymbol{x}(t)=\boldsymbol{x}_0+\int_{t_0}^{t}[\boldsymbol{A}(s)\boldsymbol{x}(s)+\boldsymbol{f}(s)]\mathrm{d}s,\quad a\leqslant t\leqslant b.$$

显然 $\boldsymbol{x}(t_0)=\boldsymbol{x}_0$,且 $\boldsymbol{x}(t)$ 在$[a,b]$上关于 t 是可微的. 对上式两边关于 t 求导,即知 $\boldsymbol{x}(t)$ 为初值问题(3.15)的解.

第二步 由积分方程(3.16)构造 Picard 逐步逼近向量函数序列

$$\begin{cases}\boldsymbol{x}_0(t)=\boldsymbol{x}_0,\\ \boldsymbol{x}_k(t)=\boldsymbol{x}_0+\displaystyle\int_{t_0}^{t}[\boldsymbol{A}(s)\boldsymbol{x}_{k-1}(s)+\boldsymbol{f}(s)]\mathrm{d}s(k=1,2,\cdots),\end{cases}\tag{3.17}$$

由 $\boldsymbol{A}(t)$ 和 $\boldsymbol{f}(t)$ 在区间$[a,b]$上的连续性,用数学归纳法容易验证函数列$\{\boldsymbol{x}_k(t)\}$在区间$[a,b]$上有定义且连续.

第三步 验证函数列$\{\boldsymbol{x}_k(t)\}$在区间$[a,b]$上一致收敛.

由于

$$\boldsymbol{x}_k(t)=\boldsymbol{x}_0(t)+\sum_{j=1}^{k}[\boldsymbol{x}_j(t)-\boldsymbol{x}_{j-1}(t)],$$

所以函数列$\{\boldsymbol{x}_k(t)\}$在区间$[a,b]$上的一致收敛性等价于函数级数

$$\sum_{j=1}^{\infty}[\boldsymbol{x}_j(t)-\boldsymbol{x}_{j-1}(t)]\tag{3.18}$$

在区间$[a,b]$上的一致收敛性,从而只需证明函数级数(3.18)的一致收敛性.

因为 $n\times n$ 矩阵函数 $\boldsymbol{A}(t)$ 和 n 维列向量函数 $\boldsymbol{f}(t)$ 在区间$[a,b]$上连续,所以 $\boldsymbol{A}(t)$ 和 $\boldsymbol{f}(t)$ 在区间$[a,b]$上有界,即存在正常数$\widetilde{K}$和 L 使得

$$\|\boldsymbol{A}(t)\|\leqslant\widetilde{K},\quad\|\boldsymbol{f}(t)\|\leqslant L,\quad a\leqslant t\leqslant b.$$

对于给定的 n 维常数列向量 $\boldsymbol{x}_0$,取常数 $M=\widetilde{K}\|\boldsymbol{x}_0\|+L$. 不妨设 $t_0\leqslant t\leqslant b$,对 $a\leqslant t\leqslant t_0$ 类似可证.

因

$$\begin{aligned}\|\boldsymbol{x}_1(t)-\boldsymbol{x}(t_0)\|&\leqslant\int_{t_0}^{t}\|\boldsymbol{A}(s)\boldsymbol{x}_0(s)+\boldsymbol{f}(s)\|\mathrm{d}s\\&\leqslant\int_{t_0}^{t}[\|\boldsymbol{A}(s)\boldsymbol{x}_0(s)\|+\|\boldsymbol{f}(s)\|]\mathrm{d}s\leqslant M(t-t_0);\end{aligned}$$

$$\|\boldsymbol{x}_2(t)-\boldsymbol{x}_1(t)\|\leqslant\int_{t_0}^{t}\|\boldsymbol{A}(s)[\boldsymbol{x}_1(s)-\boldsymbol{x}_0(s)]\|\mathrm{d}s$$

$$\leqslant\widetilde{K}\int_{t_0}^{t}M(s-t_0)\mathrm{d}s\leqslant\frac{M\widetilde{K}}{2!}(t-t_0)^2.$$

设当 $k\geqslant1$ 及 $t_0\leqslant t\leqslant b$ 时，有 $\|\boldsymbol{x}_k(t)-\boldsymbol{x}_{k-1}(t)\|\leqslant\frac{M\widetilde{K}^{k-1}}{k!}(t-t_0)^k$.

则当 $t_0\leqslant t\leqslant b$ 时，有

$$\|\boldsymbol{x}_{k+1}(t)-\boldsymbol{x}_k(t)\|\leqslant\int_{t_0}^{t}\|\boldsymbol{A}(s)[\boldsymbol{x}_k(s)-\boldsymbol{x}_{k-1}(s)]\|\mathrm{d}s$$

$$\leqslant\widetilde{K}\int_{t_0}^{t}\frac{M\widetilde{K}^{k-1}}{k!}(s-t_0)^k\mathrm{d}s$$

$$\leqslant\frac{M\widetilde{K}^k}{(k+1)!}(t-t_0)^{k+1}.$$

故由数学归纳法知，当 $t_0\leqslant t\leqslant b$ 时，对一切 $k\geqslant1$ 有

$$\|\boldsymbol{x}_k(t)-\boldsymbol{x}_{k-1}(t)\|\leqslant\frac{M\widetilde{K}^{k-1}}{k!}(b-a)^k.$$

又因正项级数 $\sum\limits_{k=1}^{\infty}\frac{\widetilde{K}^{k-1}}{k!}(b-a)^k$ 收敛，由§3.1 引理1 得级数(3.18)在区间 $[a,b]$ 上一致收敛.

第四步 证明第三步构造的 Picard 向量函数列 $\{\boldsymbol{x}_k(t)\}$ 的极限函数 $\boldsymbol{x}(t)$ 是积分方程(3.16)在区间 $[a,b]$ 上的连续解.

设函数 $\boldsymbol{x}(t)$ 是区间 $[a,b]$ 上一致收敛的连续向量函数列 $\{\boldsymbol{x}_k(t)\}$ 的极限，因而它是区间 $[a,b]$ 上的连续函数. 又由 $\boldsymbol{A}(t)$ 在区间 $[a,b]$ 上的连续性知：$\boldsymbol{A}(t)\boldsymbol{x}_k(t)$ 在区间 $[a,b]$ 上一致收敛于向量函数 $\boldsymbol{A}(t)\boldsymbol{x}(t)$。

于是在积分方程(3.17)两边令 $k\to\infty$，取极限得

$$\lim_{k\to\infty}\boldsymbol{x}_k(t)=\boldsymbol{x}_0+\lim_{k\to\infty}\int_{t_0}^{t}[\boldsymbol{A}(s)\boldsymbol{x}_{k-1}(s)+\boldsymbol{f}(s)]\mathrm{d}s$$

$$=\boldsymbol{x}_0+\int_{t_0}^{t}[\boldsymbol{A}(s)\boldsymbol{x}(s)+\boldsymbol{f}(s)]\mathrm{d}s,$$

即

$$\boldsymbol{x}(t)=\boldsymbol{x}_0+\int_{t_0}^{t}[\boldsymbol{A}(s)\boldsymbol{x}(s)+\boldsymbol{f}(s)]\mathrm{d}s.$$

这表明极限函数 $\boldsymbol{x}(t)$ 是积分方程(3.16)在区间 $[a,b]$ 上的连续解.

第五步 证明积分方程(3.16)在区间 $[a,b]$ 上的连续解的唯一性.

设 $\boldsymbol{y}(t)$ 是积分方程(3.16)在区间 $[a,b]$ 上的另一个连续解. 记 $\boldsymbol{z}(t)=\boldsymbol{x}(t)-\boldsymbol{y}(t)$，则 $\boldsymbol{z}(t)$ 满足积分方程

$$z(t)=\int_{t_0}^{t}\boldsymbol{A}(s)z(s)\mathrm{d}s,\quad a\leqslant t\leqslant b.\tag{3.19}$$

由 $z(t)$ 在区间 $[a,b]$ 上的连续性知，存在正常数 N 使得 $\|z(t)\|\leqslant N$. 从而由 (3.19) 式得

$$\|z(t)\|\leqslant\left|\int_{t_0}^{t}\widetilde{K}N\mathrm{d}s\right|\leqslant\widetilde{K}N|t-t_0|,\quad a\leqslant t_0,t\leqslant b.$$

进一步利用(3.19)式得

$$\|z(t)\|\leqslant\left|\int_{t_0}^{t}\widetilde{K}^2N|s-t_0|\mathrm{d}s\right|\leqslant\frac{N\widetilde{K}^2}{2!}(t-t_0)^2.$$

类似地，用数学归纳法可证

$$\|z(t)\|\leqslant\frac{N\widetilde{K}^k}{k!}|t-t_0|^k\leqslant\frac{N\widetilde{K}^k}{k!}(b-a)^k,\quad a\leqslant t_0,t\leqslant b.$$

而正项级数 $\sum_{k=1}^{\infty}\frac{N\widetilde{K}^k}{k!}(b-a)^k$ 收敛，因此当 $k\to\infty$ 时，$\frac{N\widetilde{K}^k}{k!}(b-a)^k\to0$.

从而在区间 $[a,b]$ 上有 $z(t)\equiv\boldsymbol{0}$，即有 $\boldsymbol{x}(t)=\boldsymbol{y}(t)$.

第六步　证明 $\boldsymbol{x}(t)$ 的连续可微性.

由于 $\boldsymbol{x}(t)$ 为初值问题(3.15)的解，所以有

$$\boldsymbol{x}'(t)=\boldsymbol{A}(t)\boldsymbol{x}(t)+\boldsymbol{f}(t),$$

而由 $\boldsymbol{A}(t)$，$\boldsymbol{x}(t)$ 及 $\boldsymbol{f}(t)$ 的连续性可知，$\boldsymbol{x}'(t)$ 为连续的.

综合以上六个步骤，即证定理 3.2. 证毕.

注 1　对于线性微分方程组来说，初值问题(3.15)的解 $\boldsymbol{x}(t)$ 的存在区间为系数矩阵 $\boldsymbol{A}(t)$ 及非齐次项函数 $\boldsymbol{f}(t)$ 的公共连续定义区间 $[a,b]$. 证明中所用的 Picard 逐步逼近法给出了一种求近似解的方法，称(3.17)式确定的函数 $\boldsymbol{x}_k(t)$ 为初值问题(3.15)的第 k 次近似解.

注 2　由定理 3.1 及定理 3.2 易得第 2 章关于 n 阶线性微分方程初值问题的解的存在唯一性定理.

例 2　试用逐步逼近法求下列方程组的初值问题

$$\boldsymbol{x}'=\begin{pmatrix}0&1\\-1&0\end{pmatrix}\boldsymbol{x},\quad \boldsymbol{x}(0)=\begin{pmatrix}0\\1\end{pmatrix}$$

的第三次近似解.

解　根据 Picard 逐步逼近向量函数列的构造方法得

$$\boldsymbol{\varphi}_0(t)=\begin{pmatrix}0\\1\end{pmatrix},$$

$$\boldsymbol{\varphi}_1(t)=\begin{pmatrix}0\\1\end{pmatrix}+\int_0^t\begin{pmatrix}0&1\\-1&0\end{pmatrix}\begin{pmatrix}0\\1\end{pmatrix}\mathrm{d}s=\begin{pmatrix}t\\1\end{pmatrix},$$

$$\boldsymbol{\varphi}_2(t)=\begin{pmatrix}0\\1\end{pmatrix}+\int_0^t\begin{pmatrix}0&1\\-1&0\end{pmatrix}\begin{pmatrix}s\\1\end{pmatrix}\mathrm{d}s=\begin{pmatrix}t\\1-\dfrac{t^2}{2}\end{pmatrix},$$

$$\boldsymbol{\varphi}_3(t)=\begin{pmatrix}0\\1\end{pmatrix}+\int_0^t\begin{pmatrix}0&1\\-1&0\end{pmatrix}\begin{pmatrix}s\\1-\dfrac{s^2}{2}\end{pmatrix}\mathrm{d}s=\begin{pmatrix}t-\dfrac{t^3}{6}\\1-\dfrac{t^2}{2}\end{pmatrix}.$$

因此所求初值问题的第三次近似解为

$$\boldsymbol{\varphi}_3(t)=\begin{pmatrix}t-\dfrac{t^3}{6}\\1-\dfrac{t^2}{2}\end{pmatrix}.$$

习题 3.2

1. 验证$\begin{cases}x=4\mathrm{e}^t+2\mathrm{e}^{-t},\\y=-\mathrm{e}^t-\mathrm{e}^{-t}\end{cases}$为方程组$\begin{cases}x'=3x+8y,\\y'=-x-3y\end{cases}$满足初始条件$\begin{cases}x(0)=6,\\y(0)=-2\end{cases}$的解.

2. 将初值问题$\begin{cases}x''+2x'-8x=\mathrm{e}^t,\\x(0)=1,\\x'(0)=4\end{cases}$化为一阶微分方程组的初值问题.

3. 将下列方程化为一阶微分方程组.

(1) $x''+f(x)x'+g(x)=0$;

(2) $mx''+cx'+kx=f(t)$;

(3) $x'''+a_1(t)x''+a_2(t)x'+a_3(t)x=0$;

(4) $\begin{cases}\dfrac{\mathrm{d}^2x_1}{\mathrm{d}t^2}=a_1x_1+b_1x_2+c_1x_3,\\\dfrac{\mathrm{d}^2x_2}{\mathrm{d}t^2}=a_2x_1+b_2x_2+c_2x_3,\\\dfrac{\mathrm{d}^2x_3}{\mathrm{d}t^2}=a_3x_1+b_3x_2+c_3x_3.\end{cases}$

4. 试用逐次逼近法求初值问题

$$\begin{cases}\dfrac{\mathrm{d}x}{\mathrm{d}t}=y,\\\dfrac{\mathrm{d}y}{\mathrm{d}t}=-x\end{cases}$$

满足条件 $x(0)=0,y(0)=1$ 的第 n 次近似解及精确解.

§3.3 一阶齐线性微分方程组

本节主要研究齐线性微分方程组(3.12)的解集的代数性质即代数结构,在此仍假设矩阵 $\boldsymbol{A}(t)$ 在区间 I 上是连续的.

3.3.1 向量函数组的线性相关性

易知齐线性微分方程组的解具有下列性质.

定理 3.3(叠加原理) 设 $\boldsymbol{x}_i(t)(i=1,2,\cdots,m)$ 是方程组(3.12)的 m 个解, $c_i(i=1,2,\cdots,m)$ 是 m 个常数,则

$$\boldsymbol{x}(t)=\sum_{i=1}^{m}c_i\boldsymbol{x}_i(t)$$

也是方程组(3.12)的解.

为了说明齐线性微分方程组通解的结构,我们给出向量函数线性相关与线性无关的概念.

定义 3.10 设 $\boldsymbol{x}_1(t),\boldsymbol{x}_2(t),\cdots,\boldsymbol{x}_m(t)$ 是 m 个定义在区间 I 上的 n 维向量函数,如果存在 m 个不全为零的常数 $\alpha_1,\alpha_2,\cdots,\alpha_m$,使得

$$\alpha_1\boldsymbol{x}_1(t)+\alpha_2\boldsymbol{x}_2(t)+\cdots+\alpha_m\boldsymbol{x}_m(t)=\boldsymbol{0} \tag{3.20}$$

在区间 I 上恒成立,则称向量函数 $\boldsymbol{x}_1(t),\boldsymbol{x}_2(t),\cdots,\boldsymbol{x}_m(t)$ 在区间 I 上线性相关;否则称它们在 I 上线性无关. 即若仅当 $\alpha_1=\alpha_2=\cdots=\alpha_m=0$ 时,才使(3.20)式恒成立,则称 $\boldsymbol{x}_1(t),\boldsymbol{x}_2(t),\cdots,\boldsymbol{x}_m(t)$ 在 I 上线性无关.

注 向量函数组的线性相关概念和它们分量的线性相关概念并不等价.

例 考虑向量函数

$$\boldsymbol{x}_1(t)=\begin{pmatrix}1\\0\\-1\end{pmatrix}\mathrm{e}^{-2t},\quad \boldsymbol{x}_2(t)=\begin{pmatrix}0\\1\\-1\end{pmatrix}\mathrm{e}^{-2t},$$

显然,这两个向量函数的各个对应的分量构成线性相关的函数组,但是它们在 $(-\infty,+\infty)$ 上线性无关.

事实上,由 $\alpha_1\boldsymbol{x}_1(t)+\alpha_2\boldsymbol{x}_2(t)\equiv\boldsymbol{0}, t\in(-\infty,+\infty)$,可得

$$\begin{cases}\alpha_1\mathrm{e}^{-2t}\equiv 0,\\ \alpha_2\mathrm{e}^{-2t}\equiv 0,\\ -\alpha_1\mathrm{e}^{-2t}-\alpha_2\mathrm{e}^{-2t}\equiv 0,\end{cases}$$

从而仅当 $\alpha_1=\alpha_2=0$ 时,才能使上面三个恒等式同时成立,故此向量函数组在

$(-\infty,+\infty)$上线性无关.

下面介绍 n 个 n 维向量函数组

$$\boldsymbol{x}_1(t)=\begin{pmatrix}x_{11}(t)\\x_{21}(t)\\\vdots\\x_{n1}(t)\end{pmatrix},\cdots,\boldsymbol{x}_n(t)=\begin{pmatrix}x_{1n}(t)\\x_{2n}(t)\\\vdots\\x_{nn}(t)\end{pmatrix}\tag{3.21}$$

在其定义区间 I 上线性相关与线性无关的判别准则.

定义 3.11 由(3.21)式所示的 n 个向量函数构成了一个行列式

$$W(t)=\begin{vmatrix}x_{11}(t)&x_{12}(t)&\cdots&x_{1n}(t)\\x_{21}(t)&x_{22}(t)&\cdots&x_{2n}(t)\\\vdots&\vdots&&\vdots\\x_{n1}(t)&x_{n2}(t)&\cdots&x_{nn}(t)\end{vmatrix},$$

称之为这些向量函数的 **Wronski 行列式**.

定理 3.4 如果向量函数组 $\boldsymbol{x}_1(t),\boldsymbol{x}_2(t),\cdots,\boldsymbol{x}_n(t)$ 在区间 I 上线性相关,则它们的 Wronski 行列式 $W(t)$ 在 I 上恒等于零.

证 由条件可知,存在不全为零的常数 $\alpha_1,\alpha_2,\cdots,\alpha_n$,使得

$$\alpha_1\boldsymbol{x}_1(t)+\alpha_2\boldsymbol{x}_2(t)+\cdots+\alpha_n\boldsymbol{x}_n(t)\equiv\boldsymbol{0},t\in I,$$

即

$$\begin{cases}\alpha_1x_{11}(t)+\alpha_2x_{12}(t)+\cdots+\alpha_nx_{1n}(t)\equiv0,\\\alpha_1x_{21}(t)+\alpha_2x_{22}(t)+\cdots+\alpha_nx_{2n}(t)\equiv0,\\\qquad\cdots\cdots\cdots\cdots\\\alpha_1x_{n1}(t)+\alpha_2x_{n2}(t)+\cdots+\alpha_nx_{nn}(t)\equiv0,\end{cases}\quad t\in I.$$

可以把上述方程组看成是以 $\alpha_1,\alpha_2,\cdots,\alpha_n$ 为未知量的齐次线性代数方程组,其系数行列式就是 $\boldsymbol{x}_1(t),\boldsymbol{x}_2(t),\cdots,\boldsymbol{x}_n(t)$ 的 Wronski 行列式 $W(t)$,由齐次线性代数方程组的理论可知,要使此方程组有非零解,则它的系数行列式 $W(t)$ 对任意的$t\in I$都为零. 故在 I 上有 $W(t)\equiv0$. 证毕.

定理 3.5 如果方程组(3.12)的 n 个解 $\boldsymbol{x}_1(t),\boldsymbol{x}_2(t),\cdots,\boldsymbol{x}_n(t)$ 线性无关,则它们的 Wronski 行列式 $W(t)$ 在 I 上恒不为零.

证 反证法. 设存在 $t_0\in I$,使得 $W(t_0)=0$. 考虑齐次线性代数方程组

$$\begin{cases}\alpha_1x_{11}(t_0)+\alpha_2x_{12}(t_0)+\cdots+\alpha_nx_{1n}(t_0)=0,\\\alpha_1x_{21}(t_0)+\alpha_2x_{22}(t_0)+\cdots+\alpha_nx_{2n}(t_0)=0,\\\qquad\cdots\cdots\cdots\cdots\\\alpha_1x_{n1}(t_0)+\alpha_2x_{n2}(t_0)+\cdots+\alpha_nx_{nn}(t_0)=0,\end{cases}\tag{3.22}$$

它的系数行列式就是 $W(t_0)$，因为 $W(t_0)=0$，所以方程组(3.22)有非零解 $\tilde{\alpha}_1$，$\tilde{\alpha}_2,\cdots,\tilde{\alpha}_n$，则

$$\tilde{\alpha}_1\boldsymbol{x}_1(t_0)+\tilde{\alpha}_2\boldsymbol{x}_2(t_0)+\cdots+\tilde{\alpha}_n\boldsymbol{x}_n(t_0)=\boldsymbol{0}.$$

由定理3.3可知，向量函数

$$\boldsymbol{x}(t)=\tilde{\alpha}_1\boldsymbol{x}_1(t)+\tilde{\alpha}_2\boldsymbol{x}_2(t)+\cdots+\tilde{\alpha}_n\boldsymbol{x}_n(t)$$

是方程组(3.12)的解，且满足初始条件

$$\boldsymbol{x}(t_0)=\boldsymbol{0}. \tag{3.23}$$

而向量函数 $\boldsymbol{0}$ 也是方程组(3.12)在 I 上满足初始条件(3.23)的解，由解的唯一性可知

$$\boldsymbol{x}(t)\equiv\boldsymbol{0},\ t\in I,$$

即

$$\tilde{\alpha}_1\boldsymbol{x}_1(t)+\tilde{\alpha}_2\boldsymbol{x}_2(t)+\cdots+\tilde{\alpha}_n\boldsymbol{x}_n(t)\equiv\boldsymbol{0},\ t\in I.$$

因 $\tilde{\alpha}_1,\tilde{\alpha}_2,\cdots,\tilde{\alpha}_n$ 不全为零，从而 $\boldsymbol{x}_1(t),\boldsymbol{x}_2(t),\cdots,\boldsymbol{x}_n(t)$ 在 I 上线性相关，与定理条件矛盾. 结论得证. 证毕

由定理3.4和3.5即可得到

推论1 方程组(3.12)的 n 个解的Wronski行列式在其定义区间 I 上或者恒为零，或者恒不为零.

推论2 如果方程组(3.12)的 n 个解的Wronski行列式 $W(t)$ 在其定义区间 I 上某一点 t_0 处等于零(或不等于零)，则该解组在 I 上必线性相关(线性无关).

3.3.2 齐线性微分方程组的通解结构

定义3.12 称齐线性微分方程组(3.12)的 n 个线性无关解为方程组的**基本解组**.

定理3.6 方程组(3.12)必存在基本解组 $\boldsymbol{x}_1(t),\boldsymbol{x}_2(t),\cdots,\boldsymbol{x}_n(t)$.

证 任取 $t_0\in I$，根据解的存在唯一性定理，方程组(3.12)一定存在分别满足下述初始条件

$$\boldsymbol{x}_1(t_0)=\begin{pmatrix}1\\0\\0\\\vdots\\0\end{pmatrix},\ \boldsymbol{x}_2(t_0)=\begin{pmatrix}0\\1\\0\\\vdots\\0\end{pmatrix},\cdots,\ \boldsymbol{x}_n(t_0)=\begin{pmatrix}0\\0\\\vdots\\0\\1\end{pmatrix},t_0\in I \tag{3.24}$$

的解 $\boldsymbol{x}_1(t),\boldsymbol{x}_2(t),\cdots,\boldsymbol{x}_n(t)$. 而它们所构成的Wronski行列式在 t_0 处的值为 $W(t_0)=1\neq0$. 故 $\boldsymbol{x}_1(t),\boldsymbol{x}_2(t),\cdots,\boldsymbol{x}_n(t)$ 线性无关，从而构成了方程组(3.12)的

一个基本解组. 证毕.

显然,方程组(3.12)有无穷多个基本解组. 满足初始条件(3.24)的基本解组称为方程组(3.12)的**标准基本解组**.

定理 3.7 如果 $\boldsymbol{x}_1(t),\boldsymbol{x}_2(t),\cdots,\boldsymbol{x}_n(t)$ 是方程组(3.12)的基本解组,则方程组(3.12)的任一解 $\boldsymbol{x}(t)$ 均可表示成

$$\boldsymbol{x}(t)=\alpha_1\boldsymbol{x}_1(t)+\alpha_2\boldsymbol{x}_2(t)+\cdots+\alpha_n\boldsymbol{x}_n(t), \tag{3.25}$$

其中 $\alpha_1,\alpha_2,\cdots,\alpha_n$ 是常数.

证 任取 $t_0\in I$,构造关于 $c_1,c_2,\cdots,c_n$ 的非齐次代数方程组

$$\boldsymbol{x}(t_0)=c_1\boldsymbol{x}_1(t_0)+c_2\boldsymbol{x}_2(t_0)+\cdots+c_n\boldsymbol{x}_n(t_0), \tag{3.26}$$

它的系数行列式为 $W(t_0)$. 因为 $\boldsymbol{x}_1(t),\boldsymbol{x}_2(t),\cdots,\boldsymbol{x}_n(t)$ 线性无关,由定理 3.5 知 $W(t_0)\neq 0$,从而方程组(3.26)有唯一解 $\alpha_1,\alpha_2,\cdots,\alpha_n$. 根据叠加原理,以 $\alpha_1,\alpha_2,\cdots,\alpha_n$ 为系数得到的向量函数 $\alpha_1\boldsymbol{x}_1(t)+\alpha_2\boldsymbol{x}_2(t)+\cdots+\alpha_n\boldsymbol{x}_n(t)$ 是方程组(3.12)的解.

由(3.26)式知,方程组(3.12)的解 $\boldsymbol{x}(t)$ 和 $\alpha_1\boldsymbol{x}_1(t)+\alpha_2\boldsymbol{x}_2(t)+\cdots+\alpha_n\boldsymbol{x}_n(t)$ 满足相同的初始条件,由解的唯一性得

$$\boldsymbol{x}(t)\equiv\alpha_1\boldsymbol{x}_1(t)+\alpha_2\boldsymbol{x}_2(t)+\cdots+\alpha_n\boldsymbol{x}_n(t).$$

故定理得证.

推论 方程组(3.12)的线性无关解的最大个数等于 n.

由定理 3.6 及上述推论知,方程组(3.12)的解集具有如下性质.

定理 3.8 齐线性微分方程组(3.12)的解的全体构成了一个 n 维线性空间.

和 n 阶线性微分方程一样,齐线性微分方程组(3.12)的解和系数之间有着密切联系.

定理 3.9(Liouville 定理) 如果 $\boldsymbol{x}_1(t),\boldsymbol{x}_2(t),\cdots,\boldsymbol{x}_n(t)$ 是线性微分方程组(3.12)的 n 个解,则这 n 个解的 Wronski 行列式与方程组(3.12)的系数有如下关系:

$$W(t)=W(t_0)\mathrm{e}^{\int_{t_0}^{t}\mathrm{tr}\,\boldsymbol{A}(s)\mathrm{d}s},$$

其中 $\mathrm{tr}\,\boldsymbol{A}(s)$ 表示矩阵 $\boldsymbol{A}(s)$ 的迹.

利用行列式的微分法则即可证明此定理,在此不作详细介绍,留给读者自己完成.

下面用矩阵的形式来表示方程组(3.12)的解. 如果一个 $n\times n$ 矩阵的每一列都是方程组(3.12)的解,我们称这个矩阵为方程组(3.12)的**解矩阵**. 如果解矩阵的列在 I 上线性无关,则称其为方程组(3.12)的**基解矩阵**. 用 $\boldsymbol{\Phi}(t)$ 表示方程组(3.12)的基解矩阵,若 $\boldsymbol{\Phi}(t_0)=\boldsymbol{E}$($\boldsymbol{E}$ 为单位阵),则称其为**标准基解矩阵**.

综合定理 3.6,定理 3.7 有

定理 3.10 方程组(3.12)一定存在一个基解矩阵 $\boldsymbol{\Phi}(t)$. 如果 $\boldsymbol{\varphi}(t)$ 是方程组(3.12)的任一解,那么

$$\boldsymbol{\varphi}(t) = \boldsymbol{\Phi}(t)\boldsymbol{c},$$

其中 $\boldsymbol{c}$ 是相应的 n 维常数列向量.

定理 3.11 方程组(3.12)的一个解矩阵 $\boldsymbol{\Phi}(t)$ 是基解矩阵的充要条件是存在 $t_0 \in I$,使得 $\det \boldsymbol{\Phi}(t_0) \neq 0$,其中 $\det \boldsymbol{\Phi}(t)$ 表示矩阵 $\boldsymbol{\Phi}(t)$ 的行列式.

由定理 3.10,定理 3.11 可以得到下面的推论.

推论 1 如果 $\boldsymbol{\Phi}(t)$ 是方程组(3.12)在 I 上的基解矩阵,$\boldsymbol{C}$ 是 $n\times n$ 非奇异常数矩阵,那么 $\boldsymbol{\Phi}(t)\boldsymbol{C}$ 也是方程组(3.12)在 I 上的基解矩阵.

证 由解矩阵的定义可知,方程组(3.12)的任一解矩阵 $\boldsymbol{X}(t)$ 满足关系

$$\frac{\mathrm{d}\boldsymbol{X}(t)}{\mathrm{d}t} = \boldsymbol{A}(t)\boldsymbol{X}(t), t \in I.$$

反之亦然. 现令 $\boldsymbol{\Psi}(t) = \boldsymbol{\Phi}(t)\boldsymbol{C}$, 则

$$\frac{\mathrm{d}\boldsymbol{\Psi}(t)}{\mathrm{d}t} = \frac{\mathrm{d}\boldsymbol{\Phi}(t)\boldsymbol{C}}{\mathrm{d}t} = \boldsymbol{A}(t)\boldsymbol{\Phi}(t)\boldsymbol{C} = \boldsymbol{A}(t)\boldsymbol{\Psi}(t),$$

即 $\boldsymbol{\Psi}(t)$ 是方程组(3.12)的解矩阵. 又由 $\boldsymbol{C}$ 的非奇异性,有

$$\det \boldsymbol{\Psi}(t) = \det \boldsymbol{\Phi}(t) \cdot \det \boldsymbol{C} \neq 0,\ t \in I.$$

故 $\boldsymbol{\Psi}(t) = \boldsymbol{\Phi}(t)\boldsymbol{C}$ 是方程组(3.12)的基解矩阵. 证毕.

推论 2 如果 $\boldsymbol{\Phi}(t)$, $\boldsymbol{\Psi}(t)$ 分别是方程组(3.12)在区间 I 上的基解矩阵,那么存在一个 $n\times n$ 非奇异常数矩阵 $\boldsymbol{C}$,使得在 I 上有 $\boldsymbol{\Psi}(t) = \boldsymbol{\Phi}(t)\boldsymbol{C}$.

证 因为 $\boldsymbol{\Phi}(t)$ 是基解矩阵,故其逆矩阵 $\boldsymbol{\Phi}^{-1}(t)$ 一定存在.

令 $\boldsymbol{\Phi}^{-1}(t)\boldsymbol{\Psi}(t) = \boldsymbol{X}(t)$, 则 $\boldsymbol{\Psi}(t) = \boldsymbol{\Phi}(t)\boldsymbol{X}(t)$, 且 $\boldsymbol{X}(t)$ 是 $n\times n$ 可微矩阵, $\det \boldsymbol{X}(t) \neq 0(\forall t \in I)$.

注意

$$\begin{aligned}\boldsymbol{A}(t)\boldsymbol{\Psi}(t) = \frac{\mathrm{d}\boldsymbol{\Psi}(t)}{\mathrm{d}t} &= \frac{\mathrm{d}\boldsymbol{\Phi}(t)}{\mathrm{d}t} \cdot \boldsymbol{X}(t) + \boldsymbol{\Phi}(t) \cdot \frac{\mathrm{d}\boldsymbol{X}(t)}{\mathrm{d}t} \\ &= \boldsymbol{A}(t)\boldsymbol{\Phi}(t)\boldsymbol{X}(t) + \boldsymbol{\Phi}(t) \cdot \frac{\mathrm{d}\boldsymbol{X}(t)}{\mathrm{d}t} \\ &= \boldsymbol{A}(t)\boldsymbol{\Psi}(t) + \boldsymbol{\Phi}(t) \cdot \frac{\mathrm{d}\boldsymbol{X}(t)}{\mathrm{d}t}.\end{aligned}$$

由此推知 $\boldsymbol{\Phi}(t) \cdot \frac{\mathrm{d}\boldsymbol{X}(t)}{\mathrm{d}t} = \boldsymbol{0}$, 从而 $\frac{\mathrm{d}\boldsymbol{X}(t)}{\mathrm{d}t} = \boldsymbol{0}$, 即 $\boldsymbol{X}(t)$ 为常数矩阵 $\boldsymbol{C}$,故有

$$\boldsymbol{\Psi}(t) = \boldsymbol{\Phi}(t)\boldsymbol{C},\ t \in I,$$

其中 $\boldsymbol{C}$ 为 $n\times n$ 非奇异常数矩阵. 证毕.

习题 3.3

1. 验证：$\boldsymbol{x}_1=\begin{pmatrix}\mathrm{e}^t\\ \mathrm{e}^t\end{pmatrix}$，$\boldsymbol{x}_2=\begin{pmatrix}3\mathrm{e}^{-t}\\ 5\mathrm{e}^{-t}\end{pmatrix}$是方程组$\begin{pmatrix}x\\ y\end{pmatrix}'=\begin{pmatrix}4 & -3\\ 5 & 4\end{pmatrix}\begin{pmatrix}x\\ y\end{pmatrix}$的基本解组.

2. 证明 Liouville 定理.

3. 设 $n\times n$ 矩阵函数 $\boldsymbol{A}_1(t)$，$\boldsymbol{A}_2(t)$ 在 (a,b) 内连续，证明：若方程组 $\dfrac{\mathrm{d}\boldsymbol{x}}{\mathrm{d}t}=\boldsymbol{A}_1(t)\boldsymbol{x}$，$\dfrac{\mathrm{d}\boldsymbol{x}}{\mathrm{d}t}=\boldsymbol{A}_2(t)\boldsymbol{x}$ 有相同的基本解组，则 $\boldsymbol{A}_1(t)\equiv\boldsymbol{A}_2(t)$.

4. 设方程组 $\dfrac{\mathrm{d}\boldsymbol{x}}{\mathrm{d}t}=\boldsymbol{A}(t)\boldsymbol{x}$，若 $\displaystyle\int_{t_0}^{+\infty}\sum_{i=1}^{n}a_{ii}(t)\,\mathrm{d}t=+\infty$，这里 $a_{ii}(t)\,(i=1,2,\cdots,n)$ 是 $\boldsymbol{A}(t)$ 对角线上的元素，且 $\boldsymbol{A}(t)$ 在 $[t_0,+\infty)$ 上连续，试证该方程组至少有一个解在 $[t_0,+\infty)$ 上无界.

5. 设 $\boldsymbol{A}(t)$ 为实矩阵，$\boldsymbol{x}=\boldsymbol{x}(t)$ 是 $\dfrac{\mathrm{d}\boldsymbol{x}}{\mathrm{d}t}=\boldsymbol{A}(t)\boldsymbol{x}$ 的复值解，证明 $\boldsymbol{x}(t)$ 的实部和虚部均为此方程组的解.

6. 证明：若 $\boldsymbol{X}(t)$ 是 $\dfrac{\mathrm{d}\boldsymbol{x}}{\mathrm{d}t}=\boldsymbol{A}(t)\boldsymbol{x}$ 的基解矩阵，则 $(\boldsymbol{X}^{\mathrm{T}}(t))^{-1}$ 是 $\dfrac{\mathrm{d}\boldsymbol{x}}{\mathrm{d}t}=-\boldsymbol{A}^{\mathrm{T}}(t)\boldsymbol{x}$ 的基解矩阵. 此处 $\boldsymbol{A}^{\mathrm{T}}(t)$ 表示矩阵 $\boldsymbol{A}(t)$ 的转置.

§3.4 一阶非齐线性微分方程组

本节介绍非齐线性微分方程组(3.10)的通解结构与常数变易法. 我们假设 $\boldsymbol{A}(t)$ 和 $\boldsymbol{f}(t)$ 在区间 I 上均连续. 容易验证方程组(3.10)的解具有如下两个简单性质：

性质 1 如果 $\boldsymbol{\varphi}(t)$ 是非齐线性微分方程组(3.10)的解，$\boldsymbol{\psi}(t)$ 是对应的齐线性微分方程组(3.12)的解，则 $\boldsymbol{\varphi}(t)+\boldsymbol{\psi}(t)$ 是方程组(3.10)的解.

性质 2 如果 $\tilde{\boldsymbol{\varphi}}(t)$ 和 $\tilde{\boldsymbol{\psi}}(t)$ 分别是方程组(3.10)的两个解，则 $\tilde{\boldsymbol{\varphi}}(t)-\tilde{\boldsymbol{\psi}}(t)$ 是方程组(3.12)的解.

下面的定理给出了方程组(3.10)的通解结构.

定理 3.12 设 $\boldsymbol{\Phi}(t)$ 是方程组(3.12)的基解矩阵，$\tilde{\boldsymbol{\varphi}}(t)$ 是方程组(3.10)的某个解，则方程组(3.10)的任一解 $\boldsymbol{\varphi}(t)$ 都可表示为

$$\boldsymbol{\varphi}(t)=\boldsymbol{\Phi}(t)\boldsymbol{c}+\tilde{\boldsymbol{\varphi}}(t),$$

其中 $\boldsymbol{c}$ 是相应的常数列向量.

证 由性质 2 知 $\boldsymbol{\varphi}(t)-\tilde{\boldsymbol{\varphi}}(t)$ 是方程组(3.12)的解，再由定理 3.10 得

$$\boldsymbol{\varphi}(t)-\tilde{\boldsymbol{\varphi}}(t)=\boldsymbol{\Phi}(t)\boldsymbol{c},$$

这里 $\boldsymbol{c}$ 是确定的常数列向量，由此即得

$$\boldsymbol{\varphi}(t)=\boldsymbol{\Phi}(t)\boldsymbol{c}+\tilde{\boldsymbol{\varphi}}(t).$$

证毕.

根据定理 3.12,当方程组(3.10)对应的齐线性微分方程组(3.12)的基解矩阵已知时,只要知道方程组(3.10)的一个特解,就可以得到方程组(3.10)的通解,此时有一个寻求方程组(3.10)特解的简单方法,即常数变易法.

设 $\boldsymbol{\Phi}(t)$ 是方程组(3.12)的基解矩阵,$\boldsymbol{c}$ 是常数列向量,则 $\boldsymbol{\varphi}(t)=\boldsymbol{\Phi}(t)\boldsymbol{c}$ 是方程组(3.12)的解. 现在我们将 $\boldsymbol{c}$ 变易为 t 的向量函数 $\boldsymbol{c}(t)$,试求方程组(3.10)的形如

$$\bar{\boldsymbol{\varphi}}(t)=\boldsymbol{\Phi}(t)\boldsymbol{c}(t) \tag{3.27}$$

的解,其中 $\boldsymbol{c}(t)$ 是待定的向量函数. 将(3.27)式代入方程组(3.10),有

$$\boldsymbol{\Phi}'(t)\boldsymbol{c}(t)+\boldsymbol{\Phi}(t)\boldsymbol{c}'(t)=\boldsymbol{A}(t)\boldsymbol{\Phi}(t)\boldsymbol{c}(t)+\boldsymbol{f}(t).$$

因为 $\boldsymbol{\Phi}(t)$ 是方程组(3.12)的基解矩阵,所以 $\boldsymbol{\Phi}'(t)=\boldsymbol{A}(t)\boldsymbol{\Phi}(t)$, 从而有

$$\boldsymbol{\Phi}(t)\boldsymbol{c}'(t)=\boldsymbol{f}(t).$$

由于 $\boldsymbol{\Phi}(t)$ 是非奇异阵,所以 $\boldsymbol{\Phi}^{-1}(t)$ 存在,于是有 $\boldsymbol{c}'(t)=\boldsymbol{\Phi}^{-1}(t)\boldsymbol{f}(t)$, 积分得

$$\boldsymbol{c}(t)=\int_{t_0}^{t}\boldsymbol{\Phi}^{-1}(s)\boldsymbol{f}(s)\,\mathrm{d}s+\boldsymbol{c}(t_0),\ t_0,t\in I.$$

取 $\boldsymbol{c}(t_0)=\boldsymbol{0}$, 代回(3.27)式得特解

$$\bar{\boldsymbol{\varphi}}(t)=\boldsymbol{\Phi}(t)\int_{t_0}^{t}\boldsymbol{\Phi}^{-1}(s)\boldsymbol{f}(s)\,\mathrm{d}s, \tag{3.28}$$

从而可得到方程组(3.10)的通解公式

$$\boldsymbol{\varphi}(t)=\boldsymbol{\Phi}(t)\boldsymbol{c}+\boldsymbol{\Phi}(t)\int_{t_0}^{t}\boldsymbol{\Phi}^{-1}(s)\boldsymbol{f}(s)\,\mathrm{d}s, \tag{3.29}$$

其中 $\boldsymbol{c}$ 为任意的常数列向量.

公式(3.28)或(3.29)称为非齐线性微分方程组(3.10)的**常数变易公式**.

例 1 解非齐线性微分方程组

$$\begin{cases}x_1'=-\dfrac{2}{t}x_1+1,\\ x_2'=\left(1+\dfrac{2}{t}\right)x_1+x_2-1.\end{cases}$$

解 先求齐线性微分方程组

$$\begin{cases}x_1'=-\dfrac{2}{t}x_1,\\ x_2'=\left(1+\dfrac{2}{t}\right)x_1+x_2\end{cases}$$

的基解矩阵,解之得

$$x_1=\frac{1}{t^2}C_1,\ x_2=-\frac{1}{t^2}C_1+C_2\mathrm{e}^t.$$

其中 C_1,C_2 为任意常数,分别取 $C_1=1,C_2=0$ 及 $C_1=0,C_2=1$,得一个基解矩阵

$$\boldsymbol{\Phi}(t)=\begin{pmatrix}\dfrac{1}{t^2} & 0\\ -\dfrac{1}{t^2} & \mathrm{e}^t\end{pmatrix},$$

该矩阵的逆矩阵为

$$\boldsymbol{\Phi}^{-1}(t)=\begin{pmatrix}t^2 & 0\\ \mathrm{e}^{-t} & \mathrm{e}^{-t}\end{pmatrix},$$

从而原方程组的通解为

$$\begin{pmatrix}x_1\\ x_2\end{pmatrix}=\boldsymbol{\Phi}(t)\boldsymbol{c}+\boldsymbol{\Phi}(t)\int_0^t\boldsymbol{\Phi}^{-1}(s)\begin{pmatrix}1\\ -1\end{pmatrix}\mathrm{d}s=\begin{pmatrix}\dfrac{1}{t^2} & 0\\ -\dfrac{1}{t^2} & \mathrm{e}^t\end{pmatrix}\begin{pmatrix}C_1\\ C_2\end{pmatrix}+\begin{pmatrix}\dfrac{t}{3}\\ -\dfrac{t}{3}\end{pmatrix},$$

即
$$\begin{cases}x_1(t)=C_1\dfrac{1}{t^2}+\dfrac{t}{3},\\ x_2(t)=-C_1\dfrac{1}{t^2}+C_2\mathrm{e}^t-\dfrac{t}{3},\end{cases}$$

其中 C_1,C_2 为任意常数.

例 2 解方程组 $\begin{cases}x'+4x-3y=t,\\ y'-4x=\mathrm{e}^{2t}.\end{cases}$

解 方法 1.

① 求对应的齐线性微分方程组 $\begin{cases}x'+4x-3y=0,\\ y'-4x=0\end{cases}$ 的基解矩阵.

对齐线性微分方程组的第一个方程关于 t 求导得 $x''+4x'-3y'=0$,将第二个方程代入得 $x''+4x'-12x=0$,解之得 $x_1=\mathrm{e}^{-6t},x_2=\mathrm{e}^{2t}$,相应地 $y_1=-\dfrac{2}{3}\mathrm{e}^{-6t}$,$y_2=2\mathrm{e}^{2t}$. 从而齐线性微分方程组的一个基解矩阵为

$$\boldsymbol{\Phi}(t)=\begin{pmatrix}\mathrm{e}^{-6t} & \mathrm{e}^{2t}\\ -\dfrac{2}{3}\mathrm{e}^{-6t} & 2\mathrm{e}^{2t}\end{pmatrix},$$

其逆
$$\boldsymbol{\Phi}^{-1}(t)=\begin{pmatrix}\dfrac{3}{4}\mathrm{e}^{6t} & -\dfrac{3}{8}\mathrm{e}^{6t}\\ \dfrac{1}{4}\mathrm{e}^{-2t} & \dfrac{3}{8}\mathrm{e}^{-2t}\end{pmatrix}.$$

② 求非齐线性微分方程组的一个特解.

用常数变易法. 设原方程组有一个形如 $\boldsymbol{\Phi}(t)\boldsymbol{c}(t)$ 的特解,利用公式(3.28)得

$$\bar{\boldsymbol{\varphi}}(t)=\boldsymbol{\Phi}(t)\int_0^t\boldsymbol{\Phi}^{-1}(s)\boldsymbol{f}(s)\mathrm{d}s=\begin{pmatrix}-\dfrac{1}{12}+\dfrac{13}{192}\mathrm{e}^{-6t}+\dfrac{1}{64}\mathrm{e}^{2t}+\dfrac{3t}{8}\mathrm{e}^{2t}\\-\dfrac{1}{9}-\dfrac{t}{3}+\dfrac{5}{32}\mathrm{e}^{2t}-\dfrac{13}{288}\mathrm{e}^{-6t}+\dfrac{3t}{4}\mathrm{e}^{2t}\end{pmatrix},$$

故原方程组的通解为

$$\boldsymbol{\varphi}(t)=\begin{pmatrix}C_1+\dfrac{13}{192}\\-\dfrac{2}{3}C_1-\dfrac{13}{288}\end{pmatrix}\mathrm{e}^{-6t}+\begin{pmatrix}C_2+\dfrac{1}{64}\\2C_2+\dfrac{5}{32}\end{pmatrix}\mathrm{e}^{2t}+\begin{pmatrix}-\dfrac{1}{12}+\dfrac{3t}{8}\mathrm{e}^{2t}\\-\dfrac{1}{9}-\dfrac{t}{3}+\dfrac{3t}{4}\mathrm{e}^{2t}\end{pmatrix},$$

其中 C_1,C_2 为任意常数.

方法 2 对原方程组中第一个方程关于 t 求导,并将第二个方程代入得

$$x''+4x'-12x=1+3\mathrm{e}^{2t}. \tag{3.30}$$

用前面介绍的方法求得方程(3.30)对应的齐线性微分方程的通解为

$$x=C_1\mathrm{e}^{-6t}+C_2\mathrm{e}^{2t}.$$

分别求方程 $x''+4x'-12x=1$, $x''+4x'-12x=3\mathrm{e}^{2t}$ 的特解为

$$x_1=-\frac{1}{12},\ x_2=\frac{3t}{8}\mathrm{e}^{2t}.$$

因此方程(3.30)的通解为

$$x=C_1\mathrm{e}^{-6t}+C_2\mathrm{e}^{2t}+\frac{3t}{8}\mathrm{e}^{2t}-\frac{1}{12},$$

其中 C_1,C_2 为任意常数. 将其代入方程组的第一个方程 $y=\dfrac{x'+4x-t}{3}$,得

$$y=-\frac{1}{9}+\left(\frac{1}{8}+2C_2\right)\mathrm{e}^{2t}-\frac{2}{3}C_1\mathrm{e}^{-6t}+\frac{3t}{4}\mathrm{e}^{2t}-\frac{t}{3}.$$

因此原方程组的通解为

$$\begin{cases}x=C_1\mathrm{e}^{-6t}+C_2\mathrm{e}^{2t}+\dfrac{3}{8}t\mathrm{e}^{2t}-\dfrac{1}{12},\\y=-\dfrac{2}{3}C_1\mathrm{e}^{-6t}+\left(\dfrac{1}{8}+2C_2\right)\mathrm{e}^{2t}+\dfrac{3t}{4}\mathrm{e}^{2t}-\dfrac{t}{3}-\dfrac{1}{9},\end{cases}$$

其中 C_1,C_2 为任意常数.

习题 3.4

1. 给定方程组 $\boldsymbol{x}'=\boldsymbol{A}\boldsymbol{x}+\boldsymbol{f}(t)$,其中 $\boldsymbol{A}=\begin{pmatrix}2&1\\0&2\end{pmatrix}$, $\boldsymbol{f}(t)=\begin{pmatrix}\sin t\\\cos t\end{pmatrix}$,

(1) 试验证 $\boldsymbol{\Phi}(t) = \begin{pmatrix} e^{2t} & te^{2t} \\ 0 & e^{2t} \end{pmatrix}$ 是 $\boldsymbol{x}' = \boldsymbol{A}\boldsymbol{x}$ 的基解矩阵;

(2) 试求方程组 $\boldsymbol{x}' = \boldsymbol{A}\boldsymbol{x} + \boldsymbol{f}(t)$ 满足初始条件 $\boldsymbol{x}(0) = \begin{pmatrix} 1 \\ -1 \end{pmatrix}$ 的解.

2. 试证非齐线性微分方程组解的叠加原理.

设 $\boldsymbol{x}_i(t)(i = 1, 2, \cdots, n)$ 分别为非齐线性微分方程组 $\boldsymbol{x}' = \boldsymbol{A}(t)\boldsymbol{x} + \boldsymbol{f}_i(t)(i = 1, 2, \cdots, n)$ 的解,则 $\sum\limits_{i=1}^{n}\boldsymbol{x}_i(t)$ 是方程组 $\boldsymbol{x}' = \boldsymbol{A}(t)\boldsymbol{x} + \sum\limits_{i=1}^{n}\boldsymbol{f}_i(t)$ 的解.

3. 设 $\boldsymbol{x}^{(1)}(t), \boldsymbol{x}^{(2)}(t), \cdots, \boldsymbol{x}^{(n)}(t), \boldsymbol{x}^{(n+1)}(t)$ 是方程组

$$\boldsymbol{x}' = \boldsymbol{A}(t)\boldsymbol{x} + \boldsymbol{F}(t) \tag{$*$}$$

在区间$[a,b]$上的 $n+1$ 个线性无关的解,试证

(1) 方程组($*$)的任一解 $\boldsymbol{x}(t)$ 均可表示为

$$\boldsymbol{x}(t) = a_1\boldsymbol{x}_1(t) + a_2\boldsymbol{x}_2(t) + \cdots + a_{n+1}\boldsymbol{x}_{n+1}(t), t \in [a,b], \tag{$**$}$$

其中

$$a_1 + a_2 + \cdots + a_{n+1} = 1. \tag{$***$}$$

(2) 对于任何满足($***$)式的常数 $a_1, a_2, \cdots, a_{n+1}$,由其得到的($**$)式均为方程组($*$)的解.

4. 证明:非齐线性微分方程组 $\boldsymbol{x}' = \boldsymbol{A}(t)\boldsymbol{x} + \boldsymbol{F}(t)$ 在区间$[a,b]$上有且仅有 $n+1$ 个线性无关的解.

5. 设 $\boldsymbol{x}(t)$ 是非齐线性微分方程组 $\boldsymbol{x}' = \boldsymbol{A}(t)\boldsymbol{x} + \boldsymbol{F}(t)$ 的复值解,其中 $\boldsymbol{A}(t)$, $\boldsymbol{F}(t)$ 分别为实矩阵和实向量. 证明: $\boldsymbol{x}(t)$ 的共轭及其实部均是非齐线性微分方程组的解,而 $\boldsymbol{x}(t)$ 的虚部是对应的齐线性微分方程组的解.

§3.5 常系数线性微分方程组

由前面的知识可知,要求齐线性微分方程组(3.12)和非齐线性微分方程组(3.10)的通解,只要求方程组(3.12)的一个基本解组即可. 本节研究常系数线性微分方程组,主要介绍常系数齐线性微分方程组

$$\frac{\mathrm{d}\boldsymbol{x}}{\mathrm{d}t} = \boldsymbol{A}\boldsymbol{x} \tag{3.31}$$

的基解矩阵的计算方法,这里 $\boldsymbol{A} = (a_{ij})_{n\times n}$ 是常数矩阵.

3.5.1 矩阵指数函数 e^{At}

为了寻求方程组(3.31)的一个基解矩阵,需要定义矩阵指数函数 e^{At}.

设 $\boldsymbol{A}$ 是一个给定的 $n\times n$ 常数矩阵,考虑矩阵级数

$$\sum_{k=0}^{\infty}\frac{A^k}{k!}=E+A+\frac{A^2}{2!}+\cdots+\frac{A^m}{m!}+\cdots,$$

其中 E 为 n 阶单位矩阵，A^m 是矩阵 A 的 m 次幂. 我们规定 $A^0=E$，$0!=1$. 由模的性质得

$$\left\|\frac{A^k}{k!}\right\|\leqslant\frac{\|A\|^k}{k!}.$$

利用正项级数判别法易知数项级数 $\sum_{k=0}^{\infty}\frac{\|A\|^k}{k!}$ 收敛，因此 $\sum_{k=0}^{\infty}\frac{A^k}{k!}$ 收敛且绝对收敛. 接下来给出矩阵指数的定义.

定义 3.13 设 A 是一个 $n\times n$ 常数矩阵，则级数 $\sum_{k=0}^{\infty}\frac{A^k}{k!}$ 收敛，将其和定义为**矩阵指数**，表示为 e^A（或 $\exp A$），即

$$e^A=\sum_{k=0}^{\infty}\frac{A^k}{k!}=E+A+\frac{A^2}{2!}+\cdots+\frac{A^m}{m!}+\cdots.$$

特别当 $A=O$ 时，$e^A=E$.

矩阵指数 e^A 具有下列性质：

(1) 如果矩阵 A，B 可交换，即 $AB=BA$，则 $e^{A+B}=e^A\cdot e^B$.

证 由于矩阵级数 $\sum_{k=0}^{\infty}\frac{A^k}{k!}$ 是绝对收敛，因此关于绝对收敛数项级数的性质和一些运算定理，如项的重排不改变级数的收敛性，以及级数的乘法原理等都同样可以用到矩阵级数中来. 由 $AB=BA$ 及二项式定理得

$$e^{A+B}=\sum_{k=0}^{\infty}\frac{(A+B)^k}{k!}=\sum_{k=0}^{\infty}\sum_{l=0}^{k}\frac{A^lB^{k-l}}{l!(k-l)!}.$$

另一方面，由绝对收敛级数的乘法原理得

$$e^A\cdot e^B=\sum_{i=0}^{\infty}\frac{A^i}{i!}\left(\sum_{j=0}^{\infty}\frac{B^j}{j!}\right)=\sum_{k=0}^{\infty}\sum_{l=0}^{k}\frac{A^l}{l!}\frac{B^{k-l}}{(k-l)!}.$$

由上述两式得到结论.

(2) 对于任何矩阵 A，$(e^A)^{-1}$ 存在，且

$$(e^A)^{-1}=e^{-A}.$$

只要在性质(1)中令 $B=-A$ 即得此性质.

(3) 如果 T 是非奇异矩阵，则

$$e^{T^{-1}AT}=T^{-1}e^AT.$$

事实上，

$$e^{T^{-1}AT}=E+\sum_{k=1}^{\infty}\frac{(T^{-1}AT)^k}{k!}=E+\sum_{k=1}^{\infty}\frac{T^{-1}A^kT}{k!}$$

$$= \boldsymbol{E} + \boldsymbol{T}^{-1} \sum_{k=1}^{\infty} \frac{\boldsymbol{A}^k}{k!} \boldsymbol{T} = \boldsymbol{T}^{-1} \mathrm{e}^{\boldsymbol{A}} \boldsymbol{T}.$$

如果 $\boldsymbol{A}$ 是一个 $n \times n$ 常数矩阵,t 取自一有限区间,考虑级数

$$\sum_{k=0}^{\infty} \frac{\boldsymbol{A}^k t^k}{k!} = \boldsymbol{E} + \boldsymbol{A}t + \frac{\boldsymbol{A}^2 t^2}{2!} + \cdots + \frac{\boldsymbol{A}^m t^m}{m!} + \cdots, \tag{3.32}$$

其中 $\boldsymbol{E}$ 为 n 阶单位矩阵,$\boldsymbol{A}^m$ 是矩阵 $\boldsymbol{A}$ 的 m 次幂. 我们规定 $\boldsymbol{A}^0 = \boldsymbol{E}, 0! = 1$. 这个级数总是收敛的,因此其和是一个确定的矩阵,定义为矩阵指数函数.

定义 3.14 如果 $\boldsymbol{A}$ 是一个 $n \times n$ 常数矩阵,t 取自有限区间,将级数

$$\sum_{k=0}^{\infty} \frac{\boldsymbol{A}^k t^k}{k!} = \boldsymbol{E} + \boldsymbol{A}t + \frac{\boldsymbol{A}^2 t^2}{2!} + \cdots + \frac{\boldsymbol{A}^m t^m}{m!} + \cdots$$

之和定义为**矩阵指数函数**,表示为 $\mathrm{e}^{\boldsymbol{A}t}$(或 $\exp \boldsymbol{A}t$),即

$$\mathrm{e}^{\boldsymbol{A}t} = \sum_{k=0}^{\infty} \frac{\boldsymbol{A}^k t^k}{k!} = \boldsymbol{E} + \boldsymbol{A}t + \frac{\boldsymbol{A}^2 t^2}{2!} + \cdots + \frac{\boldsymbol{A}^m t^m}{m!} + \cdots.$$

矩阵指数函数 $\mathrm{e}^{\boldsymbol{A}t}$ 有如下性质:

(1) $\mathrm{e}^{\boldsymbol{A}\cdot 0} = \boldsymbol{E}$. 对任何 t 和 λ_0 都有 $\mathrm{e}^{\lambda_0 \boldsymbol{E} t} = \mathrm{e}^{\lambda_0 t}\boldsymbol{E}$;

(2) 设 λ_0 是一个常数,则 $\mathrm{e}^{\boldsymbol{A}t} = \mathrm{e}^{\lambda_0 t} \sum_{k=0}^{\infty} \frac{(\boldsymbol{A} - \lambda_0 \boldsymbol{E})^k t^k}{k!}$;

(3) 对任一 t 及 s, 方阵 $\mathrm{e}^{\boldsymbol{A}t}$ 是非奇异的,且 $(\mathrm{e}^{\boldsymbol{A}t})^{-1} = \mathrm{e}^{-\boldsymbol{A}t}$;

(4) $\frac{\mathrm{d}}{\mathrm{d}t}\mathrm{e}^{\boldsymbol{A}t} = \boldsymbol{A}\mathrm{e}^{\boldsymbol{A}t}$;

(5) 设 $\boldsymbol{A}, \boldsymbol{B}$ 是两个 n 阶方阵,并且 $\boldsymbol{AB} = \boldsymbol{BA}$,则 $\mathrm{e}^{(\boldsymbol{A}+\boldsymbol{B})t} = \mathrm{e}^{\boldsymbol{A}t} \cdot \mathrm{e}^{\boldsymbol{B}t}$;

(6) $\mathrm{e}^{\boldsymbol{A}(t+s)} = \mathrm{e}^{\boldsymbol{A}t} \cdot \mathrm{e}^{\boldsymbol{A}s}$;

(7) 设 $\boldsymbol{S}$ 是 n 阶非奇异方阵,则 $\mathrm{e}^{(\boldsymbol{S}^{-1}\boldsymbol{A}\boldsymbol{S})t} = \boldsymbol{S}^{-1}\mathrm{e}^{\boldsymbol{A}t}\boldsymbol{S}$.

3.5.2 常系数齐线性微分方程组基解矩阵的计算

关于常系数齐线性微分方程组(3.31)的基解矩阵,我们有

定理 3.13 $\boldsymbol{\Phi}(t) = \mathrm{e}^{\boldsymbol{A}t}$ 是方程组(3.31)的基解矩阵,且 $\boldsymbol{\Phi}(0) = \boldsymbol{E}$.

证 由定义易知 $\boldsymbol{\Phi}(0) = \boldsymbol{E}$,

$$\frac{\mathrm{d}\boldsymbol{\Phi}(t)}{\mathrm{d}t} = \frac{\mathrm{d}\mathrm{e}^{\boldsymbol{A}t}}{\mathrm{d}t} = \boldsymbol{A} + \frac{\boldsymbol{A}^2 t}{1!} + \frac{\boldsymbol{A}^3 t^2}{2!} + \cdots + \frac{\boldsymbol{A}^m t^{m-1}}{(m-1)!} + \cdots$$
$$= \boldsymbol{A}\mathrm{e}^{\boldsymbol{A}t} = \boldsymbol{A}\boldsymbol{\Phi}(t),$$

从而 $\boldsymbol{\Phi}(t)$ 是方程组(3.31)的解矩阵. 又因为 $\det \boldsymbol{\Phi}(0) = \det \boldsymbol{E} = 1$, 所以 $\boldsymbol{\Phi}(t)$ 是方程组(3.31)的基解矩阵. 易知方程组(3.31)的任一解 $\boldsymbol{\varphi}(t)$ 都可表示为

$$\boldsymbol{\varphi}(t) = \mathrm{e}^{\boldsymbol{A}t}\boldsymbol{c},$$

其中 $\boldsymbol{c}$ 是一个常数列向量.

注 当 $A = \begin{pmatrix} \lambda_1 & & \\ & \ddots & \\ & & \lambda_n \end{pmatrix}$ 时,

$$e^{At} = E + \begin{pmatrix} \lambda_1 & & \\ & \ddots & \\ & & \lambda_n \end{pmatrix} t + \frac{1}{2!} \begin{pmatrix} \lambda_1 & & \\ & \ddots & \\ & & \lambda_n \end{pmatrix}^2 t^2 + \cdots + \frac{1}{n!} \begin{pmatrix} \lambda_1 & & \\ & \ddots & \\ & & \lambda_n \end{pmatrix}^n t^n + \cdots$$

$$= \begin{pmatrix} e^{\lambda_1 t} & & \\ & \ddots & \\ & & e^{\lambda_n t} \end{pmatrix}.$$

例 1 试求 $\frac{dx}{dt} = \begin{pmatrix} 2 & 1 \\ 0 & 2 \end{pmatrix} x$ 的基解矩阵.

解 因为 $A = \begin{pmatrix} 2 & 1 \\ 0 & 2 \end{pmatrix} = \begin{pmatrix} 2 & 0 \\ 0 & 2 \end{pmatrix} + \begin{pmatrix} 0 & 1 \\ 0 & 0 \end{pmatrix}$ 能分解为两个可交换矩阵的和,所以有

$$e^{At} = \begin{pmatrix} e^{2t} & 0 \\ 0 & e^{2t} \end{pmatrix} \left\{ E + \begin{pmatrix} 0 & 1 \\ 0 & 0 \end{pmatrix} t + \begin{pmatrix} 0 & 1 \\ 0 & 0 \end{pmatrix}^2 \frac{t^2}{2!} + \cdots \right\}.$$

而

$$\begin{pmatrix} 0 & 1 \\ 0 & 0 \end{pmatrix}^2 = \begin{pmatrix} 0 & 0 \\ 0 & 0 \end{pmatrix},$$

因此,原方程组的基解矩阵为

$$e^{At} = e^{2t} \begin{pmatrix} 1 & t \\ 0 & 1 \end{pmatrix}.$$

由定理 3.13 知, e^{At} 是方程组(3.31)的一个基解矩阵. 本节利用线性代数的基本知识讨论 e^{At} 的计算方法,从而解决常系数齐线性微分方程组的基解矩阵的计算问题. 为此,我们需要引进矩阵的特征值和特征向量的概念.

像常系数齐线性微分方程一样,我们尝试找方程组(3.31)的形如 $e^{\lambda t} c$ 的非零解,这里 λ 和 n 维向量 c 是待定的,代入方程组(3.31)得

$$\lambda e^{\lambda t} c = A e^{\lambda t} c.$$

因为 $e^{\lambda t} \neq 0$, 从而

$$(\lambda E - A) c = 0. \tag{3.33}$$

方程(3.33)可以看作是关于向量 c 的 n 个分量的齐线性代数方程组,由线性代数理论知,此方程组有非零解的充要条件是

$$\det(\lambda E - A) = 0. \tag{3.34}$$

定义 3.15 对于方阵 $\boldsymbol{A}$,称满足(3.34)式的 λ 为 $\boldsymbol{A}$ 的特征值,称使得(3.33)式成立的向量 $\boldsymbol{c}$ 为 $\boldsymbol{A}$ 的对应于特征值 λ 的特征向量. 此时 $\mathrm{e}^{\lambda t}\boldsymbol{c}$ 为方程组(3.31)的解.

下面介绍计算基解矩阵的方法.

1. 特征向量法

定理 3.14 如果矩阵 $\boldsymbol{A}$ 有 n 个线性无关的特征向量 $\boldsymbol{u}_1,\boldsymbol{u}_2,\cdots,\boldsymbol{u}_n$,它们对应的特征值分别为 $\lambda_1,\lambda_2,\cdots,\lambda_n$(不必各不相同),那么矩阵

$$\boldsymbol{\Phi}(t)=[\mathrm{e}^{\lambda_1 t}\boldsymbol{u}_1,\mathrm{e}^{\lambda_2 t}\boldsymbol{u}_2,\cdots,\mathrm{e}^{\lambda_n t}\boldsymbol{u}_n]$$

是常系数齐线性微分方程组(3.31)的一个基解矩阵.

证 由条件知向量函数 $\mathrm{e}^{\lambda_i t}\boldsymbol{u}_i(i=1,2,\cdots,n)$ 都是方程组(3.31)的解. 因此,矩阵

$$\boldsymbol{\Phi}(t)=[\mathrm{e}^{\lambda_1 t}\boldsymbol{u}_1,\mathrm{e}^{\lambda_2 t}\boldsymbol{u}_2,\cdots,\mathrm{e}^{\lambda_n t}\boldsymbol{u}_n]$$

是方程组(3.31)的一个解矩阵. 因为向量 $\boldsymbol{u}_1,\boldsymbol{u}_2,\cdots,\boldsymbol{u}_n$ 是线性无关的,所以

$$\det\boldsymbol{\Phi}(0)=\det(\boldsymbol{u}_1,\boldsymbol{u}_2,\cdots,\boldsymbol{u}_n)\neq 0,$$

从而 $\boldsymbol{\Phi}(t)$ 是方程组(3.31)的一个基解矩阵. 证毕.

当 $\boldsymbol{A}$ 有复特征值 λ_i 时,向量函数 $\mathrm{e}^{\lambda_i t}\boldsymbol{u}_i$ 为复的解向量,根据下列定理可得到实的解向量.

定理 3.15 如果 $\boldsymbol{Y}_1(t),\boldsymbol{Y}_2(t),\cdots,\boldsymbol{Y}_n(t)$ 是区间 I 上的 n 个线性无关的向量函数,b_1,b_2 是两个不等于零的常数,则向量组

$$b_1[\boldsymbol{Y}_1(t)+\boldsymbol{Y}_2(t)],\ b_2[\boldsymbol{Y}_1(t)-\boldsymbol{Y}_2(t)],\ \boldsymbol{Y}_3(t),\cdots,\boldsymbol{Y}_n(t)$$

在区间 I 上仍是线性无关的.

证 反证法. 如果上述向量组线性相关, 则存在 n 个不全为零的常数 $c_1,c_2,\cdots,c_n$,使得对区间 I 上的所有 t 皆有

$$c_1b_1[\boldsymbol{Y}_1(t)+\boldsymbol{Y}_2(t)]+c_2b_2[\boldsymbol{Y}_1(t)-\boldsymbol{Y}_2(t)]+c_3\boldsymbol{Y}_3(t)+\cdots+c_n\boldsymbol{Y}_n(t)=\boldsymbol{0},$$

整理得

$$(c_1b_1+c_2b_2)\boldsymbol{Y}_1(t)+(c_1b_1-c_2b_2)\boldsymbol{Y}_2(t)+c_3\boldsymbol{Y}_3(t)+\cdots+c_n\boldsymbol{Y}_n(t)=\boldsymbol{0}.$$

因为 $\boldsymbol{Y}_1(t),\boldsymbol{Y}_2(t),\cdots,\boldsymbol{Y}_n(t)$ 线性无关, 从而

$$c_1b_1+c_2b_2=0,c_1b_1-c_2b_2=0,c_3=0,\cdots,c_n=0,$$

由此可知 $c_1b_1=0,c_2b_2=0$,而 $b_1,b_2\neq 0$,所以 $c_1=0=c_2$,即所有的常数 $c_1,c_2,\cdots,c_n$ 都为零, 这与假设矛盾. 故 $b_1[\boldsymbol{Y}_1(t)+\boldsymbol{Y}_2(t)],\ b_2[\boldsymbol{Y}_1(t)-\boldsymbol{Y}_2(t)],\ \boldsymbol{Y}_3(t),\cdots,\boldsymbol{Y}_n(t)$ 是线性无关的. 证毕.

设 λ 是 $\boldsymbol{A}$ 的一个复特征值,$\boldsymbol{u}$ 是相应的复特征向量,由于 $\boldsymbol{A}$ 是实矩阵,$\bar{\boldsymbol{\lambda}}$ 和 $\bar{\boldsymbol{u}}$ 也是它的特征值和相应的特征向量,记

$$\boldsymbol{z}=\mathrm{e}^{\lambda t}\boldsymbol{u}=\boldsymbol{u}_1(t)+\mathrm{i}\boldsymbol{u}_2(t),$$

则 z 和 $\bar{z}$ 都是方程组(3.31)的解向量,这里 $\boldsymbol{u}_1(t)$, $\boldsymbol{u}_2(t)$ 是 z 的实部和虚部,从而

$$\boldsymbol{u}_1(t) = \frac{1}{2}(z+\bar{z}), \boldsymbol{u}_2(t) = \frac{1}{2\mathrm{i}}(z-\bar{z})$$

是方程组(3.31)的两个实的线性无关的解向量.

设 $z, \bar{z}, \boldsymbol{Y}_3(t), \boldsymbol{Y}_4(t), \cdots, \boldsymbol{Y}_m(t)$ 是方程组(3.31)的线性无关的解向量,根据定理3.15知, $\boldsymbol{u}_1(t), \boldsymbol{u}_2(t), \boldsymbol{Y}_3(t), \boldsymbol{Y}_4(t), \cdots, \boldsymbol{Y}_m(t)$ 仍是线性无关的,因此总是能找到实的基本解组.

例2 试求

$$\frac{\mathrm{d}\boldsymbol{x}}{\mathrm{d}t} = \begin{pmatrix} 3 & -1 & 1 \\ -1 & 5 & -1 \\ 1 & -1 & 3 \end{pmatrix}\boldsymbol{x}$$

的通解.

解 特征方程

$$\det(\lambda\boldsymbol{E}-\boldsymbol{A}) = \begin{vmatrix} \lambda-3 & 1 & -1 \\ 1 & \lambda-5 & 1 \\ -1 & 1 & \lambda-3 \end{vmatrix} = \lambda^3 - 11\lambda^2 + 36\lambda - 36 = 0,$$

特征值为 $\lambda_1 = 2, \lambda_2 = 3, \lambda_3 = 6$, 与它们对应的特征向量分别为 $\begin{pmatrix} 1 \\ 0 \\ -1 \end{pmatrix}, \begin{pmatrix} 1 \\ 1 \\ 1 \end{pmatrix}, \begin{pmatrix} 1 \\ -2 \\ 1 \end{pmatrix}$, 于是原方程组的通解为

$$\boldsymbol{x} = C_1\mathrm{e}^{2t}\begin{pmatrix} 1 \\ 0 \\ -1 \end{pmatrix} + C_2\mathrm{e}^{3t}\begin{pmatrix} 1 \\ 1 \\ 1 \end{pmatrix} + C_3\mathrm{e}^{6t}\begin{pmatrix} 1 \\ -2 \\ 1 \end{pmatrix},$$

其中 C_1, C_2, C_3 为任意常数.

例3 试求

$$\frac{\mathrm{d}\boldsymbol{x}}{\mathrm{d}t} = \begin{pmatrix} 1 & 1 \\ -1 & 1 \end{pmatrix}\boldsymbol{x}$$

的通解.

解 特征方程

$$\det(\lambda\boldsymbol{E}-\boldsymbol{A}) = \begin{vmatrix} \lambda-1 & -1 \\ 1 & \lambda-1 \end{vmatrix} = \lambda^2 - 2\lambda + 2 = 0,$$

特征值为 $\lambda_1=1+\mathrm{i},\lambda_2=1-\mathrm{i}$,相应的特征向量分别为$\begin{pmatrix}1\\ \mathrm{i}\end{pmatrix},\begin{pmatrix}1\\ -\mathrm{i}\end{pmatrix}$.

又 $\mathrm{e}^{(1+\mathrm{i})t}\begin{pmatrix}1\\ \mathrm{i}\end{pmatrix}=\mathrm{e}^t\begin{pmatrix}\cos t\\ -\sin t\end{pmatrix}+\mathrm{i}\mathrm{e}^t\begin{pmatrix}\sin t\\ \cos t\end{pmatrix}$,于是原方程组的基本解组为

$$\mathrm{e}^t\begin{pmatrix}\cos t\\ -\sin t\end{pmatrix},\quad \mathrm{e}^t\begin{pmatrix}\sin t\\ \cos t\end{pmatrix},$$

通解为

$$\boldsymbol{x}=C_1\mathrm{e}^t\begin{pmatrix}\cos t\\ -\sin t\end{pmatrix}+C_2\mathrm{e}^t\begin{pmatrix}\sin t\\ \cos t\end{pmatrix}\qquad (C_1,C_2\ \text{为任意常数}).$$

2. Jordan(若尔当)标准形法[3]

首先由矩阵理论知,对 $n\times n$ 常数矩阵 $\boldsymbol{A}$,存在 $n\times n$ 非奇异矩阵 $\boldsymbol{T}$,使

$$\boldsymbol{T}^{-1}\boldsymbol{A}\boldsymbol{T}=\boldsymbol{J},$$

其中

$$\boldsymbol{J}=\begin{pmatrix}\boldsymbol{J}_1 & & & \\ & \boldsymbol{J}_2 & & \\ & & \ddots & \\ & & & \boldsymbol{J}_k\end{pmatrix}$$

为 Jordan 标准形,

$$\boldsymbol{J}_i=\begin{pmatrix}\lambda_i & 1 & & \\ & \lambda_i & 1 & \\ & & \ddots & \ddots \\ & & & \lambda_i & 1\end{pmatrix}(i=1,2,\cdots,k)$$

为 n_i 阶 Jordan 块,矩阵中空白处的元素为零. $\lambda_1,\lambda_2,\cdots,\lambda_k$ 是 $\boldsymbol{A}$ 的特征根,其中可能有重根,$n_1+n_2+\cdots+n_k=n$,而 k 是矩阵 $\boldsymbol{A}-\lambda\boldsymbol{E}$ 的初等因子的个数.

利用分块矩阵及矩阵指数函数的运算性质知

$$\mathrm{e}^{\boldsymbol{A}t}=\mathrm{e}^{(\boldsymbol{T}\boldsymbol{J}\boldsymbol{T}^{-1})t}=\boldsymbol{T}\mathrm{e}^{\boldsymbol{J}t}\boldsymbol{T}^{-1}=\boldsymbol{T}\begin{pmatrix}\mathrm{e}^{\boldsymbol{J}_1t} & & & \\ & \mathrm{e}^{\boldsymbol{J}_2t} & & \\ & & \ddots & \\ & & & \mathrm{e}^{\boldsymbol{J}_kt}\end{pmatrix}\boldsymbol{T}^{-1},$$

对其中的 Jordan 块 $\boldsymbol{J}_i(i=1,2,\cdots,k)$,由于它仅有一个 n_i 重特征根 $\boldsymbol{\lambda}_i(i=1,2,\cdots,k)$,所以由公式得

$$\mathrm{e}^{\boldsymbol{J}_it}=\mathrm{e}^{\lambda_it}\sum_{j=0}^{\infty}\frac{(\boldsymbol{J}_i-\lambda_i\boldsymbol{E})^j}{j!}t^j=\mathrm{e}^{\lambda_it}\sum_{j=0}^{n_i-1}\frac{(\boldsymbol{J}_j-\lambda_j\boldsymbol{E})^j}{j!}t^j$$

$$= e^{\lambda_i t}\left[\boldsymbol{E} + (\boldsymbol{J}_i - \lambda_i \boldsymbol{E})t + \frac{(\boldsymbol{J}_i - \lambda_i \boldsymbol{E})^2}{2!}t^2 + \cdots + \frac{(\boldsymbol{J}_i - \lambda_i \boldsymbol{E})^{n_i-1}}{(n_i-1)!}t^{n_i-1} \right]$$

$$= e^{\lambda_i t}\left[\begin{pmatrix} 1 & 0 & & & \\ & 1 & 0 & & \\ & & \ddots & & \\ & & & 1 & 0 \\ & & & & 1 \end{pmatrix} + \begin{pmatrix} 0 & 1 & & & \\ & 0 & 1 & & \\ & & \ddots & & \\ & & & 0 & 1 \\ & & & & 0 \end{pmatrix} t + \right.$$

$$\left. \begin{pmatrix} 0 & 1 & & & \\ & 0 & 1 & & \\ & & \ddots & & \\ & & & 0 & 1 \\ & & & & 0 \end{pmatrix}^2 \frac{t^2}{2!} + \cdots + \begin{pmatrix} 0 & 1 & & & \\ & 0 & 1 & & \\ & & \ddots & & \\ & & & 0 & 1 \\ & & & & 0 \end{pmatrix}^{n_i-1} \frac{t^{n_i-1}}{(n_i-1)!} \right]$$

$$= e^{\lambda_i t}\left[\begin{pmatrix} 1 & 0 & & & \\ & 1 & 0 & & \\ & & \ddots & \ddots & \\ & & & 1 & 0 \\ & & & & 1 \end{pmatrix} + \begin{pmatrix} 0 & 1 & & & \\ & 0 & 1 & & \\ & & \ddots & \ddots & \\ & & & 0 & 1 \\ & & & & 0 \end{pmatrix} t + \right.$$

$$\left. \begin{pmatrix} 0 & 0 & 1 & & & \\ & 0 & 0 & \ddots & & \\ & & \ddots & \ddots & & \\ & & & 0 & 0 & 1 \\ & & & & 0 & 0 \\ & & & & & 0 \end{pmatrix} \frac{t^2}{2!} + \cdots + \begin{pmatrix} 0 & 0 & & \cdots & 1 \\ & 0 & 0 & & \vdots \\ & & \ddots & \ddots & \\ & & & 0 & 0 \\ & & & & 0 \end{pmatrix} \frac{t^{n_i-1}}{(n_i-1)!} \right]$$

$$= e^{\lambda_i t}\begin{pmatrix} 1 & t & \frac{t^2}{2!} & \cdots & \frac{t^{n_i-1}}{(n_i-1)!} \\ & 1 & t & \cdots & \frac{t^{n_i-2}}{(n_i-2)!} \\ & & 1 & \cdots & \frac{t^{n_i-3}}{(n_i-3)!} \\ & & & \ddots & \vdots \\ & & & & 1 \end{pmatrix}.$$

因此即得方程组(3.31)的基解矩阵 $e^{\boldsymbol{A}t}$ 的 Jordan 标准形法计算公式. 由基解矩阵之间的关系知, $\boldsymbol{\Phi}(t) = \boldsymbol{T}e^{\boldsymbol{J}t}$ 也是基解矩阵.

注 此方法中非奇异矩阵 $\boldsymbol{T}$ 的计算较为繁琐.

例 4 求方程组 $\boldsymbol{x}'=\boldsymbol{A}\boldsymbol{x}$ 的标准基解矩阵,其中 $\boldsymbol{A}=\begin{pmatrix}3&-1&1\\2&0&1\\1&-1&2\end{pmatrix}$.

解 Jordan 标准形法

$$|\lambda\boldsymbol{E}-\boldsymbol{A}|=\begin{vmatrix}\lambda-3&1&-1\\-2&\lambda&-1\\-1&1&\lambda-2\end{vmatrix}=(\lambda-1)(\lambda-2)^2=0,\lambda_1=1,\lambda_{2,3}=2.$$

(1) 求矩阵 $\boldsymbol{A}$ 的 Jordan 标准形.

矩阵 $\lambda\boldsymbol{E}-\boldsymbol{A}=\begin{pmatrix}\lambda-3&1&-1\\-2&\lambda&-1\\-1&1&\lambda-2\end{pmatrix}$ 经初等变换可化为 $\begin{pmatrix}1&0&0\\0&1&0\\0&0&(\lambda-1)(\lambda-2)^2\end{pmatrix}$,所以 $\boldsymbol{A}$ 的初等因子为 $(\lambda-1)$,$(\lambda-2)^2$,其 Jordan 标准形为 $\boldsymbol{J}=\begin{pmatrix}1&0&0\\0&2&1\\0&0&2\end{pmatrix}$.

(2) 求非奇异矩阵 $\boldsymbol{T}$,使得 $\boldsymbol{A}=\boldsymbol{T}\boldsymbol{J}\boldsymbol{T}^{-1}$.

设 $\boldsymbol{T}=\begin{pmatrix}t_{11}&t_{12}&t_{13}\\t_{21}&t_{22}&t_{23}\\t_{31}&t_{32}&t_{33}\end{pmatrix}$,则由

$$\begin{pmatrix}3&-1&1\\2&0&1\\1&-1&2\end{pmatrix}\begin{pmatrix}t_{11}&t_{12}&t_{13}\\t_{21}&t_{22}&t_{23}\\t_{31}&t_{32}&t_{33}\end{pmatrix}=\begin{pmatrix}t_{11}&t_{12}&t_{13}\\t_{21}&t_{22}&t_{23}\\t_{31}&t_{32}&t_{33}\end{pmatrix}\begin{pmatrix}1&0&0\\0&2&1\\0&0&2\end{pmatrix}$$

求得

$$\boldsymbol{T}=\begin{pmatrix}0&1&1\\1&1&1\\1&0&1\end{pmatrix},\qquad \boldsymbol{T}^{-1}=\begin{pmatrix}-1&1&0\\0&1&-1\\1&-1&1\end{pmatrix}.$$

(3) 求标准基解矩阵.

$$\mathrm{e}^{\boldsymbol{A}t}=\boldsymbol{T}(\mathrm{e}^{\boldsymbol{J}t})\boldsymbol{T}^{-1}=\begin{pmatrix}0&1&1\\1&1&1\\1&0&1\end{pmatrix}\begin{pmatrix}\mathrm{e}^{t}&0&0\\0&\mathrm{e}^{2t}&t\mathrm{e}^{2t}\\0&0&\mathrm{e}^{2t}\end{pmatrix}\begin{pmatrix}-1&1&0\\0&1&-1\\1&-1&1\end{pmatrix}$$

$$
=\begin{pmatrix} (1+t)e^{2t} & -te^{2t} & te^{2t} \\ -e^{t}+(1+t)e^{2t} & e^{t}-te^{2t} & te^{2t} \\ -e^{t}+e^{2t} & e^{t}-e^{2t} & e^{2t} \end{pmatrix}.
$$

3. Hamilton-Cayley(哈密顿－凯莱)法[6]

令 $\lambda_1,\lambda_2,\cdots,\lambda_n$ 为 $\boldsymbol{A}$ 的特征值,它们之中可以有相同的,重根按重数计算.再令

$$
\begin{cases} \boldsymbol{Q}_0=\boldsymbol{E} \\ \boldsymbol{Q}_1=\boldsymbol{A}-\lambda_1\boldsymbol{E} \\ \cdots\cdots\cdots\cdots \\ \boldsymbol{Q}_{n-1}=(\boldsymbol{A}-\lambda_{n-1}\boldsymbol{E})\boldsymbol{Q}_{n-2}. \end{cases} \tag{3.35}
$$

根据 Hamilton-Cayley 定理有

$$
\begin{aligned} \boldsymbol{Q}_n &= (\boldsymbol{A}-\lambda_n\boldsymbol{E})\boldsymbol{Q}_{n-1} = (\boldsymbol{A}-\lambda_n\boldsymbol{E})(\boldsymbol{A}-\lambda_{n-1}\boldsymbol{E})\cdots(\boldsymbol{A}-\lambda_1\boldsymbol{E}) \\ &= (-1)^n P(\boldsymbol{A}) = \boldsymbol{O}, \end{aligned}
$$

这里 $P(\lambda)=|\lambda\boldsymbol{E}-\boldsymbol{A}|$ 为 $\boldsymbol{A}$ 的特征多项式.

现在寻求如下形式的基解矩阵

$$
e^{\boldsymbol{A}t}=r_1(t)\boldsymbol{Q}_0+r_2(t)\boldsymbol{Q}_1+\cdots+r_n(t)\boldsymbol{Q}_{n-1} \tag{3.36}
$$

其中 $r_1(t),r_2(t),\cdots,r_n(t)$ 为 n 个待定的数值函数.为了求出它们,对(3.36)式两边关于 t 求导得

$$
\boldsymbol{A}e^{\boldsymbol{A}t}=r_1'(t)\boldsymbol{Q}_0+r_2'(t)\boldsymbol{Q}_1+\cdots+r_n'(t)\boldsymbol{Q}_{n-1}. \tag{3.37}
$$

另一方面

$$
\boldsymbol{A}e^{\boldsymbol{A}t}=r_1(t)\boldsymbol{A}\boldsymbol{Q}_0+r_2(t)\boldsymbol{A}\boldsymbol{Q}_1+\cdots+r_n(t)\boldsymbol{A}\boldsymbol{Q}_{n-1}, \tag{3.38}
$$

但由(3.35)得

$$
\boldsymbol{A}\boldsymbol{Q}_0=\lambda_1\boldsymbol{Q}_0+\boldsymbol{Q}_1,\cdots,\boldsymbol{A}\boldsymbol{Q}_{n-2}=\lambda_{n-1}\boldsymbol{Q}_{n-2}+\boldsymbol{Q}_{n-1},\boldsymbol{A}\boldsymbol{Q}_{n-1}=\lambda_n\boldsymbol{Q}_{n-1}.
$$

将上式代入(3.38)式右端,并与(3.37)式进行比较得

$$
\begin{cases} r_1'=\lambda_1 r_1, \\ r_2'=\lambda_2 r_2+r_1(t), \\ \cdots\cdots\cdots\cdots \\ r_n'=\lambda_n r_n+r_{n-1}(t). \end{cases}
$$

在(3.36)式中令 $t=0$,并注意到 $\boldsymbol{Q}_0=\boldsymbol{E}$,即知

$$
r_1(0)=1,r_2(0)=r_3(0)=\cdots=r_n(0)=0.
$$

因此解上述微分方程组得

$$\begin{cases} r_1(t) = e^{\lambda_1 t}, \\ r_2(t) = \int_0^t e^{\lambda_2(t-s)} r_1(s)\,ds, \\ \cdots\cdots\cdots\cdots \\ r_n(t) = \int_0^t e^{\lambda_n(t-s)} r_{n-1}(s)\,ds. \end{cases}$$

将 $r_1(t), r_2(t), \cdots, r_n(t)$ 代入(3.36)式即得 e^{At}.

例 5 设 $\boldsymbol{A} = \begin{pmatrix} -2 & 1 & 2 \\ -1 & 0 & 2 \\ -2 & 0 & 3 \end{pmatrix}$,求 e^{At}.

解 $\det(\lambda \boldsymbol{E} - \boldsymbol{A}) = \begin{vmatrix} \lambda+2 & -1 & -2 \\ 1 & \lambda & -2 \\ 2 & 0 & \lambda-3 \end{vmatrix} = (\lambda+1)(\lambda-1)^2 = 0.$

解得 $\lambda_1 = -1, \lambda_{2,3} = 1$,于是有

$$r_1(t) = e^{-t}, r_2(t) = \int_0^t e^{t-s} e^{-s} ds = \frac{1}{2}(e^t - e^{-t}),$$

$$r_3(t) = \frac{1}{2}\int_0^t e^{t-s}(e^s - e^{-s})\,ds = \frac{1}{4}[e^{-t} + (2t-1)e^t],$$

且

$$\boldsymbol{Q}_0 = \boldsymbol{E}, \quad \boldsymbol{Q}_1 = \boldsymbol{A} - \lambda_1 \boldsymbol{E} = \boldsymbol{A} + \boldsymbol{E} = \begin{pmatrix} -1 & 1 & 2 \\ -1 & 1 & 2 \\ -2 & 0 & 4 \end{pmatrix};$$

$$\boldsymbol{Q}_2 = (\boldsymbol{A} - \lambda_2 \boldsymbol{E})\boldsymbol{Q}_1 = \begin{pmatrix} -3 & 1 & 2 \\ -1 & -1 & 2 \\ -2 & 0 & 2 \end{pmatrix}\boldsymbol{Q}_1 = \begin{pmatrix} -2 & -2 & 4 \\ -2 & -2 & 4 \\ -2 & -2 & 4 \end{pmatrix}.$$

因此

$$\begin{aligned} e^{At} &= r_1(t)\boldsymbol{Q}_0 + r_2(t)\boldsymbol{Q}_1 + r_3(t)\boldsymbol{Q}_2 \\ &= e^{-t}\boldsymbol{E} + \frac{e^t - e^{-t}}{2}\begin{pmatrix} -1 & 1 & 2 \\ -1 & 1 & 2 \\ -2 & 0 & 4 \end{pmatrix} + \frac{e^{-t} + (2t-1)e^t}{4}\begin{pmatrix} -2 & -2 & 4 \\ -2 & -2 & 4 \\ -2 & -2 & 4 \end{pmatrix} \\ &= \begin{pmatrix} e^{-t} - te^t & -e^{-t} + (1-t)e^t & 2te^t \\ -te^t & (1-t)e^t & 2te^t \\ \frac{e^{-t}}{2} - \frac{(1+2t)e^t}{2} & -\frac{e^{-t}}{2} + \frac{(1-2t)e^t}{2} & (1+2t)e^t \end{pmatrix}. \end{aligned}$$

4. 一般方法

当 $\boldsymbol{A}$ 有 n_i 重特征根 λ_i，且由 $(\boldsymbol{A}-\lambda_i\boldsymbol{E})\boldsymbol{u}=\boldsymbol{0}$ 所确定的线性无关的特征向量的个数少于 n_i 时，前面的定理就不适用了．此时应求矩阵 $\boldsymbol{A}$ 的广义特征向量，然后利用一般方法求其基解矩阵．下面介绍有关的内容.

定理 3.16[7]　假设 $\lambda_1,\lambda_2,\cdots,\lambda_k$ 是 $n\times n$ 矩阵 $\boldsymbol{A}$ 的 k 个不同的特征值，它们的重数分别为 $n_1,n_2,\cdots,n_k$ 这里 $n_1+n_2+\cdots+n_k=n$，记 n 维常数向量所组成的线性空间为 V，那么

(1) V 的子集合 $V_j=\{\boldsymbol{v}\mid(\boldsymbol{A}-\lambda_j\boldsymbol{E})^{n_j}\boldsymbol{v}=\boldsymbol{0},\boldsymbol{v}\in V\}$ 是矩阵 $\boldsymbol{A}$ 的 $n_j(j=1,2,\cdots,k)$ 维不变子空间.

(2) V 有直和分解 $V=V_1\oplus V_2\oplus\cdots\oplus V_k$.

由此定理易知，对于 n 维欧氏空间中的每一个向量 $\boldsymbol{u}$，存在唯一的一组向量 $\boldsymbol{u}_1,\boldsymbol{u}_2,\cdots,\boldsymbol{u}_k$ 使得

$$\boldsymbol{u}=\boldsymbol{u}_1+\boldsymbol{u}_2+\cdots+\boldsymbol{u}_k,$$

其中 $\boldsymbol{u}_j\in V_j(j=1,2,\cdots,k)$

注　如果 $\boldsymbol{A}$ 只有一个特征值，即 $k=1$，则不必对 V 进行分解，由于对任何向量 $\boldsymbol{u}\in V$ 都有 $(\boldsymbol{A}-\lambda\boldsymbol{E})^n\boldsymbol{u}=\boldsymbol{0}$，即 $(\boldsymbol{A}-\lambda\boldsymbol{E})^n$ 是一个零矩阵，因此

$$\mathrm{e}^{\boldsymbol{A}t}=\mathrm{e}^{\lambda t}\mathrm{e}^{(\boldsymbol{A}-\lambda\boldsymbol{E})t}=\mathrm{e}^{\lambda t}\sum_{i=0}^{n-1}\frac{t^i}{i!}(\boldsymbol{A}-\lambda\boldsymbol{E})^i.$$

下面我们考虑一般情形，即特征根有重根且无 n 个线性无关的特征向量时，如何计算基解矩阵.

先求方程组(3.31)满足任一初始条件 $\boldsymbol{\varphi}(0)=\boldsymbol{\eta}$ 的解 $\boldsymbol{\varphi}(t)$.

易知 $\boldsymbol{\varphi}(t)=\mathrm{e}^{\boldsymbol{A}t}\boldsymbol{\eta}$，一般来讲 $\boldsymbol{\varphi}(t)$ 的每一个分量都是无穷级数，因而难以计算. 这里我们要将向量 $\boldsymbol{\eta}$ 进行分解，从而使得 $\boldsymbol{\varphi}(t)=\mathrm{e}^{\boldsymbol{A}t}\boldsymbol{\eta}$ 的分量可以表示成 t 的指数函数与 t 的幂函数乘积的有限项的线性组合.

假设 $\lambda_1,\lambda_2,\cdots,\lambda_k$ 是 $n\times n$ 矩阵 $\boldsymbol{A}$ 的 k 个不同的特征值，它们的重数分别为 $n_1,n_2,\cdots,n_k$，这里 $n_1+n_2+\cdots+n_k=n$，又有分解式 $\boldsymbol{\eta}=\boldsymbol{v}_1+\boldsymbol{v}_2+\cdots+\boldsymbol{v}_k$，其中 $\boldsymbol{v}_j\in V_j(j=1,2,\cdots,k)$，因此

$$(\boldsymbol{A}-\lambda_j\boldsymbol{E})^l\boldsymbol{v}_j=\boldsymbol{0},\quad l\geqslant n_j,\quad j=1,2,\cdots,k.$$

再根据等式 $\mathrm{e}^{\lambda_j t}\mathrm{e}^{-\lambda_j\boldsymbol{E}t}=\mathrm{e}^{\lambda_j t}\begin{pmatrix}\mathrm{e}^{-\lambda_j t} & & \\ & \ddots & \\ & & \mathrm{e}^{-\lambda_j t}\end{pmatrix}=\boldsymbol{E}$，得

$$\begin{aligned}\mathrm{e}^{\boldsymbol{A}t}\boldsymbol{v}_j&=\mathrm{e}^{\boldsymbol{A}t}\mathrm{e}^{\lambda_j t}\mathrm{e}^{-\lambda_j\boldsymbol{E}t}\boldsymbol{v}_j=\mathrm{e}^{\lambda_j t}\mathrm{e}^{(\boldsymbol{A}-\lambda_j\boldsymbol{E})t}\boldsymbol{v}_j\\&=\mathrm{e}^{\lambda_j t}\left[\boldsymbol{E}+t(\boldsymbol{A}-\lambda_j\boldsymbol{E})+\frac{t^2}{2!}(\boldsymbol{A}-\lambda_j\boldsymbol{E})^2+\cdots+\frac{t^{n_j-1}}{(n_j-1)!}(\boldsymbol{A}-\lambda_j\boldsymbol{E})^{n_j-1}\right]\boldsymbol{v}_j\end{aligned}$$

$$= e^{\lambda_j t}\left[\sum_{i=0}^{n_j-1}\frac{t^i}{i!}(\boldsymbol{A}-\lambda_j\boldsymbol{E})^i\right]\boldsymbol{v}_j,$$

从而

$$\boldsymbol{\varphi}(t) = e^{\boldsymbol{A}t}\boldsymbol{\eta} = e^{\boldsymbol{A}t}\sum_{j=1}^{k}\boldsymbol{v}_j = \sum_{j=1}^{k}e^{\boldsymbol{A}t}\boldsymbol{v}_j = \sum_{j=1}^{k}e^{\lambda_j t}\left[\sum_{i=0}^{n_j-1}\frac{t^i}{i!}(\boldsymbol{A}-\lambda_j\boldsymbol{E})^i\right]\boldsymbol{v}_j. \tag{3.39}$$

再在(3.39)式中令 $\boldsymbol{\eta}=\begin{pmatrix}1\\0\\\vdots\\0\end{pmatrix},\begin{pmatrix}0\\1\\\vdots\\0\end{pmatrix},\cdots,\begin{pmatrix}0\\0\\\vdots\\1\end{pmatrix}$ 得 $\boldsymbol{\varphi}_1(t),\boldsymbol{\varphi}_2(t),\cdots,\boldsymbol{\varphi}_n(t)$，则

$$e^{\boldsymbol{A}t}=(\boldsymbol{\varphi}_1(t)\quad \boldsymbol{\varphi}_2(t)\quad \cdots\quad \boldsymbol{\varphi}_n(t)).$$

例 6 求方程组 $\boldsymbol{x}'=\boldsymbol{A}\boldsymbol{x}$ 的标准基解矩阵，其中 $\boldsymbol{A}=\begin{pmatrix}4&-1&0\\3&1&-1\\1&0&1\end{pmatrix}$.

解 由 $|\lambda\boldsymbol{E}-\boldsymbol{A}|=\begin{vmatrix}\lambda-4&1&0\\-3&\lambda-1&1\\-1&0&\lambda-1\end{vmatrix}=(\lambda-2)^3=0$ 知，特征根 $\lambda=2$ 是三重根．此时空间不需分解，据公式 $e^{\boldsymbol{A}t}=e^{\lambda t}\sum\limits_{i=0}^{n-1}\frac{t^i}{i!}(\boldsymbol{A}-\lambda\boldsymbol{E})^i$ 有

$$e^{\boldsymbol{A}t}=e^{2t}\sum_{i=0}^{2}\frac{t^i}{i!}(\boldsymbol{A}-\lambda\boldsymbol{E})^i=e^{2t}\left[\boldsymbol{E}+t\begin{pmatrix}2&-1&0\\3&-1&-1\\1&0&-1\end{pmatrix}+\frac{t^2}{2!}\begin{pmatrix}1&-1&1\\2&-2&2\\1&-1&1\end{pmatrix}\right]$$

$$=e^{2t}\begin{pmatrix}1+2t+\frac{t^2}{2}&-t-\frac{t^2}{2}&\frac{t^2}{2}\\3t+t^2&1-t-t^2&-t+t^2\\t+\frac{t^2}{2}&-\frac{t^2}{2}&1-t+\frac{t^2}{2}\end{pmatrix}.$$

此矩阵即为原方程组的标准基解矩阵．

例 7 求方程组 $\boldsymbol{x}'=\boldsymbol{A}\boldsymbol{x}$ 的标准基解矩阵，其中 $\boldsymbol{A}=\begin{pmatrix}0&1&1\\1&0&1\\1&1&0\end{pmatrix}$.

解 (1) 一般方法．

① 将整个空间进行分解．由

$$\det(\lambda\boldsymbol{E}-\boldsymbol{A})=\begin{vmatrix}\lambda & -1 & -1\\ -1 & \lambda & -1\\ -1 & -1 & \lambda\end{vmatrix}=(\lambda-2)(\lambda+1)^2=0$$

得 $\lambda_1=2,\lambda_{2,3}=-1$. 分别解方程组

$$(\boldsymbol{A}-\lambda_1\boldsymbol{E})\boldsymbol{v}=\begin{pmatrix}-2v_1+v_2+v_3\\ v_1-2v_2+v_3\\ v_1+v_2-2v_3\end{pmatrix}=\boldsymbol{0},(\boldsymbol{A}-\lambda_2\boldsymbol{E})^2\boldsymbol{v}=\begin{pmatrix}3v_1+3v_2+3v_3\\ 3v_1+3v_2+3v_3\\ 3v_1+3v_2+3v_3\end{pmatrix}=\boldsymbol{0},$$

得

$$V_1=\left\{C_1\begin{pmatrix}1\\1\\1\end{pmatrix}\middle| C_1\text{ 为任意常数}\right\},V_2=\left\{C_2\begin{pmatrix}-1\\1\\0\end{pmatrix}+C_3\begin{pmatrix}-1\\0\\1\end{pmatrix}\middle| C_2,C_3\text{ 为任意常数}\right\},$$

于是整个空间 $V=V_1\oplus V_2$. 因此,对任意向量 $\boldsymbol{\eta}\in V$,有 $\boldsymbol{\eta}=\boldsymbol{u}_1+\boldsymbol{u}_2,\boldsymbol{u}_1\in V_1,\boldsymbol{u}_2\in V_2$,即

$$\boldsymbol{\eta}=\begin{pmatrix}\eta_1\\ \eta_2\\ \eta_3\end{pmatrix}=C_1\begin{pmatrix}1\\1\\1\end{pmatrix}+C_2\begin{pmatrix}-1\\1\\0\end{pmatrix}+C_3\begin{pmatrix}-1\\0\\1\end{pmatrix},$$

求得 $C_1=\dfrac{\eta_1+\eta_2+\eta_3}{3},C_2=\dfrac{-\eta_1+2\eta_2-\eta_3}{3},C_3=\dfrac{-\eta_1-\eta_2+2\eta_3}{3}$,所以

$$\boldsymbol{\eta}=\begin{pmatrix}\eta_1\\ \eta_2\\ \eta_3\end{pmatrix}=\frac{\eta_1+\eta_2+\eta_3}{3}\begin{pmatrix}1\\1\\1\end{pmatrix}+\frac{-\eta_1+2\eta_2-\eta_3}{3}\begin{pmatrix}-1\\1\\0\end{pmatrix}+\frac{-\eta_1-\eta_2+2\eta_3}{3}\begin{pmatrix}-1\\0\\1\end{pmatrix}$$

$$=\frac{\eta_1+\eta_2+\eta_3}{3}\begin{pmatrix}1\\1\\1\end{pmatrix}+\begin{pmatrix}\dfrac{2\eta_1-\eta_2-\eta_3}{3}\\ \dfrac{-\eta_1+2\eta_2-\eta_3}{3}\\ \dfrac{-\eta_1-\eta_2+2\eta_3}{3}\end{pmatrix}.$$

② 求满足初始条件 $\boldsymbol{\varphi}(0)=\boldsymbol{\eta}$ 的解.

据公式(3.39)有

$$\boldsymbol{\varphi}(t)=\mathrm{e}^{2t}\frac{\eta_1+\eta_2+\eta_3}{3}\begin{pmatrix}1\\1\\1\end{pmatrix}+\mathrm{e}^{-t}(\boldsymbol{E}+t(\boldsymbol{A}+\boldsymbol{E}))\begin{pmatrix}\dfrac{2\eta_1-\eta_2-\eta_3}{3}\\\dfrac{-\eta_1+2\eta_2-\eta_3}{3}\\\dfrac{-\eta_1-\eta_2+2\eta_3}{3}\end{pmatrix}$$

$$=\mathrm{e}^{2t}\begin{pmatrix}\dfrac{\eta_1+\eta_2+\eta_3}{3}\\\dfrac{\eta_1+\eta_2+\eta_3}{3}\\\dfrac{\eta_1+\eta_2+\eta_3}{3}\end{pmatrix}+\mathrm{e}^{-t}\begin{pmatrix}1+t&t&t\\t&1+t&t\\t&t&1+t\end{pmatrix}\begin{pmatrix}\dfrac{2\eta_1-\eta_2-\eta_3}{3}\\\dfrac{-\eta_1+2\eta_2-\eta_3}{3}\\\dfrac{-\eta_1-\eta_2+2\eta_3}{3}\end{pmatrix}$$

$$=\mathrm{e}^{2t}\begin{pmatrix}\dfrac{\eta_1+\eta_2+\eta_3}{3}\\\dfrac{\eta_1+\eta_2+\eta_3}{3}\\\dfrac{\eta_1+\eta_2+\eta_3}{3}\end{pmatrix}+\mathrm{e}^{-t}\begin{pmatrix}\dfrac{2\eta_1-\eta_2-\eta_3}{3}\\\dfrac{-\eta_1+2\eta_2-\eta_3}{3}\\\dfrac{-\eta_1-\eta_2+2\eta_3}{3}\end{pmatrix}.$$

③ 求标准基解矩阵.

分别令 $\boldsymbol{\eta}=\begin{pmatrix}1\\0\\0\end{pmatrix},\begin{pmatrix}0\\1\\0\end{pmatrix},\begin{pmatrix}0\\0\\1\end{pmatrix}$得到对应的解

$$\begin{pmatrix}\frac{1}{3}\mathrm{e}^{2t}+\frac{2}{3}\mathrm{e}^{-t}\\\frac{1}{3}\mathrm{e}^{2t}-\frac{1}{3}\mathrm{e}^{-t}\\\frac{1}{3}\mathrm{e}^{2t}-\frac{1}{3}\mathrm{e}^{-t}\end{pmatrix},\quad\begin{pmatrix}\frac{1}{3}\mathrm{e}^{2t}-\frac{1}{3}\mathrm{e}^{-t}\\\frac{1}{3}\mathrm{e}^{2t}+\frac{2}{3}\mathrm{e}^{-t}\\\frac{1}{3}\mathrm{e}^{2t}-\frac{1}{3}\mathrm{e}^{-t}\end{pmatrix},\quad\begin{pmatrix}\frac{1}{3}\mathrm{e}^{2t}-\frac{1}{3}\mathrm{e}^{-t}\\\frac{1}{3}\mathrm{e}^{2t}-\frac{1}{3}\mathrm{e}^{-t}\\\frac{1}{3}\mathrm{e}^{2t}+\frac{2}{3}\mathrm{e}^{-t}\end{pmatrix},$$

所以原方程组的标准基解矩阵为

$$\mathrm{e}^{\boldsymbol{A}t}=\begin{pmatrix}\frac{1}{3}\mathrm{e}^{2t}+\frac{2}{3}\mathrm{e}^{-t}&\frac{1}{3}\mathrm{e}^{2t}-\frac{1}{3}\mathrm{e}^{-t}&\frac{1}{3}\mathrm{e}^{2t}-\frac{1}{3}\mathrm{e}^{-t}\\\frac{1}{3}\mathrm{e}^{2t}-\frac{1}{3}\mathrm{e}^{-t}&\frac{1}{3}\mathrm{e}^{2t}+\frac{2}{3}\mathrm{e}^{-t}&\frac{1}{3}\mathrm{e}^{2t}-\frac{1}{3}\mathrm{e}^{-t}\\\frac{1}{3}\mathrm{e}^{2t}-\frac{1}{3}\mathrm{e}^{-t}&\frac{1}{3}\mathrm{e}^{2t}-\frac{1}{3}\mathrm{e}^{-t}&\frac{1}{3}\mathrm{e}^{2t}+\frac{2}{3}\mathrm{e}^{-t}\end{pmatrix}$$

$$=\frac{1}{3}\begin{pmatrix} e^{2t}+2e^{-t} & e^{2t}-e^{-t} & e^{2t}-e^{-t} \\ e^{2t}-e^{-t} & e^{2t}+2e^{-t} & e^{2t}-e^{-t} \\ e^{2t}-e^{-t} & e^{2t}-e^{-t} & e^{2t}+2e^{-t} \end{pmatrix}.$$

(2) Hamilton-Cayley 法

① 求 $\boldsymbol{A}$ 的特征值.

由 $|\lambda \boldsymbol{E}-\boldsymbol{A}|=\begin{vmatrix} \lambda & -1 & -1 \\ -1 & \lambda & -1 \\ -1 & -1 & \lambda \end{vmatrix}=(\lambda-2)(\lambda+1)^2=0$ 得特征根为 $\lambda_1=2,\lambda_{2,3}=-1$.

② 解初值问题.

$$\begin{cases} r_1'=2r_1, \\ r_2'=r_1-r_2, \\ r_3'=r_2-r_3, \\ r_1(0)=1,r_2(0)=0,r_3(0)=0, \end{cases}$$

可得

$$\begin{cases} r_1(t)=e^{2t}, \\ r_2(t)=\dfrac{1}{3}(-e^{-t}+e^{2t}), \\ r_3(t)=\dfrac{1}{9}[-(1+3t)e^{-t}+e^{2t}]. \end{cases}$$

③ 确定 $\boldsymbol{Q}_0,\boldsymbol{Q}_1,\boldsymbol{Q}_2$.

$$\boldsymbol{Q}_0=\boldsymbol{E},\ \boldsymbol{Q}_1=\boldsymbol{A}-2\boldsymbol{E}=\begin{pmatrix} -2 & 1 & 1 \\ 1 & -2 & 1 \\ 1 & 1 & -2 \end{pmatrix},$$

$$\boldsymbol{Q}_2=(\boldsymbol{A}+\boldsymbol{E})(\boldsymbol{A}-2\boldsymbol{E})=\begin{pmatrix} 0 & 0 & 0 \\ 0 & 0 & 0 \\ 0 & 0 & 0 \end{pmatrix}.$$

所以原方程组的标准基解矩阵为

$$e^{\boldsymbol{A}t}=r_1(t)\boldsymbol{Q}_0+r_2(t)\boldsymbol{Q}_1+r_3(t)\boldsymbol{Q}_2=\frac{1}{3}\begin{pmatrix} e^{2t}+2e^{-t} & e^{2t}-e^{-t} & e^{2t}-e^{-t} \\ e^{2t}-e^{-t} & e^{2t}+2e^{-t} & e^{2t}-e^{-t} \\ e^{2t}-e^{-t} & e^{2t}-e^{-t} & e^{2t}+2e^{-t} \end{pmatrix}.$$

(3) Jordan 标准形法

① 求矩阵 $\boldsymbol{A}$ 的 Jordan 标准形.

矩阵 $\lambda\boldsymbol{E}-\boldsymbol{A}=\begin{pmatrix}\lambda & -1 & -1\\ -1 & \lambda & -1\\ -1 & -1 & \lambda\end{pmatrix}$ 经过初等变换可化为 $\begin{pmatrix}1 & 0 & 0\\ 0 & \lambda+1 & 0\\ 0 & 0 & (\lambda+1)(\lambda-2)\end{pmatrix}$,所以矩阵 $\boldsymbol{A}$ 的初等因子为 $(\lambda+1)$, $(\lambda+1)$, $(\lambda-2)$, 其 Jordan 标准形为

$$\boldsymbol{J}=\begin{pmatrix}-1 & 0 & 0\\ 0 & -1 & 0\\ 0 & 0 & 2\end{pmatrix}$$

② 求非奇异矩阵 $\boldsymbol{T}$,使得 $\boldsymbol{A}=\boldsymbol{TJT}^{-1}$

易求得 $\boldsymbol{A}$ 的属于 $\lambda_2=\lambda_3=-1$ 的两个线性无关的特征向量为 $\begin{pmatrix}1\\ 0\\ -1\end{pmatrix}$, $\begin{pmatrix}0\\ 1\\ -1\end{pmatrix}$

属于 $\lambda_1=2$ 的线性无关的特征向量为 $\begin{pmatrix}1\\ 1\\ 1\end{pmatrix}$,所以非奇异矩阵为

$$\boldsymbol{T}=\begin{pmatrix}1 & 0 & 1\\ 0 & 1 & 1\\ -1 & -1 & 1\end{pmatrix},\boldsymbol{T}^{-1}=\frac{1}{3}\begin{pmatrix}2 & -1 & -1\\ -1 & 2 & -1\\ 1 & 1 & 1\end{pmatrix}.$$

③ 求标准基解矩阵.

$$\mathrm{e}^{At}=\boldsymbol{T}\mathrm{e}^{Jt}T^{-1}=\frac{1}{3}\begin{pmatrix}1 & 0 & 1\\ 0 & 1 & 1\\ -1 & -1 & 1\end{pmatrix}\begin{pmatrix}\mathrm{e}^{-t} & 0 & 0\\ 0 & \mathrm{e}^{-t} & 0\\ 0 & 0 & \mathrm{e}^{2t}\end{pmatrix}\begin{pmatrix}2 & -1 & -1\\ -1 & 2 & -1\\ 1 & 1 & 1\end{pmatrix}$$

$$=\frac{1}{3}\begin{pmatrix}2\mathrm{e}^{-t}+\mathrm{e}^{2t} & -\mathrm{e}^{-t}+\mathrm{e}^{2t} & -\mathrm{e}^{-t}+\mathrm{e}^{2t}\\ -\mathrm{e}^{-t}+\mathrm{e}^{2t} & 2\mathrm{e}^{-t}+\mathrm{e}^{2t} & -\mathrm{e}^{-t}+\mathrm{e}^{2t}\\ -\mathrm{e}^{-t}+\mathrm{e}^{2t} & -\mathrm{e}^{-t}+\mathrm{e}^{2t} & 2\mathrm{e}^{-t}+\mathrm{e}^{2t}\end{pmatrix}.$$

注 此例中的非奇异矩阵与例 4 中的非奇异矩阵的求法不同,原因在于此例中的初等因子都是一次的,可用特征向量来得到.

公式(3.39)是本节的主要结果,它说明了常系数齐线性微分方程组的任一个解都可以表示为 t 的指数函数与 t 的幂函数乘积的有限项的线性组合. 利用此结论我们可以估计微分方程组的解当 $t\to\infty$ 时的性态即稳定性的问题,这是常微分方程理论研究中很重要的一个方面.

定理 3.17 给定常系数齐线性微分方程组

$$\boldsymbol{x}' = \boldsymbol{A}\boldsymbol{x},$$

那么

(1) 如果矩阵$\boldsymbol{A}$的特征值的实部都是负的,则其任一解当$t\to+\infty$时都趋于零.

(2) 如果矩阵$\boldsymbol{A}$的特征值的实部都是非正的,且实部为零的特征根都是单根,则其任一解当$t\to+\infty$时都保持有界.

(3) 如果矩阵$\boldsymbol{A}$的特征值至少有一个具有正实部,则其至少有一个解当$t\to+\infty$时趋于无穷.

证 对于结论(1),(2),只要利用解的表达式(3.39)及定理的条件很容易得到.

下面证明结论(3),设$\lambda=\alpha+\mathrm{i}\beta(\alpha>0)$,$\boldsymbol{A}$的与此特征值对应的特征向量为$\boldsymbol{\eta}$,则$\mathrm{e}^{\lambda t}\boldsymbol{\eta}$为方程组的解,$\|\mathrm{e}^{\lambda t}\boldsymbol{\eta}\|\to+\infty$(当$t\to+\infty$时).证毕.

注 例7是属于定理3.17的情形(3),存在正的特征根$\lambda_1=2$及解$\tilde{\boldsymbol{x}}=\begin{pmatrix}\mathrm{e}^{2t}\\ \mathrm{e}^{2t}\\ \mathrm{e}^{2t}\end{pmatrix}$.当$t\to+\infty$时,有$\|\tilde{\boldsymbol{x}}\|\to+\infty$.定理3.17在后面研究解的稳定性时将要用到.在此介绍以便读者结合解的表达式理解和掌握.

3.5.3 常系数非齐线性微分方程组的求解

最后我们来介绍一下常系数非齐线性微分方程组

$$\frac{\mathrm{d}\boldsymbol{x}}{\mathrm{d}t}=\boldsymbol{A}\boldsymbol{x}+\boldsymbol{f}(t) \tag{3.40}$$

通解的求法,其中$\boldsymbol{A}$是一个$n\times n$矩阵,$\boldsymbol{f}(t)$是已知的连续向量函数.

非齐线性微分方程组通解的计算问题原则上已经解决了,因为方程组(3.40)对应的齐线性微分方程组(3.31)的通解可由前面介绍的方法求得,而方程组(3.40)的一个特解可由常数变易法得到,从而可得到方程组(3.40)的通解.

定理3.18 设方程组(3.40)对应的齐线性微分方程组(3.31)的基解矩阵为$\boldsymbol{\Phi}(t)$,其逆为$\boldsymbol{\Phi}^{-1}(t)$,则方程组(3.40)的通解为

$$\boldsymbol{x}(t)=\boldsymbol{\Phi}(t)\boldsymbol{c}+\boldsymbol{\Phi}(t)\int_{t_0}^{t}\boldsymbol{\Phi}^{-1}(s)\boldsymbol{f}(s)\mathrm{d}s, \tag{3.41}$$

其中$\boldsymbol{c}$为任意常数列向量.

当$\boldsymbol{\Phi}(t)=\mathrm{e}^{\boldsymbol{A}t}$,且初始条件为$\boldsymbol{\varphi}(t_0)=\boldsymbol{\eta}$,则方程组(3.40)的特解为

$$\boldsymbol{\varphi}(t)=\mathrm{e}^{(t-t_0)\boldsymbol{A}}\boldsymbol{\eta}+\int_{t_0}^{t}\mathrm{e}^{(t-s)\boldsymbol{A}}\boldsymbol{f}(s)\mathrm{d}s, \tag{3.42}$$

此时非齐线性微分方程组(3.40)的通解为

$$\boldsymbol{x}=\mathrm{e}^{\boldsymbol{A}t}\boldsymbol{c}+\boldsymbol{\varphi}(t),$$

因此在解常系数非齐线性微分方程组时可以直接代入公式(3.41)或公式(3.42),求其通解或特解.称公式(3.41)或公式(3.42)为方程组(3.40)的常数变易公式.

例 8 求方程组

$$\begin{cases}\dfrac{\mathrm{d}x_1}{\mathrm{d}t}=2x_1+3x_2+5t,\\ \dfrac{\mathrm{d}x_2}{\mathrm{d}t}=3x_1+2x_2+8\mathrm{e}^t\end{cases}$$

的通解.

解 方程组的系数矩阵

$$\boldsymbol{A}=\begin{pmatrix}2&3\\3&2\end{pmatrix},$$

特征方程为

$$\det(\lambda\boldsymbol{E}-\boldsymbol{A})=\begin{vmatrix}\lambda-2&-3\\-3&\lambda-2\end{vmatrix}=\lambda^2-4\lambda-5=0,$$

得特征值 $\lambda_1=5,\lambda_2=-1$. 进而求得对应的齐线性微分方程组的通解为

$$\begin{pmatrix}x_1\\x_2\end{pmatrix}=C_1\begin{pmatrix}\mathrm{e}^{5t}\\\mathrm{e}^{5t}\end{pmatrix}+C_2\begin{pmatrix}\mathrm{e}^{-t}\\-\mathrm{e}^{-t}\end{pmatrix}\ (C_1,C_2\text{ 为任意常数}).$$

利用常数变易法,求原方程组的形如

$$\begin{pmatrix}x_1\\x_2\end{pmatrix}=C_1(t)\begin{pmatrix}\mathrm{e}^{5t}\\\mathrm{e}^{5t}\end{pmatrix}+C_2(t)\begin{pmatrix}\mathrm{e}^{-t}\\-\mathrm{e}^{-t}\end{pmatrix}$$

的特解,其中 $C_1(t)$, $C_2(t)$ 为待定函数,代入原方程组得

$$C_1'(t)\begin{pmatrix}\mathrm{e}^{5t}\\\mathrm{e}^{5t}\end{pmatrix}+C_2'(t)\begin{pmatrix}\mathrm{e}^{-t}\\-\mathrm{e}^{-t}\end{pmatrix}=\begin{pmatrix}5t\\8\mathrm{e}^t\end{pmatrix},$$

解之得

$$\begin{cases}C_1'(t)=\dfrac{5}{2}t\mathrm{e}^{-5t}+4\mathrm{e}^{-4t},\\ C_2'(t)=\dfrac{5}{2}t\mathrm{e}^t-4\mathrm{e}^{2t}.\end{cases}$$

从而

$$\begin{cases} C_1(t) = \left(-\dfrac{1}{2}t-\dfrac{1}{10}\right)\mathrm{e}^{-5t}-\mathrm{e}^{-4t}, \\ C_2(t) = \left(\dfrac{5}{2}t-\dfrac{5}{2}\right)\mathrm{e}^{t}-2\mathrm{e}^{2t}. \end{cases}$$

所以原方程组的一个特解为

$$\begin{pmatrix} \tilde{x}_1 \\ \tilde{x}_2 \end{pmatrix} = \left[\left(-\frac{1}{2}t-\frac{1}{10}\right)\mathrm{e}^{-5t}-\mathrm{e}^{-4t}\right]\begin{pmatrix} \mathrm{e}^{5t} \\ \mathrm{e}^{5t} \end{pmatrix} + \left[\left(\frac{5}{2}t-\frac{5}{2}\right)\mathrm{e}^{t}-2\mathrm{e}^{2t}\right]\begin{pmatrix} \mathrm{e}^{-t} \\ -\mathrm{e}^{-t} \end{pmatrix}$$

$$= \begin{pmatrix} 2t-\dfrac{13}{5}-3\mathrm{e}^{t} \\ -3t+\dfrac{12}{5}+\mathrm{e}^{t} \end{pmatrix},$$

故方程组的通解

$$\begin{cases} x_1(t) = C_1\mathrm{e}^{5t}+C_2\mathrm{e}^{-t}-3\mathrm{e}^{t}+2t-\dfrac{13}{5}, \\ x_2(t) = C_1\mathrm{e}^{5t}-C_2\mathrm{e}^{-t}+\mathrm{e}^{t}-3t+\dfrac{12}{5}. \end{cases}$$

其中 C_1, C_2 为任意常数.

例 9 求

$$\frac{\mathrm{d}\boldsymbol{x}}{\mathrm{d}t} = \begin{pmatrix} 0 & -1 & 1 \\ -1 & -1 & 0 \\ -1 & 0 & -1 \end{pmatrix}\boldsymbol{x} + \begin{pmatrix} -1-t \\ t+t^2 \\ 1+2t+t^2 \end{pmatrix}$$

的通解 .

解 易求得对应的齐线性微分方程组的一个基解矩阵

$$\boldsymbol{\Phi}(t) = \begin{pmatrix} 1 & 0 & -\mathrm{e}^{-t} \\ -1 & \mathrm{e}^{-t} & (1+t)\mathrm{e}^{-t} \\ -1 & \mathrm{e}^{-t} & (2+t)\mathrm{e}^{-t} \end{pmatrix},$$

则

$$\boldsymbol{\Phi}^{-1}(t) = \begin{pmatrix} 1 & -1 & 1 \\ \mathrm{e}^{t} & (1+t)\mathrm{e}^{t} & -t\mathrm{e}^{t} \\ 0 & -\mathrm{e}^{t} & \mathrm{e}^{t} \end{pmatrix},$$

代入公式(3. 41)可得原方程组的通解

$$x(t) = \boldsymbol{\Phi}(t)\boldsymbol{c} + \boldsymbol{\Phi}(t)\int_0^t \boldsymbol{\Phi}^{-1}(s)\boldsymbol{f}(s)\,\mathrm{d}s$$

$$= \begin{pmatrix} -C_3\mathrm{e}^{-t} - t + C_1 \\ C_2\mathrm{e}^{-t} + C_3(1+t)\mathrm{e}^{-t} + t^2 - C_1 \\ C_2\mathrm{e}^{-t} + C_3(2+t)\mathrm{e}^{-t} + t^2 - t - C_1 \end{pmatrix},$$

其中 C_1, C_2, C_3 为任意常数.

习题 3.5

1. 解下列方程组:

(1) $\begin{cases} x' = 3x + 4y, \\ y' = 5x + 2y; \end{cases}$

(2) $\begin{cases} x' = x + 2y + z, \\ y' = x - y + z, \\ z' = 2x + z; \end{cases}$

(3) $\begin{cases} x' = 2x + 4y - \mathrm{e}^{-t}, \\ y' = -x + 2y - 4\mathrm{e}^{-t}; \end{cases}$

(4) $\begin{cases} x' = -4x - 2y + \dfrac{2}{\mathrm{e}^t - 1}, \\ y' = 6x + 3y - \dfrac{3}{\mathrm{e}^t - 1}; \end{cases}$

(5) $\begin{cases} x' + y = t^2 + 6t + 1, \\ y' - x = -3t^2 + 3t + 1. \end{cases}$

2. 求下列初值问题的解.

(1) $\begin{cases} x' + 3x - y = 0, \\ y' - 8x + y = 0, \\ x(0) = 1, \\ y(0) = 4; \end{cases}$

(2) $\begin{cases} x' = 4x - 3y + \sin 3t, \\ y' = 2x - y - 2\cos t, \\ x(0) = 1, \\ y(0) = 0; \end{cases}$

(3) $\begin{cases} x' = y, \\ y' = z, \\ z' = -6x - 11y - 6z + \mathrm{e}^{-t}, \\ x(0) = 0, \\ y(0) = 0, \\ z(0) = 0; \end{cases}$

(4) $\begin{cases} x' = 2x + y - 2z + (2 - t), \\ y' = -x, \\ z' = x + y - z + (1 - t), \\ x(0) = -1, \\ y(0) = 0, \\ z(0) = 1. \end{cases}$

3. 试证明常系数齐线性微分方程组 $\boldsymbol{x}' = \boldsymbol{A}\boldsymbol{x}$ 有以 $\omega \neq 0$ 为周期的周期解的充要条件是系数矩阵 $\boldsymbol{A}$ 至少有一个形如 $\mathrm{i}\dfrac{2\pi}{\omega}$ 的特征根.

4. 证明:常系数齐线性微分方程组 $\boldsymbol{x}' = \boldsymbol{A}\boldsymbol{x}$ 的任何解当 $t \to +\infty$ 时都趋于零的充要条件是它的系数矩阵 $\boldsymbol{A}$ 的所有特征根都具有负实部.

5. 设 $\boldsymbol{X}(t)$ 是常系数齐线性微分方程组 $\boldsymbol{x}' = \boldsymbol{A}\boldsymbol{x}$ 的基解矩阵,满足条件 $\boldsymbol{X}(0) = \boldsymbol{E}$, 试证:对任

何 t,s 均有等式 $\boldsymbol{X}(t+s)=\boldsymbol{X}(t)\cdot\boldsymbol{X}(s)$ 成立.

6. 设 m 不是矩阵 $\boldsymbol{A}$ 的特征根,试证明非齐线性微分方程组 $\boldsymbol{x}'=\boldsymbol{A}\boldsymbol{x}+\boldsymbol{c}\mathrm{e}^{mt}$ 具有形如 $\boldsymbol{\varphi}(t)=\boldsymbol{p}\mathrm{e}^{mt}$ 的解,其中 $\boldsymbol{c},\boldsymbol{p}$ 为常数列向量.

§3.6 Laplace 变换的应用

高阶线性微分方程通过引入新变量总是可以转化为一阶线性微分方程组,因此下面着重介绍一阶线性微分方程组的求解方法——Laplace 变换法.

第 2 章介绍了利用 Laplace 变换求解常系数和特殊的变系数的微分方程,Laplace 变换也可以用来求解常系数微分方程组或一些特殊的变系数微分方程组,方法类似,在此只作简单的介绍.

利用 Laplace 变换法求解线性微分方程组,前提条件是要保证方程组中每一部分的 Laplace 变换存在. 因此我们首先要介绍一下 **Laplace 变换存在定理**.

定理 3.19 设 $\boldsymbol{f}(t)$ 是定义在区间 $[0,+\infty)$ 上连续的 n 维列向量连续函数,若存在充分大的 t_0,正常数 M,σ,当 $t\in[t_0,+\infty)$ 时,有

$$\|\boldsymbol{f}(t)\|\leqslant M\mathrm{e}^{\sigma t},\tag{3.43}$$

则一阶非齐线性微分方程组的初值问题

$$\begin{cases}\boldsymbol{x}'=\boldsymbol{A}\boldsymbol{x}+\boldsymbol{f}(t),\\ \boldsymbol{x}(0)=\boldsymbol{\eta}\end{cases}\tag{3.44}$$

的解 $\boldsymbol{x}(t)$ 及其导数 $\boldsymbol{x}'(t)$ 均像 $\boldsymbol{f}(t)$ 一样满足类似于(3.43)的不等式,从而它们的 Laplace 变换一定存在.

证 由条件知,存在充分大的 t_0,当 $t\in[t_0,+\infty)$ 时有 $\|\boldsymbol{f}(t)\|\leqslant M\mathrm{e}^{\sigma t}$.

$\boldsymbol{x}(t)$ 是初值问题(3.44)的解等价于

$$\begin{aligned}\boldsymbol{x}(t)&=\boldsymbol{\eta}+\int_0^t[\boldsymbol{A}\boldsymbol{x}(s)+\boldsymbol{f}(s)]\mathrm{d}s\\&=\boldsymbol{\eta}+\int_0^{t_0}[\boldsymbol{A}\boldsymbol{x}(s)+\boldsymbol{f}(s)]\mathrm{d}s+\int_{t_0}^t[\boldsymbol{A}\boldsymbol{x}(s)+\boldsymbol{f}(s)]\mathrm{d}s.\end{aligned}$$

于是有

$$\begin{aligned}\|\boldsymbol{x}(t)\|&=\left\|\boldsymbol{\eta}+\int_0^{t_0}[\boldsymbol{A}\boldsymbol{x}(s)+\boldsymbol{f}(s)]\mathrm{d}s+\int_{t_0}^t[\boldsymbol{A}\boldsymbol{x}(s)+\boldsymbol{f}(s)]\mathrm{d}s\right\|\\&\leqslant\left\|\boldsymbol{\eta}+\int_0^{t_0}[\boldsymbol{A}\boldsymbol{x}(s)+\boldsymbol{f}(s)]\mathrm{d}s\right\|+\left\|\int_{t_0}^t[\boldsymbol{A}\boldsymbol{x}(s)+\boldsymbol{f}(s)]\mathrm{d}s\right\|\\&\leqslant\left\|\boldsymbol{\eta}+\int_0^{t_0}[\boldsymbol{A}\boldsymbol{x}(s)+\boldsymbol{f}(s)]\mathrm{d}s\right\|+\int_{t_0}^t\|\boldsymbol{A}\boldsymbol{x}(s)\|\mathrm{d}s+\int_{t_0}^t\|\boldsymbol{f}(s)\|\mathrm{d}s\end{aligned}$$

$$\leqslant \left\|\boldsymbol{\eta}+\int_{0}^{t_0}[\boldsymbol{A}\boldsymbol{x}(s)+\boldsymbol{f}(s)]\mathrm{d}s\right\|+\|\boldsymbol{A}\|\int_{t_0}^{t}\|\boldsymbol{x}(s)\|\mathrm{d}s+\frac{M}{\sigma}\mathrm{e}^{\sigma t}.$$

由于 n 维向量函数 $\boldsymbol{f}(t)$ 在区间 $(0,+\infty)$ 上连续,所以初值问题的解 $\boldsymbol{x}(t)$ 在区间 $(0,+\infty)$ 存在唯一且连续. 于是 $\boldsymbol{A}\boldsymbol{x}(t)+\boldsymbol{f}(t)$ 在区间 $[0,t_0]$ 上有界,从而存在正数 K,使

$$\left\|\boldsymbol{\eta}+\int_{0}^{t_0}[\boldsymbol{A}\boldsymbol{x}(s)+\boldsymbol{f}(s)]\mathrm{d}s\right\|\leqslant K,$$

将其代入上式得

$$\|\boldsymbol{x}(t)\|\leqslant K+\frac{M}{\sigma}\mathrm{e}^{\sigma t}+\|\boldsymbol{A}\|\int_{t_0}^{t}\|\boldsymbol{x}(s)\|\mathrm{d}s,$$

两边都乘以 $\mathrm{e}^{-\sigma t}$ 得

$$\|\boldsymbol{x}(t)\|\mathrm{e}^{-\sigma t}\leqslant K\mathrm{e}^{-\sigma t}+\frac{M}{\sigma}+\|\boldsymbol{A}\|\mathrm{e}^{-\sigma t}\int_{t_0}^{t}\|\boldsymbol{x}(s)\|\mathrm{d}s.$$

当 $t\geqslant t_0$ 时有 $\mathrm{e}^{-\sigma t}\leqslant \mathrm{e}^{-\sigma t_0}$,因此

$$\|\boldsymbol{x}(t)\|\mathrm{e}^{-\sigma t}\leqslant K\mathrm{e}^{-\sigma t_0}+\frac{M}{\sigma}+\|\boldsymbol{A}\|\int_{t_0}^{t}\|\boldsymbol{x}(s)\|\mathrm{e}^{-\sigma s}\mathrm{d}s.$$

若记 $K\mathrm{e}^{-\sigma t_0}+\dfrac{M}{\sigma}=L$, $\|\boldsymbol{x}(t)\|\mathrm{e}^{-\sigma t}\equiv v(t)(t\geqslant t_0)$, 则有

$$v(t)\leqslant L+\|\boldsymbol{A}\|\int_{t_0}^{t}v(s)\mathrm{d}s.$$

故由 Bellman(贝尔曼)不等式得

$$v(t)\leqslant L\mathrm{e}^{\|\boldsymbol{A}\|(t-t_0)},$$

即

$$\|\boldsymbol{x}(t)\|\leqslant L\mathrm{e}^{\|\boldsymbol{A}\|(t-t_0)}\cdot\mathrm{e}^{\sigma t}=L\mathrm{e}^{-\|\boldsymbol{A}\|t_0}\mathrm{e}^{(\|\boldsymbol{A}\|+\sigma)t}.$$

又因 $\boldsymbol{x}'(t)=\boldsymbol{A}\boldsymbol{x}(t)+\boldsymbol{f}(t)$, 故当 $t\geqslant t_0$ 时,有

$$\begin{aligned}\|\boldsymbol{x}'(t)\|&=\|\boldsymbol{A}\boldsymbol{x}(t)+\boldsymbol{f}(t)\|\leqslant\|\boldsymbol{A}\|\|\boldsymbol{x}(t)\|+\|\boldsymbol{f}(t)\|\\&\leqslant\|\boldsymbol{A}\|L\mathrm{e}^{-\|\boldsymbol{A}\|t_0}\mathrm{e}^{(\|\boldsymbol{A}\|+\sigma)t}+M\mathrm{e}^{\sigma t}\\&\leqslant[L\|\boldsymbol{A}\|\mathrm{e}^{-\|\boldsymbol{A}\|t_0}+M]\mathrm{e}^{(\|\boldsymbol{A}\|+\sigma)t}\equiv\widetilde{M}\mathrm{e}^{\tilde{\sigma}t},\end{aligned}$$

此处 $\widetilde{M}=L\|\boldsymbol{A}\|\mathrm{e}^{-\|\boldsymbol{A}\|t_0}+M$, $\tilde{\sigma}=\|\boldsymbol{A}\|+\sigma$. 因此 n 维向量函数 $\boldsymbol{x}(t)$ 及其导数 $\boldsymbol{x}'(t)$ 都满足类似于(3.43)的不等式,据第 2 章定理 2.12 知它们的每一个分量函数都是原函数,也都存在 Laplace 变换. 证毕.

例 1 求方程组 $\begin{cases}y''-x''+x'-y=\mathrm{e}^t-2,\\2y''-x''-2y'+x=-t\end{cases}$ 满足初始条件 $\begin{cases}x(0)=x'(0)=0,\\y(0)=y'(0)=0\end{cases}$

的解.

解 设$L[x(t)]=X(s)$，$L[y(t)]=Y(s)$，对方程组的两边分别取 Laplace 变换,并利用初始条件,得

$$\begin{cases} s^2Y(s)-s^2X(s)+sX(s)-Y(s)=\dfrac{1}{s-1}-\dfrac{2}{s}, \\ 2s^2Y(s)-s^2X(s)-2sY(s)+X(s)=-\dfrac{1}{s^2}. \end{cases}$$

整理得

$$\begin{cases} (s+1)Y(s)-sX(s)=\dfrac{-s+2}{s(s-1)^2}, \\ 2sY(s)-(s+1)X(s)=-\dfrac{1}{s^2(s-1)}. \end{cases}$$

解此方程组得

$$\begin{cases} X(s)=\dfrac{2s-1}{s^2(s-1)^2}, \\ Y(s)=\dfrac{1}{s(s-1)^2}. \end{cases}$$

因
$$X(s)=\frac{2s-1}{s^2(s-1)^2}=-\frac{1}{s^2}+\frac{1}{(s-1)^2},$$

则其 Laplace 逆变换为

$$x(t)=L^{-1}[X(s)]=-t+te^t,$$

而 $Y(s)=\dfrac{1}{s(s-1)^2}=\dfrac{1}{s}-\dfrac{1}{s-1}+\dfrac{1}{(s-1)^2}$，其 Laplace 逆变换为

$$y(t)=L^{-1}[Y(s)]=1-e^t+te^t.$$

所以原方程组的解为

$$\begin{cases} x(t)=te^t-t, \\ y(t)=te^t-e^t+1, \end{cases} \quad t>0.$$

例 2 求变系数微分方程组

$$\begin{cases} -3y''+3z''=te^{-t}-3\cos t, \\ ty''-z'=\sin t \end{cases}$$

满足初始条件 $\begin{cases} y(0)=-1,\ y'(0)=2, \\ z(0)=4,\ z'(0)=0 \end{cases}$ 的解 .

解 设$L[y(t)]=Y(s)$，$L[z(t)]=Z(s)$，对方程组中的每个方程两边取 Laplace 变换，则得

$$\begin{cases}-3[s^2Y(s)-sy(0)-y'(0)]+3[s^2Z(s)-sz(0)-z'(0)]=\dfrac{1}{(s+1)^2}-\dfrac{3s}{s^2+1},\\ -\dfrac{\mathrm{d}}{\mathrm{d}s}[s^2Y(s)-sy(0)-y'(0)]-sZ(s)+z(0)=\dfrac{1}{s^2+1},\end{cases}$$

代入初始条件，并化简得

$$\begin{cases}Y(s)-Z(s)=-\dfrac{1}{3s^2(s+1)^2}+\dfrac{1}{s(s^2+1)}-\dfrac{5}{s}+\dfrac{2}{s^2},\\ s^2Y'(s)+2sY(s)+sZ(s)=3-\dfrac{1}{s^2+1},\end{cases}$$

消去 $Z(s)$ 可得

$$Y'(s)+\frac{3}{s}Y(s)=\frac{2}{s^3}-\frac{2}{s^2}-\frac{1}{3s^3(s+1)^2},$$

解之得

$$\begin{aligned}Y(s)&=\mathrm{e}^{-\int\frac{3}{s}\mathrm{d}s}\left\{\int\left[\frac{2}{s^3}-\frac{2}{s^2}-\frac{1}{3s^3(s+1)^2}\right]\mathrm{e}^{\int\frac{3}{s}\mathrm{d}s}\mathrm{d}s+C\right\}\\&=\frac{1}{s^3}\left\{\int\left[\frac{2}{s^3}-\frac{2}{s^2}-\frac{1}{3s^3(s+1)^2}\right]s^3\mathrm{d}s+C\right\}\\&=\frac{2}{s^2}-\frac{1}{s}+\frac{1}{3s^3(s+1)}+\frac{C}{s^3},\end{aligned}$$

将 $Y(s)$ 代入上述方程组中的第一个方程得

$$Z(s)=\frac{4}{s}+\frac{C}{s^3}+\frac{1}{3s^2(s+1)}\left(\frac{1}{s}+\frac{1}{s+1}\right)-\frac{1}{s(s^2+1)}.$$

进一步化简得

$$\begin{cases}Y(s)=\dfrac{3C+1}{3}\dfrac{1}{s^3}+\dfrac{5}{3s^2}-\dfrac{2}{3s}-\dfrac{1}{3(s+1)},\\ Z(s)=\dfrac{3C+1}{3s^3}+\dfrac{8}{3s}+\dfrac{1}{3(s+1)}+\dfrac{1}{3(s+1)^2}+\dfrac{s}{s^2+1},\end{cases}$$

取其 Laplace 逆变换有

$$\begin{cases}y(t)=\dfrac{3C+1}{6}t^2+\dfrac{5}{3}t-\dfrac{2}{3}-\dfrac{1}{3}\mathrm{e}^{-t},\\ z(t)=\dfrac{3C+1}{6}t^2+\dfrac{8}{3}+\dfrac{1}{3}\mathrm{e}^{-t}+\dfrac{1}{3}t\mathrm{e}^{-t}+\cos t.\end{cases}$$

由条件 $z'(0)=0$ 可得 $C=1$,因此原方程组的解为

$$\begin{cases} y(t)=\dfrac{2}{3}t^2+\dfrac{5}{3}t-\dfrac{1}{3}e^{-t}-\dfrac{2}{3}, \\ z(t)=\dfrac{2}{3}t^2+\dfrac{1}{3}te^{-t}+\dfrac{1}{3}e^{-t}+\cos t+\dfrac{8}{3}, \end{cases} \quad t>0.$$

注 Laplace 变换法的特点如下:

(1) 求解过程简捷,避免了微分方程组的一般解法中先求通解再根据初始条件确定特解的复杂运算.

(2) 用 Laplace 变换解微分方程组时可以单独求出某一个未知函数而不依赖于其他未知函数. 这在微分方程组的一般解法中通常是不可能的.

(3) 用 Laplace 变换法求得的是方程在 $t\geqslant 0$ 时的解,这是由于 Laplace 变换的定义导致的. 尽管如此,Laplace 变换法在工程领域仍有着重要的价值. 因为有些实际问题只在 $t\geqslant 0$ 有意义或只对 $t\geqslant 0$ 的情况感兴趣,此时利用Laplace变换法求解不影响相关问题的研究.

习题 3.6

求下列微分方程组初值问题的解:

1. $\begin{cases} x'+x-y=e^t, \\ y'+3x-2y=2e^t, \end{cases}$ $x(0)=y(0)=1$;

2. $\begin{cases} (2x''-x'+9x)-(y''+y'+3y)=0, x(0)=x'(0)=1, \\ (2x''+x'+7x)-(y''-y'+5y)=0, y(0)=y'(0)=0; \end{cases}$

3. $\begin{cases} x''-x+y+z=0, \\ x+y''-y+z=0, \\ x+y+z''-z=0, \end{cases}$ $x(0)=1, y(0)=z(0)=x'(0)=y'(0)=z'(0)=0$;

4. $\begin{cases} ty+z+tz'=(t-1)e^{-t}, \\ y'-z=e^{-t}, \end{cases}$ $y(0)=1, z(0)=-1$;

5. $\begin{cases} -3y''+3z''=te^{-t}-3\cos t, \\ ty''-z'=\sin t, \end{cases}$ $y(0)=-1, y'(0)=2, z(0)=4, z''(0)=0.$

常见函数的 Laplace 变换表

原函数 $f(x)$	象函数 $F(s)=\int_0^{+\infty}\mathrm{e}^{-sx}f(x)\mathrm{d}x$	象函数 $F(s)$ 的定义域
1	$\frac{1}{s}$	$\mathrm{Re}(s)>0$
x^n（n 为正整数）	$\frac{n!}{s^{n+1}}$	$\mathrm{Re}(s)>0$
$\mathrm{e}^{\alpha x}$	$\frac{1}{s-\alpha}$	$\mathrm{Re}(s)>\mathrm{Re}(\alpha)$
$x^n\mathrm{e}^{\alpha x}$（n 为正整数）	$\frac{n!}{(s-\alpha)^{n+1}}$	$\mathrm{Re}(s)>\mathrm{Re}(\alpha)$
$\sin kx$	$\frac{k}{s^2+k^2}$	$\mathrm{Re}(s)>0$
$\cos kx$	$\frac{s}{s^2+k^2}$	$\mathrm{Re}(s)>0$
$x\sin kx$	$\frac{2ks}{(s^2+k^2)^2}$	$\mathrm{Re}(s)>0$
$x\cos kx$	$\frac{s^2-k^2}{(s^2+k^2)^2}$	$\mathrm{Re}(s)>0$
$\mathrm{e}^{\alpha x}\sin\beta x$	$\frac{\beta}{(s-\alpha)^2+\beta^2}$	$\mathrm{Re}(s)>\mathrm{Re}(\alpha)$
$\mathrm{e}^{\alpha x}\cos\beta x$	$\frac{s-\alpha}{(s-\alpha)^2+\beta^2}$	$\mathrm{Re}(s)>\mathrm{Re}(\alpha)$
$x\mathrm{e}^{\alpha x}\sin\beta x$	$\frac{2\beta(s-\alpha)}{[(s-\alpha)^2+\beta^2]^2}$	$\mathrm{Re}(s)>\mathrm{Re}(\alpha)$
$x\mathrm{e}^{\alpha x}\cos\beta x$	$\frac{(s-\alpha)^2-\beta^2}{[(s-\alpha)^2+\beta^2]^2}$	$\mathrm{Re}(s)>\mathrm{Re}(\alpha)$

第 4 章

基本定理

本章介绍常微分方程的基本理论,内容包括解的存在唯一性定理,解的延拓定理,解对初值的连续依赖性及可微性定理. 这些都是常微分方程理论的基础,在对现代微分方程定性与稳定性理论的学习中起着非常重要的作用. 我们首先介绍含有一个未知函数的常微分方程的基本定理,然后把它们推广到含有多个未知函数的微分方程组的情形.

在介绍解的存在唯一性定理之前,先从几何观点对微分方程作些说明.

§4.1 常微分方程的几何解释

4.1.1 线素场

本节我们将对一阶显式微分方程

$$\frac{\mathrm{d}y}{\mathrm{d}x}=f(x,y) \tag{4.1}$$

给出其解的几何解释. 由这些几何解释,我们可以从方程(4.1)本身的特性出发,了解它的任何解所具有的一些几何特征. 首先我们给出线素场的概念.

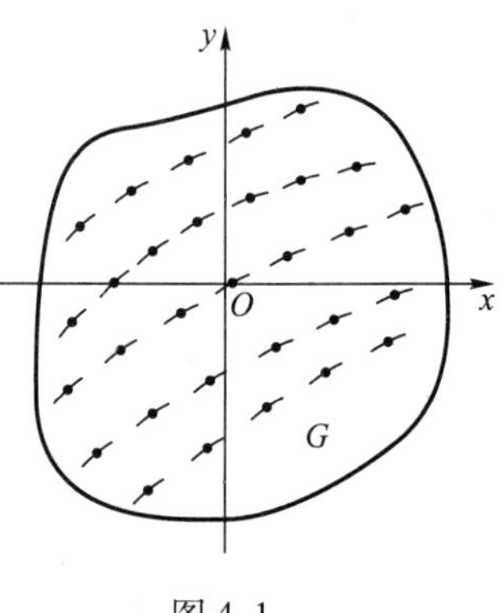

图 4.1

定义 4.1 设方程(4.1)的右端函数 $f(x,y)$ 在平面区域 G 内有定义,如果对 G 内任意一点 $M(x_0,y_0)$,都存在确定的值 $f(x_0,y_0)$,以 $M(x_0,y_0)$

为中点作一斜率为 $k=f(x_0,y_0)$ 的单位长直线段,此单位线段就称为方程(4.1)在点 $M(x_0,\ y_0)$ 处的线素. 于是在 G 中每一点都有一个线素,我们说在 G 上方程(4.1)确定了一个线素场(图 4.1).

例 1　讨论方程

$$\frac{\mathrm{d}y}{\mathrm{d}x}=a\quad(a>0)$$

所确定的线素场.

解　右端函数 $f(x,y)=a$ 在整个平面上处处有定义,因此方程在整个平面上确定了线素场. 显然此线素场在点 (x_0,y_0) 处的线素与过此点、斜率为 $k=a$ 的直线重合(图 4.2).

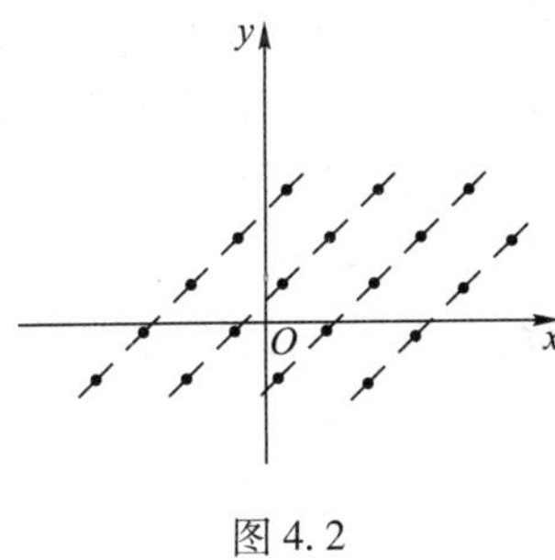

图 4.2

例 2　讨论方程

$$\frac{\mathrm{d}y}{\mathrm{d}x}=-\frac{x}{y}$$

所确定的线素场.

解　右端函数 $f(x,y)=-\dfrac{x}{y}$ 在除 Ox 轴以外的上、下两个半平面上都有定义. 因而方程在这两个半平面上都确定了线素场. 容易看出方程在每一点 $M(x_0,y_0)$ 处所确定的线素都与连接原点和 M 点的射线垂直(图 4.3).

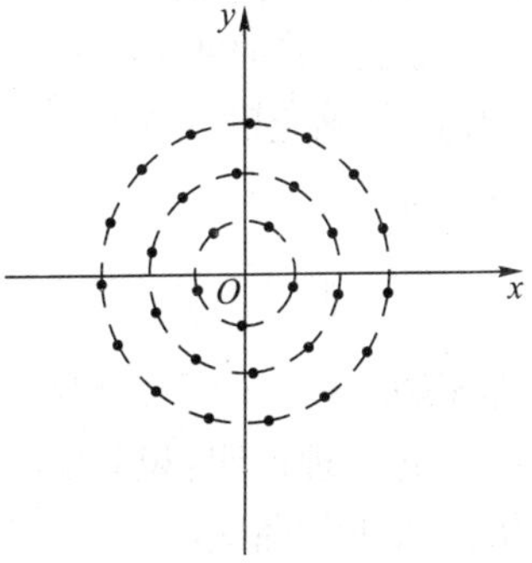

图 4.3

注　在例 2 中,右端函数 $f(x,y)=-\dfrac{x}{y}$ 在 Ox 轴上无定义(变为无限). 此时,我们考虑方程

$$\frac{\mathrm{d}x}{\mathrm{d}y}=-\frac{y}{x}=f_1(x,y).$$

当 $f(x,y)=-\dfrac{x}{y}$ 取无限值时 $(y=0)$,$f_1(x,y)=0$,因此可以说例 2 所确定的线素场在 Ox 轴上的点处的线素平行于 y 轴.

一般地,当方程(4.1)的右端函数 $f(x,y)$ 在某些点取无限值时,我们同时考虑方程

$$\frac{\mathrm{d}x}{\mathrm{d}y}=\frac{1}{f(x,y)}=f_1(x,y). \tag{4.2}$$

显然,在 $f(x,y)$ 取无限值的点上,$f_1(x,y)=0$. 因此,我们可以说线素场在这些点上与 y 轴平行.

这样,在例 2 中,同时考虑方程

$$\frac{\mathrm{d}y}{\mathrm{d}x}=-\frac{x}{y} \quad 与 \quad \frac{\mathrm{d}x}{\mathrm{d}y}=-\frac{y}{x},$$

这两个方程除点 $O(0,0)$ 外,在全平面上都可确定线素场.

我们知道方程(4.1)的解 $y=\varphi(x)$ 的图形被称为方程(4.1)的积分曲线. 下面的定理说明了方程(4.1)的解与它确定的线素场之间的关系.

定理 4.1 方程(4.1)的积分曲线 L 上任何一点的切线方向都与方程(4.1)确定的线素场在该点的线素方向重合;反之,如果曲线 L 上任何一点的切线方向与方程(4.1)所确定的线素场在此点的线素方向重合,则曲线 L 必为方程的积分曲线.

证 设 L 是方程(4.1)的积分曲线,其方程为 $y=\varphi(x)$,则在其定义区间上

$$\frac{\mathrm{d}\varphi(x)}{\mathrm{d}x}=f(x,\varphi(x)),$$

即:L 上点 $(x,\varphi(x))$ 处的切线方向与此点处的线素方向重合. 因为上式左端为曲线 L 在点 $(x,\varphi(x))$ 处的切线斜率,右端为方程(4.1)的线素场在同一点 $(x,\varphi(x))$ 处的线素的斜率.

反之,若曲线 $L:y=\varphi(x)$ 在其上任何一点 $(x,\varphi(x))$ 处的切线方向与方程(4.1)所确定的线素场在此点的线素方向重合,则在 $y=\varphi(x)$ 的定义区间上,处处成立

$$\frac{\mathrm{d}\varphi(x)}{\mathrm{d}x}=f(x,\varphi(x)).$$

即函数 $y=\varphi(x)$ 是方程(4.1)的解,从而曲线 L 是方程(4.1)的积分曲线. 证毕.

此定理说明:积分曲线在每一点处都与线素场相切,或积分曲线是沿线素场方向行进的曲线.

4.1.2 Euler 折线

下面我们通过线素场的概念简略地介绍一下 Euler 折线.

假设函数 $f(x,y)$ 在区域 $D:a\leqslant x\leqslant b,\ |y|<\infty$ 上连续且有界,则 $f(x,y)$ 在区域 D 上确定了一个线素场. 我们在上述假设下来求初值问题

$$
\begin{cases}\dfrac{\mathrm{d}y}{\mathrm{d}x}=f(x,y), \\ y(x_0)=y_0\end{cases} \tag{4.3}
$$

在包含 x_0 的区间 $[a,b]$ 上的近似解 $y=y(x)$，也就是求由 $f(x,y)$ 所确定的线素场中过 (x_0,y_0) 点的近似积分曲线(图 4.4).

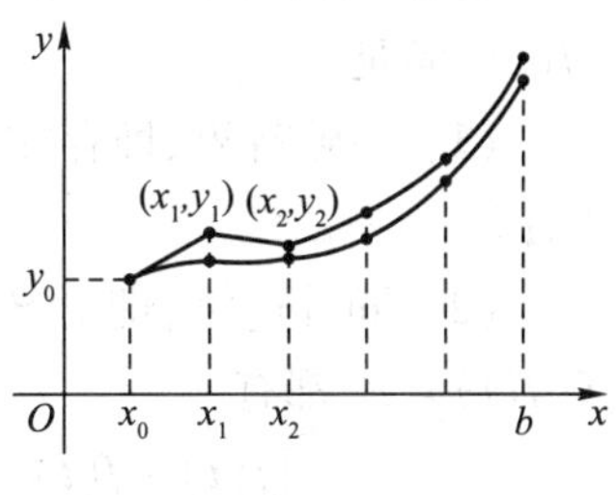

图 4.4

首先，把区间 $[x_0,b]$ n 等分，分点分别为

$$
x_k = x_0 + \frac{k}{n}(b-x_0), k = 0,1,\cdots,n.
$$

记 $h=\dfrac{b-x_0}{n}$，则 $x_k=x_0+kh$.

先求出 $f(x_0,y_0)$. 因为积分曲线在点 (x_0,y_0) 处的斜率为 $f(x_0,y_0)$，所以我们用过点 (x_0,y_0)，斜率为 $f(x_0,y_0)$ 的直线段

$$
y=y_0+f(x_0,y_0)(x-x_0) \quad (x\in[x_0,x_1])
$$

来近似积分曲线.

当 $x=x_1=x_0+h$ 时，求出直线段上对应的纵坐标 y_1：

$$
\begin{aligned} y_1 &= y_0+f(x_0,y_0)(x_1-x_0) \\ &= y_0+hf(x_0,y_0). \end{aligned}
$$

当 h 充分小时，积分曲线可以由它的切线近似表示，所以有 $y_1\approx y(x_1)$. 因此，点 (x_1,y_1) 与积分曲线上的点 $(x_1,y(x_1))$ 很接近，所以用过点 (x_1,y_1)，斜率为 $f(x_1,y_1)$ 的直线段

$$
y=y_1+f(x_1,y_1)(x-x_1) \quad (x\in[x_1,x_2])
$$

来近似积分曲线. 当 $x=x_2=x_0+2h$ 时，求出直线段上对应的纵坐标 y_2：

$$
y_2=y_1+f(x_1,y_1)(x_2-x_1)=y_1+hf(x_1,y_1).
$$

再用过点 (x_2,y_2)，斜率为 $f(x_2,y_2)$ 的直线段

$$
y=y_2+f(x_2,y_2)(x-x_2) \quad (x\in[x_2,x_3])
$$

来近似积分曲线. 依此类推，可以得到过点 (x_0,y_0) 的积分曲线在各个分点处的近似值

$$
y_k=y_{k-1}+hf(x_{k-1},y_{k-1}), \quad k=1,2,\cdots,n
$$

和一条从 (x_0,y_0) 出发的右行折线：

$$
y=y_{k-1}+f(x_{k-1},y_{k-1})(x-x_{k-1}), \quad x\in[x_{k-1},x_k], \quad k=1,2,\cdots,n,
$$

同法，我们可从点 (x_0,y_0) 向左作出类似的折线. 这样的折线称为初值问题(4.3)的经过点 (x_0,y_0) 的 **Euler 折线**.

注 利用下面的 Ascoli - Arzela 引理可以证明，当 n 趋于无穷大时 $(h\to 0)$，

由 Euler 折线给出的近似函数序列存在一致收敛子序列，且此极限函数是初值问题(4.3)的一个解（详细证明见参考文献[9]）.

引理 4.1(Ascoli－Arzela) 设定义在区间 $\alpha \leqslant t \leqslant \beta$ 上的无穷函数族 $F=\{f(t)\}$ 满足

(1) 一致有界，即存在确定的常数 $M_0>0$，使得对 $\forall f(t)\in F$，都有 $|f(t)|\leqslant M_0$；

(2) 同等连续，即对 $\forall \varepsilon>0$，都存在只与 ε 有关的常数 $\delta(\varepsilon)>0$，使得对任意 $f(t)\in F$，都有

$$|f(t)-f(\tilde{t})|<\varepsilon, \text{当 } t,\tilde{t}\in[\alpha,\beta],\ |t-\tilde{t}|<\delta(\varepsilon) \text{时},$$

则 F 必包含一个在 $\alpha\leqslant t\leqslant\beta$ 上一致收敛的序列 $\{f_n(t)\}$.

Euler 折线法是用“离散化”的方法来求初值问题的近似值，这方面的理论研究是微分方程数值解法的计算基础.

4.1.3 解的存在性

下面我们介绍一个关于解的存在性的经典结果. 它的证明也参见文献[9].

定理 4.2 如果 $f(x,y)$ 在区域 G 中连续，则对任何 $(x_0,y_0)\in G$，方程(4.1)存在满足初值条件 $\varphi(x_0)=y_0$ 的解 $y=\varphi(x)$，此解定义在点 $x=x_0$ 的某一邻域内.

此定理说明：方程(4.1)右端函数的连续性即可保证初值解的存在性. 但是，在许多理论及应用问题中，我们还需要保证解的唯一性，下节我们将给出并证明解的存在唯一性定理.

习题 4.1

1. 画出下列方程的积分曲线：

(1) $\dfrac{dy}{dx}=x$； (2) $\dfrac{dy}{dx}=\dfrac{y}{x}$；

(3) $\dfrac{dy}{dx}=x^2+y^2$；

2. 用 Euler 折线法，取步长 $h=0.1$，求初值问题

$$\begin{cases}\dfrac{dy}{dx}=x^2-y^2,\\ y(1)=1\end{cases}$$

的解在 $x=1.4$ 处的近似值.

§4.2 解的存在唯一性

本节我们利用 Picard(皮卡)逐次逼近法来证明初值问题(4.3)的解的存在唯一性.在叙述定理之前,先介绍在定理的证明中起关键作用的 Lipschitz(利普希茨)条件.

定义 4.2 设函数$f(x,y)$在平面区域 G 上有定义,我们称$f(x,y)$在区域 G 中关于变量 y 满足 Lipschitz 条件,如果存在非负常数 L,使得对 G 中任意两点(x,y_1)和(x,y_2),有不等式

$$|f(x,y_1)-f(x,y_2)|\leqslant L|y_1-y_2|$$

成立.称$f(x,y)$在区域 G 上关于 y 满足局部 Lipschitz 条件,如果对 G 中任意点(x_0,y_0),存在(x_0,y_0)在 G 中的邻域 U,使得$f(x,y)$在 U 上关于 y 满足 Lipschitz 条件.

在应用中,Lipschitz 条件是比较难检验的.但是,如果函数$f(x,y)$在 G 上满足

$$\left|\frac{\partial f(x,y)}{\partial y}\right|\leqslant k,$$

k 是常数,则由中值定理知$f(x,y)$在 G 上关于 y 满足 Lipschitz 条件.如果$f(x,y)$在 G 上关于 y 的偏导数$\dfrac{\partial f(x,y)}{\partial y}$连续,则$f(x,y)$在 G 上关于 y 满足局部 Lipschitz 条件.

注 如果$f(x,y)$关于 y 满足 Lipschitz 条件,则$f(x,y)$关于 y 连续,不过偏导数$\dfrac{\partial f(x,y)}{\partial y}$不一定存在.

下面我们证明解的存在唯一性定理.

定理 4.3(解的存在唯一性定理) 如果函数$f(x,y)$在闭矩形区域

$$D:|x-x_0|\leqslant a,\quad |y-y_0|\leqslant b$$

上连续,且关于 y 满足 Lipschitz 条件,即:存在非负常数 L,使得对 D 中任意两点(x,y_1)与(x,y_2)均有不等式

$$|f(x,y_1)-f(x,y_2)|\leqslant L|y_1-y_2|$$

成立,则初值问题

$$\begin{cases}\dfrac{\mathrm{d}y}{\mathrm{d}x}=f(x,y),\\ y(x_0)=y_0\end{cases}\tag{4.4}$$

在区间$[x_0-h,x_0+h]$上存在唯一的解$y=\varphi(x)$，且$\varphi(x_0)=y_0$，其中$h=\min\left\{a,\dfrac{b}{M}\right\}$，$M=\max\limits_{(x,y)\in D}|f(x,y)|$.

这里对数h作些解释. 初值问题(4.4)的解可能在$x=x_1>x_0$处或$x=x_2<x_0$处达到区域D的上或下边界(图4.5)，于是$x>x_1$或$x<x_2$时，曲线$y=\varphi(x)$可能无定义. 因此，初值问题(4.4)的解的定义区间未必是$[x_0-a,x_0+a]$.

由上节对常微分方程的几何解释知定理4.3就是证明：在线素场D中，存在唯一的一条积分曲线$y=\varphi(x)$通过已知点(x_0,y_0). 因$f(x,y)$在D上连续，所以存在常数$M=\max\limits_{(x,y)\in D}|f(x,y)|$，且积分曲线$y=\varphi(x)$在它存在的区间上必位于图4.5的阴影区域中. 取$h=\min\left\{a,\dfrac{b}{M}\right\}$，则积分曲线$y=\varphi(x)$在区间$[x_0-h,x_0+h]$上如果存在，就必然位于区域$D$中.

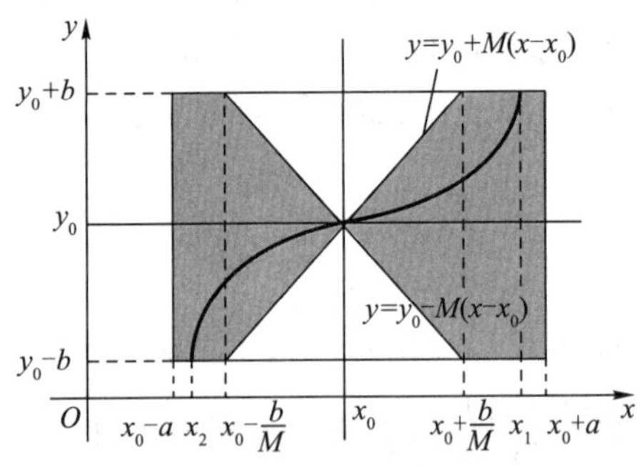

图4.5

定理4.3的证明 我们分下列五个步骤来证明.

第一步 求解初值问题(4.4)等价于求解积分方程

$$y(x)=y_0+\int_{x_0}^{x}f(s,y(s))\mathrm{d}s. \tag{4.5}$$

事实上，如果$y=\varphi(x)$是初值问题(4.4)的解，则有

$$\frac{\mathrm{d}\varphi(x)}{\mathrm{d}x}=f(x,\varphi(x)) \tag{4.6}$$

及$\varphi(x_0)=y_0$. 由x_0到x对(4.6)式积分，得

$$\varphi(x)=y_0+\int_{x_0}^{x}f(s,\varphi(s))\mathrm{d}s, \tag{4.7}$$

因此，$y=\varphi(x)$是方程(4.5)的解.

反之，如果$y=\varphi(x)$是积分方程(4.5)的连续解，则(4.7)式成立. 因为$f(x,y)$连续，所以由(4.7)式知$y=\varphi(x)$有连续导数. (4.7)式两边关于x求导即得(4.6)式，且有$\varphi(x_0)=y_0$. 这就说明$y=\varphi(x)$是初值问题(4.4)的解.

第二步 构造方程(4.5)的 Picard 近似解序列.

令 $\varphi_0(x) = y_0$，则 $x \in [x_0 - h, x_0 + h]$ 时，$|\varphi_0(x) - y_0| \leqslant b$. 定义

$$\varphi_1(x) = y_0 + \int_{x_0}^{x} f(s, \varphi_0(s))\mathrm{d}s,\ |x - x_0| \leqslant h;$$

$$\varphi_2(x) = y_0 + \int_{x_0}^{x} f(s, \varphi_1(s))\mathrm{d}s,\ |x - x_0| \leqslant h.$$

依此类推,我们定义第 n 次近似解为

$$\varphi_n(x) = y_0 + \int_{x_0}^{x} f(s, \varphi_{n-1}(s))\mathrm{d}s,\ |x - x_0| \leqslant h,\ n = 1, 2, \cdots.$$

当 $|x - x_0| \leqslant h$ 时,有

$$|\varphi_1(x) - y_0| \leqslant \left|\int_{x_0}^{x} |f(s, y_0)|\mathrm{d}s\right| \leqslant M|x - x_0| \leqslant Mh \leqslant b.$$

如果 $|x - x_0| \leqslant h$ 时，$|\varphi_n(x) - y_0| \leqslant b$,则

$$|\varphi_{n+1}(x) - y_0| \leqslant \left|\int_{x_0}^{x} |f(s, \varphi_n(s))|\mathrm{d}s\right| \leqslant M|x - x_0| \leqslant Mh \leqslant b.$$

这就说明 $|x - x_0| \leqslant h$ 时,近似解 $y = \varphi_n(x)$ 的图形始终保持在矩形 D 中. 这样我们得到定义在 $[x_0 - h, x_0 + h]$ 上的一个函数序列 $\{\varphi_n(x)\}$，称为 **Picard 逼近序列**.

第三步 证明逼近序列 $\{\varphi_n(x)\}$ 在 $[x_0 - h, x_0 + h]$ 上一致收敛.

我们考虑函数项级数

$$\varphi_0(x) + [\varphi_1(x) - \varphi_0(x)] + [\varphi_2(x) - \varphi_1(x)] + \cdots + [\varphi_n(x) - \varphi_{n-1}(x)] + \cdots, \tag{4.8}$$

它的部分和序列 $s_n(x) = \varphi_{n-1}(x)\ (n = 1, 2, \cdots)$. 下面我们来证明级数(4.8)在 $[x_0 - h, x_0 + h]$ 上一致收敛.

因为

$$|\varphi_1(x) - \varphi_0(x)| = \left|\int_{x_0}^{x} f(s, \varphi_0(s))\mathrm{d}s\right| \leqslant M|x - x_0| \leqslant Mh,$$

$$|\varphi_2(x) - \varphi_1(x)| = \left|\int_{x_0}^{x} [f(s, \varphi_1(s)) - f(s, \varphi_0(s))]\mathrm{d}s\right|,$$

又由于 $f(x,y)$ 在 D 上关于 y 满足 Lipschitz 条件,所以

$$\begin{aligned}|\varphi_2(x) - \varphi_1(x)| &\leqslant L\left|\int_{x_0}^{x} |\varphi_1(s) - \varphi_0(s)|\mathrm{d}s\right| \\ &\leqslant ML\left|\int_{x_0}^{x} |s - x_0|\mathrm{d}s\right| \\ &= \frac{1}{2}ML|x - x_0|^2 \leqslant \frac{1}{2}MLh^2.\end{aligned}$$

接下来用数学归纳法证明对一切自然数 n,都成立不等式

$$|\varphi_n(x)-\varphi_{n-1}(x)|\leqslant\frac{ML^{n-1}}{n!}|x-x_0|^n. \tag{4.9}$$

我们已经证明 $n=1,2$ 时,不等式(4.9)成立. 现在假设不等式在 $n=k$ 时成立,则 $n=k+1$ 时有

$$|\varphi_{k+1}(x)-\varphi_k(x)|=\left|\int_{x_0}^{x}[f(s,\varphi_k(s))-f(s,\varphi_{k-1}(s))]\mathrm{d}s\right|.$$

由 Lipschitz 条件及数学归纳法假设,有

$$\begin{aligned}|\varphi_{k+1}(x)-\varphi_k(x)|&\leqslant L\left|\int_{x_0}^{x}|\varphi_k(s)-\varphi_{k-1}(s)|\mathrm{d}s\right|\\&\leqslant L\left|\int_{x_0}^{x}\frac{ML^{k-1}|s-x_0|^k}{k!}\mathrm{d}s\right|\\&=\frac{ML^k}{(k+1)!}|x-x_0|^{k+1}.\end{aligned}$$

因此由数学归纳法知不等式(4.9)对一切自然数 n 均成立. 因

$$|\varphi_n(x)-\varphi_{n-1}(x)|\leqslant\frac{ML^{n-1}}{n!}|x-x_0|^n\leqslant\frac{ML^{n-1}}{n!}h^n,n=1,2,\cdots,$$

而常数项级数 $\sum\limits_{1}^{\infty}\frac{ML^{n-1}}{n!}h^n$ 收敛,所以由 Weierstrass 判别法得到级数(4.8)在 $[x_0-h,x_0+h]$ 上的一致收敛性. 因此 $\{\varphi_n(x)\}$ 在 $[x_0-h,x_0+h]$ 上也一致收敛. 记 $\varphi(x)=\lim\limits_{n\to\infty}\varphi_n(x),x\in[x_0-h,x_0+h]$. 又因为 $\varphi_n(x)$ 在 $[x_0-h,x_0+h]$ 上连续,所以 $\varphi_n(x)$ 的极限函数 $\varphi(x)$ 在 $[x_0-h,x_0+h]$ 上也连续.

第四步 证明 $y=\varphi(x)$ 是积分方程(4.5)的解.

$$\varphi_n(x)=y_0+\int_{x_0}^{x}f(s,\varphi_{n-1}(s))\mathrm{d}s, \tag{4.10}$$

利用 $f(x,y)$ 的连续性及 Picard 序列 $\{\varphi_n(x)\}$ 的一致收敛性,在(4.10)式中令 $n\to\infty$ 得到

$$\varphi(x)=y_0+\int_{x_0}^{x}f(s,\varphi(s))\mathrm{d}s,x\in[x_0-h,x_0+h],$$

即 $y=\varphi(x)$ 是积分方程(4.5)的一个解.

第五步 最后证明唯一性.

为了证明解的唯一性,我们先介绍一个在微分方程中很有用的 Bellman(贝尔曼)不等式.

引理 4.2(Bellman 引理) 设 $y(x)$ 是定义在区间 $[a,b]$ 上的连续非负函数,$a\leqslant x_0\leqslant b$. 若存在常数 $\delta\geqslant0,k\geqslant0$ 使得下述不等式成立:

$$y(x)\leqslant\delta+k\left|\int_{x_0}^{x}y(s)\mathrm{d}s\right|,x\in[a,b], \tag{4.11}$$

则在$[a,b]$上有

$$y(x)\leqslant\delta e^{k|x-x_0|},x\in[a,b].$$

证 先证$x\geqslant x_0$的情形,记

$$F(x)=\int_{x_0}^{x}y(s)\,ds,\quad x_0\leqslant x\leqslant b.$$

则由(4.11)式得

$$F'(x)=y(x)\leqslant\delta+kF(x).$$

或

$$F'(x)-kF(x)\leqslant\delta,$$

式子两端同乘以$e^{-k(x-x_0)}$得

$$[F(x)e^{-k(x-x_0)}]'\leqslant\delta e^{-k(x-x_0)}.$$

上式两端从x_0到x积分,注意到$F(x_0)=0$,则有

$$kF(x)e^{-k(x-x_0)}\leqslant\delta[1-e^{-k(x-x_0)}],$$

即

$$\delta+kF(x)\leqslant\delta e^{k(x-x_0)}.$$

由(4.11)式即得

$$y(x)\leqslant\delta+kF(x)\leqslant\delta e^{k(x-x_0)},\quad x\in[x_0,b].$$

$x<x_0$的情形类似可证. 引理证毕.

下面证明积分方程(4.5)解的唯一性. 假设积分方程在$[x_0-h,x_0+h]$上有两个解$y=\varphi(x)$和$y=\psi(x)$,我们证明在$[x_0-h,x_0+h]$上必有$\varphi(x)\equiv\psi(x)$.

这是因为

$$\varphi(x)=y_0+\int_{x_0}^{x}f(s,\varphi(s))\,ds,$$

$$\psi(x)=y_0+\int_{x_0}^{x}f(s,\psi(s))\,ds.$$

于是有

$$|\varphi(x)-\psi(x)|\leqslant\left|\int_{x_0}^{x}[f(s,\varphi(s))-f(s,\psi(s))]\,ds\right|,x\in[x_0-h,x_0+h].$$

利用 Lipschitz 条件,有

$$|\varphi(x)-\psi(x)|\leqslant L\left|\int_{x_0}^{x}|\varphi(s)-\psi(s)|\,ds\right|.$$

取$y(x)=|\varphi(x)-\psi(x)|$, $\delta=0,k=L$,在$[x_0-h,x_0+h]$上应用 Bellman 不等式得

$$y(x)\leqslant 0\cdot e^{L|x-x_0|}=0,$$

即在$[x_0-h,x_0+h]$上,有$\varphi(x)\equiv\psi(x)$. 定理证毕.

注 1 如果函数 $f(x,y)$ 在区域 G 中连续，且关于 y 有连续的偏导数，则 $f(x,y)$ 在 G 中关于 y 满足局部 Lipschitz 条件. 于是我们可以断言，对 G 中每一点 A，微分方程 $\frac{\mathrm{d}y}{\mathrm{d}x}=f(x,y)$ 存在唯一的解.

注 2 对线性微分方程

$$\frac{\mathrm{d}y}{\mathrm{d}x}=p(x)y+q(x), \tag{4.12}$$

如果 $p(x),q(x)$ 在区间 $[a,b]$ 上连续，则 $f(x,y)=p(x)y+q(x)$ 在区域 $G=\{(x,y)\mid a\leqslant x\leqslant b,-\infty<y<+\infty\}$ 上关于 y 满足 Lipschitz 条件. 此时对任意 $(x_0,y_0)\in G$，方程(4.12)满足条件 $y(x_0)=y_0$ 的解存在唯一，且在整个区间 $[a,b]$ 上有定义，原因就是方程(4.12)对应的 Picard 近似解序列

$$\varphi_n(x)=y_0+\int_{x_0}^{x}[p(s)\varphi_{n-1}(s)+q(s)]\mathrm{d}s$$

在整个区间 $[a,b]$ 上存在且连续.

注 3 Lipschitz 条件是方程(4.4)的解唯一的充分条件，并不必要. 例如方程

$$\frac{\mathrm{d}y}{\mathrm{d}x}=\begin{cases}0, & \text{当 } y=0 \text{ 时},\\ y\ln|y|, & \text{当 } y\neq 0 \text{ 时}\end{cases} \tag{4.13}$$

的通解为

$$y=\pm\mathrm{e}^{C\mathrm{e}^{x}}.$$

另外，$y=0$ 是方程的一个特解. 显然，对任意常数 C，曲线 $y=\mathrm{e}^{C\mathrm{e}^{x}}$ 或 $y=-\mathrm{e}^{C\mathrm{e}^{x}}$ 都与直线 $y=0$ 不相交. 因此，对 x 轴上的任意点 $(x_0,0)$ 只有唯一的解 $y=0$ 通过，因此方程(4.13)的任何满足初值条件 $y(x_0)=y_0$ 的解都是唯一的.

但是，另一方面，我们有

$$|f(x,y)-f(x,0)|=|y\ln|y||=|y-0|\,|\ln|y||.$$

由 $\lim\limits_{y\to 0}|\ln|y||=+\infty$ 知，不可能存在常数 $L>0$，使得

$$|f(x,y)-f(x,0)|\leqslant L|y-0|.$$

因此，方程(4.13)右端的函数在 $y=0$ 的任何邻域上不满足 Lipschitz 条件. 这就说明了 Lipschitz 条件不是保证初值解唯一的必要条件.

例 讨论方程

$$\frac{\mathrm{d}y}{\mathrm{d}x}=2\sqrt{y}$$

的解的唯一性.

解 方程右端函数 $f(x,y)=2\sqrt{y}$ 在上半平面上连续，且当 $y\neq 0$ 时，可求得方程的通解：

$$y = (x - C)^2, \quad x > C.$$

显然 $y = 0$ 是方程的一个特解. 方程的积分曲线如图 4.6 所示.

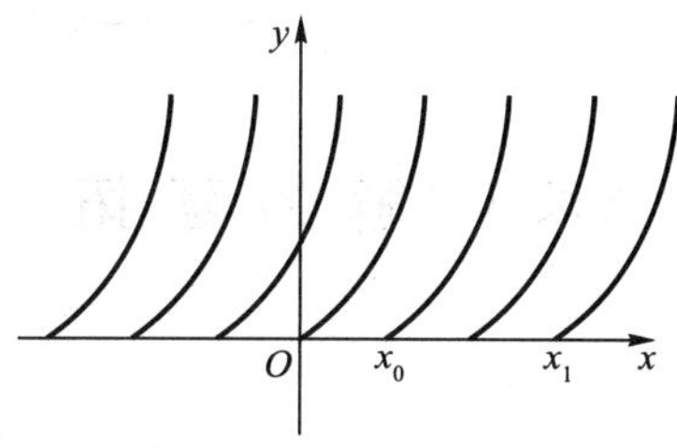

图 4.6

由图可以看出，当 $y_0 > 0$ 时，解都是唯一的，即过 (x_0, y_0) 的解唯一. 但是过点 $(x_0, 0)$ 的解是否唯一呢？实际上有无穷多个解过点 $(x_0, 0)$，例如对任何 $x_1 > x_0$，解

$$y = \begin{cases} 0, & x \leqslant x_1, \\ (x - x_1)^2, & x \geqslant x_1 \end{cases}$$

都是过该点的解.

注 4 定理 4.3 不仅保证了初值问题(4.4)的解的存在性和唯一性，而且定理证明本身还提供了计算问题(4.4)的近似解的有效方法. 设 $y = \varphi(x)$ 是问题(4.4)在区间 $|x - x_0| \leqslant h$ 上的精确解，则不难估计第 n 次近似解 $\varphi_n(x)$ 与 $\varphi(x)$ 之间的误差：

$$|\varphi(x) - \varphi_n(x)| \leqslant \frac{ML^n}{(n+1)!} |x - x_0|^{n+1}, n = 1, 2, \cdots.$$

习题 4.2

1. 确定下列方程初值问题的解存在且唯一的区域：

(1) $\dfrac{dy}{dx} = xy$；　　(2) $\dfrac{dy}{dx} = \sqrt{|y|}$；

(3) $\dfrac{dy}{dx} = \sqrt{x}$；　　(4) $\dfrac{dy}{dx} = |y|^\alpha$ ($\alpha > 0$ 为常数).

2. 用 Picard 逐次逼近法求方程 $\dfrac{dy}{dx} = x^2 + y^2$ 满足初值条件 $y(0) = 0$ 的第三次近似解 $\varphi_3(x)$.

3. 用 Picard 逐次逼近法求初值问题

$$\begin{cases} \dfrac{dy}{dx} = y, \\ y(0) = 1 \end{cases}$$

的解.

4. 证明定理 4.3 中的第 n 次近似解 $\varphi_n(x)$ 与精确解 $\varphi(x)$ 之间的误差满足

$$|\varphi_n(x)-\varphi(x)|\leqslant\frac{ML^n}{(n+1)!}|x-x_0|^{n+1}.$$

§4.3 解的延拓

4.3.1 解的延拓

我们注意到,在 §4.2 中我们证明的解的存在唯一性定理 4.3 是一个局部性定理,因为定理只肯定了解的存在区间为 $|x-x_0|\leqslant h$, $h=\min\left\{a,\dfrac{b}{M}\right\}$, $M=\max\limits_{(x,y)\in D}|f(x,y)|$,且 M 越大,h 就越小. 即使 $f(x,y)$ 在整个 Oxy 平面连续,我们也只能肯定方程(4.4)在很小的区间 $[x_0-h,x_0+h]$ 上存在满足条件 $\varphi(x_0)=y_0$ 的解 $y=\varphi(x)$,我们对这种情况感到很不满意,而且在实际应用中,我们也要求解的存在区间尽可能地大,因此就有了解的延拓的概念. 下面我们就来讨论解的延拓概念.

假设 $f(x,y)$ 在一个平面有界区域 G 中连续,且关于 y 满足局部 Lipschitz 条件,则对 G 中任意一点 $P(x_0,y_0)$,存在以 P 为中心的完全包含在 G 中的闭矩形 D_1, $f(x,y)$ 在 D_1 上关于 y 满足 Lipschitz 条件. 由定理 4.3 知方程

$$\frac{\mathrm{d}y}{\mathrm{d}x}=f(x,y) \tag{4.14}$$

在区间 $[x_0-h_0,x_0+h_0]$ 上存在唯一的解 $y=\varphi(x)$ 满足条件 $\varphi(x_0)=y_0$. 记 $x_1=x_0+h_0$, $y_1=\varphi(x_0+h_0)=\varphi(x_1)$. 因 $Q(x_1,y_1)\in G$,所以存在以 Q 为中心完全包含在 G 中的闭矩形 D_2, $f(x,y)$ 在 D_2 上满足定理 4.3 的条件. 再次应用定理 4.3,知存在 $h_1>0$,使方程(4.14)在区间 $[x_1-h_1,x_1+h_1]$ 上存在唯一的解 $y=\varphi_1(x)$ 满足初值条件 $\varphi_1(x_1)=y_1$(图 4.7). 因 $\varphi(x_1)=y_1$,由唯一性知在 $\varphi(x)$, $\varphi_1(x)$ 的公共定义区间 $[x_1-h_1,x_0+h_0]$ 上有 $\varphi(x)\equiv\varphi_1(x)$.

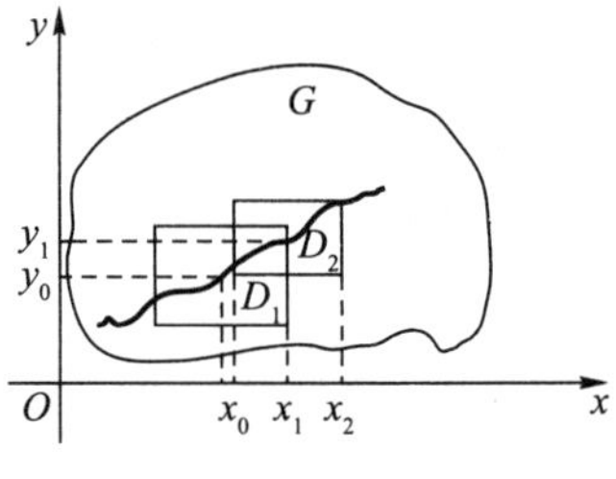

图 4.7

令

$$\tilde{\varphi}(x)=\begin{cases}\varphi(x), & \text{当 } x_0-h_0\leqslant x\leqslant x_1=x_0+h_0 \text{ 时},\\ \varphi_1(x), & \text{当 } x_1<x\leqslant x_1+h_1=x_0+h_0+h_1 \text{ 时},\end{cases}$$

$y=\tilde{\varphi}(x)$便是方程(4.14)定义在区间$[x_0-h,x_0+h_0+h_1]$上的解.这是因为在区间$[x_0-h_0,x_0+h_0)$与$(x_0+h_0,x_0+h_0+h_1]$上,$y=\tilde{\varphi}(x)$显然满足方程(4.14).而在$x=x_1=x_0+h_0$处,$\tilde{\varphi}(x)$的左导数为$f(x_1,\varphi(x_1))$,而它的右导数为$f(x_1,\varphi_1(x_1))$,但是$\varphi(x_1)=\varphi_1(x_1)$.可见$\tilde{\varphi}(x)$在$x=x_1$处的左、右导数存在且相等,因此$\tilde{\varphi}(x)$在$x=x_1$处可导,而按定义,$\tilde{\varphi}(x)$在$[x_0-h_0,x_0+h_0]$和$(x_0+h_0,x_0+h_0+h_1]$上分别等于$\varphi(x)$和$\varphi_1(x)$,于是$\tilde{\varphi}(x)$在$x_1=x_0+h_0$处的导数为$f(x_1,\tilde{\varphi}(x_1))$.也就是说$\tilde{\varphi}(x)$在$x=x_1=x_0+h_0$处也满足方程(4.14).

用以上方法得到的解$y=\tilde{\varphi}(x)$在$[x_0-h_0,x_1+h_1]$上有定义,我们把它看成是定义在区间$[x_0-h_0,x_0+h_0]$上的解$y=\varphi(x)$向右方的延拓.用类似的方法,我们可以得到$y=\varphi(x)$向左方的延拓,用几何的语言描述向左或向右的延拓过程,就是在原来的积分曲线$y=\varphi(x)$左右两端分别接上一段积分曲线.上述解的延拓方法还可继续进行下去,不难相信,我们最终会得到一个解$y=\psi(x)$,它已经不能再向左或右两个方向延拓了,这个解就称为方程(4.14)的**饱和解**.

显然,任何饱和解$y=\psi(x)$的定义区间必为一个开区间(α,β),称为**饱和区间**.因为如果这个定义区间的某个端点,比如右端点是闭的,则β是有限数且$(\beta,\psi(\beta))\in G$.这样$y=\psi(x)$就能向右继续延拓了.

从几何直观来看,很明显地有:如果G是有界域,则从G中任一点出发的积分曲线向左向右都能延拓到任意接近G的边界.

定理4.4 如果$f(x,y)$在有界区域G中连续,且关于y满足局部Lipschitz条件,则对G中任意一点(x_0,y_0),方程(4.14)过点(x_0,y_0)的解$y=\varphi(x)$都可以向左、向右延拓,直到与区域G的边界任意接近.换句话说,如果$y=\varphi(x)$是方程(4.14)过点(x_0,y_0)的饱和解,(α,β)为对应的饱和区间,则当$x\to\alpha^+$和$x\to\beta^-$时,都有

$$\lim_{x\to\alpha^+}\rho(x)=\lim_{x\to\beta^-}\rho(x)=0, \tag{4.15}$$

其中$\rho(x)$表示饱和解对应的积分曲线上的点$(x,\varphi(x))$与区域G的边界Γ之间的距离,即

$$\rho(x)=\inf_{(x',y')\in\Gamma}d((x,\varphi(x)),(x',y')),$$

$$d((x,\varphi(x)),(x',y'))=\sqrt{(x-x')^2+(\varphi(x)-y')^2}.$$

证 反证法.假设当$x\to\alpha^+$时,(4.15)式不成立,则存在单调递减且趋于α的序列$\{x_n\}$及正数ρ_0,使得

$$\rho(x_n)\geqslant\rho_0,\quad n=1,2,\cdots. \tag{4.16}$$

因为区域 G 有界，所以 $\{\varphi(x_n)\}$ 是一个有界序列，根据聚点原理，它必存在收敛的子序列，不妨设此子列就是 $\{\varphi(x_n)\}$ 本身. 记

$$\lim_{n\to\infty}\varphi(x_n)=y_1. \tag{4.17}$$

由(4.16)式知点 $P(\alpha,y_1)\in G$.

取 $\delta>0$ 充分小，以 P 点为中心在 G 内作正方形区域：

$$D: |x-\alpha|\leqslant\delta,\ |y-y_1|\leqslant\delta.$$

记 $M=\max\limits_{(x,y)\in D}|f(x,y)|$. 由 $\lim\limits_{n\to\infty}x_n=\alpha$ 及(4.17)式知，存在正整数 N 使得 $n>N$ 时

$$|x_n-\alpha|<\frac{\delta}{2(M+1)},\ |\varphi(x_n)-y_1|<\frac{\delta}{2} \tag{4.18}$$

成立. 下面证明：当 $n>N$ 时，有

$$|\varphi(x)-y_1|<\delta,\quad \alpha<x\leqslant x_n. \tag{4.19}$$

否则，必存在 $\alpha<x^*\leqslant x_n$ 满足 $|\varphi(x^*)-y_1|\geqslant\delta$. 设 γ 为所有这种 x^* 的最大上界，则有

$$|\varphi(x)-y_1|<\delta,\quad \gamma<x\leqslant x_n. \tag{4.20}$$

以及

$$|\varphi(\gamma)-y_1|=\delta. \tag{4.21}$$

于是，由(4.18)的第二个式子与(4.21)式知，当 $n>N$ 时有

$$|\varphi(x_n)-\varphi(\gamma)|\geqslant|\varphi(\gamma)-y_1|-|\varphi(x_n)-y_1|>\frac{\delta}{2}.$$

但是另一方面，由(4.20)式有

$$|\varphi(x_n)-\varphi(\gamma)|\leqslant\int_\gamma^{x_n}|f(s,\varphi(s))|\mathrm{d}s\leqslant M|\gamma-x_n|,$$

根据(4.18)的第一个式子，对 $n>N$ 有

$$|\varphi(x_n)-\varphi(\gamma)|<M\cdot\frac{\delta}{2M}=\frac{\delta}{2}.$$

这个矛盾说明：当 $n>N$，(4.19)式成立. 由此可知当 $x\in[\alpha,x_n]$ 时

$$|\varphi(x_n)-\varphi(x)|\leqslant\int_x^{x_n}|f(s,\varphi(s))|\mathrm{d}s\leqslant M(x_n-x).$$

再由(4.17)式立即得到

$$\lim_{x\to\alpha^+}\varphi(x)=y_1.$$

因此解 $y=\varphi(x)$ 还可以向左延拓，与它是饱和解的假设矛盾. 所以当 $x\to\alpha^+$ 时，(4.15)式成立.

同理可证，$x\to\beta^-$ 时，(4.15)式也成立. 定理证毕.

推论 如果 G 是无界区域，则在定理 4.4 的条件下，方程(4.14)过点 (x_0,y_0) 的解 $y=\varphi(x)$ 可以延拓. 以向右方的延拓来说，有下列两种情况：

(1) 解 $y=\varphi(x)$ 可以延拓到区间 $[x_0,+\infty)$；

(2) 解 $y=\varphi(x)$ 只可以延拓到区间 $[x_0,\beta)$，其中 $\beta<+\infty$，且当 $x\to\beta^-$ 时，或者 $y=\varphi(x)$ 无界，或者点 $(x,\varphi(x))$ 趋于 G 的边界.

例 1 讨论方程 $\dfrac{\mathrm{d}y}{\mathrm{d}x}=y(y-1)$ 的过点 $\left(0,\dfrac{1}{2}\right)$ 和点 $(0,2)$ 的解的存在区间.

解 $f(x,y)=y(y-1)$ 连续且关于 y 有连续偏导数，因此方程的右端函数在整个 Oxy 平面满足解的存在唯一性定理及解的延拓定理的条件. 容易解得此方程的通解为 $y=\dfrac{1}{1-C\mathrm{e}^x}$. 故通过点 $\left(0,\dfrac{1}{2}\right)$ 的解为 $y=\dfrac{1}{1+\mathrm{e}^x}$，它的定义区间为 $(-\infty,+\infty)$. 通过点 $(0,2)$ 的解为 $y=\dfrac{2}{2-\mathrm{e}^x}$，它的定义区间为 $(-\infty,\ln 2)$（图 4.8）.

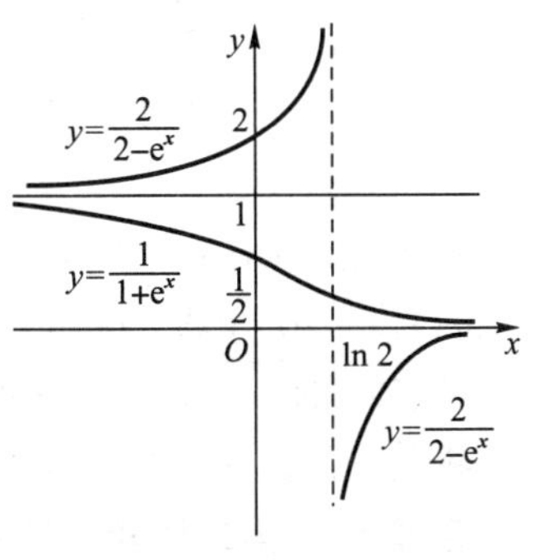

图 4.8

注意，过点 $(0,2)$ 的解向左可以延拓到 $-\infty$，但在 x 增加的方向（向右），只能延拓到 $\ln 2$，因 $x\to\ln 2^-$ 时，$y\to+\infty$.

4.3.2 比较定理

在许多问题的解决中，需要知道解的最大存在区间，比较定理是确定解的存在区间的一个有力工具，我们经常把延拓定理和比较定理配合起来使用. 下面介绍比较定理.

除方程(4.14)外，我们同时考察方程

$$\frac{\mathrm{d}y}{\mathrm{d}x}=F(x,y).\tag{4.22}$$

定理 4.5（第一比较定理） 设函数 $f(x,y)$，$F(x,y)$ 在区域 G 上

(1) 满足解的存在唯一性定理条件；

(2) 成立不等式

$$f(x,y)<F(x,y).$$

设方程(4.14)与方程(4.22)满足同一初值条件 $y(x_0)=y_0$ 的解分别为 $y=\varphi(x)$ 与 $y=\Phi(x)$，则在它们共同的存在区间上成立

$$\varphi(x)<\Phi(x)，当\ x>x_0\ 时，$$
$$\varphi(x)>\Phi(x)，当\ x<x_0\ 时.$$

证 由条件(1)，根据存在唯一性定理，方程(4.14)与方程(4.22)的满足条件 $y(x_0)=y_0$ 的解 $\varphi(x)$ 与 $\Phi(x)$ 在 x_0 的某个邻域内存在且唯一，并满足 $\varphi(x_0)$

$=\Phi(x_0)=y_0$.

作函数 $z(x)=\Phi(x)-\varphi(x)$,则有

$$z(x_0)=0,$$

$$z'(x_0)=F(x_0,\Phi(x_0))-f(x_0,\varphi(x_0))=F(x_0,y_0)-f(x_0,y_0)>0,$$

所以函数 $z(x)$ 在 $x>x_0$ 的小邻域内为正.如果存在 $x_1>x_0$,使得 $z(x_1)=0$,且当 $x_0<x<x_1$ 时,$z(x)>0$,则在 $x=x_1$ 处,有

$$\begin{aligned}z'(x_1)&=\Phi'(x_1)-\varphi'(x_1)\\&=F(x_1,\Phi(x_1))-f(x_1,\varphi(x_1))\leqslant 0.\end{aligned}$$

另一方面,由 $z(x_1)=\Phi(x_1)-\varphi(x_1)=0$ 知 $\Phi(x_1)=\varphi(x_1)$,$F(x_1,\Phi(x_1))-f(x_1,\varphi(x_1))>0$,矛盾.这说明对 $x>x_0$,只要 $z(x)$ 有定义,恒有 $z(x)>0$,即 $\Phi(x)>\varphi(x)$.同理可证 $x<x_0$ 时,有 $\Phi(x)<\varphi(x)$.定理证毕.

我们不加证明地给出第二比较定理.

定理 4.6(第二比较定理) 设函数 $f(x,y)$ 和 $F(x,y)$ 在区域 G 上

(1)满足解的存在唯一性定理条件;

(2)成立不等式

$$f(x,y)\leqslant F(x,y)$$

设方程(4.14)和方程(4.22)的满足同一初值条件 $y(x_0)=y_0$ 的解分别为 $y=\varphi(x)$ 与 $y=\Phi(x)$,则在它们共同存在的区间上成立下列不等式:

$$\varphi(x)\leqslant\Phi(x),当 x>x_0 时,$$

$$\varphi(x)\geqslant\Phi(x),当 x<x_0 时.$$

例 2 证明,如果函数 $f(x,y)$ 在全平面上连续有界,且关于 y 有连续偏导数,则方程 $\frac{\mathrm{d}y}{\mathrm{d}x}=f(x,y)$ 的任一解 $y=\varphi(x)$ 在区间 $(-\infty,+\infty)$ 上有定义.

证 由已知条件容易知道,此方程过任意点 (x_0,y_0) 的解都存在唯一,且可延拓到 Oxy 平面的边界,即无穷远处.下面我们说明解 $y=\varphi(x)$ 只能沿水平方向延拓至无穷远处.

因为 $f(x,y)$ 有界,所以存在常数 $M>0$,使得 $|f(x,y)|\leqslant M$.我们同时考虑方程

$$\frac{\mathrm{d}y}{\mathrm{d}x}=M \tag{4.23}$$

及

$$\frac{\mathrm{d}y}{\mathrm{d}x}=-M. \tag{4.24}$$

由比较定理,原方程与这两个方程过同一点 (x_0,y_0) 的解 $y=\varphi(x)$,$y=y_0+$

$M(x-x_0)$及$y=y_0-M(x-x_0)$(图4.9)满足:

$$y_0-M(x-x_0)\leqslant\varphi(x)\leqslant y_0+M(x-x_0),\text{当 } x>x_0 \text{ 时},$$

$$y_0+M(x-x_0)\leqslant\varphi(x)\leqslant y_0-M(x-x_0),\text{当 } x<x_0 \text{ 时}.$$

因为方程(4.23)与方程(4.24)的解的存在区间均为$(-\infty,+\infty)$,所以$\varphi(x)$在向左、向右延拓时不会出现定理4.4的推论中(2)的情形.因此解$y=\varphi(x)$可以一直延拓到区间$(-\infty,+\infty)$上,所以$y=\varphi(x)$的存在区间为$(-\infty,+\infty)$.

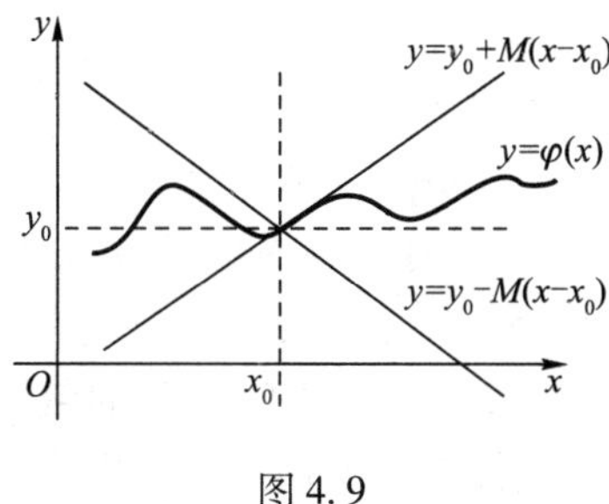

图4.9

习题4.3

1. 证明对任意的x_0及满足条件$0<y_0<1$的y_0,方程$\frac{dy}{dx}=y(y-1)$的满足条件$y(x_0)=y_0$的解$y=\varphi(x)$在$(-\infty,+\infty)$上有定义.

2. 确定方程$\frac{dy}{dx}=y^2$通过点(1,1)和点(3,−1)的解的存在区间.

3. 设$f(y)$在$(-\infty,+\infty)$上连续可微,且

$$yf(y)<0\quad(y\neq 0).$$

证明方程

$$\frac{dy}{dx}=f(y)$$

满足条件$y(x_0)=y_0$的解$y=y(x)$在区间$[x_0,+\infty)$上存在,且有$\lim\limits_{x\to+\infty}y(x)=0$.

4. 证明定理4.4的推论.

§4.4 奇　　解

由§4.2中例1看到方程$\frac{dy}{dx}=2\sqrt{y}$的通解是$y=(x-C)^2$. 此外,方程还存在一条特殊的积分曲线$y=0$,它不包含在方程的积分曲线族$y=(x-C)^2$中,但

在这条特殊的积分曲线上的每一点处，都有积分曲线族 $y=(x-C)^2$ 中的一条曲线和它在此点相切. 在几何学中，这条特殊的积分曲线称为上述积分曲线族的**包络**. 在微分方程里，这条特殊的积分曲线所对应的解称为方程的**奇解**. 显然奇解上每一点的唯一性都被破坏. 这样的解在许多方程中都存在. 现在我们介绍曲线族包络的定义及其求法.

4.4.1 包络

定义 4.3 设给定单参数曲线族

$$\Phi(x,y,C)=0, \tag{4.25}$$

其中 C 为参数，$\Phi(x,y,C)$ 关于所有变量连续可微，如果存在连续可微曲线 L，在其上任一点均有曲线族(4.25)中的一条曲线与它在这点相切，且点不同，与 L 相切的线也不同，则称此曲线 L 为曲线族(4.25)的**包络线**或**包络**.

例如，$y=(x-C)^2$ 表示顶点在 $(C,0)$ 的一族抛物线，它显然有包络 $y=0$.

下面的定理给出了曲线族包络线的求法.

定理 4.7 如果曲线 L 是曲线族(4.25)的包络，则它满足下列 **C-判别式**

$$\begin{cases}\Phi(x,y,C)=0,\\ \Phi'_C(x,y,C)=0,\end{cases} \tag{4.26}$$

反之，如果从方程组(4.26)得到连续可微曲线 $l: x=\varphi(C), y=\psi(C)$ 满足非退化条件：

$$\varphi'^2(C)+\psi'^2(C)\neq 0$$

及

$$\Phi'^2_x(\varphi(C),\psi(C),C)+\Phi'^2_y(\varphi(C),\psi(C),C)\neq 0,$$

则 l 是曲线族(4.25)的包络线.

证 如果 L 是曲线族(4.25)的包络线，则由定义，对 L 上任何一点 $P(x,y)$，都有曲线族(4.25)中的一条曲线 L_C 在 P 点与 L 相切. L_C 对应的参数为 C，于是可设 L 上的点的坐标 x,y 均为 C 的连续可微函数①，记为 $x=x(C), y=y(C)$. 因为 $P(x,y)$ 在 L_C 上，所以有

$$\Phi(x(C),y(C),C)\equiv 0. \tag{4.27}$$

L 在 P 处的切线斜率为

$$k_L=\frac{y'(C)}{x'(C)},\quad x'^2+y'^2\neq 0\quad (\text{当 } x'(C)=0 \text{ 时}, k_L=\infty).$$

---

① 设包络 L 的方程为 $L(x,y)=0$，则当 $L(x,y)$，$\Phi(x,y,C)$ 连续，且 $\dfrac{\partial(L,\Phi)}{\partial(x,y)}$ 可逆时，$x=x(C), y=y(C)$ 存在且连续可微.

L_C 在 P 点的斜率为

$$k_{L_C} = -\frac{\Phi'_x(x(C),y(C),C)}{\Phi'_y(x(C),y(C),C)}, \quad \Phi'^2_x + \Phi'^2_y \neq 0$$

$$(\text{当 } \Phi'_y(\varphi(C),\psi(C),C)=0 \text{ 时}, k_{L_C}=\infty).$$

因为 L 与 L_C 在 P 点相切,所以有 $k_L = k_{L_C}$,即

$$x'(C)\Phi'_x(x(C),y(C),C) + y'(C)\Phi'_y(x(C),y(C),C) = 0. \tag{4.28}$$

对方程(4.27)两边关于 C 求导得

$$x'(C)\Phi'_x(x(C),y(C),C) + y'(C)\Phi'_y(x(C),y(C),C) + \Phi'_C(x(C),y(C),C) = 0.$$

如果 $x'^2 + y'^2 = 0$ 或 $\Phi'^2_x + \Phi'^2_y = 0$,则显然有 $\Phi'_C(x(C),y(C),C) = 0$. 如果 $x'^2 + y'^2 \neq 0$, $\Phi'^2_x + \Phi'^2_y \neq 0$,代入(4.28)式仍有

$$\Phi'_C(x(C),y(C),C) = 0, \tag{4.29}$$

即包络线满足 C-判别式(4.26).

反之,对 l 上任一点 $Q(C) = (\varphi(C),\psi(C))$,则有

$$\begin{cases} \Phi(\varphi(C),\psi(C),C) = 0, \\ \Phi'_C(\varphi(C),\psi(C),C) = 0 \end{cases} \tag{4.30}$$

成立.

由于 $\Phi'_x(\varphi(C),\psi(C),C)$ 与 $\Phi'_y(\varphi(C),\psi(C),C)$ 不同时为零,则根据隐函数定理,在 $Q(C)$ 点可确定一条连续可微的曲线 $s: y = h(x)$ (或 $x = k(y)$),它在 Q 点处的切线斜率为

$$k_s = -\frac{\Phi'_x(\varphi(C),\psi(C),C)}{\Phi'_y(\varphi(C),\psi(C),C)} \quad (\text{或 } k_s = \infty).$$

另一方面 l 在 Q 点处的切线斜率为

$$k_l = \frac{\psi'(C)}{\varphi'(C)} \quad (\text{或 } k_l = \infty).$$

在方程组(4.30)中对第一个式子两边关于 C 求导得

$$\Phi'_x(\varphi(C),\psi(C),C)\varphi'(C) + \Phi'_y(\varphi(C),\psi(C),C)\psi'(C) + \Phi'_C(\varphi(C),\psi(C),C) = 0,$$

将方程组(4.30)中的第二个式子代入上式后得到

$$\Phi'_x(\varphi(C),\psi(C),C)\varphi'(C) + \Phi'_y(\varphi(C),\psi(C),C)\psi'(C) = 0, \tag{4.31}$$

由于 $\varphi'(C)$ 与 $\psi'(C)$ 不同时为零, $\Phi'_x(\varphi(C),\psi(C),C)$ 与 $\Phi'_y(\varphi(C),\psi(C),C)$ 也不同时为零,所以当 $\varphi'(C)=0$ 时,由(4.31)式知, $\Phi'_y(\varphi(C),\psi(C),C)=0$,于是我们有 $k_s = k_l$. 当 $\varphi'(C) \neq 0$ 时,由(4.31)式知, $\Phi'_y(\varphi(C),\psi(C),C) \neq 0$. 所以有

$$\frac{\psi'(C)}{\varphi'(C)} = -\frac{\Phi'_x(\varphi(C),\psi(C),C)}{\Phi'_y(\varphi(C),\psi(C),C)}.$$

即 $k_l=k_s$. 也就是说,曲线 l 与曲线族(4.25)中的某曲线 L_C 在 Q 点相切,因此,l 是曲线族(4.25)的包络. 证毕.

例 1 求直线族

$$x\cos\alpha+y\sin\alpha+p=0$$

的包络. 其中 α 为参数,p 为常数.

解 $\Phi(x,y,\alpha)=x\cos\alpha+y\sin\alpha+p$,其 C-判别式为

$$\begin{cases}x\cos\alpha+y\sin\alpha+p=0,\\-x\sin\alpha+y\cos\alpha=0,\end{cases}$$

消去 α 得

$$\begin{cases}x=-p\cos\alpha,\\y=-p\sin\alpha,\end{cases}\quad \text{或 } x^2+y^2=p^2.$$

容易验证它为上述直线族的包络.

4.4.2 奇解

现在我们引入奇解的概念.

定义 4.4 对一阶微分方程

$$F\left(x,y,\frac{\mathrm{d}y}{\mathrm{d}x}\right)=0 \tag{4.32}$$

的某个解 $y=\varphi(x)$,$x\in I$,如果在它对应的积分曲线 Γ 上的每一点 Q 处,存在方程的另一个解在 Q 点与 Γ 相切,则称 $y=\varphi(x)$ 为方程(4.32)的一个**奇解**,对应的积分曲线 Γ 称为**奇积分曲线**.

定理 4.8 设一阶微分方程(4.32)有通积分

$$\Phi(x,y,C)=0, \tag{4.33}$$

则积分曲线族(4.33)的包络是方程(4.32)的奇积分曲线.

证 设 L 为曲线族(4.33)的包络. 则由包络的定义,对 L 上任意一点 $P(x,y)$,都存在曲线族(4.33)中一条曲线 l_{C_0} 与 L 在点 $P(x,y)$ 处相切. 因为 l_{C_0} 为积分曲线,所以,l_{C_0} 在 P 点与方程(4.32)的线素场在此点的线素相切,所以 L 也与此点的线素相切,因此 L 为方程(4.32)的奇积分曲线. 证毕.

由上述定理知,求方程(4.32)的奇解问题可以转化为求它的积分曲线族的包络问题.

例 2 求方程 $\dfrac{\mathrm{d}y}{\mathrm{d}x}=\sqrt{1-y^2}$ 的奇解.

解 该方程的通解为 $y=\sin(x+C)$,此曲线族的 C-判别式为

$$\begin{cases}y=\sin(x+C),\\\cos(x+C)=0,\end{cases}$$

由此得

$$\begin{cases} x = -C + \dfrac{\pi}{2} + k\pi, k = 0, \pm 1, \cdots, \\ y = \pm 1. \end{cases}$$

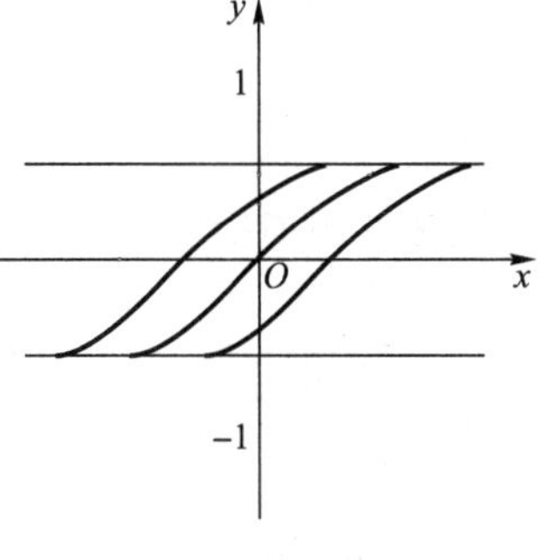

图 4.10

由 $\Phi(x,y,C) = y - \sin(x+C)$，$\varphi(C) = -C + \dfrac{\pi}{2} + k\pi$ 知 $\Phi'_y \neq 0$，$\varphi'(C) \neq 0$，故 $y = \pm 1$ 为方程的奇解（图 4.10）.

例 3　求 Clairaut（克莱罗）方程

$$y = xy' + \varphi(y')$$

的奇解，其中 $\varphi(p)$ 二次连续可微，且 $\varphi''(p) \neq 0$.

解　由第 1 章知，此方程的通解为

$$y = Cx + \varphi(C).$$

C-判别式为

$$\begin{cases} y = Cx + \varphi(C), \\ x + \varphi'(C) = 0. \end{cases}$$

于是得

$$\begin{cases} x = -\varphi'(C), \\ y = -C\varphi'(C) + \varphi(C). \end{cases} \tag{4.34}$$

由 $\varphi''(C) \neq 0$ 知参数曲线（4.34）是奇解. 所以，当 $\varphi''(p) \neq 0$ 时，Clairaut 方程总有奇解.

下面我们介绍另一种求奇解的方法.

由解的存在唯一性定理，如果 $F(x,y,p)$ 在区域 G 中关于所有变量连续，关于 y,p 有连续偏导数，且 $F'_p(x,y,p) \neq 0$，则由隐函数定理知，方程（4.32）满足初值条件 $y(x_0) = y_0$ 的解存在且唯一. 因此，如果方程（4.32）存在奇解，则必须满足下列条件：

$$\begin{cases} F(x,y,y') = 0, \\ F'_{y'}(x,y,y') = 0. \end{cases}$$

所以，方程（4.32）的奇解包含在方程组

$$\begin{cases} F(x,y,p) = 0, \\ F'_p(x,y,p) = 0 \end{cases}$$

所确定的曲线中，此曲线称为方程（4.32）的 p-判别曲线.

例 4　求方程 $y = 2x\dfrac{\mathrm{d}y}{\mathrm{d}x} - \left(\dfrac{\mathrm{d}y}{\mathrm{d}x}\right)^2$ 的奇解.

解　$F(x,y,p) = 2xp - p^2 - y$，p-判别曲线为

$$\begin{cases} y = 2xp - p^2, \\ 2x - 2p = 0. \end{cases}$$

消去 p 得 $y = x^2$. 直接验证知 $y = x^2$ 不是原方程的解，因此方程无奇解.

注 由 C-判别式或 p-判别式得到的曲线是否为奇解必须进行验证.

习题 4.4

1. 解下列方程并求奇解：

(1) $y = 2x\dfrac{dy}{dx} + x^2\left(\dfrac{dy}{dx}\right)^4$；

(2) $y = x\dfrac{dy}{dx} + \sqrt{1 + \left(\dfrac{dy}{dx}\right)^2}$；

(3) $x\left(\dfrac{dy}{dx}\right)^3 - y\left(\dfrac{dy}{dx}\right)^2 - 1 = 0$；

(4) $\left(\dfrac{dy}{dx}\right)^2 + y^2 - 1 = 0$；

(5) $\left(\dfrac{dy}{dx}\right)^2[(x-y)^2 - 1] - 2\dfrac{dy}{dx} + [(x-y)^2 - 1] = 0$.

2. 求一曲线，使它上面的每一点的切线截坐标轴得到的两截距之和为 a.

3. 求下列曲线族的包络并画出图形.

(1) $y = Cx + C^2$；

(2) $(x - C)^2 + (y - C)^2 = 4$；

(3) $(x - C)^2 + y^2 = 4C$.

§4.5 解关于初值和参数的连续依赖性及可微性

到目前为止，我们都是把初值 (x_0, y_0) 看成是固定不变的. 显然，当 (x_0, y_0) 发生变化时，它对应的初值问题的解也随之改变，因此，初值问题的解不只是依赖于自变量 x，还依赖于初值 (x_0, y_0)，所以初值问题

$$\begin{cases} \dfrac{dy}{dx} = f(x, y), \\ y(x_0) = y_0 \end{cases}$$

的解可以看成是一个三元函数，记为 $y = \varphi(x; x_0, y_0)$. 例如，初值问题

$$\begin{cases} \dfrac{dy}{dx} = -y, \\ y(x_0) = y_0 \end{cases}$$

的解 $y=y_0e^{-(x-x_0)}$ 是变量 x,x_0 及 y_0 的三元函数,并且关于这三个变量是连续的和可微的.

此外,在实际问题中,微分方程描述的是物理过程,其中往往含有参数,因此初值问题的解也与参数有关.例如,简谐振动方程

$$\frac{d^2x}{dt^2}+k^2x=0$$

满足初值条件 $x(t_0)=x_0,\frac{dx}{dt}(t_0)=v_0$ 的解为

$$x(t)=x_0\cos k(t-t_0)+\frac{v_0}{k}\sin k(t-t_0).$$

显然,它是初值 x_0,v_0 及参数 k(固有频率)的连续函数.

在应用问题中,无论是初值还是参数,它们的数据都是由实验测定得来,所以不可避免地会出现一些小的误差,如果初值或参数的微小变化(摄动)会引起方程的解发生剧烈的变化,那么所求解的可靠性就会大大降低.因此,我们必须研究初值问题的解与初值或参数的关系.

4.5.1 解对初值的连续依赖性

我们首先给出解关于初值或参数的连续依赖性的确切定义.

定义 4.5 设初值问题

$$\begin{cases}\frac{dy}{dx}=f(x,y), & (x,y)\in G\subset\mathbf{R}^2\\ y(x^*)=y^*,\end{cases}\tag{4.35}$$

的解 $y=\varphi(x;x^*,y^*)$ 在区间 $[a,b]$ 上存在.如果对任意的 $\varepsilon>0$,都存在 $\delta>0$,使得对于满足 $|x_0-x^*|<\delta$, $|y_0-y^*|<\delta$ 的一切 $(x_0,y_0)\in G$,初值问题

$$\begin{cases}\frac{dy}{dx}=f(x,y),\\ y(x_0)=y_0\end{cases}\tag{4.36}$$

的解 $y=\varphi(x;x_0,y_0)$ 都在 $[a,b]$ 上存在,并且满足

$$|\varphi(x;x_0,y_0)-\varphi(x;x^*,y^*)|<\varepsilon,\quad x\in[a,b],$$

则称 $\frac{dy}{dx}=f(x,y)$ 的**解** $y=\varphi(x;x_0,y_0)$ **在点** (x^*,y^*) **处连续依赖于初值** (x_0,y_0).

类似地我们给出解关于参数的连续依赖性的定义.

定义 4.6 设 $\boldsymbol{\lambda}=(\lambda_1,\cdots,\lambda_m)\in\mathbf{R}^m$,初值问题

$$\begin{cases}\frac{dy}{dx}=f(x,y,\boldsymbol{\lambda}), & (x,y)\in G\subset\mathbf{R}^2\\ y(x_0)=y_0,\end{cases}\tag{4.37}$$

的解 $y=\varphi(x;x_0,y_0,\boldsymbol{\lambda})$ 当 $\boldsymbol{\lambda}=\boldsymbol{\lambda}_0\in\mathbf{R}^m$ 时的存在区间为 $[a,b]$，如果对任意的 $\varepsilon>0$，都存在 $\delta>0$，使得对任何满足 $\|\boldsymbol{\lambda}^*-\boldsymbol{\lambda}_0\|<\delta$ 的 $\boldsymbol{\lambda}^*$，解 $y=\varphi(x;x_0,y_0,\boldsymbol{\lambda}^*)$ 都在 $[a,b]$ 上存在，并且满足

$$|\varphi(x;x_0,y_0,\boldsymbol{\lambda}^*)-\varphi(x;x_0,y_0,\boldsymbol{\lambda}_0)|<\varepsilon,\quad x\in[a,b],$$

则称方程

$$\frac{\mathrm{d}y}{\mathrm{d}x}=f(x,y,\boldsymbol{\lambda})$$

的解 $y=\varphi(x;x_0,y_0,\boldsymbol{\lambda})$ 在 $\boldsymbol{\lambda}=\boldsymbol{\lambda}_0$ 处连续依赖于参数 $\boldsymbol{\lambda}$.

定理 4.9(解关于初值的连续依赖性) 设函数 $f(x,y)$ 在区域 D 内连续，并且关于 y 满足局部 Lipschitz 条件. 如果 $(x^*,y^*)\in D$，初值问题(4.35)有解 $y=\varphi(x;x^*,y^*)$，且当 $x\in[a,b]$ 时，$(x,\varphi(x;x^*,y^*))\in D$. 则对任意的 $\varepsilon>0$，都存在 $\delta>0$，使得对于满足

$$|x_0-x^*|<\delta,\ |y_0-y^*|<\delta$$

的一切 $(x_0,y_0)\in D$，初值问题(4.36)的解 $y=\varphi(x;x_0,y_0)$ 也在区间 $[a,b]$ 上有定义，且满足

$$|\varphi(x;x_0,y_0)-\varphi(x;x^*,y^*)|<\varepsilon,\quad x\in[a,b].$$

此定理可以直接证明，也可以看成是下面定理的一个特例.

定理 4.10 设函数 $f(x,y,\boldsymbol{\lambda})$ 在区域

$$G:|x|\leqslant a,\quad |y|\leqslant b,\quad \|\boldsymbol{\lambda}-\boldsymbol{\lambda}_0\|\leqslant c,\boldsymbol{\lambda}\in\mathbf{R}^m$$

上连续，关于 y 满足 Lipschitz 条件：

$$|f(x,y_1,\boldsymbol{\lambda})-f(x,y_2,\boldsymbol{\lambda})|\leqslant L|y_1-y_2|,$$

其中 $L\geqslant 0$ 为 Lipschitz 常数. 则以 $x_0=0,y_0=0$ 为初值的问题(4.37)的解 $y=\varphi(x;0,0,\boldsymbol{\lambda})$ 在区域

$$D:|x|\leqslant h,\ \|\boldsymbol{\lambda}-\boldsymbol{\lambda}_0\|\leqslant c$$

上连续，其中 $M=\max\limits_{G}|f(x,y,\boldsymbol{\lambda})|,h=\min\left\{a,\dfrac{b}{M}\right\}$.

证 此定理的证明类似于 §4.2 节解的存在唯一性定理的证明，我们只列出证明的要点，其余的留给读者完成.

1° 求解固定的初值问题

$$\begin{cases}\dfrac{\mathrm{d}y}{\mathrm{d}x}=f(x,y,\boldsymbol{\lambda}),\\ y(0)=0\end{cases}\tag{4.38}$$

等价于求解积分方程

$$y=\int_0^x f(x,y,\boldsymbol{\lambda})\,\mathrm{d}x.\tag{4.39}$$

2° 构造 Picard 近似序列

$$\varphi_{k+1}(x,\boldsymbol{\lambda}) = \int_0^x f(s,\varphi_k(s,\boldsymbol{\lambda}),\boldsymbol{\lambda})\mathrm{d}s, \quad k = 0,1,2,\cdots,$$

其中 $\varphi_0(s,\boldsymbol{\lambda})=0,(x,\boldsymbol{\lambda})\in D$.

3° 用数学归纳法证明 $\varphi_k(x,\boldsymbol{\lambda})$ 对 $(x,\boldsymbol{\lambda})\in D$ 是连续的.

4° 用数学归纳法证明

$$|\varphi_{k+1}(x,\boldsymbol{\lambda})-\varphi_k(x,\boldsymbol{\lambda})| \leqslant \frac{M}{L}\cdot\frac{(L|x|)^{k+1}}{(k+1)!},$$

因此,序列 $\{\varphi_k(x,\boldsymbol{\lambda})\}$ 在 D 上一致收敛.

5° 令

$$\varphi(x,\boldsymbol{\lambda}) = \lim_{k\to\infty}\varphi_k(x,\boldsymbol{\lambda}) \quad (x,\boldsymbol{\lambda})\in D,$$

则 $y=\varphi(x,\boldsymbol{\lambda})$ 是方程(4.38)的解,它是唯一的,且在 D 上对 $(x,\boldsymbol{\lambda})$ 连续. 证毕.

注 由此定理知,解 $y=\varphi(x;0,0,\boldsymbol{\lambda})$ 在任意 $\boldsymbol{\lambda}^*\in\{\boldsymbol{\lambda}\mid\|\boldsymbol{\lambda}-\boldsymbol{\lambda}_0\|\leqslant c\}$ 处都连续依赖于参数 $\boldsymbol{\lambda}$.

对初值问题(4.36),作变换

$$t=x-x_0, u=y-y_0,$$

则问题(4.36)变成

$$\begin{cases}\dfrac{\mathrm{d}u}{\mathrm{d}t}=f(t+x_0,u+y_0)=F(t,u,x_0,y_0),\\ u(0)=0.\end{cases} \tag{4.40}$$

原来的初值 x_0,y_0 可以看成参数 $\boldsymbol{\lambda}=(x_0,y_0)$,而原来的初值条件变成问题(4.40)中固定的初值条件.

4.5.2 解对初值的可微性

在理论研究与实际应用中,我们通常不但关心解对初值或参数的连续依赖性,还需要知道解对初值或参数的偏导数是否存在.下面的定理回答了这方面的问题.定理的证明见参考文献[8].

定理 4.11 设 $f(x,y,\boldsymbol{\lambda})$ 在区域

$$G: |x|\leqslant a, |y|\leqslant b, \|\boldsymbol{\lambda}-\boldsymbol{\lambda}_0\|\leqslant c, \boldsymbol{\lambda}\in\mathbf{R}^m$$

上连续,且关于 $y,\boldsymbol{\lambda}$ 有连续的偏导数,则初值问题(4.38)的解 $y=\varphi(x,\boldsymbol{\lambda})$ 在区域

$$D: |x|\leqslant h, \|\boldsymbol{\lambda}-\boldsymbol{\lambda}_0\|\leqslant c$$

上连续可微,其中 h 的定义同定理 4.10.

定理 4.12 如果 $m=1$,即 $\lambda\in\mathbf{R}$,且 $f(x,y,\lambda)$ 及其关于 y,λ 的偏导数在区域 $G\subset\mathbf{R}^3$ 中连续,则初值问题

$$\begin{cases}\dfrac{\mathrm{d}y}{\mathrm{d}x}=f(x,y,\lambda),\\ y(x_0)=y_0\end{cases}$$

的解 $y=\varphi(x;x_0,y_0,\lambda)$ 关于初值 x_0,y_0 及参数 λ 的偏导数$\dfrac{\partial\varphi}{\partial x_0},\dfrac{\partial\varphi}{\partial y_0},\dfrac{\partial\varphi}{\partial\lambda}$分别在它们的定义区域内存在,连续,并且有

$$\frac{\partial\varphi}{\partial x_0}(x;x_0,y_0,\lambda)=-f(x_0,y_0,\lambda)\mathrm{e}^{\int_{x_0}^{x}f'_y(s,\varphi(s;x_0,y_0,\lambda),\lambda)\mathrm{d}s},$$

$$\frac{\partial\varphi}{\partial y_0}(x;x_0,y_0,\lambda)=\mathrm{e}^{\int_{x_0}^{x}f'_y(s,\varphi(s;x_0,y_0,\lambda),\lambda)\mathrm{d}s}.$$

而$\dfrac{\partial\varphi}{\partial\lambda}(x;x_0,y_0,\lambda)$是初值问题

$$\begin{cases}\dfrac{\mathrm{d}z}{\mathrm{d}x}=A(x,x_0,y_0,\lambda)z+B(x,x_0,y_0,\lambda),\\ z(x_0)=0\end{cases}$$

的解,其中 $A(x,x_0,y_0,\lambda)=f'_y(x,\varphi(x;x_0,y_0,\lambda),\lambda)$,$B=f'_\lambda(x,\varphi(x;x_0,y_0,\lambda),\lambda)$.

注 $\dfrac{\partial\varphi}{\partial x_0}$及$\dfrac{\partial\varphi}{\partial y_0}$满足同一齐次线性微分方程

$$\frac{\mathrm{d}z}{\mathrm{d}x}=A(x,x_0,y_0,\lambda)z$$

但不同的初值条件:$z(x_0)=-f(x_0,y_0,\lambda)$及 $z(x_0)=1$.

例 1 不解方程求初值问题

$$\begin{cases}\dfrac{\mathrm{d}y}{\mathrm{d}x}=p(x)y+q(x),\\ y(x_0)=y_0\end{cases}$$

的解 $y=\varphi(x;x_0,y_0)$的偏导数$\dfrac{\partial\varphi}{\partial x_0}$及$\dfrac{\partial\varphi}{\partial y_0}$,其中 $p(x)$,$q(x)$连续.

解 令 $f(x,y)=p(x)y+q(x)$,显然 $f'_y(x,y)=p(x)$. 于是,$\dfrac{\partial\varphi}{\partial x_0}$及$\dfrac{\partial\varphi}{\partial y_0}$分别是初值问题

$$\begin{cases}\dfrac{\mathrm{d}z}{\mathrm{d}x}=p(x)z,\\ z(x_0)=-f(x_0,y_0)=-p(x_0)y_0-q(x_0)\end{cases}$$

及

$$\begin{cases}\dfrac{\mathrm{d}z}{\mathrm{d}x}=p(x)z,\\ z(x_0)=1\end{cases}$$

的解. 解之得

$$\frac{\partial\varphi}{\partial x_0}=-\left[p(x_0)y_0+q(x_0)\right]\mathrm{e}^{\int_{x_0}^{x}p(x)\mathrm{d}x},$$

$$\frac{\partial\varphi}{\partial y_0}=\mathrm{e}^{\int_{x_0}^{x}p(x)\mathrm{d}x}.$$

例 2 设 $y=\varphi(x;x_0,y_0)$ 是初值问题

$$\begin{cases}\dfrac{\mathrm{d}y}{\mathrm{d}x}=\sin(\lambda x^2y),\\ y(x_0)=y_0\end{cases}$$

的解, 求 $\left.\dfrac{\partial\varphi}{\partial x_0}\right|_{\substack{x_0=0\\y_0=0}}$, $\left.\dfrac{\partial\varphi}{\partial y_0}\right|_{\substack{x_0=0\\y_0=0}}$ 及 $\left.\dfrac{\partial\varphi}{\partial\lambda}\right|_{\substack{x_0=0\\y_0=0}}$.

解 令 $f(x,y,\lambda)=\sin(\lambda x^2y)$, 则 $f'_y=\lambda x^2\cos(\lambda x^2y)$, $f'_\lambda=x^2y\cos(\lambda x^2y)$. 由解的唯一性知 $\varphi(x;0,0,\lambda)\equiv0$, 于是

$$\left.\frac{\partial\varphi}{\partial x_0}\right|_{\substack{x_0=0\\y_0=0}}=0,$$

$$\left.\frac{\partial\varphi}{\partial y_0}\right|_{\substack{x_0=0\\y_0=0}}=\mathrm{e}^{\int_{x_0}^{x}\lambda x^2\mathrm{d}x}=\mathrm{e}^{\frac{1}{3}\lambda x^3}.$$

解初值问题

$$\begin{cases}\dfrac{\mathrm{d}z}{\mathrm{d}x}=\lambda x^2\cos(\lambda x^2\varphi)z+x^2\varphi\cos(\lambda x^2\varphi),\\ z(x_0)=0\end{cases}$$

得 $$\left.\frac{\partial\varphi}{\partial\lambda}\right|_{\substack{x_0=0\\y_0=0}}=0.$$

习题 4.5

1. 证明本节定理 4.10.

2. 设 $y=\varphi(x;x_0,y_0)$ 是方程 $\dfrac{\mathrm{d}y}{\mathrm{d}x}=\sin(xy)$ 满足初值条件 $y(x_0)=y_0$ 的解, 求 $\left.\dfrac{\partial\varphi}{\partial x_0}\right|_{\substack{x_0=0\\y_0=0}}$, $\left.\dfrac{\partial\varphi}{\partial y_0}\right|_{\substack{x_0=0\\y_0=0}}$.

3. (1) 设 $f(t)$, $g(t)$, $x(t)$ 是定义在区间 $[t_0,t_1]$ 的非负连续函数. 求证若

$$x(t)\leqslant g(t)+\int_{t_0}^{t}f(\tau)x(\tau)\mathrm{d}\tau\quad(t_0\leqslant t\leqslant t_1),$$

则

$$x(t) \leqslant g(t) + \int_{t_0}^{t} f(\tau) g(\tau) \mathrm{e}^{\int_{\tau}^{t} f(s)\mathrm{d}s} \mathrm{d}\tau \quad (t_0 \leqslant t \leqslant t_1).$$

(2) 在(1)的假设下,若 $g(t)$ 还是单调不减的,则

$$x(t) \leqslant g(t) \mathrm{e}^{\int_{t_0}^{t} f(\tau)\mathrm{d}\tau} \quad (t_0 \leqslant t \leqslant t_1).$$

§4.6 方程组情形的基本定理

在前面几节,我们针对一个未知函数的常微分方程,叙述并证明了解关于初值的存在唯一性定理、解的延拓定理、解关于初值与参数的连续依赖性及可微性定理. 对一般的 n 阶方程或方程组也有类似的结果.

我们知道,对任何一个 m 阶方程或者若干个方程构成的方程组,都可以把它们化成等价的一阶微分方程组

$$\frac{\mathrm{d}\boldsymbol{Y}}{\mathrm{d}x} = \boldsymbol{F}(x, \boldsymbol{Y}), \tag{4.41}$$

其中 $\boldsymbol{Y} \in \mathbf{R}^n$ 为 n 维实向量,x 是实的自变量,$\boldsymbol{F}(x, \boldsymbol{Y})$ 是实变量 x 和 n 维向量 $\boldsymbol{Y}$ 的向量函数

$$\boldsymbol{Y} = \begin{pmatrix} y_1(x) \\ y_2(x) \\ \vdots \\ y_n(x) \end{pmatrix}, \qquad \boldsymbol{F}(x, \boldsymbol{Y}) = \begin{pmatrix} f_1(x, y_1, y_2, \cdots, y_n) \\ f_2(x, y_1, y_2, \cdots, y_n) \\ \vdots \\ f_n(x, y_1, y_2, \cdots, y_n) \end{pmatrix},$$

这里,

$$\frac{\mathrm{d}\boldsymbol{Y}}{\mathrm{d}x} = \begin{pmatrix} \dfrac{\mathrm{d}y_1}{\mathrm{d}x} \\ \dfrac{\mathrm{d}y_2}{\mathrm{d}x} \\ \vdots \\ \dfrac{\mathrm{d}y_n}{\mathrm{d}x} \end{pmatrix}.$$

例如,对 n 阶方程

$$y^{(n)} = f(x, y, y', \cdots, y^{(n-1)}),$$

令 $y = y_1, y' = y_2, y'' = y_3, \cdots, y^{(n-1)} = y_n$,则方程可化为一阶微分方程组

$$
\begin{cases}
\dfrac{dy_1}{dx}=y_2,\\
\dfrac{dy_2}{dx}=y_3,\\
\cdots\cdots\cdots\cdots\\
\dfrac{dy_n}{dx}=f(x,y_1,y_2,\cdots,y_n).
\end{cases}
$$

同时,方程(4.41)的初值条件记为

$$
\boldsymbol{Y}(x_0)=\boldsymbol{Y}_0,\text{其中 }\boldsymbol{Y}_0=\begin{pmatrix}y_{10}\\y_{20}\\\vdots\\y_{n0}\end{pmatrix}.
$$

关于初值问题

$$
\begin{cases}
\dfrac{d\boldsymbol{Y}}{dx}=\boldsymbol{F}(x,\boldsymbol{Y}),\\
\boldsymbol{Y}(x_0)=\boldsymbol{Y}_0,
\end{cases}
\tag{4.42}
$$

我们有如下的解的存在唯一性定理.

定理 4.13 如果函数 $\boldsymbol{F}(x,\boldsymbol{Y})$ 在 $n+1$ 维闭区域

$$
G:\ |x-x_0|\leqslant a,\ \|\boldsymbol{Y}-\boldsymbol{Y}_0\|\leqslant b
$$

上满足:

(1) 连续;

(2) 关于 $\boldsymbol{Y}$ 满足 Lipschitz 条件,即存在常数 $L>0$,对 G 上任意两点 $(x,\boldsymbol{Y}_1)$,$(x,\boldsymbol{Y}_2)$,有

$$
\|\boldsymbol{F}(x,\boldsymbol{Y}_1)-\boldsymbol{F}(x,\boldsymbol{Y}_2)\|\leqslant L\|\boldsymbol{Y}_1-\boldsymbol{Y}_2\|,
$$

则初值问题(4.42)在区间 $|x-x_0|\leqslant h$ 上存在唯一的解 $\boldsymbol{Y}=\varphi(x)$,其中

$$
M=\max_{(x,\boldsymbol{Y})\in G}\|\boldsymbol{F}(x,\boldsymbol{Y})\|,h=\min\left\{a,\frac{b}{M}\right\}.
$$

此定理的证明与定理 4.3 完全类似,只需要把绝对值换成范数即可,请读者自行完成.

对含参数的方程,也有解的存在唯一性定理.

定理 4.14 对初值问题

$$
\begin{cases}
\dfrac{d\boldsymbol{Y}}{dx}=\boldsymbol{F}(x,\boldsymbol{Y},\boldsymbol{\mu}),\\
\boldsymbol{Y}(x_0)=\boldsymbol{Y}_0,
\end{cases}
\tag{4.43}
$$

其中 $\boldsymbol{\mu}\in\mathbf{R}^m$ 是 m 维向量,如果函数 $\boldsymbol{F}(x,\boldsymbol{Y},\boldsymbol{\mu})$ 在 $n+m+1$ 维闭区域

$$G: |x - x_0| \leqslant a, \|\boldsymbol{Y} - \boldsymbol{Y}_0\| \leqslant b, \|\boldsymbol{\mu} - \boldsymbol{\mu}_0\| \leqslant c$$

上满足：

(1) 连续；

(2) 关于 $\boldsymbol{Y}$ 满足 Lipschitz 条件，即存在常数 $L>0$，对 G 上任意两点 $(x,\boldsymbol{Y}_1,\boldsymbol{\mu})$，$(x,\boldsymbol{Y}_2,\boldsymbol{\mu})$，有

$$\|\boldsymbol{F}(x,\boldsymbol{Y}_1,\boldsymbol{\mu}) - \boldsymbol{F}(x,\boldsymbol{Y}_2,\boldsymbol{\mu})\| \leqslant L\|\boldsymbol{Y}_1 - \boldsymbol{Y}_2\|,$$

则对任意的 $\boldsymbol{\mu}$ ($\|\boldsymbol{\mu} - \boldsymbol{\mu}_0\| \leqslant c$)，初值问题(4.43)的解 $\boldsymbol{Y} = \varphi(x, \boldsymbol{\mu})$ 在区间 $|x - x_0| \leqslant h$ 上存在唯一，并且是 $(x, \boldsymbol{\mu})$ 的连续函数，这里

$$M = \max_{(x,Y,\mu)\in G} \|\boldsymbol{F}(x,\boldsymbol{Y})\|, h = \min\left\{a, \frac{b}{M}\right\},$$

关于解的延拓，我们仍然可以定义饱和解与饱和区间，并有下面的结果.

定理 4.15 设 $\boldsymbol{F}(x,\boldsymbol{Y})$ 在 $(x,\boldsymbol{Y})$ 空间的区域 G 上连续，且对 $\boldsymbol{Y}$ 满足局部 Lipschitz 条件，则初值问题(4.42)的解可以延拓到 G 的边界(G 是有界区域)或者到无穷远处(G 是无界区域).

此定理的证明方法与定理 4.4 类似.

最后，我们给出解关于初值和参数的可微性定理，定理的证明见[14].

定理 4.16 对初值问题(4.43)

$$\begin{cases} \dfrac{\mathrm{d}\boldsymbol{Y}}{\mathrm{d}x} = \boldsymbol{F}(x,\boldsymbol{Y},\boldsymbol{\mu}), \\ \boldsymbol{Y}(x_0) = \boldsymbol{Y}_0, \end{cases}$$

其中 $\boldsymbol{\mu} \in \mathbf{R}^m$ 是 m 维向量，如果函数 $\boldsymbol{F}(x,\boldsymbol{Y},\boldsymbol{\mu})$ 及 $\dfrac{\partial \boldsymbol{F}}{\partial y_j}(j=1,2,\cdots,n)$，$\dfrac{\partial \boldsymbol{F}}{\partial \mu_k}(k=1,2,\cdots,m)$ 在 $n+m+1$ 维闭区域

$$G: |x - x_0| \leqslant a, \|\boldsymbol{Y} - \boldsymbol{Y}_0\| \leqslant b, \|\boldsymbol{\mu} - \boldsymbol{\mu}_0\| \leqslant c$$

上连续，则定理 4.14 的结论成立，而且解 $\boldsymbol{Y} = \boldsymbol{\varphi}(x,\boldsymbol{\mu})$ 对 $\mu_k(k=1,2,\cdots,m)$ 有连续的偏导数.

进一步通过变换 $t = x - x_0$，$\boldsymbol{Z} = \boldsymbol{Y} - \boldsymbol{Y}_0$ 可将初值问题(4.42)化成下列初值问题

$$\begin{cases} \dfrac{\mathrm{d}\boldsymbol{Z}}{\mathrm{d}t} = \boldsymbol{F}(t + x_0, \boldsymbol{Z} + \boldsymbol{Y}_0, \boldsymbol{\mu}), \\ \boldsymbol{Z}(0) = \boldsymbol{0}. \end{cases}$$

由定理 4.14，立即得到初值问题(4.42)的解关于初值 $(x_0, \boldsymbol{Y}_0)$ 的连续依赖性.

定理 4.17 如果函数 $\boldsymbol{F}(x,\boldsymbol{Y})$ 满足定理 4.13 的条件，则初值问题(4.42)的解 $\boldsymbol{Y} = \boldsymbol{\varphi}(x)$ 是 $(x, x_0, \boldsymbol{Y}_0)$ 的连续函数.

习题 4.6

1. 证明定理 4.13.
2. 证明定理 4.14.
3. 证明定理 4.15.
4. 设数值函数 $a(t)$ 在区间 $(0,t_1)$ 上连续且 $\int_0^t a(s)\mathrm{d}s(t\in(0,t_1))$ 收敛,证明方程

$$\frac{\mathrm{d}x}{\mathrm{d}t}=a(t)x$$

的满足条件 $\lim\limits_{t\to 0^+}x(t)=0$ 的解只有一个.

第5章

定性和稳定性理论初步

微分方程的主要任务在于求解和研究解的各种属性. 在第1章,我们介绍了一些能用初等积分法求解的方程类型. 同时指出,绝大多数的微分方程不能用初等积分法求解. 在第2,3章,我们主要讨论了线性微分方程和线性微分方程组. 正如我们所看到的,这在物理、力学、工程技术等领域的应用中具有十分重要的意义. 但是,由于物质运动的复杂性,对它的描述往往归结到一个非线性微分方程. 而非线性问题通常比线性问题要复杂得多,处理起来也困难得多. 一般是将非线性问题理想化,即忽略掉某些次要的因素,把问题简化成线性的问题来处理. 显然,并非所有的非线性问题都能简化成线性问题而不产生太大的误差,定性理论和稳定性理论正是在这样的背景下发展起来的.

法国数学家 Poincaré (庞加莱)在19世纪80年代所开创的微分方程定性理论是通过微分方程本身的一些特点,而非通过求微分方程的解,来研究其解的性质,这是研究非线性微分方程的有效手段.

与 Poincaré 同时,俄国数学家 Lyapunov (李雅普诺夫)所创立的稳定性理论对微分方程解的稳定性进行了深入的研究,是定性理论的又一奠基性工作. 本章将对定性理论和稳定性理论的一些基本概念和基本方法作一简单介绍.

§5.1 稳定性的概念

考虑微分方程组

$$\frac{\mathrm{d}\boldsymbol{x}}{\mathrm{d}t}=\boldsymbol{f}(t,\boldsymbol{x}), \tag{5.1}$$

其中函数 $\boldsymbol{f}(t,\boldsymbol{x})$ 是定义在 $\mathbf{R}\times G$ 上的连续函数，这里 $G\subset\mathbf{R}^n$ 是开集，且 $\boldsymbol{f}(t,\boldsymbol{x})$ 关于 $\boldsymbol{x}$ 满足局部 Lipschitz 条件.

对 $(t_0,\boldsymbol{x}_0)\in\mathbf{R}\times G$，记方程组(5.1)的过此点的唯一解为 $\boldsymbol{y}=\boldsymbol{\varphi}(t,t_0,\boldsymbol{x}_0)$. 即 $\dfrac{\mathrm{d}\boldsymbol{\varphi}(t,t_0,\boldsymbol{x}_0)}{\mathrm{d}t}=\boldsymbol{f}(t,\boldsymbol{\varphi}(t,t_0,\boldsymbol{x}_0)),\boldsymbol{\varphi}(t_0,t_0,\boldsymbol{x}_0)=\boldsymbol{x}_0$. 则 $\boldsymbol{y}=\boldsymbol{\varphi}(t,t_0,\boldsymbol{x}_1)$ 表示方程组(5.1)的过点 $(t_0,\boldsymbol{x}_1)\in\mathbf{R}\times G$ 的解. 现在的问题是：当 $\|\boldsymbol{x}_1-\boldsymbol{x}_0\|$ 很小时，差 $\|\boldsymbol{\varphi}(t,t_0,\boldsymbol{x}_1)-\boldsymbol{\varphi}(t,t_0,\boldsymbol{x}_0)\|$ 在 $t\geqslant t_0$ 时是否也很小？这里，向量 $\boldsymbol{x}=(x_1,x_2,\cdots,x_n)^{\mathrm{T}}$ 的模取 $\|\boldsymbol{x}\|=\left(\sum\limits_{1}^{n}x_i^2\right)^{\frac{1}{2}}$.

我们先看一个简单的例子，设 $N=N(t)$ 为某物种在 t 时刻的总数量，Verhulst（韦吕勒）在 1836 年提出了一个种群自限制数量(人口)增长方程：

$$\frac{\mathrm{d}N}{\mathrm{d}t}=rN\left(1-\frac{N}{K}\right),\tag{5.2}$$

其中 r,K 为正数，r 为种群在无食物与环境限制下的自然增长率，K 为环境容纳量. 方程(5.2)称为 logistic（逻辑斯谛）人口增长模型.

方程(5.2)有两个常数解

$$N_1(t)\equiv 0,\qquad N_2(t)=K.$$

当 $N\neq 0,N\neq K$ 时，方程(5.2)可化成

$$\frac{\mathrm{d}N}{N\left(1-\dfrac{N}{K}\right)}=r\mathrm{d}t,$$

两边积分得通解：

$$N(t)=\frac{KN_0}{(K-N_0)\mathrm{e}^{-r(t-t_0)}+N_0},\tag{5.3}$$

这里 $N_0=N(t_0)$，方程(5.2)的积分曲线如图 5.1 所示. 由图 5.1 可以看出，满足初始条件 $N(t_0)=N_0>0$ 的解在 $t\to+\infty$ 时均趋于解 $N_2(t)=K$，这也可以由解的表达式(5.3)直接推出. 解 $N_2(t)=K$ 称为是**稳定的**. 这里我们有很明确的生物学意义：即种群的数量最终趋于环境的容纳量. 由方程(5.2)知，当 $N_0>K$ 时，$\dfrac{\mathrm{d}N}{\mathrm{d}t}<0$，即如果 $t=t_0$ 时，人口数量大于环境容纳量 K，则人口数量会随时间的增加而减少，最终趋于 K；当 $0<N_0<K$ 时，则有 $\dfrac{\mathrm{d}N}{\mathrm{d}t}>0$，即：如果人口数量少于环境容纳量，则人口数量会逐渐增加直到达到环境容纳量 K.

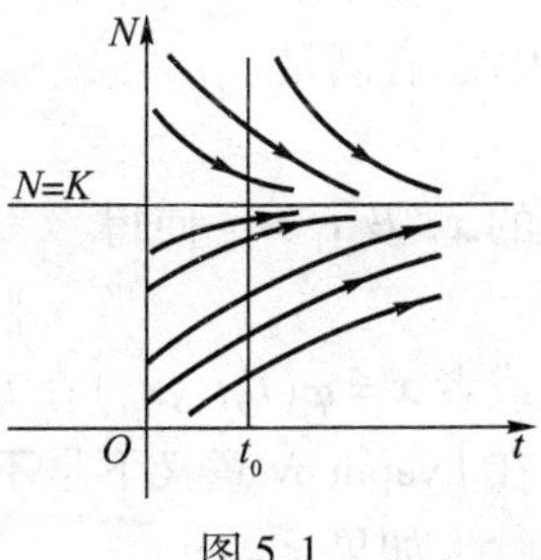

图 5.1

稳定性的物理意义也是明显的,因为由微分方程所描述的物体运动的轨线依赖于初值,而初值通常是由测量所得,这就不可避免地会出现误差和干扰.如果描述此运动的特解是不稳定的,则初值的微小误差或干扰将导致"差之毫厘,谬以千里"的后果;而稳定的特解才是我们最感兴趣的.

由于大多数的方程都很难求出解的具体表达式,因此我们需要在不具体给出方程解的情况下判断方程的解的稳定性.

定义 5.1 假设 $x=\varphi(t,t_0,x_0)$ 是方程组(5.1)的一个特解,它在 $t\geqslant t_0$ 上有定义.如果对任意给定的 $\varepsilon>0$ 及 $t_0\in\mathbf{R}$,都存在 $\delta=\delta(\varepsilon,t_0)>0$,使得对任何满足

$$\|\boldsymbol{x}_1-\boldsymbol{x}_0\|<\delta$$

的 $\boldsymbol{x}_1$,解 $x=\boldsymbol{\varphi}(t,t_0,x_1)$ 在 $t\geqslant t_0$ 上有定义,且

$$\|\boldsymbol{\varphi}(t,t_0,\boldsymbol{x}_1)-\boldsymbol{\varphi}(t,t_0,\boldsymbol{x}_0)\|<\varepsilon$$

对一切 $t\geqslant t_0$ 都成立,则称方程组(5.1)的解 $\boldsymbol{x}=\boldsymbol{\varphi}(t,t_0,\boldsymbol{x}_0)$ 在 Lyapunov **意义下是稳定的**,简称**稳定**(一维情形如图 5.2).

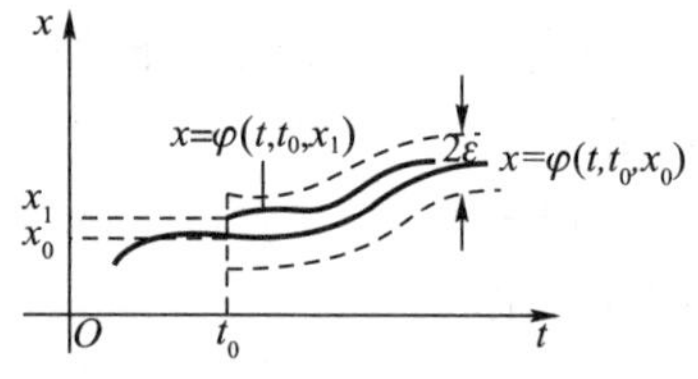

图 5.2

定义 5.2 如果 $\boldsymbol{x}=\boldsymbol{\varphi}(t,t_0,\boldsymbol{x}_0)$ 在 Lyapunov 意义下是稳定的,并且存在 $\delta_0>0$,使得对任何满足

$$\|\boldsymbol{x}_1-\boldsymbol{x}_0\|<\delta_0$$

的 $\boldsymbol{x}_1$ 都有

$$\lim_{t\to+\infty}[\boldsymbol{\varphi}(t,t_0,\boldsymbol{x}_1)-\boldsymbol{\varphi}(t,t_0,\boldsymbol{x}_0)]=0,$$

则称方程组(5.1)的解 $\boldsymbol{x}=\boldsymbol{\varphi}(t,t_0,\boldsymbol{x}_0)$ 在 Lyapunov 意义下是**渐近稳定**的,简称**渐近稳定**.

如果解 $\boldsymbol{x}=\boldsymbol{\varphi}(t,t_0,\boldsymbol{x}_0)$ 不是 Lyapunov 稳定的,即如果存在 $\varepsilon_0>0$,对任何 $\delta>0$,总有满足

$$\|\boldsymbol{x}_1-\boldsymbol{x}_0\|<\delta$$

的 $\boldsymbol{x}_1$ 及 $t_1>t_0$ 使得

$$\|\boldsymbol{\varphi}(t_1,t_0,\boldsymbol{x}_1)-\boldsymbol{\varphi}(t_1,t_0,\boldsymbol{x}_0)\|\geqslant\varepsilon_0,$$

或者 $\boldsymbol{x}=\boldsymbol{\varphi}(t,t_0,\boldsymbol{x}_0)$ 在 $t=t_1$ 处无定义,则称方程组称(5.1)的解 $\boldsymbol{x}=\boldsymbol{\varphi}(t,t_0,\boldsymbol{x}_0)$ 在 Lyapunov 意义下是**不稳定的**.

如果 $\boldsymbol{x}=\boldsymbol{\varphi}(t,t_0,\boldsymbol{x}_0)$ 是渐近稳定的,且存在区域 D,使得当且仅当 $\boldsymbol{x}_1\in D$ 时,

有 $\lim\limits_{t\to+\infty}[\boldsymbol{\varphi}(t,t_0,\boldsymbol{x}_1)-\boldsymbol{\varphi}(t,t_0,\boldsymbol{x}_0)]=0$，则区域 D 称为解 $\boldsymbol{x}=\boldsymbol{\varphi}(t,t_0,\boldsymbol{x}_0)$ 的**吸引域**. 如果 $D=\mathbf{R}^n$ 或 $\delta_0=+\infty$，则称 $\boldsymbol{x}=\boldsymbol{\varphi}(t,t_0,\boldsymbol{x}_0)$ 为**全局渐近稳定或全局稳定**.

例如对方程(5.2)，$N_2(t)=K$ 是渐近稳定的，稳定域 $D=\{N|N>0\}$，而解 $N_1(t)\equiv 0$ 是不稳定的.

例 研究系统

$$\begin{cases}\dfrac{dx}{dt}=-2x,\\ \dfrac{dy}{dt}=-y\end{cases} \tag{5.4}$$

的零解的稳定性.

解 系统(5.4)的任何过初值 (t_0,x_0,y_0) 的解为

$$\begin{cases}x(t)=x_0e^{-2(t-t_0)},\\ y(t)=y_0e^{-(t-t_0)},\end{cases}\qquad x_0^2+y_0^2\neq 0.$$

对任一 $\varepsilon>0$，取 $\delta=\varepsilon>0$，则当 $\sqrt{x_0^2+y_0^2}<\delta$ 时，有

$$\begin{aligned}\sqrt{x^2(t)+y^2(t)}&=\sqrt{x_0^2e^{-4(t-t_0)}+y_0^2e^{-2(t-t_0)}}\\&\leqslant\sqrt{x_0^2+y_0^2}<\delta=\varepsilon(t\geqslant t_0),\end{aligned}$$

所以零解是稳定的.

又因为

$$\lim_{t\to+\infty}\sqrt{x^2(t)+y^2(t)}=\lim_{t\to+\infty}\sqrt{x_0^2e^{-4(t-t_0)}+y_0^2e^{-2(t-t_0)}}=0$$

所以零解是渐近稳定的，且是全局渐近稳定的.

为了简化讨论，通常把解 $\boldsymbol{x}=\boldsymbol{\varphi}(t,t_0,\boldsymbol{x}_0)$ 的稳定性问题化成零解的稳定性问题. 为此，对方程组(5.1)作变量代换：

$$\boldsymbol{y}=\boldsymbol{x}-\boldsymbol{\varphi}(t,t_0,\boldsymbol{x}_0),$$

则

$$\begin{aligned}\frac{d\boldsymbol{y}}{dt}&=\frac{d\boldsymbol{x}}{dt}-\boldsymbol{f}(t,\boldsymbol{\varphi}(t,t_0,\boldsymbol{x}_0))\\&=\boldsymbol{f}(t,\boldsymbol{y}+\boldsymbol{\varphi}(t,t_0,\boldsymbol{x}_0))-\boldsymbol{f}(t,\boldsymbol{\varphi}(t,t_0,\boldsymbol{x}_0))\\&=\boldsymbol{F}(t,\boldsymbol{y}),\end{aligned}$$

其中 $\boldsymbol{F}(t,\boldsymbol{y})=\boldsymbol{f}(t,\boldsymbol{y}+\boldsymbol{\varphi}(t,t_0,\boldsymbol{x}_0))-\boldsymbol{f}(t,\boldsymbol{\varphi}(t,t_0,\boldsymbol{x}_0))$，方程组(5.1)变成

$$\frac{d\boldsymbol{y}}{dt}=\boldsymbol{F}(t,\boldsymbol{y}), \tag{5.5}$$

显然 $\boldsymbol{F}(t,\boldsymbol{0})\equiv\boldsymbol{0}$，因此方程组(5.1)的解 $\boldsymbol{x}=\boldsymbol{\varphi}(t,t_0,\boldsymbol{x}_0)$ 的稳定性问题等价于方

程组(5.5)的零解 $\boldsymbol{y}=\boldsymbol{0}$ 的稳定性问题.

关于方程组(5.5)的零解 $\boldsymbol{y}=\boldsymbol{0}$ 的稳定性如图 5.3 所示

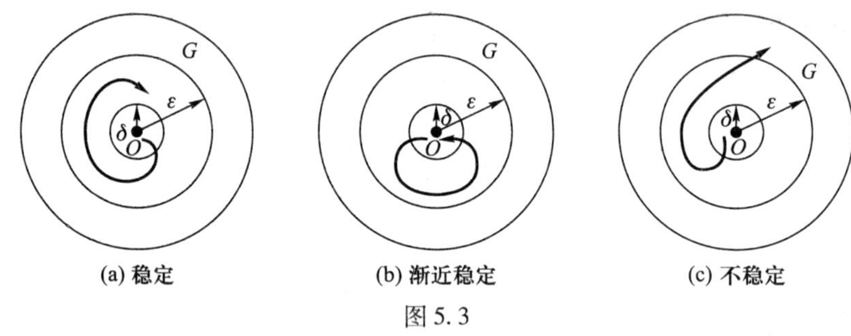

图 5.3

习题 5.1

求下列方程的常数解,画出方程过点(t_0,x_0)的积分曲线并判断各常数解的稳定性.

(1) $\dfrac{\mathrm{d}x}{\mathrm{d}t}=x(x-1)$;

(2) $\dfrac{\mathrm{d}x}{\mathrm{d}t}=x(x-1)(x-2)$.

§5.2 平面自治系统的基本概念

定义 5.3 如果方程组(5.1)的右端函数$\boldsymbol{f}(t,\boldsymbol{x})$不显含 t,则相应的方程组

$$\frac{\mathrm{d}\boldsymbol{x}}{\mathrm{d}t}=\boldsymbol{f}(\boldsymbol{x}) \tag{5.6}$$

称为**自治的**,否则方程组(5.1)称为**非自治的**,$\boldsymbol{x}$ 的取值区域 D 称为**相空间**,$(t,\boldsymbol{x})$的取值区域称为**广义相空间**,方程组(5.6)的解 $\boldsymbol{x}=\boldsymbol{x}(t)$在相空间的轨迹称为方程组(5.6)的**轨线**或**相轨线**. 轨线族在相空间中的图形称为方程组(5.6)的**相图**. 显然,相轨线是广义相空间中的积分曲线沿 t 轴向相空间的投影.

如果$\boldsymbol{f}(\boldsymbol{x})=\boldsymbol{v}(\boldsymbol{x})=(v_1(\boldsymbol{x}),v_2(\boldsymbol{x}),\cdots,v_n(\boldsymbol{x}))^{\mathrm{T}}$表示一个质点的速度向量,则它在相空间中定义了一个速度场或向量场,而方程组(5.6)的解$\boldsymbol{x}=\boldsymbol{x}(t)$是质点运动轨迹的参数方程,其中时间 t 为参数,质点在相空间中沿轨线运动,通常用箭头在轨线上标明 t 增大时质点运动的方向.

5.2.1 奇点,常点,闭轨

定义 5.4 如果$\boldsymbol{f}(\boldsymbol{x}_0)=\boldsymbol{0}$,则方程组(5.6)有一个常数解 $\boldsymbol{x}=\boldsymbol{x}_0$,常数解通

常称为**驻解**或**定常解**. $\boldsymbol{x}_0$ 就是方程组(5.6)的一条轨线,$\boldsymbol{x}_0$ 通常称为方程组(5.6)的**奇点**或**平衡点**. 相空间中除奇点以外的点称为方程组(5.6)的**常点**.

定义 5.5 设 $\boldsymbol{x}=\boldsymbol{x}(t)$ 是方程组(5.6)的一个非定常解,如果存在正数 $T>0$ 使得

$$\boldsymbol{x}(t+T)\equiv\boldsymbol{x}(t),$$

则 $\boldsymbol{x}=\boldsymbol{x}(t)$ 称为**周期解**,它在相空间中的轨线是一条闭曲线,称为**闭轨**,它对应质点的周期运动.

5.2.2 自治系统的性质

性质 1 积分曲线的平移不变性.

设 $\boldsymbol{x}=\boldsymbol{\varphi}(t)$ 是方程组(5.6)的解,则对任意常数 τ,$\boldsymbol{x}=\boldsymbol{\varphi}(t+\tau)$ 也是方程组(5.6)的解.

事实上,我们有

$$\frac{\mathrm{d}\boldsymbol{\varphi}(t+\tau)}{\mathrm{d}t}=\frac{\mathrm{d}\boldsymbol{\varphi}(t+\tau)}{\mathrm{d}(t+\tau)}\cdot\frac{\mathrm{d}(t+\tau)}{\mathrm{d}t}=\boldsymbol{f}(\boldsymbol{\varphi}(t+\tau)),$$

因此,方程组(5.6)的积分曲线沿 t 轴作任意平移后仍然是方程组(5.6)的解. 所以我们今后只讨论方程组(5.6)的过初值$(0,\boldsymbol{x}_0)$的解,简记为 $\boldsymbol{x}=\boldsymbol{\varphi}(t,\boldsymbol{x}_0)$,这里 $\boldsymbol{\varphi}(0,\boldsymbol{x}_0)=\boldsymbol{x}_0$.

性质 2 轨线的唯一性.

过相空间中任一点只有方程组(5.6)的一条轨线通过.

证 如果在相空间 $\boldsymbol{x}_0$ 点有方程组(5.6)的两条轨线 l_1 和 l_2 通过,它们的方程分别为

$$l_1:\boldsymbol{x}=\boldsymbol{\varphi}(t,\boldsymbol{x}_1);l_2:\boldsymbol{x}=\boldsymbol{\varphi}(t,\boldsymbol{x}_2).$$

设 $\boldsymbol{\varphi}(t_1,\boldsymbol{x}_1)=\boldsymbol{x}_0$,$\boldsymbol{\varphi}(t_2,\boldsymbol{x}_2)=\boldsymbol{x}_0$. 如果 $t_1\neq t_2$,则由性质 1 知 $\boldsymbol{x}=\boldsymbol{\varphi}(t+t_2-t_1,\boldsymbol{x}_2)$ 也是方程组(5.6)的解. 由 $\boldsymbol{\varphi}(t+t_2-t_1,\boldsymbol{x}_2)\big|_{t=t_1}=\boldsymbol{\varphi}(t_2,\boldsymbol{x}_2)=\boldsymbol{x}_0$ 及解的唯一性,得

$$\boldsymbol{\varphi}(t+t_2-t_1,\boldsymbol{x}_2)\equiv\boldsymbol{\varphi}(t,\boldsymbol{x}_1),$$

于是 $\boldsymbol{x}=\boldsymbol{\varphi}(t,\boldsymbol{x}_1)$ 与 $\boldsymbol{x}=\boldsymbol{\varphi}(t,\boldsymbol{x}_2)$ 有相同的投影,即 l_1 与 l_2 重合(相空间为二维时的情形如图 5.4). 证毕.

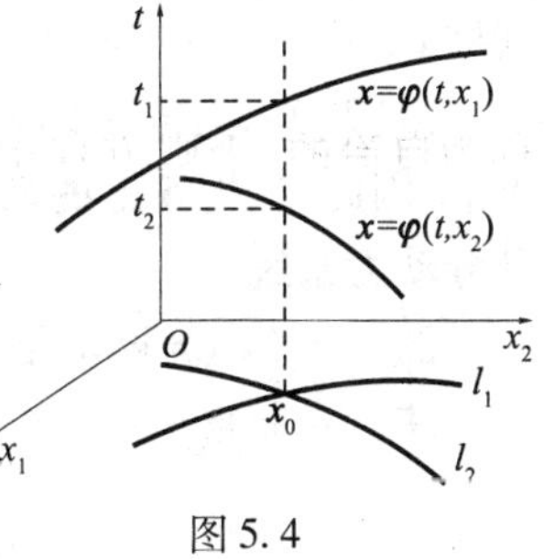

图 5.4

性质 3 群性质.

方程组(5.6)的解 $\boldsymbol{x}=\boldsymbol{\varphi}(t,\boldsymbol{x}_0)$ 满足

$$\boldsymbol{\varphi}(t_2+t_1,\boldsymbol{x}_0)=\boldsymbol{\varphi}(t_2,\boldsymbol{\varphi}(t_1,\boldsymbol{x}_0))\tag{5.7}$$

其几何意义是:相空间中从 $\boldsymbol{x}_0$ 点出发的轨线经过 t_1 时间到达 $\boldsymbol{x}_1=\boldsymbol{\varphi}(t_1,\boldsymbol{x}_0)$,

再经过 t_2 时间到达 $\boldsymbol{x}_2=\boldsymbol{\varphi}(t_2,\boldsymbol{x}_1)$，那么从 $\boldsymbol{x}_0$ 出发的轨线经过时间 t_1+t_2 也到达 $\boldsymbol{x}_2$.

证 因为 $\boldsymbol{x}=\boldsymbol{\varphi}(t+t_1,\boldsymbol{x}_0)$ 是方程组(5.6)的解，且 $\boldsymbol{\varphi}(t+t_1,\boldsymbol{x}_0)\big|_{t=0}=\boldsymbol{\varphi}(t_1,\boldsymbol{x}_0)=\boldsymbol{x}_1$，所以由解的唯一性知 $\boldsymbol{\varphi}(t+t_1,\boldsymbol{x}_0)\equiv\boldsymbol{\varphi}(t,\boldsymbol{x}_1)=\boldsymbol{\varphi}(t,\boldsymbol{\varphi}(t_1,\boldsymbol{x}_0))$. 取 $t=t_2$ 即得(5.7). 证毕.

如果对任意 $\boldsymbol{x}_0\in D$，方程组(5.6)的解都在 $(-\infty,+\infty)$ 上存在，则对任何固定的 t，$\boldsymbol{\varphi}(t,\boldsymbol{x}_0)$ 确定了一个从 D 到 $\mathbf{R}^n$ 的变换：

$$\boldsymbol{\varphi}_t:\ \boldsymbol{x}_0\to\boldsymbol{\varphi}(t,\boldsymbol{x}_0).$$

因此，$\Sigma=\{\boldsymbol{\varphi}_t\mid t\in\mathbf{R}\}$ 构成了一个单参数的变换集合，由性质 1,2,3 及方程组(5.6)解的性质知 $\boldsymbol{\varphi}_t$ 有下列性质：

(1) $\boldsymbol{\varphi}_0=\mathrm{id}$ 为恒等变换；

(2) $\boldsymbol{\varphi}_s\circ\boldsymbol{\varphi}_t=\boldsymbol{\varphi}_{s+t}$，$\forall s,t\in\mathbf{R}$；

(3) $\boldsymbol{\varphi}_t$ 关于 t 及 $\boldsymbol{x}_0$ 均连续.

因此 Σ 在变换的复合运算下构成一个加法群. 易见 $\boldsymbol{\varphi}_{-t}$ 是 $\boldsymbol{\varphi}_t$ 的逆元，此单参数变换群称为**由方程组(5.6)生成的动力系统**. 有时方程组(5.6)也称为一个**动力系统**.

一般地，我们有下面的定义.

定义 5.6 设 $S\subset\mathbf{R}^n$ 是一个开集. 对任意 $t\in\mathbf{R}$，映射 $\boldsymbol{\varphi}_t:S\to S$ 满足：

$$\boldsymbol{x}\to\boldsymbol{\varphi}_t(\boldsymbol{x}),$$

(1) $\boldsymbol{\varphi}_0=\mathrm{id}$ 是恒等映射；

(2) $\boldsymbol{\varphi}_t$ 关于 $t,\boldsymbol{x}$ 连续；

(3) $\boldsymbol{\varphi}_s\circ\boldsymbol{\varphi}_t=\boldsymbol{\varphi}_{t+s}$ 对所有 $t,s\in\mathbf{R}$ 成立.

则称 $\boldsymbol{\varphi}_t$ 为一个(抽象)**动力系统**.

由(2)知，对固定的 $\boldsymbol{x}\in S$，$\{\boldsymbol{\varphi}_t(\boldsymbol{x})\mid t\in\mathbf{R}\}$ 是 S 上的一条连续曲线，但不一定光滑，因此，也把 S 上的动力系统称为 S 上的流. 如果 $\boldsymbol{\varphi}_t$ 关于 $t,\boldsymbol{x}$ 可微，则称它为**微分动力系统**.

例 $\boldsymbol{\varphi}_t(\boldsymbol{x})=\mathrm{e}^{\boldsymbol{A}t}\boldsymbol{x}$ 是一个动力系统，其中 $\boldsymbol{x}\in\mathbf{R}^n$，$\boldsymbol{A}=(a_{ij})_{n\times n}$ 为实矩阵.

注 对非自治系统(方程组)

$$\frac{\mathrm{d}\boldsymbol{x}}{\mathrm{d}t}=\boldsymbol{f}(t,\boldsymbol{x})\quad \boldsymbol{x}\in D\subset\mathbf{R}^n,t\in\mathbf{R},\tag{5.8}$$

性质 1,2,3 不成立. 事实上，系统(5.8)的解在相空间 D 中的投影可能相交.

习题 5.2

求下列方程的奇点,画出相图,并说明奇点的稳定性.

(1) $\begin{cases}\dfrac{dx}{dt}=y,\\ \dfrac{dy}{dt}=-x;\end{cases}$ (2) $\begin{cases}\dfrac{dx}{dt}=x+y,\\ \dfrac{dy}{dt}=2y.\end{cases}$

§5.3 Lyapunov 第二方法

本节介绍在数学、力学、控制论等学科中有广泛应用的 Lyapunov(李雅普诺夫)第二方法,也称为直接方法,此方法巧妙地利用一个与微分方程相联系的所谓 Lyapunov 函数来处理稳定性的问题.

下面的例子对理解 Lyapunov 方法的思想是有益的.

例 1 考虑无阻力的数学摆的振动,其微分方程为

$$\frac{d^2\varphi}{dt^2}+\frac{g}{l}\sin\varphi=0\quad(g>0,l>0).\tag{5.9}$$

令 $x=\varphi,y=\dfrac{d\varphi}{dt}$,将方程(5.9)化成二阶方程组

$$\begin{cases}\dfrac{dx}{dt}=y,\\ \dfrac{dy}{dt}=-\dfrac{g}{l}\sin x,\end{cases}\tag{5.10}$$

于是有

$$ydy=-\frac{g}{l}\sin x dx,$$

即

$$\frac{1}{2}y^2+\frac{g}{l}(1-\cos x)=C,$$

其中 $C\geqslant 0$ 为常数.

如果取函数 $V(x,y)=\dfrac{1}{2}y^2+\dfrac{g}{l}(1-\cos x)$,则有 $V(0,0)=0$,且对任何 $(x,y)\neq(0,0)$,$|x|<\pi$,有 $V(x,y)>0$. 现在沿着方程组(5.10)的轨线 $x=x(t),y=y(t)$对函数 $V(x,y)$求导数得

$$\frac{d}{dt}V(x(t),y(t))=\frac{\partial V}{\partial x}(x(t),y(t))\frac{dx}{dt}+\frac{\partial V}{\partial y}(x(t),y(t))\frac{dy}{dt}$$

$$=\frac{g}{l}\sin x(t)\cdot y(t)+y(t)\cdot\left(-\frac{g}{l}\sin x(t)\right)\equiv 0,$$

由 t_0 到 t 对上式积分得

$$V(x(t),y(t))=V(x(t_0),y(t_0)).$$

这说明相平面上经过曲线 $V(x,y)=V(x(t_0),y(t_0))$ 上的点的轨线将永远与此曲线重合. 当 C 充分小时,$V(x,y)=C$ 是一族围绕原点的闭曲线族,因此,在没有阻力的情况下,数学摆(5.10)的零解是稳定的,但不是渐近稳定的.

这种借助于构造一个特殊的函数 $V(x,y)$,并利用函数 $V(x,y)$ 及其全导数 $\frac{\mathrm{d}V}{\mathrm{d}t}(x(t),y(t))$ 的性质来确定方程组的解的稳定性的方法就是 **Lyapunov 第二方法**的思想,具有此特殊性质的函数 $V(x,y)$ 称为 **Lyapunov 函数**,简称 **V 函数**.

下面我们介绍 Lyapunov 第二方法. 为简明起见,我们只考虑自治系统

$$\frac{\mathrm{d}\boldsymbol{x}}{\mathrm{d}t}=\boldsymbol{f}(\boldsymbol{x}),\quad \boldsymbol{x}\in\mathbf{R}^n. \tag{5.11}$$

假设 $\boldsymbol{f}(\boldsymbol{0})=\boldsymbol{0}$,且 $\boldsymbol{f}(\boldsymbol{x})=(f_1(\boldsymbol{x}),\cdots,f_n(\boldsymbol{x}))^{\mathrm{T}}$ 在区域 $G=\{\boldsymbol{x}\mid\boldsymbol{x}\in\mathbf{R}^n,\ \|\boldsymbol{x}\|\leqslant A\}$ (A 为正常数)内连续,满足局部 Lipschitz 条件.

定义 5.7 假设 $V(\boldsymbol{x})$ 是在域 $\|\boldsymbol{x}\|\leqslant H$ $(H>0)$ 内有定义的实连续函数,$V(\boldsymbol{0})=0$. 如果在此域内恒有 $V(\boldsymbol{x})\geqslant 0$,则称函数 V 为**常正**的. 如果对一切 $\boldsymbol{x}\neq\boldsymbol{0}$, $\|\boldsymbol{x}\|\leqslant H$,都有 $V(\boldsymbol{x})>0$,则称函数 $V(\boldsymbol{x})$ 为**定正**的,如果函数 $-V(\boldsymbol{x})$ 是定正的(或常正)的,则称 V 为定负(或常负)的.

假设 $V(\boldsymbol{x})$ 关于所有变量的偏导数存在且连续,$\boldsymbol{x}=\boldsymbol{x}(t)$ 为系统(5.11)的任一轨线,记

$$\left.\frac{\mathrm{d}V}{\mathrm{d}t}\right|_{(5.11)}=\frac{\mathrm{d}V(\boldsymbol{x}(t))}{\mathrm{d}t},$$

称其为函数 $V(\boldsymbol{x})$ 通过系统(5.11)对 t 的全导数.

例 2 函数 $V(x,y)=(x-y)^2$ 是常正的,而函数 $V(x,y)=x^2+(y+2x)^2$ 是定正的.

定理 5.1 对系统(5.11),如果在区域 $D=\{\boldsymbol{x}\mid\ \|\boldsymbol{x}\|\leqslant K,\boldsymbol{x}\in\mathbf{R}^n\}$ $(0<K\leqslant H)$ 上存在 Lyapunov 函数 $V(\boldsymbol{x})$ 满足:

(1) $V(\boldsymbol{x})$ 定正;

(2) $\left.\frac{\mathrm{d}V}{\mathrm{d}t}\right|_{(5.11)}=\sum\limits_{i=1}^{n}\frac{\partial V}{\partial x_i}f_i(\boldsymbol{x})$ 常负,

则系统(5.11)的零解是稳定的.

证 任给正数 $\varepsilon<K$,由 $V(\boldsymbol{x})$ 定正知

$$l=\inf_{\varepsilon\leqslant\|\boldsymbol{x}\|\leqslant K}V(\boldsymbol{x})>0.$$

由 $V(\mathbf{0})=0$ 及 $V(\boldsymbol{x})$ 的连续性知存在正数 $\delta<\varepsilon$，使得当 $\|\boldsymbol{x}\|\leqslant\delta$ 时，有 $V(\boldsymbol{x})<l$.

下面证明对此 $\delta>0$，只要 $\|\boldsymbol{x}_0\|\leqslant\delta$，则以 $\boldsymbol{x}_0$ 为初值的解 $\boldsymbol{x}=\boldsymbol{x}(t,t_0,\boldsymbol{x}_0)$ 对一切 $t\geqslant t_0$，满足不等式

$$\|\boldsymbol{x}(t,t_0,\boldsymbol{x}_0)\|<\varepsilon. \tag{5.12}$$

若(5.12)式不成立，由 $\|\boldsymbol{x}_0\|\leqslant\delta<\varepsilon$ 及 $\boldsymbol{x}(t,t_0,\boldsymbol{x}_0)$ 关于 t 的连续性知存在 $t_1>t_0$，使得当 $t\in[t_0,t_1)$ 时，$\|\boldsymbol{x}(t,t_0,\boldsymbol{x}_0)\|<\varepsilon$. 而 $\|\boldsymbol{x}(t_1,t_0,\boldsymbol{x}_0)\|=\varepsilon$，因此由 l 的定义知

$$V(\boldsymbol{x}(t_1,t_0,\boldsymbol{x}_0))\geqslant l, \tag{5.13}$$

但是，由条件(2)知，

$$\frac{\mathrm{d}V(\boldsymbol{x}(t,t_0,\boldsymbol{x}_0))}{\mathrm{d}t}\leqslant 0,\quad t\in[t_0,t_1],$$

所以

$$V(\boldsymbol{x}(t,t_0,\boldsymbol{x}_0))\leqslant V(\boldsymbol{x}_0)<l,\quad t\in[t_0,t_1],$$

因此，有 $V(\boldsymbol{x}(t_1,t_0,\boldsymbol{x}_0))<l$，与(5.13)式矛盾. 即(5.12)式成立(二维情形如图 5.5). 证毕.

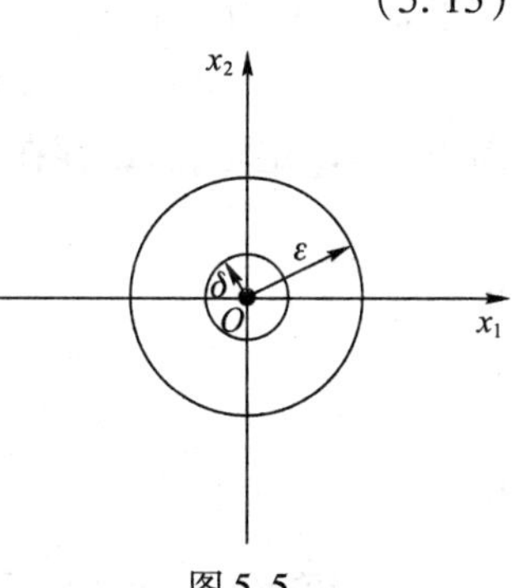

图 5.5

例 3 考虑无阻尼线性振动方程

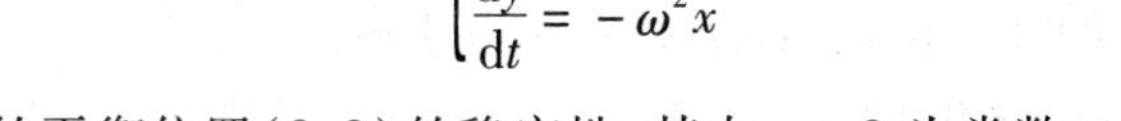

$$\begin{cases}\dfrac{\mathrm{d}x}{\mathrm{d}t}=y,\\[2mm] \dfrac{\mathrm{d}y}{\mathrm{d}t}=-\omega^2x\end{cases} \tag{5.14}$$

的平衡位置 $(0,0)$ 的稳定性，其中 $\omega>0$ 为常数.

解 构造 Lyapunov 函数

$$V(x,y)=\frac{1}{2}x^2+\frac{1}{2\omega^2}y^2,$$

则有

$$\left.\frac{\mathrm{d}V}{\mathrm{d}t}\right|_{(5.14)}=\left.\left(xx'+\frac{1}{\omega^2}yy'\right)\right|_{(5.14)}=0,$$

即 $V(x,y)$ 定正，$\left.\dfrac{\mathrm{d}V}{\mathrm{d}t}\right|_{(5.14)}\leqslant 0$，于是由定理 5.1 知方程(5.14)的平衡位置是稳定的.

定理 5.2 对系统(5.11)，如果在区域 $D=\{\boldsymbol{x}\in\mathbf{R}^n \mid \|\boldsymbol{x}\|\leqslant K(0<K\leqslant H)\}$ 上存在 Lyapunov 函数 $V(\boldsymbol{x})$ 满足：

(1) $V(\boldsymbol{x})$ 定正；

(2) $\left.\dfrac{\mathrm{d}V}{\mathrm{d}t}\right|_{(5.11)}=\displaystyle\sum_{i=1}^{n}\frac{\partial V}{\partial x_i}f_i(\boldsymbol{x})$ 定负，

则系统(5.11)的零解是渐近稳定的.

证 由定理5.1知,系统(5.11)的零解是稳定的. 取 $\delta_1>0$ 满足(5.12)式. 下证对所有 $0<\|\boldsymbol{x}_0\|<\delta_1$,

$$\lim_{t\to+\infty}\boldsymbol{x}(t,t_0,\boldsymbol{x}_0)=\boldsymbol{0}. \tag{5.15}$$

因为 $\frac{\mathrm{d}V}{\mathrm{d}t}(\boldsymbol{x}(t,t_0,\boldsymbol{x}_0))<0$,所以总有

$$\lim_{t\to+\infty}V(\boldsymbol{x}(t,t_0,\boldsymbol{x}_0))=a\geqslant 0.$$

如果 $a>0$,则由 $V(\boldsymbol{x}(t,t_0,\boldsymbol{x}_0))$ 的单调性有

$$0<a<V(\boldsymbol{x}(t,t_0,\boldsymbol{x}_0))<V(\boldsymbol{x}_0),\quad t>t_0,$$

因为 $V(\boldsymbol{x})$ 定正,所以存在正数 $h>0$ 使得对任何 $t>t_0$,有

$$\varepsilon>\|\boldsymbol{x}(t,t_0,\boldsymbol{x}_0)\|>h.$$

记

$$m=\sup_{h\leqslant\|\boldsymbol{x}\|\leqslant K}\frac{\mathrm{d}V(\boldsymbol{x})}{\mathrm{d}t}<0,$$

则

$$V(\boldsymbol{x}(t,t_0,\boldsymbol{x}_0))-V(\boldsymbol{x}_0)=\int_{t_0}^{t}\frac{\mathrm{d}V(\boldsymbol{x}(t,t_0,\boldsymbol{x}_0))}{\mathrm{d}t}\mathrm{d}t\leqslant m(t-t_0),$$

即

$$V(\boldsymbol{x}(t,t_0,\boldsymbol{x}_0))\leqslant V(\boldsymbol{x}_0)+m(t-t_0)\xrightarrow{t\to+\infty}-\infty,$$

与 $V(\boldsymbol{x})$ 的定正性矛盾,因此必有 $a=0$,即

$$\lim_{t\to+\infty}V(\boldsymbol{x}(t,t_0,\boldsymbol{x}_0))=0. \tag{5.16}$$

如果(5.15)式不成立,因为 $\boldsymbol{x}=\boldsymbol{0}$ 稳定,所以 $\boldsymbol{x}(t,t_0,\boldsymbol{x}_0)$ 在 $[t_0,+\infty)$ 上有界,故存在序列 $\{t_k\}$,$\lim\limits_{k\to+\infty}t_k=+\infty$ 使得

$$\lim_{k\to+\infty}\boldsymbol{x}(t_k,t_0,\boldsymbol{x}_0)=\boldsymbol{x}^*\neq\boldsymbol{0},$$

于是

$$\lim_{k\to\infty}V(\boldsymbol{x}(t_k,t_0,\boldsymbol{x}_0))=V(\boldsymbol{x}^*)\neq 0$$

与(5.16)式矛盾,这就证明(5.15)式成立,故零解是渐近稳定的. 证毕.

几何解释 我们以二阶方程组为例,从相平面上轨线与 V 函数的关系来说明稳定性的几何意义.

设 $V(\boldsymbol{x})$ 为定正函数,即 $V(\boldsymbol{0})=0$,$V(\boldsymbol{x})>0(\boldsymbol{x}\neq\boldsymbol{0})$,且 $V(\boldsymbol{x})$ 连续,则当 C 充分小时,曲线族

$$V(\boldsymbol{x})=C \tag{5.17}$$

是闭的,并且当 $0<C_1<C_2$ 时,闭曲线 $V=C_1$ 完全包含在闭曲线 $V=C_2$ 之内,如

图 5.6 所示.

如果沿着轨线 $\boldsymbol{x}=\boldsymbol{x}(t)$ 有 $\frac{\mathrm{d}V(\boldsymbol{x})}{\mathrm{d}t}\leqslant 0$，则意味着函数 $V(\boldsymbol{x}(t))$ 对一切 $t\geqslant t_0$ 是 t 的不增函数. 因此轨线 $\boldsymbol{x}(t)$ 将随着 $t\geqslant t_0$ 增加而一层层地进入闭曲线族(5.17)或沿着这些曲线(或某段)运动，但是不会由曲线族(5.17)的任一闭曲线的内部走到其外部.

于是，对任意给定的 $\varepsilon>0$ $(\varepsilon<H)$，在以 ε 为半径的圆 $\|\boldsymbol{x}\|=\varepsilon$ 内作出最大闭曲线 $V(\boldsymbol{x})=C$，且在此闭曲线内以原点为中心作最大内切圆，其半径记为 δ (图 5.7)，则由圆 $\|\boldsymbol{x}\|<\delta$ 内任何一点 $\boldsymbol{x}_0$ 出发的轨线总停留在 $V=C$ 内，因此也停留在圆 $\|\boldsymbol{x}\|=\varepsilon$ 的内部，即 $\|\boldsymbol{x}(t)\|<\varepsilon$. 所以零解是稳定的，$\frac{\mathrm{d}V}{\mathrm{d}t}$ 为定负的情形可类似地讨论.

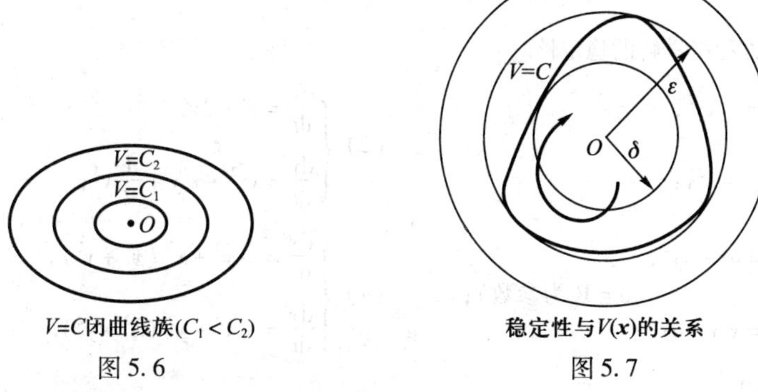

V=C 闭曲线族 $(C_1<C_2)$

图 5.6

稳定性与 $V(x)$ 的关系

图 5.7

定理 5.3 对系统(5.11)，如果在区域 $D=\{\boldsymbol{x}\in\mathbf{R}^n \mid \|\boldsymbol{x}\|\leqslant K(0<K\leqslant H)\}$ 上存在 Lyapunov 函数 $V(\boldsymbol{x})$ 满足：

(1) $\left.\frac{\mathrm{d}V}{\mathrm{d}t}\right|_{(5.11)}$ 定正；

(2) $V(\boldsymbol{x})$ 不是常负函数，

则系统(5.11)的零解是不稳定的. (证明略.)

例 4 考虑二阶微分方程组

$$\begin{cases}\frac{\mathrm{d}x}{\mathrm{d}t}=-y+a(x-y)(x^2+y^2),\\ \frac{\mathrm{d}y}{\mathrm{d}t}=x+a(x+y)(x^2+y^2)\end{cases}\tag{5.18}$$

的零解的稳定性.

解 取定正函数 $V(x,y)=\frac{1}{2}(x^2+y^2)$，则

$$\left.\frac{\mathrm{d}V}{\mathrm{d}t}\right|_{(5.18)}=a(x^2+y^2)^2.$$

根据定理 5.1,5.2,5.3,我们有下列结论:

(1) 如果 $a>0$,则$\frac{\mathrm{d}V}{\mathrm{d}t}$定正,方程组的零解是不稳定的;

(2) 如果 $a<0$,则$\frac{\mathrm{d}V}{\mathrm{d}t}$定负,方程组的零解是渐近稳定的;

(3) 如果 $a=0$,则$\frac{\mathrm{d}V}{\mathrm{d}t}\equiv 0$,方程组的零解是稳定的. 此时,方程组(5.18)的轨线为同心圆 $x^2+y^2=c^2$,因此零解不是渐近稳定的.

习题 5.3

1. 研究下列方程组零解的稳定性.

(1) $\begin{cases}\dfrac{\mathrm{d}x}{\mathrm{d}t}=-xy^2,\\ \dfrac{\mathrm{d}y}{\mathrm{d}t}=-x^2y;\end{cases}$

(2) $\begin{cases}\dfrac{\mathrm{d}x}{\mathrm{d}t}=x^3-2y^3,\\ \dfrac{\mathrm{d}y}{\mathrm{d}t}=xy^2+x^2y+\dfrac{1}{2}y^3;\end{cases}$

(3) $\begin{cases}\dfrac{\mathrm{d}x}{\mathrm{d}t}=ax-xy^2,\\ \dfrac{\mathrm{d}y}{\mathrm{d}t}=x^4y+ay\end{cases}$ ($a\in\mathbf{R}$ 为参数);

(4) $\begin{cases}\dfrac{\mathrm{d}x}{\mathrm{d}t}=-y^2+x^2(x^2+y^2),\\ \dfrac{\mathrm{d}y}{\mathrm{d}t}=-x^2-y^2(x^2+y^2).\end{cases}$

2. 给定方程组

$$\begin{cases}\dfrac{\mathrm{d}x}{\mathrm{d}t}=y,\\ \dfrac{\mathrm{d}y}{\mathrm{d}t}=-f(x),\end{cases}$$

其中$f(x)$连续且$f(0)=0$,$xf(x)>0$ ($x\neq 0$, $x\in(-k,k)$, $k>0$),证明零解是稳定的.

§5.4 平面定性理论初步

本节我们考虑平面自治系统

$$\begin{cases}\dfrac{\mathrm{d}x}{\mathrm{d}t}=P(x,y)\\ \dfrac{\mathrm{d}y}{\mathrm{d}t}=Q(x,y),\end{cases}\tag{5.19}$$

以下总假设函数 $P(x,y)$, $Q(x,y)$ 在区域

$$D: |x| < H, |y| < H \quad (0 < H \leqslant +\infty)$$

上连续且满足解的存在唯一性定理的条件.

我们已经知道奇点是系统(5.19)的一个常数解,对应着方程的一类特殊轨线,它对于研究系统(5.19)的相图有重要的意义.

5.4.1 初等奇点

下面我们先研究一类最简单的系统,即平面线性系统,的奇点,并根据奇点邻域内轨线分布的不同性态来区分奇点的不同类型.

平面线性系统的一般形式为

$$\begin{cases} \dfrac{\mathrm{d}x}{\mathrm{d}t} = a_{11}x + a_{12}y, \\ \dfrac{\mathrm{d}y}{\mathrm{d}t} = a_{21}x + a_{22}y. \end{cases} \tag{5.20}$$

假设系数矩阵

$$\boldsymbol{A} = \begin{pmatrix} a_{11} & a_{12} \\ a_{21} & a_{22} \end{pmatrix}$$

是非奇异的,此时系统(5.20)有唯一的奇点 $O(0,0)$.

为了书写简单起见,我们把系统(5.20)写成矩阵形式

$$\frac{\mathrm{d}\boldsymbol{x}}{\mathrm{d}t} = \boldsymbol{A}\boldsymbol{x},$$

其中 $\boldsymbol{x} = \begin{pmatrix} x \\ y \end{pmatrix}$, $\dfrac{\mathrm{d}\boldsymbol{x}}{\mathrm{d}t} = \begin{pmatrix} \dfrac{\mathrm{d}x}{\mathrm{d}t} \\ \dfrac{\mathrm{d}y}{\mathrm{d}t} \end{pmatrix}$.

根据线性代数理论,存在非奇异矩阵 $\boldsymbol{T}$ 使得

$$\boldsymbol{J} = \boldsymbol{T}^{-1}\boldsymbol{A}\boldsymbol{T}$$

为 Jordan(若尔当)标准形. 此时,通过非奇异线性变换

$$\boldsymbol{x} = \boldsymbol{T}\boldsymbol{u}, \boldsymbol{u} = \begin{pmatrix} u \\ v \end{pmatrix} \tag{5.21}$$

可以把系统(5.20)化成

$$\frac{\mathrm{d}\boldsymbol{u}}{\mathrm{d}t} = \boldsymbol{J}\boldsymbol{u}. \tag{5.22}$$

Jordan 标准形 $\boldsymbol{J}$ 为下列四种形式之一:

$$\begin{pmatrix} \lambda & 0 \\ 0 & \mu \end{pmatrix}, \quad \begin{pmatrix} \lambda & 1 \\ 0 & \lambda \end{pmatrix}, \quad \begin{pmatrix} \lambda & 0 \\ 0 & \lambda \end{pmatrix}, \quad \begin{pmatrix} \alpha & \beta \\ -\beta & \alpha \end{pmatrix} \qquad (\lambda \neq \mu),$$

其中 λ,μ,α,β 为实数. 这些标准形是由方程组(5.20)的系数矩阵 $\boldsymbol{A}$ 的特征根来确定的.

显然非奇异线性变换(5.21)不改变奇点的位置,也不会引起相平面上轨线性态的改变. 因此,为简单起见,下面仅就 $\boldsymbol{J}$ 的不同情况讨论方程组(5.22)的奇点类型,对一般方程组(5.20)在奇点邻域内轨线的分布,也相应给出简便的画法.

(1) $\boldsymbol{A}$ 的特征根为相异实根 λ,μ,此时方程组(5.22)可写成

$$\begin{cases}\dfrac{\mathrm{d}u}{\mathrm{d}t}=\lambda u,\\[2mm]\dfrac{\mathrm{d}v}{\mathrm{d}t}=\mu v,\end{cases}$$

它的通解为

$$u(t)=C_1\mathrm{e}^{\lambda t},\qquad v(t)=C_2\mathrm{e}^{\mu t},\tag{5.23}$$

其中 C_1,C_2 为任意实常数,记 $\boldsymbol{T}=\begin{pmatrix}u_1^{(1)} & u_2^{(1)}\\ u_1^{(2)} & u_2^{(2)}\end{pmatrix}$,则 $\boldsymbol{u}_1=\begin{pmatrix}u_1^{(1)}\\ u_1^{(2)}\end{pmatrix}$,$\boldsymbol{u}_2=\begin{pmatrix}u_2^{(1)}\\ u_2^{(2)}\end{pmatrix}$分别为特征根 λ 和 μ 所对应的实特征向量. 原方程组(5.20)的通解为

$$\begin{cases}x(t)=C_1u_1^{(1)}\mathrm{e}^{\lambda t}+C_2u_2^{(1)}\mathrm{e}^{\mu t},\\ y(t)=C_1u_1^{(2)}\mathrm{e}^{\lambda t}+C_2u_2^{(2)}\mathrm{e}^{\mu t}.\end{cases}\tag{5.24}$$

① λ,μ 同号.

如果 $\lambda,\mu<0$,则由(5.23)式知,当 $t\to+\infty$ 时,显然轨线趋于原点,此时奇点 $O(0,0)$ 是渐近稳定的. 当 $C_1=0$ 时,v 轴的上半轴和下半轴为轨线;而当 $C_2=0$ 时,u 轴的左半轴和右半轴为轨线. 假设 $\mu<\lambda<0$,由(5.23)式得轨线方程

$$v=C|u|^{\frac{\mu}{\lambda}}.\tag{5.25}$$

轨线(5.25)是抛物线型的. 因为原点 $O(0,0)$ 是方程组(5.22)的奇点,由轨线的唯一性,轨线(5.25)及四条半轴轨线均不能通过原点. 此外,由(5.23)式我们有

$$\frac{\mathrm{d}v(t)}{\mathrm{d}u(t)}=\frac{C_2\mu\mathrm{e}^{\mu t}}{C_1\lambda\mathrm{e}^{\lambda t}}=\frac{C_2\mu}{C_1\lambda}\mathrm{e}^{(\mu-\lambda)t}\quad(C_1\neq0),$$

于是在 $\mu<\lambda<0$ 时,除 v 轴的两个半轴外,轨线的切线斜率在 $t\to+\infty$ 时趋于0,即轨线以 u 轴为切线的极限位置. 此时特征根 λ 对应的特征方向为$\begin{pmatrix}1\\0\end{pmatrix}$,即 u 轴,也就是说轨线沿较大特征根所对应的特征方向趋于奇点 $O(0,0)$. 回到原方程组(5.20),这意味着在 Oxy 平面上,轨线沿特征方向 $\boldsymbol{u}_1=\begin{pmatrix}u_1^{(1)}\\ u_1^{(2)}\end{pmatrix}$趋于奇点 $O(0,0)$. 此结论也可证明如下,由(5.24)式有

$$\frac{\mathrm{d}y(t)}{\mathrm{d}x(t)}=\frac{C_1\lambda \mathrm{e}^{\lambda t}u_1^{(2)}+C_2\mu \mathrm{e}^{\mu t}u_2^{(2)}}{C_1\lambda \mathrm{e}^{\lambda t}u_1^{(1)}+C_2\mu \mathrm{e}^{\mu t}u_2^{(1)}}\quad (C_1,C_2\text{ 不同时为零}).$$

如果 $\mu<\lambda<0$,则

$$\lim_{t\to+\infty}\frac{\mathrm{d}y(t)}{\mathrm{d}x(t)}=\frac{u_1^{(2)}}{u_1^{(1)}}$$

是对应于较大特征根 λ 的特征向量的斜率. 奇点附近轨线的分布如图 5.8 所示,从图中可以看出,除个别轨线外,所有轨线均沿同一方向(即较大特征根对应的特征方向)趋于奇点. 如果奇点邻域内的轨线具有如图 5.8 的分布,我们就称奇点为**稳定结点**.

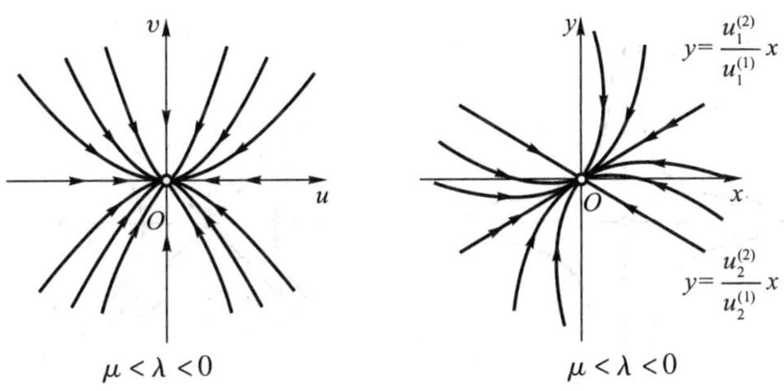

图 5.8

如果 $\lambda,\mu>0$,上述讨论仍有效,只需将 $t\to+\infty$ 改为 $t\to-\infty$,即图 5.8 中轨线走向均改为相反的方向,如图 5.9 所示,此时奇点是不稳定的,对应的奇点称为**不稳定结点**.

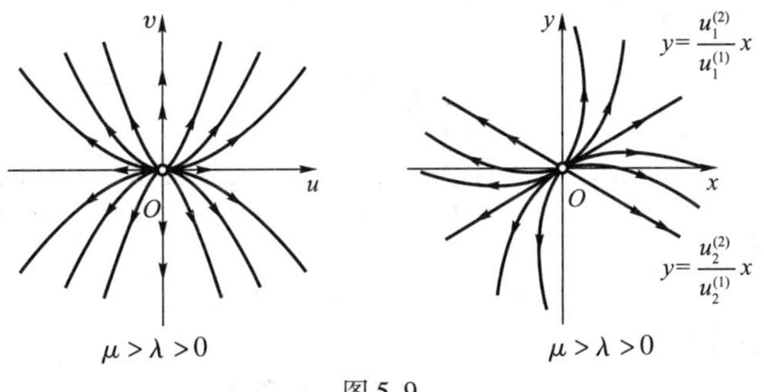

图 5.9

② λ,μ 异号.

此时方程的轨线(5.25)是双曲型的,四个半坐标轴仍是轨线.

如果 $\lambda<0<\mu$,则由(5.23)式知,当 $t\to+\infty$ 时,$u(t)\to0,v(t)\to\infty$,如图 5.10,显然此时奇点 $O(0,0)$ 是不稳定的. 如果 $\lambda>0>\mu$,则 $t\to+\infty$ 时,$u(t)\to\infty$,$v(t)\to0$,此时除几条轨线外,大部分轨线的切线在 $t\to+\infty$ 时以较大特征根对应的特征方向为极限位置.

如果奇点附近的轨线具有如图 5.10,图 5.11 的分布,我们就称奇点为**鞍点**.

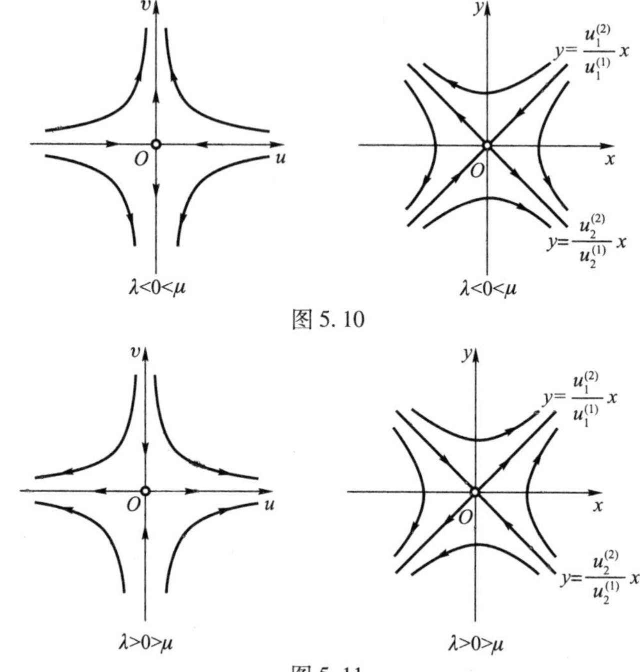

图 5.10

图 5.11

(2) $\boldsymbol{A}$ 有相同的特征根 $\lambda=\mu$.

① 当 $\boldsymbol{J}=\begin{pmatrix}\lambda & 0\\ 0 & \lambda\end{pmatrix}$时,方程组(5.22)可写成

$$\begin{cases}\dfrac{\mathrm{d}u}{\mathrm{d}t}=\lambda u,\\ \dfrac{\mathrm{d}v}{\mathrm{d}t}=\lambda v,\end{cases}$$

方程的通解为

$$u(t)=C_1\mathrm{e}^{\lambda t},\quad v(t)=C_2\mathrm{e}^{\lambda t},$$

消去 t 得轨线方程:

$$u=Cv\quad (C\text{ 为任意实常数}).$$

轨线为由奇点出发的半射线. 如果奇点附近的轨线有这样的分布,我们就称奇点为**临界结点**,当 $\lambda>0$ 时,轨线在 $t\to+\infty$ 时远离原点,显然奇点 $O(0,0)$是不稳定的,原点 O 称为**不稳定临界结点**;当 $\lambda<0$ 时,轨线在 $t\to+\infty$ 时趋于原点,此时,奇点 $O(0,0)$渐近稳定,我们称奇点 O 为**稳定临界结点**. 如图 5.12,图 5.13 所示,每条轨线均沿确定的方向远离(或趋于)奇点,且不同的轨线其切向也不同.

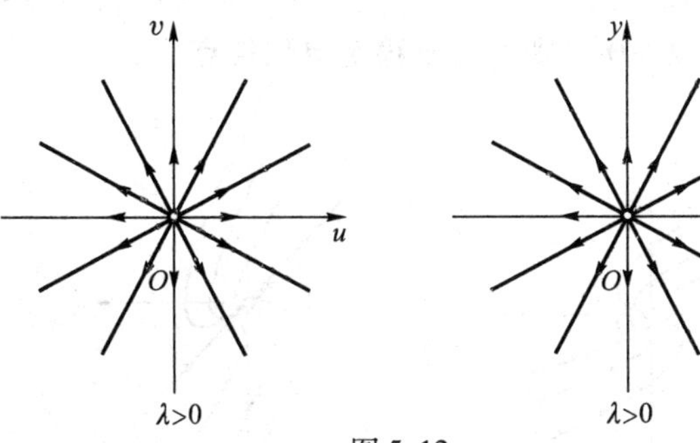

图 5.12

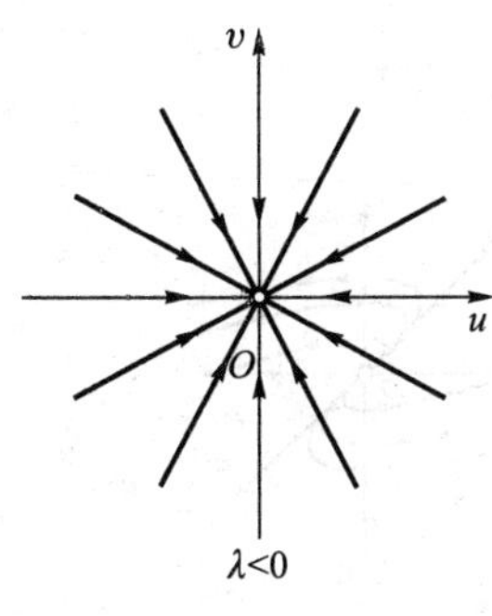

图 5.13

② 当 $\boldsymbol{J}=\begin{pmatrix}\lambda & 1\\ 0 & \lambda\end{pmatrix}$ 时，方程组（5.22）可写成

$$\begin{cases}\dfrac{\mathrm{d}u}{\mathrm{d}t}=\lambda u+v,\\ \dfrac{\mathrm{d}v}{\mathrm{d}t}=\lambda v,\end{cases}$$

通解为

$$u(t)=(C_1+C_2t)\mathrm{e}^{\lambda t},\quad v(t)=C_2\mathrm{e}^{\lambda t},$$

其中 C_1,C_2 为任意实常数，消去 t 得轨线方程：

$$C_2\lambda u=C_2v\ln|v|+C_0v\quad(C_2\neq 0),$$

当 $C_2=0$ 时，u 轴左、右半轴均为轨线. 当 $\lambda<0$ 时，有 $\lim\limits_{t\to+\infty}u(t)=\lim\limits_{t\to+\infty}v(t)=0$；$\lambda>0$ 时，$\lim\limits_{t\to-\infty}u(t)=\lim\limits_{t\to-\infty}v(t)=0$. 且

$$\lim_{v\to 0}u=0,\qquad \lim_{v\to 0}\frac{\mathrm{d}u}{\mathrm{d}v}=\infty.$$

于是当轨线趋于原点时，以 u 轴为极限位置. 所以当 $\lambda<0$ 时，所有的轨线沿同一方向（u 轴）趋于奇点；当 $\lambda>0$ 时，所有的轨线沿同一方向（u 轴）离开原点，如图

5.14 与图 5.15 所示，在其附近的轨线具有这种分布的奇点称为**退化结点**. $\lambda<0$ 时称为**稳定退化结点**; $\lambda>0$ 时则称为**不稳定退化结点**.

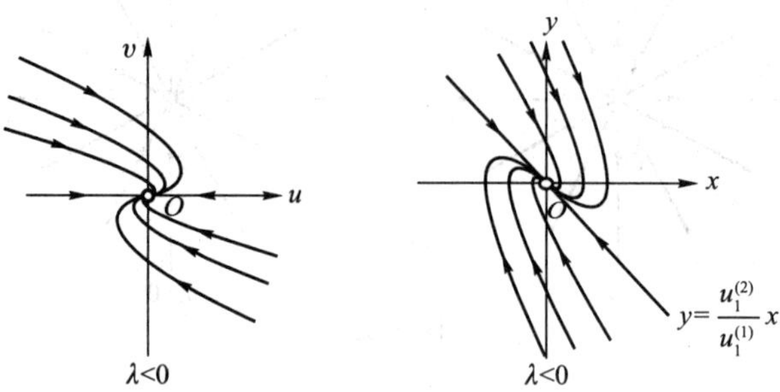

图 5.14　稳定退化结点

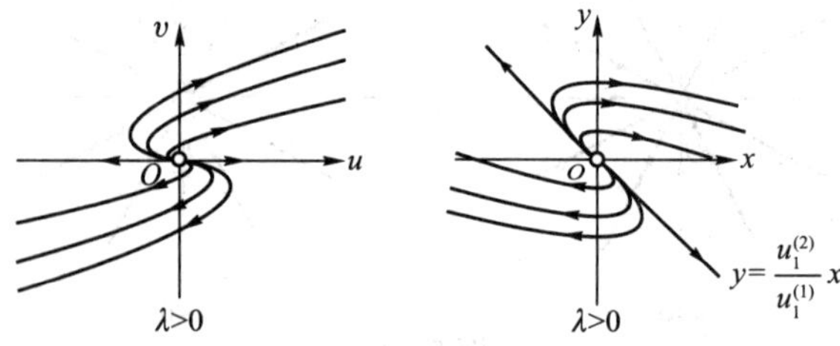

图 5.15　不稳定退化结点

(3) $\boldsymbol{A}$ 有一对共轭复特征根 $\lambda=\alpha\pm \mathrm{i}\beta(\beta\neq 0)$. 此时 $\boldsymbol{J}=\begin{pmatrix}\alpha & \beta\\ -\beta & \alpha\end{pmatrix}$，方程组 (5.22) 可写成

$$\begin{cases}\dfrac{\mathrm{d}u}{\mathrm{d}t}=\alpha u+\beta v,\\ \dfrac{\mathrm{d}v}{\mathrm{d}t}=-\beta u+\alpha v.\end{cases}\tag{5.26}$$

引入极坐标: $u=r\cos\theta, v=r\sin\theta$，则有 $r^2=u^2+v^2, \theta=\arctan\dfrac{v}{u}$，由方程组(5.26)可得

$$\begin{cases}\dfrac{\mathrm{d}r}{\mathrm{d}t}=\alpha r,\\ \dfrac{\mathrm{d}\theta}{\mathrm{d}t}=-\beta,\end{cases}$$

它的通解为 $r=C_1\mathrm{e}^{\alpha t}, \theta=-\beta t+C_2$.

① 如果 $\alpha\neq 0$，则由通解的表达式知，轨线为一族对数螺线族，$\beta<0$ 时为逆

时针方向盘旋，$\beta>0$ 时为顺时针方向盘旋. 如果奇点附近轨线具有这样的分布，则此奇点称为**焦点**. 当 $\alpha<0$ 时，轨线当 $t\to+\infty$ 时，盘旋趋于原点，这时原点称为**稳定焦点**(图 5.16). 当 $\alpha>0$ 时，轨线在 $t\to+\infty$ 时盘旋远离原点，此时原点称为**不稳定焦点**(图 5.17).

② 如果 $\alpha=0$，则方程组(5.26)的轨线是以原点为中心的一族同心圆，因为通解为 $r=C_1$，或 $u^2+v^2=C_1^2$. 此时奇点称为**中心**(图 5.18)

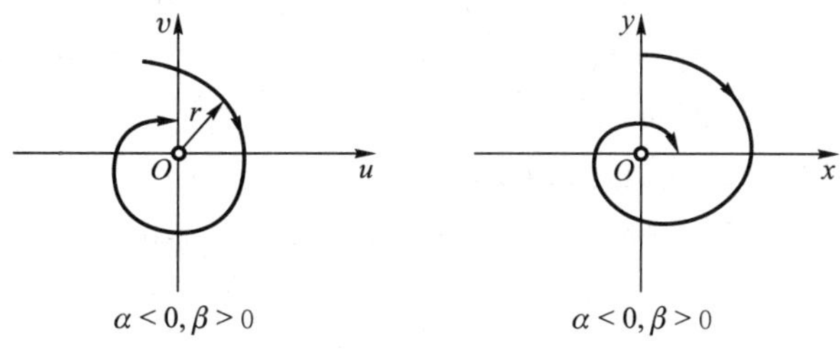

图 5.16　稳定焦点

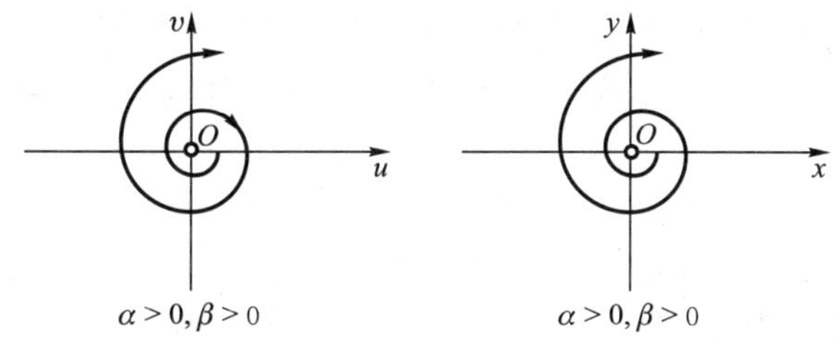

图 5.17　不稳定焦点

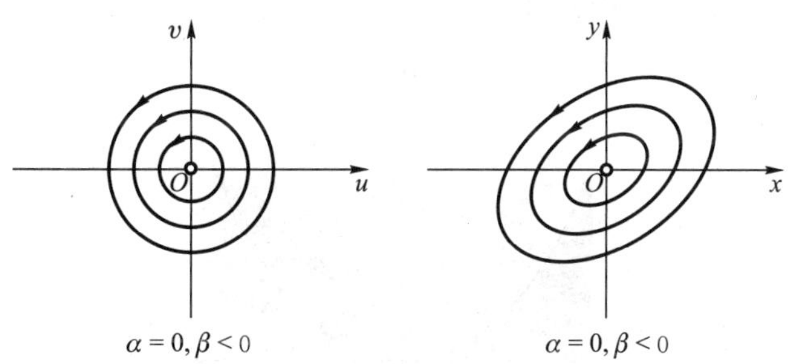

图 5.18

综合上面的讨论，我们得到

定理 5.4　如果二阶线性方程组(5.20)的系数矩阵 $\boldsymbol{A}$ 非奇异，则方程的奇点根据 $\boldsymbol{A}$ 的特征根 λ,μ 的不同可分为如下类型：

(1) 如果 $\lambda\neq\mu$ 为实根，则 $\lambda\mu>0$ 时，奇点 $O(0,0)$ 为结点，且 $\lambda<0$ 时，奇点

是渐近稳定的，$\lambda>0$ 时，奇点是不稳定的；当 $\lambda\mu<0$ 时，奇点 $O(0,0)$ 为鞍点，奇点是不稳定.

（2）如果 $\lambda=\mu$，且 $\boldsymbol{A}$ 的 Jordan 块是一阶的，则奇点为临界结点，当 $\lambda<0$ 时，奇点是渐近稳定的，$\lambda>0$ 时，奇点是不稳定的.

（3）如果 $\lambda=\mu$，且 $\boldsymbol{A}$ 的 Jordan 块是二阶的，则奇点为退化结点，当 $\lambda<0$ 时，奇点是渐近稳定的，$\lambda>0$ 时，奇点是不稳定的.

（4）如果 $\lambda=\bar{\mu}$，即 $\boldsymbol{A}$ 有一对共轭的复特征根，则当 $\mathrm{Re}\,\lambda\neq0$ 时，奇点为焦点，且 $\mathrm{Re}\,\lambda<0$ 时，奇点是渐近稳定的，$\mathrm{Re}\,\lambda>0$ 时奇点不稳定. 当 $\mathrm{Re}\,\lambda=0$ 时，奇点 $O(0,0)$ 为中心，此时奇点是稳定的，但不是渐近稳定的.

方程组(5.20)的系数矩阵 $\boldsymbol{A}$ 的特征方程为

$$\lambda^2-(a_{11}+a_{22})\lambda+a_{11}a_{22}-a_{12}a_{21}=0.$$

记 $\sigma=-(a_{11}+a_{22})$，$\Delta=a_{11}a_{22}-a_{12}a_{21}$，则上面的特征方程可写成

$$\lambda^2+\sigma\lambda+\Delta=0,$$

利用方程的根 λ,μ 与系数 σ,Δ 之间的关系，我们有如下结果.

定理 5.5 （1）如果 $\sigma^2-4\Delta>0$，则当 $\Delta>0$ 时，方程组(5.20)的奇点为结点，且 $\sigma>0$ 时奇点为稳定结点，$\sigma<0$ 时奇点为不稳定结点；当 $\Delta<0$ 时，奇点为鞍点；

（2）如果 $\sigma^2-4\sigma=0$，奇点为临界结点或退化结点；

（3）如果 $\sigma^2-4\sigma<0$，则 $\sigma>0$ 时奇点为稳定焦点，$\sigma<0$ 时为不稳定焦点，当 $\sigma=0$ 时，奇点为中心.

上述奇点的类型和 σ,Δ 之间的关系可以在以 σ,Δ 为直角坐标系的平面上明确地表示出来，如图 5.19 所示.

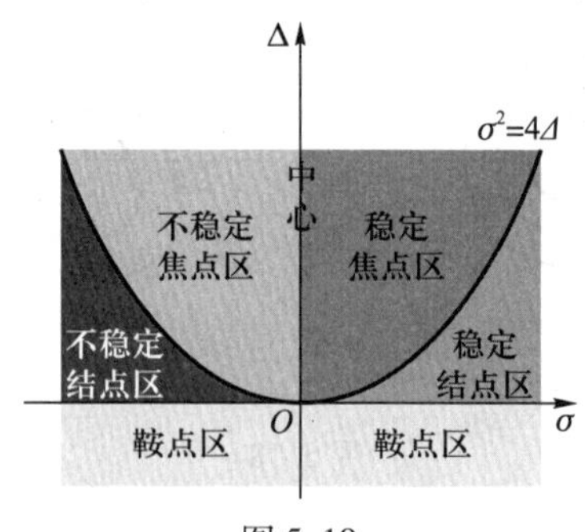

图 5.19

例 1 讨论方程组

$$\begin{cases} \dfrac{dx}{dt} = y, \\ \dfrac{dy}{dt} = -2x - 3y \end{cases}$$

的奇点类型,并画出相图.

解 系数矩阵 $\boldsymbol{A} = \begin{pmatrix} 0 & 1 \\ -2 & -3 \end{pmatrix}$, $\sigma = 3$, $\Delta = 2 > 0$, $\sigma^2 - 4\Delta = 9 - 8 = 1 > 0$,因此,方程组的奇点(0,0)为稳定结点.

矩阵 $\boldsymbol{A}$ 的特征方程为

$$\lambda^2 + 3\lambda + 2 = 0,$$

特征根 $\lambda_1 = -1$, $\lambda_2 = -2$, λ_1, λ_2 对应的特征向量分别为

$$\boldsymbol{T}_1 = \begin{pmatrix} 1 \\ -1 \end{pmatrix}, \boldsymbol{T}_2 = \begin{pmatrix} 1 \\ -2 \end{pmatrix}.$$

当 $t \to +\infty$ 时,轨线沿 $\boldsymbol{T}_1$ 方向进入奇点,相图如图 5.20 所示.

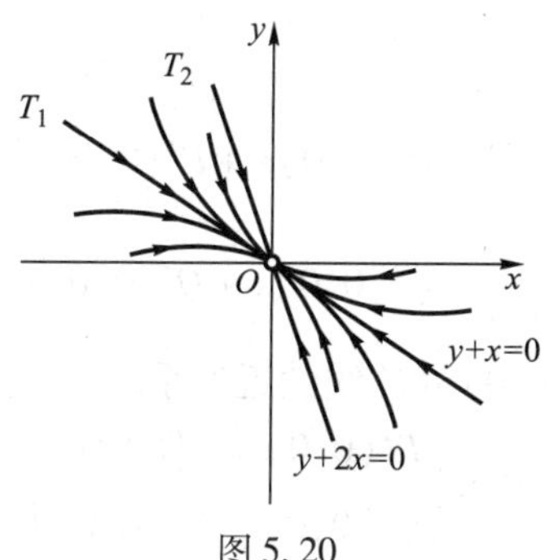

图 5.20

5.4.2 线性近似系统

在介绍了平面线性系统的奇点分类及奇点附近轨线的分布情况后,我们来讨论一般的平面系统(5.19)

$$\begin{cases} \dfrac{dx}{dt} = P(x, y), \\ \dfrac{dy}{dt} = Q(x, y), \end{cases}$$

这里我们只是简单介绍一下用线性近似系统研究系统(5.19)的轨线在奇点附近分布的方法.

设(x_0, y_0)是系统(5.19)的奇点,即:$P(x_0, y_0) = Q(x_0, y_0) = 0$. 作变换

$$\begin{cases} x = x_0 + X, \\ y = y_0 + Y, \end{cases}$$

系统(5.19)变为

$$\begin{cases} \dfrac{\mathrm{d}X}{\mathrm{d}t} = P(x_0 + X, y_0 + Y) = p(X,Y), \\ \dfrac{\mathrm{d}Y}{\mathrm{d}t} = Q(x_0 + X, y_0 + Y) = q(X,Y), \end{cases} \tag{5.27}$$

则 $O(0,0)$ 是系统(5.27)的奇点. 因此我们可以假设 $O(0,0)$ 是系统(5.19)的奇点,否则总可以作平移变换把非零奇点(x_0,y_0)平移到原点.

如果系统(5.19)的右端函数 $P(x,y)$,$Q(x,y)$ 在奇点 $O(0,0)$ 附近连续可微,则在奇点附近可以将系统(5.19)写成

$$\begin{cases} \dfrac{\mathrm{d}x}{\mathrm{d}t} = P'_x(0,0)x + P'_y(0,0)y + \varphi(x,y), \\ \dfrac{\mathrm{d}y}{\mathrm{d}t} = Q'_x(x,y)x + Q'_y(0,0)y + \psi(x,y). \end{cases} \tag{5.28}$$

我们称线性系统

$$\begin{cases} \dfrac{\mathrm{d}x}{\mathrm{d}t} = P'_x(0,0)x + P'_y(0,0)y, \\ \dfrac{\mathrm{d}y}{\mathrm{d}t} = Q'_x(0,0)x + Q'_y(0,0)y \end{cases} \tag{5.29}$$

为系统(5.19)在奇点 $O(0,0)$ 处的线性近似系统,称

$$\boldsymbol{A} = \begin{pmatrix} P'_x(0,0) & P'_y(0,0) \\ Q'_x(0,0) & Q'_y(0,0) \end{pmatrix}$$

为系统(5.19)在奇点 $O(0,0)$ 处的线性近似矩阵. 如果$|\boldsymbol{A}| \neq 0$,则 $O(0,0)$ 称为系统(5.19)的初等奇点,否则称为高阶奇点. 线性系统(5.29)的奇点及其轨线分布图我们已经讨论清楚. 对系统(5.19),我们希望知道在什么条件下系统(5.19)的奇点是稳定的,以及其附近轨线的分布由它的线性近似系统(5.29)来确定. 我们有一个常用的结果:

定理 5.6 设 $\varphi(x,y)$,$\psi(x,y)$在 $O(0,0)$ 附近连续可微,且

$$\begin{vmatrix} P'_x(0,0) & P'_y(0,0) \\ Q'_x(0,0) & Q'_y(0,0) \end{vmatrix} \neq 0,$$

$$\lim_{x^2+y^2 \to 0} \frac{\varphi(x,y)}{\sqrt{x^2+y^2}} = 0, \quad \lim_{x^2+y^2 \to 0} \frac{\psi(x,y)}{\sqrt{x^2+y^2}} = 0,$$

如果 $O(0,0)$ 为系统(5.29)的结点(不含退化结点与临界结点)、鞍点或焦点,则系统(5.19)(或系统(5.28))的轨线在 $O(0,0)$ 附近的分布情形与系统

(5.29)的完全相同.

定义 5.8　如果系统(5.19)在奇点(x_0,y_0)处的线性化(或线性近似)矩阵 $\boldsymbol{A}$ 的所有特征根 λ 均有非零实部,即:$\mathrm{Re}\ \lambda\neq0$,则奇点$(x_0,y_0)$称为**双曲奇点**.

定理 5.7　如果 $O\ (0,0)$是系统(5.19)的双曲奇点,则非线性系统(5.19)的零解的稳定性与其线性近似系统(5.29)的零解的稳定性相同.也就是说如果线性近似矩阵 $\boldsymbol{A}$ 的特征根 λ 满足 $\mathrm{Re}\ \lambda<0$,则系统(5.19)的零解渐近稳定;如果至少有一个特征根满足 $\mathrm{Re}\ \lambda>0$,则系统(5.19)的零解是不稳定的.

例 2　讨论 van der Pol (范德波尔)方程的等价方程组

$$\begin{cases}x'=y,\\ y'=-x-\mu(x^2-1)y\end{cases}\quad(\mu>0)$$

的零解的稳定性.

解　显然,$O\ (0,0)$是方程组的唯一奇点,在 $O\ (0,0)$处系统的线性化矩阵为

$$\boldsymbol{A}=\begin{pmatrix}0&1\\-1&\mu\end{pmatrix},$$

特征方程为

$$\lambda^2-\mu\lambda+1=0,$$

特征根为

$$\lambda_{1,2}=\frac{\mu\pm\sqrt{\mu^2-4}}{2}.$$

因为$\mu>0$,所以总有 $\mathrm{Re}\ \lambda_{1,2}>0$,因此方程组的零解是不稳定的.且当$0<\mu<2$时,$O(0,0)$为不稳定焦点,在$O(0,0)$附近,轨线盘旋着离开奇点 $O\ (0,0)$.而当$\mu\geqslant2$时,$O(0,0)$为不稳定结点,在 $O\ (0,0)$附近,轨线沿固定方向离开奇点$O(0,0)$.

5.4.3　极限环的概念

在介绍极限环的概念之前,先看一个简单的例子.

例 3　考虑方程组

$$\begin{cases}x'=y+x(1-x^2-y^2),\\ y'=-x+y(1-x^2-y^2)\end{cases}$$

的轨线分布.

解　在极坐标下,我们可以很容易地分析此系统的解的性质.为此,作极坐标变换:

$$x=r\cos\theta,y=r\sin\theta,$$

则得到 $r^2=x^2+y^2,\theta=\arctan\dfrac{y}{x}$,于是

$$
\begin{cases}
\dfrac{\mathrm{d}r}{\mathrm{d}t}=r(1-r^2), \\
\dfrac{\mathrm{d}\theta}{\mathrm{d}t}=-1.
\end{cases}
\tag{5.30}
$$

此方程组有两个特解：$r=0$ 及 $r=1$. 其中 $r=0$ 对应原方程组的奇点 $O(0,0)$，而 $r=1$ 对应原方程组的一个周期解，它所对应的轨线是以原点为中心，以 1 为半径的单位圆. 我们可以求得方程组(5.30)的通解：

$$
\begin{cases}
r^2(t)=\dfrac{r_0^2}{\mathrm{e}^{-2t}+(1-\mathrm{e}^{-2t})r_0^2}=\dfrac{r_0^2}{r_0^2+(1-r_0^2)\mathrm{e}^{-2t}}, \\
\theta(t)=\theta_0-t,
\end{cases}
$$

其中 θ_0, r_0 是 $t=0$ 时 $\theta(t), r(t)$ 的初值.

显然，当 $r_0\in(0,1)$ 时，有

$$
r(t)\in(0,1)\ (t>0),
$$

$$
r^2(t)=\frac{r_0^2}{1-(1-\mathrm{e}^{-2t})(1-r_0^2)}>r_0^2 \quad (t>0).
$$

当 $r_0>1$ 时，$r(t)>1$ 且 $r(t)<r_0\ (t>0)$. 又由方程组(5.30)的第二个方程知系统的轨线是顺时针盘旋的. 于是，我们得到系统的轨线分布如图 5.21 所示.

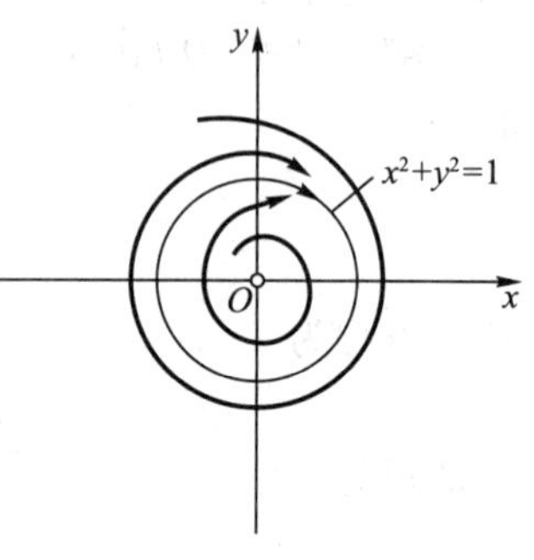

图 5.21

由相图可以看出系统的轨线分布如下：

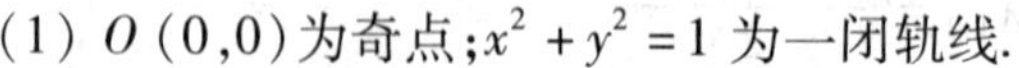

(1) $O(0,0)$ 为奇点；$x^2+y^2=1$ 为一闭轨线.

(2) 由闭轨线 $x^2+y^2=1$ 内部(除原点外)出发的轨线顺时针盘旋，且当 $t\to+\infty$ 时趋于闭轨线 $x^2+y^2=1$. 而由闭轨线 $x^2+y^2=1$ 外部出发的轨线在 $t\to+\infty$ 时顺时针盘旋趋于此闭轨线.

我们在前面初等奇点的讨论中也遇到过闭轨. 当平面线性系统的奇点是中心时，我们得到一族连续分布的闭轨线，但那里的情形与本例的不同之处在于：对中心情形，当 $t\to\pm\infty$ 时，其他轨线不趋于任何闭轨线. 因此本例代表了一种新的轨线分布，我们引进下面的定义.

定义 5.9 设系统(5.19)

$$
\begin{cases}
\dfrac{\mathrm{d}x}{\mathrm{d}t}=P(x,y), \\
\dfrac{\mathrm{d}y}{\mathrm{d}t}=Q(x,y)
\end{cases}
$$

有闭轨线 L，如果在 L 的某邻域 U 中除 L 外不存在系统的其他闭轨线，且从 U 中出发的轨线在 $t\to+\infty$ 或 $t\to-\infty$ 时趋于闭轨线 L，则说闭轨线 L 是**孤立的闭轨**，并称其为系统(5.19)的一个**极限环**.

例如，上例中的闭轨 $x^2+y^2=1$ 就是一个极限环.

极限环 L 把平面分成两个区域，包含在 L 内部的区域称为**内域**，L 外部的区域称为**外域**.

类似于奇点的稳定性，我们有

定义 5.10 如果 L 的内区域中由 L 附近出发的轨线当 $t\to+\infty$（$t\to-\infty$）时盘旋地趋于 L，则称 L 是**内稳定**的（**内不稳定**的）（图 5.22）；如果 L 的外区域中由 L 附近出发的轨线当 $t\to+\infty$（$t\to-\infty$）时盘旋地趋于 L，则称 L 是**外稳定**的（**外不稳定**的）（图 5.23）. 既是内稳定，也是外稳定的极限环称为**稳定极限环**，否则称为**不稳定的极限环**（图 5.24）.

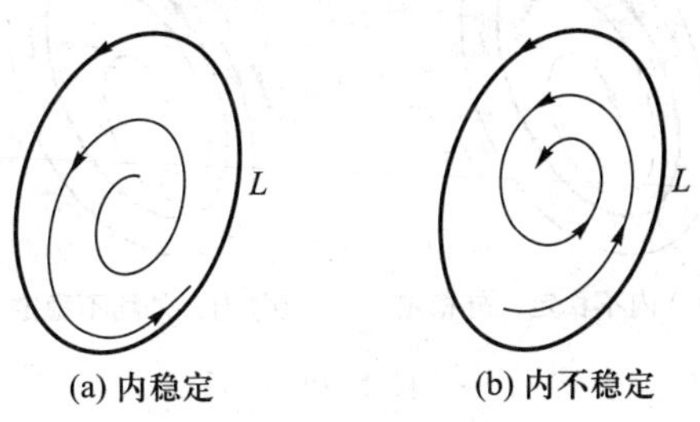

图 5.22

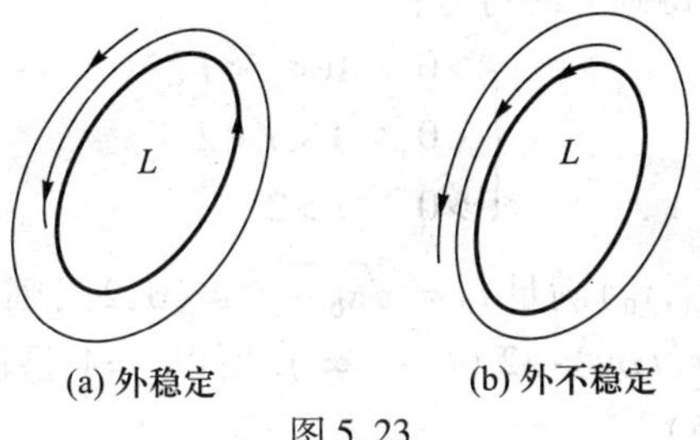

图 5.23

例 3 中的极限环是稳定的.

例 4 考虑方程组

$$\begin{cases}x'=y+x(1-x^2-y^2)(4-x^2-y^2),\\ y'=-x+y(1-x^2-y^2)(4-x^2-y^2).\end{cases}$$

解 在极坐标下，方程组有形式

$$\begin{cases}r'=r(1-r^2)(4-r^2),\\ \theta'=-1.\end{cases}$$

因此，极坐标方程组有三个特解 $r=0$，$r=1$ 及 $r=2$. 其中 $r=0$ 对应于原方程组的奇点 $O(0,0)$，而 $r=1$ 及 $r=2$ 分别对应于原方程组的两个周期解 $x^2+y^2=1$

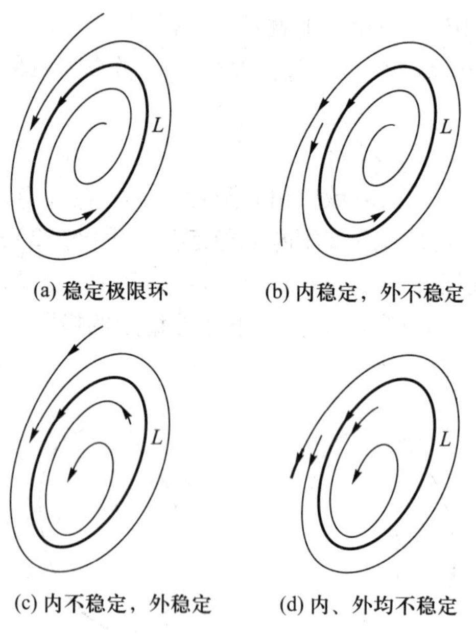

图 5. 24

及 $x^2+y^2=4$,它们对应的轨线是以原点为中心,半径分别为 1 和 2 的圆周. 由极坐标方程组,我们可以得到 r'的符号:

$$r'\begin{cases} >0, & 0<r<1, \\ <0, & 1<r<2 \\ >0, & r>2. \end{cases}$$

因此,如果初值条件(x_0,y_0)满足 $r_0=\sqrt{x_0^2+y_0^2}\in(0,2)$,则当 $t\to+\infty$ 时,$r(t;r_0)\to1$;而当 $r_0>2$ 时,有 $r(t;r_0)\to2\ (t\to-\infty)$. 所以 $r=1$ 是稳定极限环,$r=2$ 是不稳定的极限环(图 5. 25).

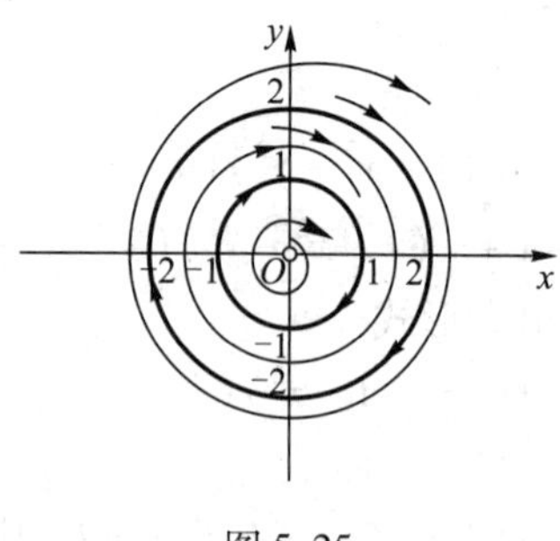

图 5. 25

5.4.4 极限环的存在性

闭轨表示了一种周期运动，而稳定的极限环则表示了运动的一种稳定周期态，它在非线性振动问题中有重要的意义. 一般来说，确定一个系统是否有周期解或极限环是很困难的. 著名的 Hilbert(希尔伯特)第 16 问题就是确定平面多项式系统极限环个数的上界及其相对位置. 此问题自 1900 年在国际数学家大会上由 Hilbert 提出至今已过百年仍未得到解决.

现在我们不加证明地介绍判别极限环存在性的方法.

定理 5.8(Poincaré-Bendixson(庞加莱-本迪克松)环域定理) 设区域 D 是由两条简单闭曲线 L_1 与 L_2 所围成的环域，且在闭区域 $\overline{D}=D\cup L_1\cup L_2$ 上无系统(5.19)的奇点. 如果从 L_1 和 L_2 上出发的轨线都不离开(或不进入)$\overline{D}$，且 L_1 与 L_2 均不是系统的闭轨线，则在区域 D 中，系统(5.19)至少存在一条闭轨线 Γ，它与 L_1, L_2 的相对位置如图 5.26 所示.

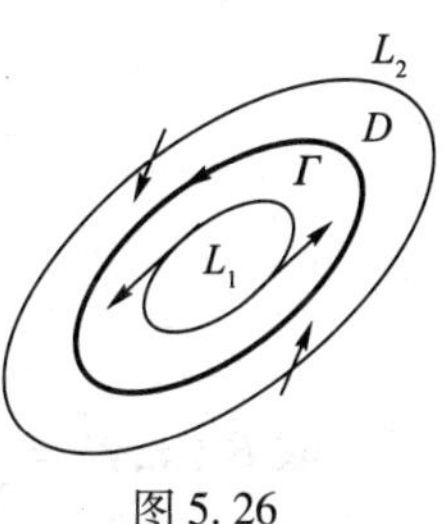

图 5.26

关于极限环的不存在性，有两个常用的准则.

定理 5.9(Bendixson 判别准则) 设在单连通区域 G 内，系统(5.19)所对应的向量场(P,Q)有连续偏导数. 如果该向量场的散度

$$\operatorname{div}(P,Q)=\frac{\partial P}{\partial x}+\frac{\partial Q}{\partial y}$$

保持常号，且在 G 的任何子区域内不恒等于零，则系统(5.19)在 G 内无闭轨.

例如，对线性系统$\frac{\mathrm{d}\boldsymbol{X}}{\mathrm{d}t}=\boldsymbol{AX}$，如果 $\operatorname{tr}\boldsymbol{A}\neq 0$，则系统无闭轨. 因此，对此线性系统，只有当奇点 O 是中心时，系统存在闭轨，且是一族连续分布的闭轨族，所以线性系统不存在极限环.

定理 5.10 (Dulac (迪拉克)判别准则) 设在单连通区域 G 内，系统(5.19)所对应的向量场(P,Q)有连续的偏导数，如果存在(非零)连续可微函数$B(x,y)$使得

$$\frac{\partial(BP)}{\partial x}+\frac{\partial(BQ)}{\partial y}$$

保持常号，且在 G 的任何子区域内不恒等于零，则系统(5.19)在 G 内无闭轨.

例 5 考虑捕食-被捕食系统：

$$\begin{cases}x'=x(a-by-fx),\\ y'=y(-c+ex-gy),\end{cases}$$

其中 a,b,c,e,f,g 是正的参数，x 表示食饵数量，y 表示捕食者数量.

解 $O(0,0)$为系统的奇点，它为鞍点.

当$\frac{a}{f}>\frac{c}{e}$时，在第一象限存在唯一的内部平衡点$(x^*,y^*)(x^*>0,y^*>0)$（图5.27），它是吸引的. 此外$x=0$时，有$x'=0$；$y=0$时，$y'=0$，所以$x=0$及$y=0$均为轨线，由于轨线不能相交，所以，由第一象限出发的轨线始终停留在第一象限.

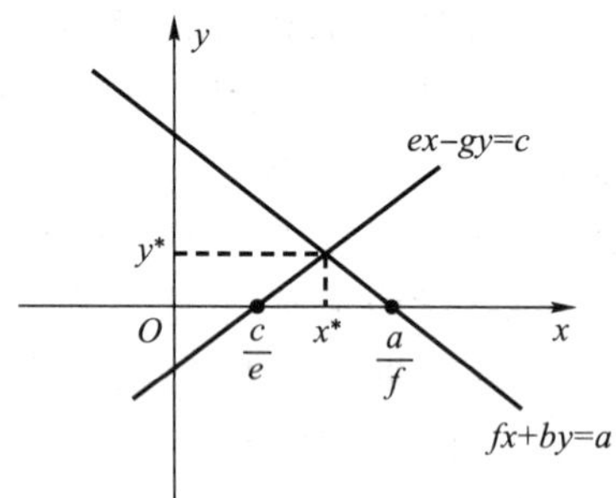

图 5.27

取$B(x,y)=\frac{1}{xy}(x>0,y>0)$，则

$$\operatorname{div}(BP,BQ)=-\frac{1}{xy}(fx+gy)<0,x>0,y>0,$$

因此，在第一象限不存在任何闭轨.

例6 考虑 van der Pol 方程的等价方程组

$$\begin{cases}x'=y\\ y'=-x+\mu(1-x^2)y,\end{cases}$$

其中$\mu\neq 0$为参数.

解 $O(0,0)$是唯一的奇点，当$\mu>0$时不稳定，当$\mu<0$时稳定.

$$\operatorname{div}(P,Q)=\mu(1-x^2).$$

由 Dulac 判别法，系统不存在完全包含在带形区域$-1\leqslant x\leqslant 1$中的闭轨线.

习题 5.4

1. 确定下列各方程的奇点类型，轨线分布及稳定性.

(1) $\begin{cases}\frac{\mathrm{d}x}{\mathrm{d}t}=x-3y,\\ \frac{\mathrm{d}y}{\mathrm{d}t}=3x-4y;\end{cases}$　(2) $\begin{cases}\frac{\mathrm{d}x}{\mathrm{d}t}=x+2y,\\ \frac{\mathrm{d}y}{\mathrm{d}t}=-y;\end{cases}$

(3) $\begin{cases}\frac{\mathrm{d}x}{\mathrm{d}t}=6x-3y,\\ \frac{\mathrm{d}y}{\mathrm{d}t}=2x+y;\end{cases}$　(4) $\begin{cases}\frac{\mathrm{d}x}{\mathrm{d}t}=-4x+y,\\ \frac{\mathrm{d}y}{\mathrm{d}t}=-x-2y;\end{cases}$

(5) $\begin{cases} \dfrac{\mathrm{d}x}{\mathrm{d}t} = y, \\ \dfrac{\mathrm{d}y}{\mathrm{d}t} = -x; \end{cases}$ (6) $\begin{cases} \dfrac{\mathrm{d}x}{\mathrm{d}t} = y, \\ \dfrac{\mathrm{d}y}{\mathrm{d}t} = -ay + b\sin x, \end{cases} \quad b > 0;$

(7) $\begin{cases} \dfrac{\mathrm{d}x}{\mathrm{d}t} = -2x + y, \\ \dfrac{\mathrm{d}y}{\mathrm{d}t} = 4 - 2xy. \end{cases}$

2. 对方程组

$$\begin{cases} \dfrac{\mathrm{d}x}{\mathrm{d}t} = \mu x - \omega y + Kx(x^2 + y^2), \\ \dfrac{\mathrm{d}y}{\mathrm{d}t} = \omega x + \mu y + Ky(x^2 + y^2), \end{cases}$$

其中 $\omega > 0, \mu, K$ 是参数. 考虑参数 μ, K 变化时奇点 $O(0,0)$ 的稳定性,说明对哪些参数值此方程组有闭轨、极限环? 并讨论极限环的稳定性 .

3. 讨论两种群竞争模型

$$\begin{cases} \dfrac{\mathrm{d}x}{\mathrm{d}t} = x(a - by - fx), \\ \dfrac{\mathrm{d}y}{\mathrm{d}t} = y(-c - ex - gy) \end{cases}$$

所有具有生物学意义的奇点 (x_0, y_0) $(x_0 \geqslant 0, y_0 \geqslant 0)$ 的稳定性,并画出奇点附近的相图,这里 a, b, c, e, f, g 是正数,x, y 分别表示食饵与捕食者的数量.

4. 证明方程组

$$\begin{cases} \dfrac{\mathrm{d}x}{\mathrm{d}t} = y, \\ \dfrac{\mathrm{d}y}{\mathrm{d}t} = -4x + y(1 - x^2 - y^2) \end{cases}$$

有一个周期轨.

提示:考虑函数 $L(x, y) = \dfrac{1}{2}(4x^2 + y^2)$ 关于方程组的全导数.

*5. 对方程组

$$\begin{cases} \dfrac{\mathrm{d}x}{\mathrm{d}t} = x - 2y - x(x^2 + 3y^2), \\ \dfrac{\mathrm{d}y}{\mathrm{d}t} = 2x + y - y(x^2 + 3y^2), \end{cases}$$

(1) 说明奇点 $O(0,0)$ 的类型及其稳定性;

(2) 用极坐标表示此方程组;

(3) 构造环形区域 $G: r_1 \leqslant r \leqslant r_2$,使得从圆周 $r = r_1$ 与 $r = r_2$ 上出发的解都离开圆周进入区域 G;

(4) 证明在环域 G 中存在一个周期解.

第 6 章

离散动力系统简介

动力系统是指一个系统随时间演化的规则. 如果给定一个条件或"状态"x_0，这个规则就精确地确定了系统在未来 t 时刻的状态 x_t. 例如,x_t 可以是 t 时刻某生物种群成员的数量. 我们假设演化规则是确定的(相对随机而言)，也就是说，知道状态的现在,原则上就能确定它的未来. 系统的演化方式通常可以由一个常微分方程来表示,也可以通过一个函数(映射)来描述,此函数一般是给出了一个"时间"单位后系统的下一个状态. 对较短的时间区间，系统的解可以由定义它的规则通过函数的迭代或对微分方程进行数值积分得到. 然而,我们主要感兴趣的是一个系统或某个特定初始状态的长期行为. 除非已经知道系统的解的明确表达式,否则很难或者根本不可能通过迭代或者对方程进行数值积分来了解系统的长期行为. 最根本的问题是，大多数非线性系统的解没有显式表达式. 因此,我们需要发展更几何的方法来理解系统的长期行为. 本章介绍由函数的迭代所确定的演化规则，主要以一维映射为主.

§6.1 一 维 映 射

6.1.1 利息与人口增长模型

我们首先介绍两个例子,分别是投资中利息的线性增长与生态学中种群成员(人口)数量的线性增长模型.

例 1 设 x_0 为某人存入银行的本金,α为银行的年利率,一年后所获利息为 αx_0,而账户上的余额为 $x_1=x_0+\alpha x_0=(1+\alpha)x_0$. 如果继续把所有的钱留在账户中,则再过一年后,账户上的余额变为 $x_2=(1+\alpha)x_1=(1+\alpha)^2x_0$. 以此类推,$n$

年后账户上的余额为 $x_n=(1+\alpha)^n x_0$.

如果记 $\lambda=1+\alpha>1, f_\lambda(x)=\lambda x$,则 $x_1=f_\lambda(x_0)$ 表示 x_0 的第一次迭代,$x_2=\lambda^2 x_0$ 表示 x_0 的第二次迭代. 又 $x_2=f_\lambda(x_1)=f_\lambda\circ f_\lambda(x_0)\equiv f_\lambda^2(x_0)$,这里,$f_\lambda^2$表示$f_\lambda$与自身的复合. 因此,$n$ 年后账户中的余额为

$$x_n=\lambda x_{n-1}=f_\lambda(x_{n-1})=f_\lambda^n(x_0),$$

这里,f_λ^n表示 f_λ 自身复合 n 次. 在此例中,可以用下面的简单公式来计算迭代,为

$$x_n=\lambda^n x_0.$$

如果 $x_0>0, \lambda>1$,则当 n 趋于无穷大时,$x_n=f_\lambda^n(x_0)=\lambda^n x_0$ 趋于无穷. 就账户中的余额而言,这意味着随着时间的推移,账户中的余额会变得超乎想象的多(无穷大).

如果我们取同一函数,但 $0<\lambda<1$,则$f_\lambda(x)$可以模拟这样一个物种,此物种在每个时间周期的死亡率为 $d=1-\lambda$,出生率很小可以忽略不计. dx_0 表示每个时间周期种群成员死亡的总数量,而 $x_0-dx_0=\lambda x_0$ 则为存活的成员总数. 在这种情况下,经过一个时间周期后,成员数量比开始的时候要少. 依此,经过每个时间周期,成员数量都减少. 像对 $\lambda>1$ 时的迭代一样,现在 $x_n=\lambda^n x_0$ 当 n 趋于无穷时则趋于 0,因为 $0<\lambda<1$.

例 2 设某物种成员的数量在 n 时刻为 x_n,则比值$\dfrac{x_{n+1}}{x_n}$称为单位成员数量增长因子. 在上个例子中,此比值为常数. 如果单位增长因子随成员数量而变化,则问题将变得更为复杂. 在此,我们考虑最简单的情形——线性依赖关系情形,即

$$\frac{x_{n+1}}{x_n}=a-bx_n,$$

或

$$x_{n+1}=x_n(a-bx_n).$$

换一种说法就是:基于 n 时刻种群成员的数量及函数

$$g_{a,b}(x)=x(a-bx)$$

进行迭代就得到 $n+1$ 时刻种群成员的数量,即

$$x_{n+1}=g_{a,b}(x_n)=x_n(a-bx_n).$$

这里,我们只考虑离散时间而非连续的时间,是因为许多物种的新成员都在特定的时间出生(如春天),而且物种数量也都是定期统计的. 此模型可以用来解释在离散时间区间考虑拥挤元素或增长受到限制的种群演化方式. 注意,虽然方程的形式相同,但完全可以有不同的解释. 在种群模型中,$x_{n+1}-x_n$ 表示的是增量,而

$$\frac{x_{n+1}-x_n}{x_n}=a-bx_n-1$$

是单位增长率,它线性地依赖于 x_n. 而$\frac{x_{n+1}}{x_n}=a-bx_n$ 是相继种群成员数量的比率. 如果 $x_n>\frac{a}{b}$,则比率为负,它意味着下一个种群成员数量是负的(可能没有实际意义).

为简单起见,取 $a=b$(a 是可变参数),设 $g_a(x)=g_{a,a}(x)=ax(1-x)$,此函数称为 **logistic 函数**. 根据参数 a 的不同值,它在迭代下可以表现出非常复杂的动力学行为.

如取 $a=1.5$,则 $g_{1.5}\left(\frac{1}{3}\right)=\frac{3}{2}\cdot\frac{1}{3}\cdot\frac{2}{3}=\frac{1}{3}$,$\frac{1}{3}$是一个不动点或稳定态. 可以证明对任何 $0<x_0<1$,由函数 $g_{1.5}(x)$ 的 n 次迭代生成的数列 $\{g_{1.5}^n(x)\}$ 在迭代次数 n 趋于无穷时都收敛于此不动点,$\frac{1}{3}$称为种群的承载能力.

如取 $a_2=1+\sqrt{5}$,则 $g_{a_2}\left(\frac{1}{2}\right)=\frac{(1+\sqrt{5})}{4}$,$g_{a_2}\left(\frac{1+\sqrt{5}}{4}\right)=\frac{1}{2}$,$x_0=\frac{1}{2}$称为 2 - 周期点,而$\left\{\frac{1}{2},\frac{1+\sqrt{5}}{4}\right\}$称为 2 - 周期轨道. 事实上,对大部分初值 $0<x_0<1$,迭代 $g_{a_2}^n(x_0)$ 收敛于此 2 - 周期轨道而非不动点,即:迭代数列 $\{g_{a_2}^n(x_0)\}$ 当 n 趋于无穷时交替地靠近$\frac{1}{2}$与$\frac{1+\sqrt{5}}{4}$.

如果 $a=3.839$,则有一个 3 - 周期点:$x_0=0.149888\cdots$,$x_1=0.489172\cdots$,$x_2=0.959300\cdots$,而 $x_3=x_0$.

对 $a=4$,迭代非常依赖于初值 x_0 的选择,虽然系统是确定的,但结果却很随机.

例 2 说明单变量函数的迭代可以产生很复杂的行为,而对应的一阶微分方程则有简单得多的动力学行为,如上一章所述. 上述例子也说明代数形式很简单的函数仍可能导致混沌行为,即使此函数只是二次非线性的,它的动力学却非常复杂. 对此函数,没有简单的公式给出所有后续的迭代(用 x_0 表示),唯一确定 x_n 的方法是应用 $g_a(x)$ n 次.

还有其他的一些模型用来描述种群数量增长,例如,

$$x_{n+1}=\alpha x_n\mathrm{e}^{-\beta x_n},\quad \alpha,\beta>0$$

及

$$x_{n+1}=\frac{ax_n}{1+bx_n},\quad a,b>0.$$

它们的特点是：对很大的 x 值，种群数量不会变成负值.

6.1.2 牛顿迭代法求根

例 3（牛顿迭代法求根） 求多项式及一般函数 $f(x)$ 的零点通常是很困难的，但在实际问题中我们往往只需要求出零点的近似值. 牛顿迭代法给出了求近似根的迭代方法.

设 $f(x)=0$ 在区间 (a,b) 中有一个根，取 $x_0\in(a,b)$ 为此根的近似值，作函数 $y=f(x)$ 的图形在 $x=x_0$ 处的切线（图 6.1）：

$$y=f(x_0)+f'(x_0)(x-x_0),\quad f'(x_0)\neq 0.$$

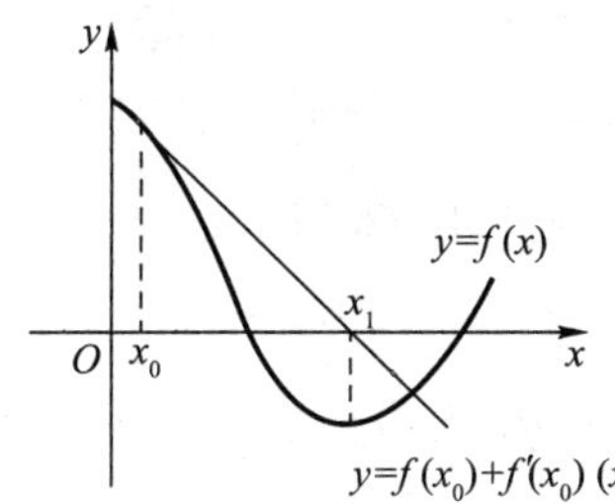

图 6.1

此切线是函数 $y=f(x)$ 在 $x=x_0$ 处的最佳线性逼近. 设此直线与 x 轴在 $x=x_1$ 处相交，则有

$$f(x_0)+f'(x_0)(x_1-x_0)=0,$$

即

$$x_1=x_0-\frac{f(x_0)}{f'(x_0)}.$$

如果 $f'(x_1)\neq 0$，则重复上述过程，可得到另一个点 x_2，它是函数 $y=f(x)$ 在 x_1 处的切线与 x 轴相交的位置：

$$x_2=x_1-\frac{f(x_1)}{f'(x_1)}.$$

如果记

$$N(x)=x-\frac{f(x)}{f'(x)},\quad f'(x)\neq 0,x\in(a,b),$$

则显然有 $x_1=N(x_0)$，$x_2=N(x_1)$. 由此得到的映射称为函数 $f(x)$ 的**牛顿映射**. 重复此过程，得到根的第 n 次近似 x_n，于是第 $n+1$ 次近似为

$$x_{n+1}=N(x_n)=x_n-\frac{f(x_n)}{f'(x_n)}.$$

如果初值 x_0 选择合适,则此迭代当 n 趋于无穷时收敛于 $f(x)=0$ 的根.

例如,$f(x)=x^4-2$,它的实根为 $x_{1,2}=\pm\sqrt[4]{2}$. 它的牛顿映射为

$$N(x)=x-\frac{x^4-2}{4x^3},$$

取 $x_0=1$,则

$$\begin{aligned}
x_1&=N(x_0)=1-\frac{-1}{4}=\frac{5}{4}=1.25,\\
x_2&=N(x_1)=1.25-\frac{1.25^4-2}{4\times 1.25^3}\approx 1.1935,\\
x_3&=N(x_2)\approx 1.1892302\cdots,\\
x_4&=N(x_3)\approx 1.1892071\cdots,\\
x_5&=N(x_4)\approx 1.1892071\cdots.
\end{aligned}$$

也就是说,只经过四次迭代,就得到 $|x_4-x_3|<3\times 10^{-5}$,事实上,$\sqrt[4]{2}=1.1892071\cdots$.

习题 6.1

1. 取初值 $x_0=1$,对下列函数用计算器计算 x_0 在 $f(x)$ 下的迭代序列.

   (1) $f(x)=\sin x$;　　(2) $f(x)=\mathrm{e}^x$.

2. 对函数 $f(x)=x^3-5x$,写出它的牛顿映射 $N(x)$,分别取初值 $x_0=0.5$,$x_0=2$,$x_0=-2$,计算它们在映射 $N(x)$ 下的迭代序列 $\{x_n\}$,这些序列 $\{x_n\}$ 收敛吗?

§6.2 多变量函数

在许多情况下,对一个种群成员的数量增长的描述必须要考虑其生长过程的不同阶段. 如面粉甲虫开始以幼虫形式生存,然后成蛹,最后进入成年阶段.

例 1 设在第 n 个时间周期,幼虫数量为 L_n,蛹的数量为 P_n,成年甲虫数量为 A_n,则上述甲虫在第 $n+1$ 个时间周期的数量可用一个简单的线性模型来描述:

$$L_{n+1} = bA_n$$
$$P_{n+1} = (1-\mu_L)L_n,$$
$$A_{n+1} = (1-\mu_P)P_n + (1-\mu_A)A_n,$$

其中 b 表示幼虫的出生率,μ_L 表示幼虫的死亡率,μ_P 表示蛹的死亡率,而 μ_A 则表示成年甲虫的死亡率. 实际上,蛹的死亡率很低,所以取 $\mu_P=0$.

下面我们介绍一个重要的函数,称为 Hénon(埃农)映射. 类似于上一个例子,我们考虑具有两个年龄组的种群,分别用 x 与 y 来表示这两个组的种群成员数量.

例 2(Hénon 映射) 设 y 在第 $n+1$ 个时间周期的值等于 x 在第 n 个时间周期的值,即 $y_{n+1}=x_n$,而 x 在第 $n+1$ 个时间周期的值由 x 和 y 在第 n 个时间周期的值来表示,即 $x_{n+1}=a-by_n-x_n^2$,其中 a,b 为常数,这样我们就得到了从 $\mathbf{R}^2$ 到 $\mathbf{R}^2$ 的 Hénon 映射:

$$\begin{pmatrix} x_{n+1} \\ y_{n+1} \end{pmatrix} = F_{a,b}\begin{pmatrix} x_n \\ y_n \end{pmatrix} = \begin{pmatrix} a-by_n-x_n^2 \\ x_n \end{pmatrix}.$$

Hénon 引进这个函数并通过在计算机上作数值计算得到了许多有趣的动力学性质. 例如,取 $a=1.4,b=-0.3$,对初值$(x_0,y_0)=(0,0)$的情形做迭代,发现它收敛于一个非常复杂的集合,我们称之为 Hénon 吸引子,如图 6.2 所示.

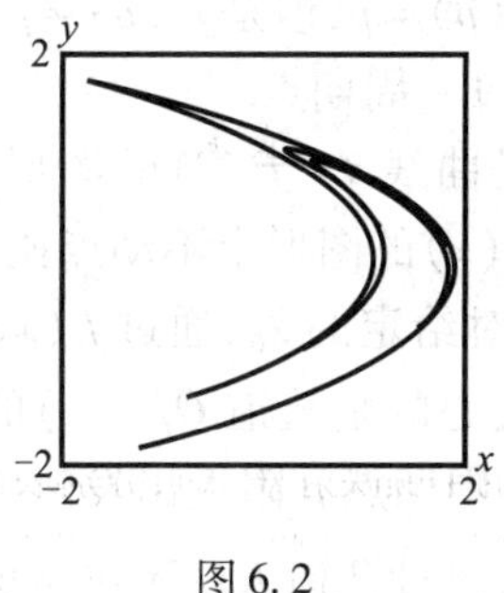

图 6.2

§6.3 迭代的几何方法

在前两节,我们讨论了几个由自然方法产生的函数迭代,本节我们叙述迭代的方法.

对 $\mathbf{R}$ 上的连续函数 $f(x)$,记 $f^0(x)=x$ 为 $f(x)$ 的第 0 次迭代,$f^1(x)=f(x)$,$f^2(x)=f(f(x))$为 $f(x)$ 与自身的复合,以此类推,我们得到

$$f^n(x)=f(f^{n-1}(x))$$

为$f(x)$自身的n次迭代. 注意,$f^2(x)$不是$f(x)$的平方,即$f^2(x)\neq[f(x)]^2$. 例如,如果$f(x)=x^4$,则

$$f^2(x)=f(x^4)=(x^4)^4=x^{16}.$$

为了后续表述方便,我们使用这样的记号:对初值x_0,记$x_1=f(x_0)$,$x_2=f(x_1)=f^2(x_0)$,而一般地,$x_n=f(x_{n-1})=f^n(x_0)$.

定义 6.1 x_0在f下的向前轨道为x_0的所有迭代的集合,记为

$$O_f^+(x_0)=\{f^j(x_0),j\geqslant 0\}.$$

这里我们仅考虑正的迭代,如果$f(x)$存在逆函数$f^{-1}(x)$,则类似地可以考虑负向迭代及向后轨道.

例 1 设$f(x)=\lambda x,\lambda>0$,求$O_f^+(0)$,$O_f^+(1)$,$O_f^+(x_0)$.

解 由$f(x)=\lambda x$,知$f(0)=0$,$f^2(0)=0,\cdots,f^n(0)=0$,于是

$$O_f^+(0)=\{0\}.$$

同理知

$$O_f^+(1)=\{1,\lambda,\lambda^2,\cdots,\lambda^n,\cdots,n\geqslant 0\},$$

$$O_f^+(x_0)=\{x_0,\lambda x_0,\lambda^2 x_0,\cdots,\lambda^n x_0,\cdots,n\geqslant 0\}.$$

在考虑更多的例子之前,我们先介绍不动点、周期点等概念.

定义 6.2 设f是$\mathbf{R}$上的实函数,点p称为f的**不动点**,如果它满足$f(p)=p$;如果存在正整数n使得$f^n(p)=p$,但是$f^j(p)\neq p,j=1,2,\cdots,n-1$,则$p$称为$f$的$n$-**周期点**,因此不动点是1-周期点.

显然,$f(x)$的不动点就是曲线$y=f(x)$的图形与对角线$y=x$交点的横坐标,因此,通过画出曲线$y=f(x)$的图形求不动点比直接解函数方程$f(x)=x$来得更直观和快捷. 不仅如此,对给定的x_0,通过$f(x)$逐次计算求出x_n也不是一件容易的事情,而我们通常关心的是轨道$O_f^+(x_0)$的渐近状态,即$n\to\infty$时的极限$\lim\limits_{n\to\infty}x_n$以及从不动点或$n$-周期点$p$附近出发的轨线的最终渐近状态,因此我们引进确定迭代的图形方法,这种几何方法不仅帮助我们理解迭代的过程,还帮助我们理解一个函数迭代的长期动力学行为. 我们以 logistic 映射为例来说明这个方法.

例 2(阶梯法) logistic 函数

$$g_a(x)=ax(1-x).$$

取$a=1.5$,得

$$g(x)=g_{1.5}(x)=1.5x(1-x).$$

$g(x)$的不动点p满足方程

$$g(p)=p,$$

即

$$1.5p-1.5p^2=p,$$

因此有

$$p(3p-1)=0,$$

所以 $p=0$ 或 $p=\frac{1}{3}$. 也就是说,$g(x)$的图形在 $x=0$ 与 $x=\frac{1}{3}$处与直线 $y=x$ 相交,我们把 $y=g(x)$ 与 $y=x$ 的图形画在一个图中(图 6.3).

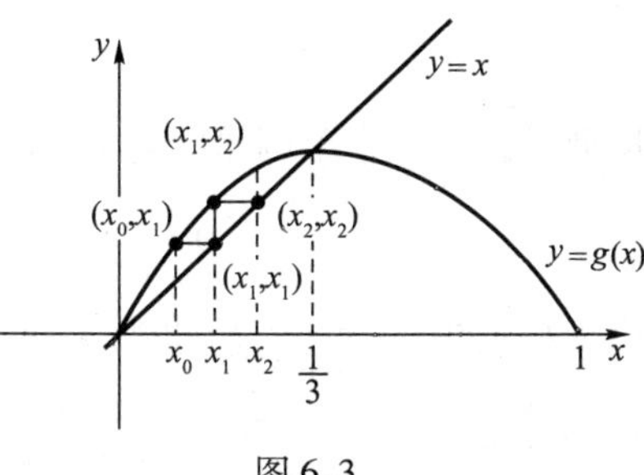

图 6.3

显然,不动点 $x=0$ 及 $x=\frac{1}{3}$在迭代下始终不变(不动),即 $O_g^+(0)=\{0\}$,$O_g^+\left(\frac{1}{3}\right)=\left\{\frac{1}{3}\right\}$. 为了理解其他点在迭代下的动力学行为,我们取一个初值 x_0,为确定起见,设 x_0 在两个不动点之间,即 $0<x_0<\frac{1}{3}$. 对其他 x_0 可类似进行. 首先,在图中,从初始点$(x_0,0)$画竖直线段交 $g(x)$的图形于点$(x_0,g(x_0))=(x_0,x_1)$. 然后从交点(x_0,x_1)处作水平线段交直线 $y=x$ 于点(x_1,x_1),则 x_1 即为 x_0 的第一次迭代,$x_1=g(x_0)$,这些线段为我们图形迭代的第一步(见图 6.3). 从点(x_1,x_1)画竖直线与 $g(x)$的图形交于点$(x_1,g(x_1))=(x_1,x_2)$,再从此点画水平线段交直线$y=x$ 于点$(g(x_1),g(x_1))=(x_2,x_2)$,$x_2$ 即为 x_0 的第二次迭代. 此次迭代画的竖直线段和水平线段构成我们图形迭代的第二步.

继续这个过程,在第 n 步,我们从点(x_{n-1},x_{n-1})画竖线交 $g(x)$的图形于点$(x_{n-1},g(x_{n-1}))=(x_{n-1},x_n)$,然后从此点画水平线段交直线 $y=x$ 于点(x_n,x_n),得到 x_0 的第 n 次迭代 $x_n=g^n(x_0)$. 上述方法亦称为**迭代的图形法**. 因为这些线段看起来像阶梯,所以此方法也称为**阶梯法**.

下面我们基于 $g(x)$的图形特点来探讨 x_0 的轨道的渐近性质.

由 $g(x)=1.5x(1-x)$知,$g(x)$在 $x<\frac{1}{2}$时单调递增;当 $x\in(0,\frac{1}{3})$时,$y=g(x)$的图形位于分角线 $y=x$ 上方,即 $g(x)>x$,而对其他的 x,$g(x)<x$,因此对 $x_0\in\left(0,\frac{1}{3}\right)$,有

$$0<x_0<x_1=g(x_0)<g\left(\frac{1}{3}\right)=\frac{1}{3},$$

所以 $0<x_0<x_1<\frac{1}{3}$,即 x_1 与 x_0 在同一区间,于是有

$$x_1 < x_2 = g(x_1) < \frac{1}{3},$$

$$\cdots\cdots\cdots\cdots$$

$$x_0 < \cdots < x_{n-2} < x_{n-1} < x_n < \frac{1}{3},$$

因此$\{x_n\}$是一个单调递增有上界的序列,它必收敛于某值x^*,于是

$$0 < \lim_{n\to\infty} x_n = \lim_{n\to\infty} g(x_{n-1}) = x^* \leqslant \frac{1}{3},$$

由$g(x)$的连续性知,x^*也为$g(x)$的不动点,而$g(x)$只有一个正的不动点,所以$x^* = \frac{1}{3}$.

类似地我们也可证明,如果$x_0 \in \left(\frac{1}{3}, \frac{1}{2}\right)$,则$x_n = g^n(x_0)$也收敛于不动点$\frac{1}{3}$.从图 6.3 可以清晰地看到这种收敛.

如果$x_0 \in \left(\frac{1}{2}, 1\right)$,则由$x_1 = g(x_0) \in \left(0, \frac{1}{2}\right)$知$x_{n+1} = g^{n+1}(x_0) = g^n(x_1)$收敛于不动点$\frac{1}{3}$.

由上面的分析知,对$(0,1)$区间中的任何初值x_0,均有$g^n(x_0)$收敛于不动点$\frac{1}{3}$,我们称不动点$\frac{1}{3}$是稳定的,而区间$\left(0, \frac{1}{3}\right)$是它的吸引域,接下来将给出不动点与周期点的稳定性定义.

定义 6.3 一个n-周期点p_0称为**Lyapunov 稳定的或L-稳定的**,如果对任意$\varepsilon > 0$,存在$\delta > 0$,使得对所有满足$|x_0 - p_0| < \delta$的初值x_0及所有整数$k \geqslant 0$,有

$$|f^k(x_0) - f^k(p_0)| < \varepsilon.$$

一个n-周期点p_0称为是**吸引的**,如果它是L-稳定的,并且存在正数$\delta_1 > 0$,使得对$|x_0 - p_0| < \delta_1$及所有整数$k \geqslant 0$,有

$$\lim_{k\to+\infty} |f^k(x_0) - f^k(p_0)| = 0.$$

吸引的n-周期点也称为n-**周期汇**或**渐近稳定**n-**周期点**. $n=1$时得到不动点的稳定性及吸引性定义.

由定义知,$g_{1.5}(x) = 1.5x(1-x)$的不动点$p_0 = \frac{1}{3}$是L-稳定的且吸引的.

定义 6.4 设f是一个函数,x^*是它的不动点. x^*的吸引域$\mathscr{B}(x^*, f)$为所有满足$\lim\limits_{n\to\infty} f^n(x_0) = x^*$的初值$x_0$的集合,即

$$\mathscr{B}(x^*, f) = \{x_0 \mid \lim_{n\to\infty} |f^n(x_0) - x^*| = 0\}.$$

对 f 的 k – 周期点 p,可类似地定义它的吸引域 $\mathscr{B}(p,f)$

$$\mathscr{B}(p,f)=\{x_0 \mid \lim_{n\to\infty}|f^n(x_0)-f^n(p)|=0\}.$$

而 k – 周期就 $O_f^+(p)=\{p,f(p),f^2(p),\cdots,f^{k-1}(p)\}$ 的吸引域为轨道上所有点的吸引域的并,即

$$\mathscr{B}(O_f^+(p),f)=\bigcup_{i=0}^{k-1}\mathscr{B}(f^i(p),f).$$

定义 6.5 一个 n – 周期点 p 如果不是 L – 稳定的,则称其为**不稳定**的. 即存在正数 $\varepsilon_0>0$,对任何 $\delta>0$,都存在初值 x_δ, $|x_\delta-p|<\delta$ 及整数 $k_0\geqslant 0$,使得

$$|f^{k_0}(x_\delta)-f^{k_0}(p)|\geqslant\varepsilon_0,$$

即:p 的任何小邻域内,都有点经过若干次迭代后远离 p 的轨道. 例如,$g_{1.5}(x)$ 的另一个不动点 $p=0$ 就是不稳定的.

定义 6.6 如果存在 $r_1>0$,使得对 $x\neq p_0$ 且 $|x-p_0|<r_1$,存在 k 满足 $|f^k(x)-f^k(p_0)|>r_1$,则称 p_0 是**排斥**的,排斥的周期点也称为**源**.

吸引的周期点也称为**汇**.

下面的定理给出了一个判别不动点是否是吸引的判别准则.

定理 6.1 设 $f:\mathbf{R}\to\mathbf{R}$ 连续,并有连续导数.

(1) 设 p_0 是一个不动点,即 $f(p_0)=p_0$,则 p_0 的稳定性与 f 在此点的导数有如下关系:

① 如果 $|f'(p_0)|<1$,则 p_0 是吸引的不动点;

② 如果 $|f'(p_0)|>1$,则 p_0 是排斥的不动点;

③ 如果 $|f'(p_0)|=1$,则 p_0 可能是吸引的也可能是排斥的,还可能是半稳定的,即它一边吸引而另一边排斥,或者 p_0 附近的轨道没有任何规律.

(2) 设 p_0 是一个 n – 周期点,记 $p_j=f^j(p_0)$,则由链锁法则有

$$[f^n(p_0)]'=f'(p_{n-1})\cdot f'(p_{n-2})\cdot\cdots\cdot f'(p_0).$$

p_0 的稳定性与 f 在 p_0 的轨道上各点的导数的关系如下:

① 如果 $|[f^n(p_0)]'|<1$,则 p_0 是吸引的 n – 周期点;

② 如果 $|[f^n(p_0)]'|>1$,则 p_0 是排斥的 n – 周期点;

③ 如果 $|[f^n(p_0)]'|=1$,则 p_0 可能是吸引的,排斥的,半稳定的或更复杂的不稳定情形.

习题 6.3

1. 对 $f(x)=\frac{1}{2}(x+x^3)$ 求不动点,并利用几何方法分析 $\mathbf{R}$ 上各点的动力学行为.

2. 对 $f(x)=\sin x$ 求不动点,并利用几何方法分析 **R** 上各点的动力学行为.

3. 求帐篷映射

$$T(x)=\begin{cases}2x, & x\in\left[0,\dfrac{1}{2}\right],\\ 2(1-x), & x\in\left(\dfrac{1}{2},1\right],\end{cases}$$

的不动点,2-周期点及 3-周期点.

4. 一个点 p 称为函数(映射)f 的**最终 n-周期点**,如果存在正整数 j,使得 $f^j(p)$ 是一个 n-周期点,即 $f^n(f^j(p))=f^j(p)$. 证明:所有有理数点都是帐篷映射 T 的最终周期点.

5. 已知函数 $f(x)$ 在区间 (a,b) 上连续,并且单调递增. 假设存在一点 $x^*\in(a,b)$ 满足

$$x<f(x),\qquad 当\ a<x<x^*\ 时;$$
$$x>f(x),\qquad 当\ x^*<x<b\ 时.$$

证明: $f(x)$ 在区间 (a,b) 上存在唯一的不动点,并且此不动点是 Lyapunov 渐近稳定的.

§6.4 转移图与周期点

通过代数或几何的方法我们可以求出一些映射的不动点和周期点. 但是根据 $f(x)$ 的逐次迭代判别 $f(x)$ 的周期点是否存在并求出周期点是相当困难的. 本节我们介绍符号动力系统的一些思想. 通过写出区间的一系列变化规律来说明某种给定路径的轨道的存在性,这个方法为我们提供了高阶周期点的存在性判别依据.

首先我们介绍一个不动点存在性的结果.

引理 6.1 设 $f:[a,b]\to\mathbf{R}$ 连续. 如果 $f([a,b])\supset[a,b]$,则

(1) $f(x)$ 在 $[a,b]$ 上存在不动点;

(2) 存在子区间 $[a_1,b_1]\subset[a,b]$,使得 $f([a_1,b_1])=[a,b]$,并且 f 把端点变成端点,即 $\{f(a_1),f(b_1)\}=\{a,b\}$.

证 因为 $f([a,b])\supset[a,b]$, $f(x)$ 连续,所以存在 $a_0,b_0\in[a,b]$ 满足 $f(a_0)=a$, $f(b_0)=b$. 不妨设 $a_0<b_0$,取 $b_1=\inf\{x\mid f(x)=b,a_0<x\leqslant b_0\}$,则当 $x\in[a_0,b_1)$ 时 $f(x)<b$. 再取 $a_1=\sup\{x\mid f(x)=a,a_0\leqslant x<b_1\}$,则 $f(x)$ 在 (a_1,b_1) 上满足 $a<f(x)<b$(图 6.4),且 $f(a_1)=a$, $f(b_1)=b$. 由介值定理知 $f([a_1,b_1])=[a,b]$.

设 $g(x)=f(x)-x$,则有 $g(a_1)=f(a_1)-a_1=a-a_1\leqslant 0$, $g(b_1)=f(b_1)-b_1=b-b_1\geqslant 0$,由介值定理即知 $g(x)$ 在 $[a_1,b_1]\subset[a,b]$ 上至少有一个零点,也就是 $f(x)$ 在 $[a,b]$ 上存在不动点.

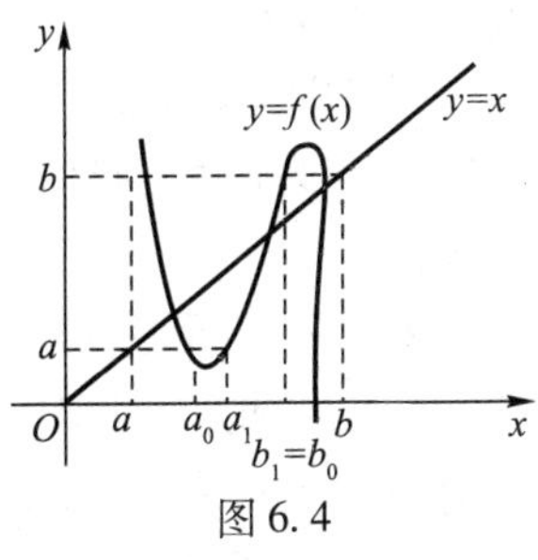

图 6.4

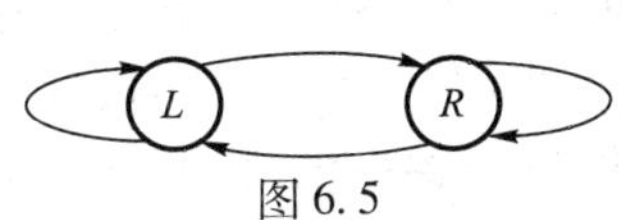

图 6.5

下面我们应用上面的引理来找较高阶的周期点. 我们从一组区间开始,确定轨道在迭代中所属的区间(即确定轨道的路线). 转移图的作用即在此,先看两个例子.

例 1 设 $G(x)=4x(1-x)$,即 $a=4$ 时的 logistic 映射. 记 $I_L=\left[0,\frac{1}{2}\right]$,$I_R=\left[\frac{1}{2},1\right]$分别是$[0,1]$区间的左、右两个子区间,则有

$$G(I_L)=[0,1]=I_L\cup I_R,$$
$$G(I_R)=[0,1]=I_L\cup I_R.$$

因此,每个子区间经过迭代后都覆盖两个子区间. 我们作一个图,顶点分别为 L 与 R,因 $G(I_L)\supset I_L\cup I_R$,所以从 L 到 L 及从 L 到 R 分别画一个箭头,对 R 类似(图 6.5).

例 2 如果 f 如图 6.6 所示,I_L,I_C,I_R 为三个子区间,则有

$$f(I_L)\supset I_R$$
$$f(I_C)\supset I_L\cup I_C,$$
$$f(I_R)\supset I_L.$$

对应的转移图如图 6.7 所示. 由引理 6.1 知,f 在 I_C 中存在不动点.

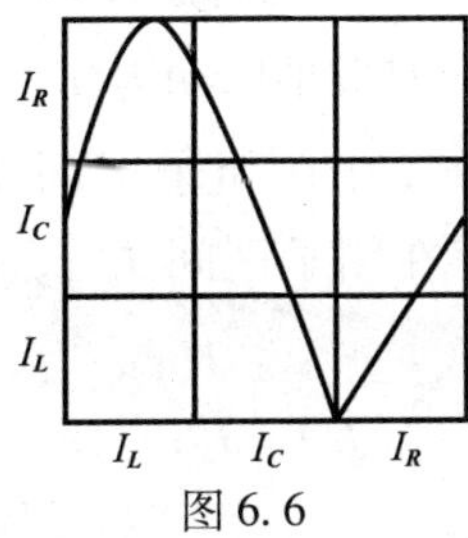

图 6.6

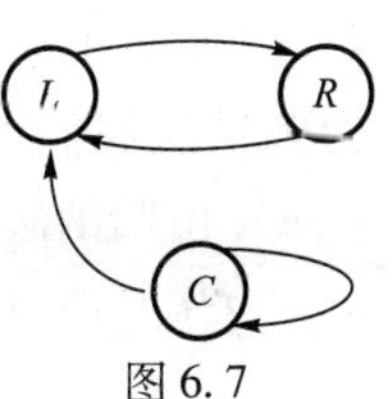

图 6.7

我们有下面的定义.

定义 6.7 设 $f:\mathbf{R}\to\mathbf{R}$ 连续. 取有限个有界闭区间的集合:$I_1=[a_1,b_1]$,$I_2=$

$[a_2,b_2],\cdots,I_N=[a_N,b_N]$满足$(a_i,b_i)\cap(a_j,b_j)=\varnothing,i\neq j,i,j=1,2,\cdots,N$.记$\mathrm{Int}(I_i)=(a_i,b_i)$.作一个顶点标号为$i\in\{1,2,\cdots,N\}$的图,如果$f(I_i)\supset I_k$,则从$i$到$k$画一个箭头连接$i$与$k$(有向边界),这样的图称为函数与区间的**转移图**(如图6.5,图6.7).

定义6.8 设f及区间集合$I_1,I_2,\cdots,I_N$如定义6.7中所述.我们用区间I_s的下标s作为区间I_s的符号,则$s\in\{1,2,\cdots,N\}$.因此,转移图的顶点集$\{1,2,\cdots,N\}$称为**符号集**,其中的元素称为符号.给定一个符号串$s_0s_1s_2\cdots s_n$($s_i\in\{1,2,\cdots,N\}$,s_i可能重复,$i=0,\cdots,n$),如果$f(I_{s_{j-1}})\supset I_{s_j},1\leqslant j\leqslant n$,则此符号串$s_0s_1\cdots s_n$称为**一个允许符号串**.一个允许符号串$s_0s_1\cdots s_n$称为**周期的**,如果$s_n=s_0$.一个允许周期符号串$s_0s_1\cdots s_n$称为是**可约的**,如果$n=mp,p>1$,并且符号串$s_0s_1\cdots s_{n-1}$是符号串$s_0s_1\cdots s_{m-1}$的$p$次重复.不是可约的允许周期符号串称为**不可约的**,它有最小周期n.

下面的定理说明对任何允许符号串$s_0s_1\cdots s_n$,都存在点x,使得$f^j(x)\in I_{s_j}$,$0\leqslant j\leqslant n$,我们用$f^{-j}(I_{s_j})$表示集合$\{x\mid f^j(x)\in I_{s_j}\}$.

定理6.2 设$f:\mathbf{R}\to\mathbf{R}$连续,$I_1=[a_1,b_1],\cdots,I_N=[a_N,b_N]$是有界闭区间的一个有限集合,满足$(a_i,b_i)\cap(a_j,b_j)=\varnothing(i\neq j)$.设$s_0s_1\cdots s_n$是一个允许符号串,即每个$s_j\in\{1,2,\cdots,N\}$,且在转移图中,有从$s_{j-1}$到$s_j$的有向边界($1\leqslant j\leqslant n$).

(1) 设

$$I_{s_0s_1\cdots s_n}=\{x:f^j(x)\in I_{s_j},0\leqslant j\leqslant n\}=\bigcap_{0\leqslant j\leqslant n}f^{-j}(I_{s_j}),$$

则$I_{s_0\cdots s_n}\neq\varnothing$.

(2) 存在点x^*,使得对$0\leqslant j\leqslant n$,有$f^j(x^*)\in I_{s_j}$.

(3) 如果符号串$s_0s_1\cdots s_n$是周期的,即$s_0=s_n$,则(2)中的点x^*可以取为满足$f^n(x^*)=x^*$的点.因此x^*的周期必整除n.

(4) 假设符号串$s_0s_1\cdots s_n$是周期的,且n是最小周期(即:符号串是不可约的),还假设x^*在开区间$\mathrm{Int}(I_{s_0})$内,则点x^*的最小周期为n.

证 (1) 记$J_n=I_{s_n}$,则由引理6.1① 知,存在闭子区间$J_{n-1}\subset I_{s_{n-1}}$,使得$f(J_{n-1})=J_n=I_{s_n}$.由归纳法我们可以证明存在闭子区间$J_{n-j}\subset I_{s_{n-j}}$,满足$f(J_{n-j})=J_{n-j+1}(j=1,2,\cdots,n)$.由归纳法可以得到

$$f^j(J_0)=J_j\subset I_{s_j},\qquad f^n(J_0)=I_{s_n}.$$

① 设I,J为两个有界闭区间,如果$f:I\to J$连续,$f(I)\supset J$,用类似于证明引理6.1的方法,可以证明存在闭子区间$I_1\subset I$,满足$f(I_1)=J$,并且f把区间I_1的端点变成区间J的端点.

由 J_0 的构造知 J_0 非空,且 $J_0 \subset I_{s_0 \cdots s_n}$,这就证明了(1).

(2) 由(1)知$I_{s_0 \cdots s_n}$非空,因此 $I_{s_0 \cdots s_n}$ 中的任何点都满足(2).

(3) 取(1)中构造的 J_0,则$f^n(J_0) = I_{s_n} = I_{s_0} \supset J_0$. 对$f^n$应用引理6.1,立即得到$f^n$在 J_0 中存在不动点 x^*,即$f^n(x^*) = x^*$. 因此,x^*是f的周期点,它的周期必整除 n.

(4) 因为符号串 $s_0, s_1, \cdots, s_n$ 是不可约的,所以闭区间 J_{s_j}互相不重叠,也就是说,除了区间端点外,区间之间互不相交,而 x^* 不是 I_{s_0}的端点,所以$f^j(x^*) \neq x^* (j = 1, 2, \cdots, n-1)$,即 x^* 是f的一个 n – 周期点. 证毕.

注 对例 1,符号串 $s_0\ s_1\ s_2\ s_3 = LLRL$ 对应一个 3 – 周期点,轨道连续通过此符号串对应的区间串. 因此,对一个周期点,我们可以写出一个无穷符号串,称之为周期点的行程. 对例 1 我们可以把一个 3 – 周期点对应的符号串写成

$$s_0 s_1 \cdots = (LLR)^{\infty} = LLRLLRLLR\cdots$$

对具有 3 – 周期点的函数应用定理 6.2 可以得到 T. Li 与 Yorke(李和约克)的结果.

定理 6.3(Li and Yorke) 设f是 $\mathbf{R}$ 上的连续函数.

(1) 如果f有 3 – 周期点,则f有所有周期的周期点.

(2) 如果存在 $x_0 \in \mathbf{R}$ 满足

① $f^3(x_0) \leqslant x_0 < f(x_0) < f^2(x_0)$,或者

② $f^3(x_0) \geqslant x_0 > f(x_0) > f^2(x_0)$,

则f有所有周期的周期点.

证 如图 6.8 所示,设 x_0 是f的一个 3 – 周期点. 记 $x_1 = f(x_0)$, $x_2 = f(x_1)$. 不妨设 $x_0 < x_1 < x_2$,记 $I_L = [x_0, x_1]$和 $I_R = [x_1, x_2]$分别为左,右区间,则有

$$f(I_L) \supset [x_1, x_2] = I_R, f(I_R) \supset [x_0, x_2] = I_L \cup I_R.$$

I_L, I_R 的转移图如图 6.9 所示.

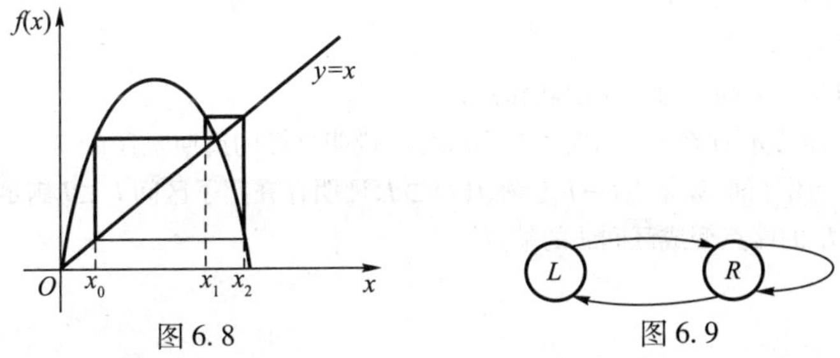

图 6.8　　图 6.9

则表 6.1 列出了具有指定周期的周期点及对应的符号串序列.

表 6.1

n	符号序列
1	R^{∞}
2	$(RL)^{\infty}$
3	$(RRL)^{\infty}$
n	$(R^{n-1}L)^{\infty}$

定理 6.3 是 Sharkovskii 定理的特例，在介绍 Sharkovskii 定理之前，我们先定义正整数的一个特殊排序，称为 Sharkovskii 序.

定义 6.9 记 $\mathscr{F}$ 是所有大于 1 的正奇数的集合，它们在 Sharkovskii 序中与在实数中的排序相反，即（$3\rhd 5$ 表示 3 在 5 之前）

$$3\rhd 5\rhd 7\rhd 9\cdots,$$

紧跟其后的是 2 与 $\mathscr{F}$ 中的数的乘积，接着为 2^2 与 $\mathscr{F}$ 中的数的乘积，等等. 最后为 2 的所有幂次以递减的顺序排列：

$$\begin{aligned}&3\rhd 5\rhd 7\rhd\cdots\rhd 2\cdot 3\rhd 2\cdot 5\rhd 2\cdot 7\rhd\cdots\\&\rhd 2^k\cdot 3\rhd 2^k\cdot 5\rhd 2^k\cdot 7\cdots\rhd 2^{k+1}\cdot 3\rhd 2^{k+1}\cdot 5\rhd 2^{k+1}\cdot 7\rhd\cdots\\&\rhd 2^{k+1}\rhd 2^k\rhd 2^{k-1}\rhd\cdots\rhd 2^2\rhd 2\rhd 1.\end{aligned}$$

定理 6.4（Sharkovskii 定理） 设 f 是 $\mathbf{R}$ 上的连续函数，f 有一个 n－周期点，且 $n\rhd k$，则 f 有 k－周期点[15].

注 由定理 6.4 知，如果一个连续函数 f 有周期点，那么它一定有不动点；如果 f 有大于 1 的奇数周期点则它必有所有偶数的周期点.

习题 6.4

1. 设 $f(x)$ 在区间 $[1,6]$ 上连续，且 $f(1)=5$，$f(2)=6$，$f(3)=4$，$f(4)=1$，$f(5)=2$，$f(6)=3$，假设 $f(x)$ 在整数集上是线性的.
   (1) 画出 $f(x)$ 的图形；
   (2) 对整数集的区间标号并给出转移图；
   (3) 对什么样的 n，存在 n－周期轨？用符号串说明这样的周期轨存在.
2. 设 I,J 为两个闭区间. 如果 $f:I\to J$ 连续，$f(I)\supset J$，证明存在闭子区间 $I_1\subset I$ 满足 $f(I_1)=J$，并且 f 把区间 I_1 的端点变成区间 J 的端点.

参考文献

[1] 姜启源,谢金星,叶俊. 数学模型. 4 版. 北京:高等教育出版社,2011.

[2] 南京地区工科院校数学建模与工业数学讨论班编. 数学建模与实验. 南京:河海大学出版社,1996.

[3] 王高雄等. 常微分方程. 3 版. 北京:高等教育出版社,2006.

[4] 张元林. 工程数学——积分变换. 4 版. 北京:高等教育出版社,2003.

[5] Смирнов,н. в. 高等数学教程. 叶彦谦,译. 北京:人民教育出版社,1958.

[6] 东北师范大学微分方程教研室编. 常微分方程. 2 版. 北京:高等教育出版社,2005.

[7] 谢邦杰. 线性代数. 北京:人民教育出版社,1978.

[8] 丁同仁,李承治. 常微分方程教程. 2 版. 北京:高等教育出版社,2004.

[9] 王柔怀,伍卓群. 常微分方程讲义. 2 版. 北京:高等教育出版社,1963.

[10] 尤秉礼. 常微分方程补充教程. 北京:高等教育出版社,1981.

[11] Robinson, R. C. An introduction to dynamical system: continuous and discrete. 北京:机械工业出版社,2005.

[12] Li T. ,Yorke J. Period three implies chaos. Amer. Math. Monthly, 82(1975), 985 - 992.

[13] 张锦炎. 常微分方程几何理论与分支问题. 北京:北京大学出版社,1981.

[14] 张芷芬,丁同仁,黄文灶. 微分方程定性理论. 北京:科学出版社,1985.

[15] Robinson C. Dynamical systems:stability,symbolic dynamics,and chaos. 2nd et. Florida:CRC Press LLC,2000.

郑重声明